XIANGCUN ZHENXING YU
NONGMIN HEZUOSHE FAZHAN

乡村振兴与
农民合作社发展

——"纪念农村改革40周年暨合作经济发展论坛"优秀论文集

—JINIAN NONGCUN GAIGE 40 ZHOUNIAN JI
HEZUO JINGJI FAZHAN LUNTAN YOUXIU LUNWENJI

中国合作经济学会 ◎ 编

中国农业出版社

北　京

在第八届合作经济发展论坛暨乡村振兴与农民专业合作社发展研讨会上的致辞

（代序）

中国合作经济学会会长　孙中华

（2018 年 7 月 7 日）

今天是国际合作社日，我们在这里举办第八届合作经济发展论坛暨乡村振兴与农民专业合作社发展研讨会，来自全国各地党政机关、高等院校、科研单位和基层合作社的 300 多位会员及有关同志出席。首先，我代表中国合作经济学会对大家出席本次论坛研讨活动表示热烈欢迎！

今年是农村改革 40 周年，实施乡村振兴战略开局之年，又值新修订的农民专业合作社法从 7 月 1 日开始实施。在这样一些重要的时间节点，我们举办本次论坛研讨活动，就是要围绕乡村振兴与农民专业合作社发展这一主题，突出研讨 40 年来特别是农民专业合作社法实施 11 年来农民合作社发展的历程和经验，农民合作社在乡村振兴中特别是在产业振兴、组织振兴、人才振兴中的地位和作用，如何实施好新修订的农民专业合作社法，交流新的理论和实践成果，提出有决策参考价值的政策建议。

农民专业合作社发展与农村改革密不可分，它产生于农村改革或者说是农村改革的产物，又极大地推动了农村改革的深化。40 年来，特别是农民专业合作社法实施 11 年来，农民专业合作社得到了快速发展。到 2017 年底，在工商部门登记的农民专业合作社达到 201.7 万家，实有入社农户近 1.2 亿户，大约占到全国总农户的 48.1％。近一半的农户加入合作社，使合作社成为联系和服务农民的最广泛、最紧密的互助性经济组织，对提高农民进入市场的组织化程度、构建新型农业经营体系、发展现代农业、增加农民收入都发挥了极为重要的作用。农民合作社 40 年的发展历程极不平凡，经验弥足珍贵，值得认真总结。

党的十九大提出实施乡村振兴战略，并将这一战略作为实现农业农村现代化的总抓手，这对农民专业合作社的发展提出了新任务新要求。农民专业合作社作为联系和服务农民最广泛最紧密的经济组织，是推进乡村振兴的骨干力量，特别是在产业振兴、组织振兴、人才振兴中应该而且能够发挥独特的重大作用，值得深入研讨和高度重视。

　　《农民专业合作社法》颁布实施 10 年后于去年做了修改，从今年 7 月 1 日开始实施。修改后的这部法律，赋予农民专业合作社享有与其他市场主体平等的法律地位，允许以土地经营权等非货币财产作价出资，丰富了农民专业合作社的服务类型，确立了联合社的法人地位等。落实好这些重大的修改规定，有赖于广大理论工作者和基层一线实践者共同去努力。

　　为办好本次论坛，中国合作经济学会联合中国人民大学合作社研究院开展了"乡村振兴与农民合作社发展学术研讨"征文活动，得到了众多高等院校、科研单位专家学者和党政机关、基层一线同志们的积极响应。经征文评审委员会专家评审，共评出优秀论文 33 篇。获奖作者大多出席了本次论坛并将作发言，向与会同志分享他们的研究成果。会后，我们将结集出版本次征文评出的优秀论文。

Contents / 目 录

三　等　奖

特

别

奖

改革 40 年农民合作社发展回顾与展望

缪建平

习近平总书记在 2017APEC 峰会的主旨演讲中指出："我们将隆重纪念改革开放 40 周年，中国改革的领域将更广，举措将更多，力度将更强。"农民专业合作社的发展，是我国农村改革 40 年来，农业产业组织制度改革不断深化，广大农民不断探索创新的结果。农民专业合作社和家庭联产承包责任制、乡镇企业、村民自治、农民工进城、集体林权制度改革一起，被舆论界称为农村改革三十多年亿万农民的六大创造。在纪念我国改革开放 40 周年之际，对农民专业合作社的发展进行回顾与展望，是非常有积极意义的。

一、农民专业合作社——新型市场主体的大量涌现，是中国广大农民多年探索实践的成果，我国农村改革不断深化的必然趋势，是中国农民的伟大创造

截至 2017 年 5 月底，全国依法登记的农民合作社达到 190.8 万家，实有入社农户突破 1 亿，约占全国农户总数的 46.6%，国家示范社近 8 000 多家，县级以上各级示范社超过 18 万家。

农民合作社在引领农业适度规模经营发展、推进一二三产业融合发展、深化农业供给侧结构性改革、带动农民增收、建设现代农业和构建新型现代农业经营体系等方面发挥了重要作用。近 10 年来，我国农业综合生产能力显著提高，粮食安全在更高水平上获得保障，我国人口的增长幅度为 5%，而主要农产品的生产增长幅度为：粮食 28%，油料 15%，糖料 32%，肉类 24%，蛋类 23%，奶类 36%，水产 52%，水果 70%。主要农产品生产的增幅，均远远超过人口增长的幅度。近 10 年来，农民人均收入从 3 587 元，提高到 12 363 元；农村居民家庭的恩格尔系数，已经从 10 年前的 43%，下降到去年的 32%。应该说，这些发展成就的取得，和农业组织制度改革不断深化并取得明显成效，农民合作社不断发展壮大，是密切相关联的。

回顾改革 40 年实践，农民专业合作社这些新型市场主体的大量涌现，绝不是偶然的。是中国农民推进农村经济改革和发展中的又一个创造，是在家庭承包制的基础上，顺应中国农业生产的专业化、商品化、社会化和市场化趋向改革的不断深化而发展的。是广大农民群众适应市场经济的发展要求，满足发展经济的合作需求，在家庭承包经营基础上对农业经营体制的创新；是深化我国农村改革、制度创新的重要内容，市场经济发展的必然趋

势。纵观其发展历程，大致上可以分为五个阶段：

1. 萌芽阶段

20 世纪 80 年代初至 80 年代中后期，是我国农民专业合作组织的萌发阶段。家庭承包经营极大激发了广大农民生产积极性，随着农业生产结构调整，广大农村出现了以专业技术协会、专业协会、研究会等命名的各类农民合作服务组织，多为农村能人、各级专业技术服务单位和乡村组织牵头。当时四川是全国专业协会发展最早的省份，随后广东、北京等许多省市也出现了农民专业协会。

2. 起步阶段

90 年代初至末期，这期间专业协会在技术服务的基础上又增加了许多服务内容，兴办方式出现多样化，既有科技、经纪能人，也有各级各类技术服务组织、企事业单位牵头组织。出现了多种社会力量参与兴办的局面。

1994 年农业部在陕西、山西、安徽三省开展了农民专业协会的试点工作，各地区农民专业合作组织出现多样化、多形式、多层次发展。农业组织制度的改革也出现了区域突破的趋势，在山东莱阳市、浙江衢州市、江苏高邮市、山西运城市等一些地区率先改革创新，涌现一批新型的农民专业合作社。这期间，中国合作经济学会组织开展了系列的合作社培训、典型调研、专题研讨等工作。1995 年，组织专家参加了在山东莱阳市召开的农民专业合作研讨论证会。当时莱阳市已涌现了 200 多个多种类型的农民专业合作社，初步呈现出良好成效。

3. 探索发展阶段

90 年代末至本世纪初，农民专业合作经济组织开始较快发展。随着农村改革的深入和农业产业化经营的发展，各种类型、层次的农民专业合作经济组织如雨后春笋般涌现。1999 年国务院在农业部的"三定"方案中赋予农经部门三项新职能，其中之一就是农民专业合作经济组织的指导，此后，全国各级农经部门开始参与农村各类专业合作组织的发展指导工作。特别是 2003 年以来，随着中央和国务院的高度重视和一系列相关扶持政策的出台，激发了广大干部群众的积极性，合作社数量急剧增加，运行质量提高较快。在浙江、北京、山东、安徽等省市表现尤为突出。

4. 依法规范阶段

2006 年底全国人大常委会通过了《中华人民共和国农民专业合作社法》，2007 年 7 月 1 日正式实施。合作社法实施后，由于改变了过去农民合作组织无法可依的状况，极大地鼓舞了广大农民的积极性。农民专业合作社发展步入了新的发展时期。据有关部门统计，当时全国经工商正登记注册的专业合作社近十万个。无论是组织数量，还是带户功能，都实现了历史性突破。

这个阶段的前后，中国合作经济学会紧锣密鼓地围绕促进合作社立法能早日出台和宣传贯彻合作社法，组织开展了多项工作。主要有立法调研、组织专家起草立法建议及合作社法草案建议。向全国人大法工委领导汇报各地专家对合作社立法紧迫性的有关建议和资料。

5. 快速发展阶段

进入"十二五"以来,在中央一系列政策指引下,我国农民合作社蓬勃发展,数量快速增长、覆盖面进一步扩大,进入快速健康发展的新阶段。2011 年农民合作社 39 万家,入社农户 2 900 万户,占农户总户数 11%;到 2015 年 6 月底,合作社就发展到 141.18 万家,入社农户 9 227 万户,占总数 35.5%,出资总额突破 3 万亿元。

二、农民专业合作社发展过程中,其组织方式、培育发展途径经历了多种途径、多种模式的探索

发展农民专业合作社是个新鲜事物,既要借鉴国际有益经验,又不能照搬照套,要充分结合中国的实际国情,加以创新。因此,在 2006 年底农民专业合作社法没有出台前,全国各地出现了多种社会力量参与兴办、多种形式、多种途径进行探索的局面。根据笔者多年跟踪调研,大体可概括为这样几个特点:

第一,从组织功能角度看,多数是围绕当地已形成主导产业组织起来的。主要有这样四种类型:一是农产品销售型;二是农业生产资料供应型;三是产加销一体化经营型;四是技术服务型。其中,产加销一体化经营型里面又包括两种形式,一种是农产品加工企业与农民结合起来组织成合作社;一种是农民组织的专业合作社兴办加工和运销事业。其功能主要是联结生产、加工和销售,实行一体化经营,对推动农业产业一体化,探索能有效促进农民增加经营收益的利益分配机制,保护农民利益,避免市场风险,有积极的促进作用。

第二,从组织方式角度看,主要有三种类型:一类是由农民自己组织兴办的;另一类是依托政府有关经济技术部门,例如农业技术推广部门及供销合作社组织引导农民兴办或者联合兴办的;再一类是由农产品加工企业组织引导农民兴办的。如据浙江省农业厅调查,2000 年在全省各类专业合作经济组织中,农民自己组建的 529 家,占 19.8%;依托农业部门组建的 1 204 家,占 45.1%;依托科协部门组建的 340 家,占 12%;依托供销部门组建的 90 家,占 3.4%;依托政府其他部门和龙头加工企业组建的 362 家,占 13.6%。

第三,从组织的性质及培育途径的角度看,在农民专业合作组织探索发展历程中,曾呈现和经历过五种有代表性的组织模式,在当时引起许多专家和有关领导的重视:

(1) 邯郸模式。特点是"官民结合",由政府及有关涉农的技术经济部门选派少量骨干,与农民一起共同组织农业服务组织。他们按服务功能和产品类别不同,分别成立"综合农协"和"专业农协"。综合农协主要为农户解决产前、产中、产后服务,专业农协侧重围绕主导产品发展,办一体化经营的实体,为专业农户提供服务。邯郸市从 1989 年底开始进行农协试点,逐步在全市形成了以农协为中心,横联政府涉农部门,纵贯各类专业农协、龙头企业、服务实体和千家万户的服务体系,有力地促进了农业产业化经营的发展。

（2）莱阳模式。特点是根据农业生产发展及农产品加工出口企业的需要，组织专业农户建立比较规范的农民专业合作社。农民是兴办合作社的主体，但在组织方式上，开始阶段有农民自主兴办，也有供销社流通企业和农口服务部门以不同形式参与兴办合作社的。自 1994 年底开始的二三年中，全市建立专业合作社 420 个，基本社员 16.7 万户，在工商局登记注册的合作社已有 212 个，占总数的 50％。供销社参与农民合作组织的形式也多种多样，有供销社与农民联合，共同发起，组建新的合作社；也有供销社企业以资金、物资、设施、设备等折股参与农民办的合作社。

（3）宁津模式。特点是在培育农民组建比较规范的专业合作社的步骤上，明确分两步走：先以"农民合作协会"形式组织起来，作为初级阶段，待发展到一定时候条件比较成熟，再建立比较规范的专业合作社。在 90 年代末，宁津全县有近 40％的农户参加了各种形式的农民合作协会，以后有一批农民合作协会，条件比较成熟，就完善组建成较规范的专业合作社。据笔者调查，山东省的禹城、江苏省的高邮市做法也与宁津县有类似之处，实际效果都比较好。

（4）安岳模式。特点是以一种农产品为纽带，成立股份合作制的农村专业技术协会。以股份合作制的经济形态，实现劳动者的劳动联合和劳动者的资本联合，并将两者优点，形成农业新的组织制度和经营制度。四川省从 1985 年 3 月安岳县创建驯龙科学养猪协会以后的几年内，全省有 200 多个农村协会实现了股份合作制。

（5）江山模式。浙江省江山市农民改革实践的经验，特点是农民联合起来办专业合作社，再由若干合作社联合起来办加工企业，形成"农户＋合作社＋公司"的格局。他们还以行业协会为纽带，按照农业产业化的要求，把农户、合作社、加工企业、销售企业等多种经营主体联合起来，形成一个较大规模的现代农业的一体化经营体系。江山市养蜂协会就是这种模式的典型，经过多年探索，形成以蜂业为主体，集科工贸、产加销为一体的产业化体系。被全国养蜂界和浙江省称为"江山模式"，在全省、全国产生了良好的影响。

在当时研究"江山模式"时有不少专家认为，江山经验说明，国际合作社原则中第六条"合作社之间的合作原则"，合作社要最有效地为其社员服务，并通过地区的组织结构通力协作这个原则，是可以在我国具体加以运用的，并会产生积极的效果。同类产品的专业合作社可以单独，也可以联合起来办加工企业，把农产品的加工、销售所获取的利润留在农业内部，达到农业增效，农民增收的目的。这种组织模式对保护农民利益更有积极的意义，它预示着将来合作社有可能成为产业化经营的重要组织模式，预示着合作社发展的优越性和广阔前景。

三、我国农民合作社发展取得明显成效，成为新农村建设和构建现代农业经营体系的重要载体，呈现出新的特点和发展趋势

从 80 年代初探索建立农民专业技术协会开始，到近几年各类新型的农民专业合作社

包括一大批示范合作社的大量涌现，快速发展，无论从组织方式、组织结构、服务功能、发育途径等方面，都有了新的发展，进入了一个新的快速发展阶段。农民合作社成为现代农业的经营组织者和重要主体，成为推进农业发展方式转变的重要力量，合作社发展呈现出几个新的特点：

（一）农民合作社的发展充实和完善了统分结合的农村基本经营体制，促进了农业经营体制转变

十七届三中全会指出："家庭经营要向采用先进科技和生产手段的方向转变，增加技术、资本等生产要素投入，着力提高集约化水平"；"统一经营要向发展农户联合与合作，形成多元化、多层次、多形式经营服务体系的方向转变，……着力提高组织化程度"。这是十七届三中全会对完善农村基本经营制度做出的新的战略决策和制度安排。农民合作社大都是以一种或一类农产品为纽带的合作和联合，可以使小规模分散经营的农户实现了有一定规模的企业化经营，成为引导和带领农户进入市场的基本主体，解决分散经营农户和市场的连接问题。实践证明：农民专业合作社是统分结合的双层经营体制重要实现形式，可以进一步丰富和完善以家庭承包经营为基础、统分结合的双层经营体制。

（二）农民合作社的建设和快速发展，引导资本、科技等农业生产要素的投入、管理和使用，提高了农业集约化水平

"大国小农"是我国农业的重要特征。在目前耕地分散、农户经营规模偏小的状况下，是很难解决农业规模经营和专业化、集约化问题的。农业规模经营的基础是土地的合理流转。全国"十二五"规划纲要指出，"在依法自愿有偿和加强服务基础上完善土地承包经营权流转市场，发展多种形式的适度规模经营"。各地引导合作社组织推进土地合理流转，促进适度规模经营，提高农业集约化水平，已取得良好成效。全国已流转土地 3 亿多亩[*]中，以合作社为载体流转的有 20% 多。实践证明，农民专业合作社是土地流转良好的载体。

农民专业合作社推进土地流转的方式，主要有以下五种类型：一是农户将土地承包经营权入股、合作社统一进行生产经营，如北京市下屯种植专业合作社。二是农户土地承包经营权入股、转包经营，合作社提供统一服务。三是土地托管专业合作社，具体形式有：土地"半托"型，也叫"菜单式服务型"；土地"全托"型，也称全程托管，合作社实行从种到收全程服务。四是土地股份合作社型，即"土地变股权，农民当股东，有地不种地，收益靠分红。"五是龙头企业与农户深度融合，创建合作社。还有两种形式：一种是农户以土地承包经营权参股，与龙头企业联合办合作社；另一种是龙头企业统一流转土地，再创建合作社转包经营，合作社统一提供经营服务，形成适度规模经营。典型案例：

---

* 亩为非法定计量单位，1 亩＝1/15 公顷。——编者注

如内蒙古阿鲁科尔沁旗现代牧草专业合作社。

实践证明：在家庭承包经营基础上通过合作社推进土地适度规模经营，推动了家庭经营向采用先进科技和生产手段的集约化经营方向转变；实行现代企业制度和市场经营模式，入社农户按照新的方式生产和分配，是一种全新的生产经营体制；促进了土地适度规模经营，土地利用效率和效益明显提升；同时也促进了劳动力转移、户籍制度改革和农民增收。

（三）农民合作社促进了将产业链、供应链理念引入农业，探索发展以农民为主体的产业化经营新模式，加快实现经营方式的转变

农民合作社通过增强经营服务功能，相当数量的合作社初步形成了以农民为主体的农业产业化经营新模式，推动农民作为所有者直接参与创造农产品附加值的经营活动，分享第二、第三产业产品加工、运销、乡村旅游以及农产品贸易等服务业的经营收益，实现了经营方式的重大转变。目前全国9万多家中小龙头企业中，有一部分就是以农民为主体的合作社发育成长起来的新型龙头企业，成为现代农业发展新的趋势、新的亮点。

以合作社农民为主体的农业产业化经营的组织模式，大体有四种类型：一是农民专业合作社与龙头企业连接型（公司＋专业合作社＋农户）。二是农民专业合作社与龙头企业紧密融合型。即农户建立合作社参股龙头企业，或共建合作社，形成适度规模经营，互利双赢，共谋发展。三是农民专业合作社自办加工企业型。即由生产原料的农户联合起来组成专业合作社，再由合作社单独或联合起来办加工或流通企业。四是若干农民合作社联合组建合作社联合社，实施产业化经营。例如密云县板栗合作社联合社，由114个板栗合作社联合起来组建，发展板栗产加销一体化经营，有效提升了市场竞争和栗农收益。

（四）农民合作社创新农产品直销模式，克服传统农业市场的痛点，使成员更多获得加工和流通环节的增值效益，促进了农产品流通体制转变

许多办得有好、有带动力的合作社，都把强化经营品牌化建设，实施品牌战略作为合作社发展的重要策略。至2016年全国合作社已有注册商标7万多个，通过产品质量认证的合作社3.7万个，比2013年增长15.3%。品牌和质量建设不断提升许多合作社通过合作社之间联合，组建联合社实施品牌整合策略，取得良好成效。联合社与成员单位一起实施产业集聚，要素整合，联合注册商标，统一创建品牌，加快提升品牌影响力。

（五）合作经济组织的专业化生产与社会化服务体系建设相结合，形成新的规模经济，促进了农业社会化服务体系的转型，为构建新型农业经营体系增强了支撑力

"十二五"期间各地涌现出一批有一定规模的农机、植保、农资供应、产品销售、信用合作等服务型合作社，还涌现出一批规模较大的农业社会化服务公司，典型案例如山东烟台市阳光乔农业科技服务公司，北京和谐阳光农牧技术服务有限公司等，实践给我们启

示：农民专业合作社在新型农业社会化服务体系建设中，有重要的基础性作用。从农业科技服务体系角度看，它的创新意义在于：合作社的成员具有所有者、推广者和使用者"三位一体"的特征，这是其他任何农业社会化服务组织所不具有的特殊属性，提高了农业技术推广的吸引力和推广效果，有效提升了农业社会化服务的水平。

四、"十三五"农民合作社发展新趋势展望

在回顾改革 40 年合作社发展的基础上，可预示出"十三五"新时期合作社发展的新趋势。在十八大以来中央一系列对深化农村改革的顶层设计和政策指引下"十三五"新时期，农民合作社进入快速健康发展的新阶段，总体上呈现出发展的新趋势：从缺乏规范向规范营运管理提升，从横向合作向纵向合作深化，从单一功能向多种功能拓展，从区域性向跨省市联合发展，从传统合作向新型合作演变，从农户间合作向社际间协作迈进；农民合作社的发展规模、服务功能和合作效益将提升到一个新的水平。

（一）合作社发展进一步提升规范化营运管理水平的趋势

2014 年发改委、农业部等中央九部委联合发出的指导性文件精神：要求各级各有关部门把加强农民合作社规范化建设摆在更加突出的位置，把运行规范的农民合作社作为政策扶持重点。提出主要目标：用 5 年左右的时间，使 70% 以上的合作社具有完备的成员账户、实行社务公开并依法进行盈余分配；县级以上示范社超过 20 万家，合作社发展质量显著提升。为加强对合作社运行情况的监督，农业部还会同国家发改委等九部门制定了《国家农民专业合作社示范社评定及监测暂行办法》，明确对国家示范社实行动态监测。国家工商总局出台了《农民专业合作社年度报告公示暂行办法》，通过实行年度报告、年报抽查及经营异常名录管理等措施。各地也制定了合作社规范发展的具体措施，正在依法登记注册、明晰产权关系、完善组织机构、健全财务管理、建立成员账户、合理分配收益等方面加强规范化建设；各级政府有关部门对示范社采取更加务实、细致的组织指导工作，近些年各地涌现一批不同类型、非常优秀的示范合作社，他们的示范带动作用将进一步凸显，对推动农民合作社快速健康发展产生积极作用。

（二）合作社之间多种形式的合作和联合将进一步拓展的趋势

"十二五"时期合作社开展多种形式的联合和合作取得显著成效，生动说明合作社之间联合的新趋势，是合作社发展机制和管理的创新，培育新型市场主体的创新，为合作社发展壮大增添了新活力、新动力；预示着合作社之间的联合是农民合作社发展的一种必然趋势，是促进合作社提升经营规模和竞争力的重要路径。通过多种服务功能的联合，将创建更多联合和合作发展的新模式，进一步推动合作社之间要素整合，促进一二三产业有机融合，拓展新的经营领域和功能；使小规模农户和实力单薄的合作社形成有一定规模的企

业化经营；改变盈利水平低下的状况，使社员从合作社获得更多的经营收益。

（三）经营服务功能进一步拓展，能力和效益水平不断提升的趋势

合作社经营服务功能拓展，将从传统的单一科技、农资供应服务向加工、品牌营销、精深加工、信用合作、农业保险、电子商务、外贸出口、乡村旅游、循环农业等新的领域拓展，如合作社为载体开展电子商务为农村经济发展带来深刻变革，在激活农村地区创业创新潜力，改变农业生产方式，推动农业升级、农民增收等方面，发挥了积极促进作用。随着"互联网＋合作社"策略的探索发展，以及合作社之间合作和联合模式的不断创新，合作社服务功能将进入更宽广的新领域，发展规模、农民获得的效益和盈余分配进入更大的空间。

（四）政府层面"指导、扶持、服务"职能进一步强化的趋势

实践证明，政府层面有效落实"指导、支持和扶持"的职能，对农民合作社能否规范营运管理，快速健康发展至关重要。目前存在的主要问题：一是"小、弱、散"、"休眠社"、"空壳社"问题。二是怎么解决部分地区重数量、轻质量，重发展、轻规范，缺乏规范化营运管理。三是信用合作服务缺失问题，"三位一体"功能怎么不断强化到位，需要下功夫落实。关键问题是要认真研究解决政府层面的"指导、扶持，服务"职能，怎么能真正层层落实到位。

"十二五"以来，每年中央1号文件都对支持农民合作社发展提出明确要求，从财政、项目、金融、信贷、税收等方面支持农民合作社发展。十八届三中全会明确提出，允许财政项目资金直接投向符合条件的合作社。2017年中办、国办印发《关于加快构建政策体系培育新型农业经营主体的意见》，进一步明确了对农民合作社等新型农业经营主体进行扶持并引导其健康发展的政策措施。2003年起中央财政设立了农民专业合作组织发展资金，2016年中央财政安排14亿元，支持各地因地制宜发展粮食、农机、畜牧、林果等类型农民合作社。随着一系列指导政策的出台及贯彻落实，将创造良好的政策环境，积极引导和促进我国农民合作社进一步快速健发展。

（作者单位：农业农村部原农村经济研究中心主任、中国合作经济学会顾问）

农民专业合作社的产权结构与运行机制

陈建华

新修改的《农民专业合作社法》把推动规范化建设作为首要目的，进一步明确了农民专业合作社组织和行为，对于其提升运行质量、依法健康发展有重要意义。我国的社会制度与西方发达国家不同，各地资源禀赋和社会经济发展水平差异较大，实践中农民专业合作社类型多样。深入分析其产权结构类型及运行机制，对于农民专业合作社规范化建设具有参考价值和实践意义。

一、农民专业合作社的产权结构类型及特点

自 2007 年《农民专业合作社法》实施以来，农民专业合作社在各级政府鼓励引导下蓬勃发展。按照其产权结构划分，有发起人带动、股份合作、社区合作、联合社等多种类型，呈现出多样化管理模式。

（一）发起人带动型

这种类型的农民专业合作社，发起人对合作社的组织结构和运行管理起着至关重要的作用。按照发起人主体可以分为三类：能人带动型、企业带动型、项目依托型。

1. 能人带动型

农民办合作社需要有能人发起，这些能人主要是具有技术、市场、资金的农村能人和村干部等，我国大多数农民专业合作社属于这种类型。合作社的产权结构有成员入社时缴纳大致相等的股金，以及由发起人及其他核心人员出资，绝大多数社员入社不入股，或者只是象征性出一点资格股两种情况。

由合作社成员共同出资成立的合作社，管理实行一人一票制，社员与合作社的联系比较紧密。合作社遵循国际合作社联盟关于"资本报酬有限"的原则，按社员与合作社交易量返还比例高于按股金分红。

由能人发起成立的合作社大多数是由发起人及其他核心人员出资，社员入社未入股，主要是通过合作社在购买生产资料、技术服务、生产、加工、储运、销售等环节享受优惠服务。合作社出资人之间是合伙关系，与社员主要是服务关系。合作社对社员的组织管理效率总体较低，内部民主管理和盈余返还机制未形成法律规定的合伙企业或者合作社运行

模式。

2. 企业带动型

龙头企业为了获得稳定的加工原料，或者享受农民专业合作社的优惠政策，领头创办合作社或者以"企业＋合作社＋农户"的形式与合作社联合发展产业。由于企业具备较强的经济实力和市场优势，在合作社管理中处于主导地位。

这类合作社多数利益联结机制较为松散，成员的生产经营相对独立，农户只是通过企业领办合作社来抵御市场风险和自然风险。虽然合作社章程规定分配坚持按交易额返还原则，但企业的逐利性易使利益返还虚化，农产品多时还会在价格上打折扣；社员也会受利益驱使，农产品少时将产品卖给出价高的收购商。

3. 项目依托型

农业部等六部委发出《关于支持有条件的农民专业合作社承担国家有关涉农项目的意见》，对农民专业合作社承担国家有关涉农项目起到积极的推动作用。如黑龙江省安排财政资金 75 亿元，在全省扶持成立了 558 个农机专业合作社，为社员和周边地区农民提供深耕、播种、收割等农机服务。

《农民专业合作社法》和国家相关文件规定，财政扶持资金投入到合作社应当量化平均到每个社员，形成的资产交由合作社持有和管护。由于其资产主要是政府投入，社员投资入股较少，各地对政府投入合作社的资产由合作社持有和管护，产生的效益是否应该提取折旧，利益怎样平均分配给社员，有关部门如何实行监督和管理等，在理解和执行中还有差异。合作社资产所有权、决策权、执行权、监督权在实际操作中互相交织，管理权主要在村集体或核心社员，政府部门干预较多，农民参与管理程度比较低。

（二）股份合作型

为了适应农民对财产性资源合作的需求，各地出现了许多农民股份合作社。按照合作的要素不同，主要有资金股份合作和资源股份合作两种形式。

1. 资金股份合作

合作社社员有资金入股，在生产合作的同时开展信用合作。分配按照资格股和投资股两种股权性质，实行按交易额分红与按股分红相结合的分配形式。从总体看，农民专业合作社发展缺少资金是主要矛盾，普通社员投资数额较小的资格股获得社员资格，或将少量闲散资金入股，目的是获得贷款资格或获取高于银行存款利息的回报。因此，这类合作社发起人股东和一部分非农民身份的社员（低于社员总数的 20%）在投资股中往往占较大的比重，在合作社管理中发挥主导作用。

2. 资源股份合作

资源股份合作主要是土地、林地、水面或其他生产资料。农（林、水）地股份合作社是农户将承包的土地入股合作社，由合作社统一经营或者对外转包经营，社员按股分红。合作社实行一人（户）一票制管理模式。其他生产资料有农业机械、农业设施等，采取折价入股方式参与合作社经营和分配。

股份合作社产权清晰，分配以投资额的多少作为主要依据。虽然以资本联合为基础在一定程度上违背了合作社"以劳动联合为主，资本联合为辅"的原则，但是从资源配置和经营效率角度来看，这种分配机制实现了按资分配（股息）和按劳分配（交易量、贡献程度）相结合，对于提高合作社成员的积极性、提高资源配置效率有激励和促进作用。股份合作社要防止资本、技术、人力等资源集中在少数大股东，影响社员参与决策和管理。此外，股份分红为主的利益分配机制如果不加规范，可能会使资本联合的利益驱逐劳动联合的利益，使合作社异化成为股份制企业性质。

（三）社区合作型

这类合作社是以资产为纽带、股东为成员的社区性集体经济组织。目前普遍是由村集体将集体经营性净资产量化折股，分资到民，归入新组建的股份合作社管理。现阶段社区股份合作社在各地已有大量探索实践。随着以发展股份合作等多种形式的合作与联合为导向的农村集体产权制度改革稳步推进，一些地方以"资源变资产、资金变股金、农民变股东"为重点，组织农民抱团发展。社区股份合作社有效解决了村级集体资产产权不清、收益分配不规范、资本保值增值难度大等问题。

（四）合作社联合型

近年来，农民专业合作社联合社发展较快。参加联合社的成员主要是规模较小的合作社。修改后的农民专业合作社法赋予了联合社法人地位，增加"农民专业合作社联合社"一章，明确农民专业合作社联合社的成员资格、注册登记、组织机构、治理结构、盈余分配及其他相关问题。明确只有农民专业合作社才能成为联合社的成员，三个以上的农民专业合作社在自愿的基础上可以出资设立农民专业合作社联合社；登记类型为农民专业合作社联合社；联合社不设成员代表大会，成员大会选举和表决实行一社一票。目前许多联合社采取"生产在农民专业合作社，市场营销在联合社"的运行模式。

二、农民专业合作社的运行机制

农民专业合作社对内实行民主管理利益共享，对外追求效益最大化，不同于企业和非营利性组织，需要立足自身特点，建立适应民主管理并具有活力的运行机制。

（一）民主与效率兼顾的内部管理机制

"一人一票"的民主管理模式，体现了以人为本的理念和合作社"民办、民管、民受益"的原则。但是我国正处于工业化、城镇化快速发展时期，合作社入社自愿退社自由成员变动比较大；另一方面大多数农民加入合作社不是基于民主管理模式，而是为了获得更多的利益。因此不少社员不愿意承担经营风险，入社不入股，对合作社的管理不大关心。合作社按照民主管理要求决策难度大，管理效率低。

基于我国农民专业合作社外部环境的不稳定性和内部机制缺陷，一方面社员应承认并遵守农民专业合作社章程，履行入社手续，入社应该入股，增强社员的认同感，这是实行一人一票制的基础。另一方面，出资额或者与本社交易量（额）较大的成员可以享有不超过本社成员基本表决权总票数 20％的附加表决权。这有利于发挥核心成员的积极性和主动性，提高管理效率，增强在市场经济条件下的活力。

（二）利益共享与公平兼顾的分配机制

农民专业合作社无论是能人发起还是企业带动，盈利分配按交易量返还虽然有利于普通社员，但对发起人或企业及核心成员的资金投入、合作社管理、开拓市场的贡献体现不够，激励作用不明显，这将会使带头人缺乏动力，影响合作社可持续发展。

随着农民专业合作社类型多样化，采取多种利益分配方式，有利于调动合作社核心成员和普通社员两个方面的积极性。作为利益共享，除规定按成员与本社的交易量（额）比例返还的总额不得低于可分配盈余的 60％以外，还应限制发起人（企业）的持股规模，特别是在合作社发展起来以后应逐步减少发起人持有股份，形成合理的产权结构。作为兼顾公平，可分配盈余返还后的剩余部分，以成员账户中记载的出资额和公积金份额按比例分配给本社成员；合作社还应通过章程或者其他管理制度明确合作社管理人员的佣金，对合作社有贡献的社员予以奖励。

（三）上挂下联农业科技服务机制

农民专业合作社把分散的农户组织起来，是促进小农户和现代农业发展有机衔接的载体。合作社从政府有关部门、农业推广机构、科研教育单位、涉农企业和其他社会组织，获得项目、人才、技术、信息、生产资料、资金等多种支持和服务，组织合作社社员发展生产，并通过社员的辐射作用，带动周边农民学习应用新技术、新成果，成为广大农民开展科技服务的平台，见图 1。

（四）多种形式农业生产服务机制

2018 年中央 1 号文件中提出："发展多样化的联合与合作，提升小农户组织化程度，推进农业生产全程社会化服务"，"帮助小农户节本增效"。农户的家庭情况不同，需要按照依法自愿有偿原则进行土地经营权流转，通过转包、出租、互换、转让、股份合作等多种形式发展适度规模经营。

农民专业合作社可以为季节性在外打工和家庭劳动力不足或缺少技术的农户提供"菜单式"托管服务，让社员按照实际需要选择代耕代种、病虫害防治等环节的服务；为外出打工或无劳动能力的农户提供从种到收全程化服务；为多年外出打工或举家外出多年的农

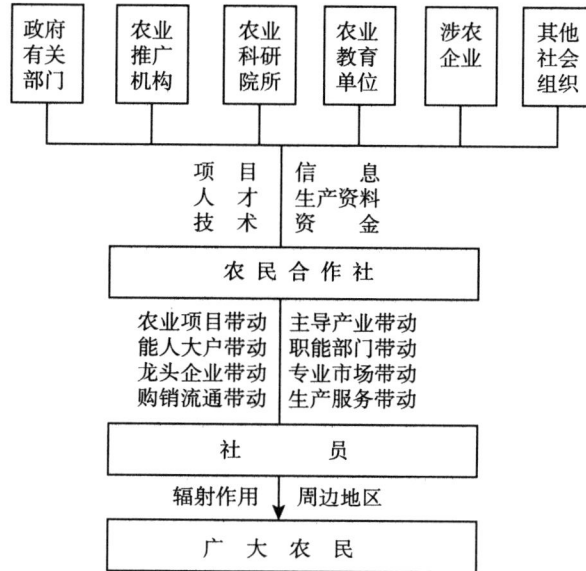

图1 农民专业合作社科技服务运行模式图

户提供土地经营权流转服务，由合作社统一经营或者统一对外流转；为愿意合作经营的社员提供土地入股服务，农民用土地入股合作社，参与合作社经营，利益共享、风险共担。

（五）"抱团"生产生活服务合作机制

传统的农村商品流通服务体系是按照图2实线标示的"生产资料生产-流通-农业生产-农产品流通-市场"这个流程在运行，中间环节多，流通成本高。农民专业合作社把分散的农户组织起来，统一购买生产资料、统一销售农产品，"抱团"打造农产品品牌参与市场竞争，通过开展农超对接、农社对接帮助小农户对接市场，把图中虚线变成实线，不仅可以增加流通渠道，还可减少购销活动的中间环节和费用，提升了农产品流通效率。

供销合作是农民专业合作社社员降本增效、增加收入的重要渠道。有的合作社不仅统一购买生产资料，统一销售农产品，还根据社员需求统一购买生活消费品，提供养老、托儿等服务，满足社员生产生活多样化的服务需求。

（六）风险可控的信用合作机制

党的十七届三中全会提出"允许有条件的农民专业合作社开展信用合作"以来，各地农民专业合作社积极探索开展信用合作。据农业部2015年4月发布的调查统计，全国开展信用合作的农民合作社有2 159家，合作社成员52.6万人，其中参与信用合作的19.9万人，累计筹资36.9亿元，累计发放借款42.4亿元。应当指出，农民专业合作社开展信用合作在取得一些经验的同时，也出现一些问题。在国家对金融风险高度重视的背景下，

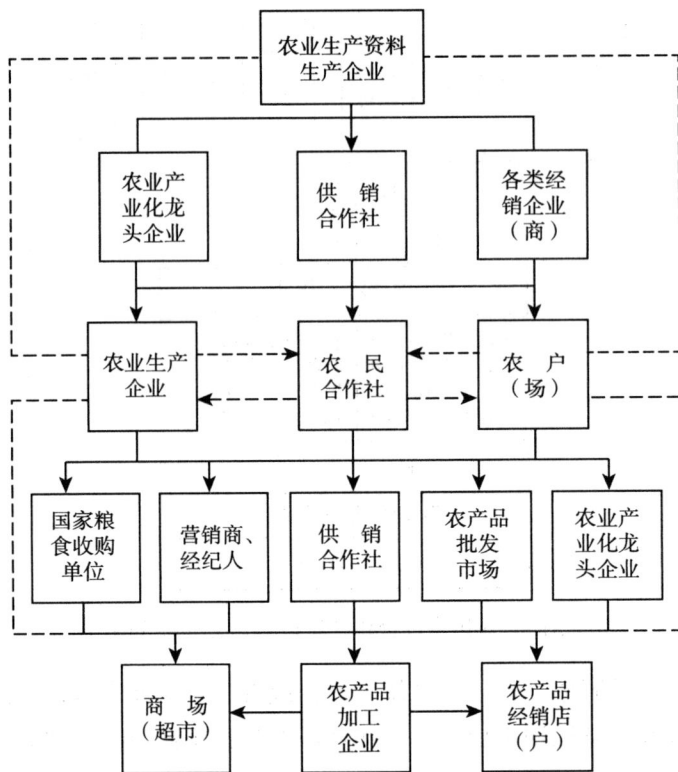

图 2　农民专业合作社产销合作流通模式图

社会各方面对农民专业合作社开展信用合作的认识还不尽一致，采取了更加审慎的做法。

我们承认商业性金融机构追逐利润的合法性，但不应认同其惟利是图的合理性；应当肯定建立在政府和社会扶持基础上的公益性金融的重要性，同时也应看到公益性金融不能代替普惠金融的局限性；发展农村合作金融，有利于贫困人群和三农平等地获得金融服务，是建立农村普惠金融体系的需要，也是合作社发展重要的经济支撑。

农民专业合作社开展信用合作，不是金融机构从事金融业务，必须遵守社员制封闭性原则，与生产紧密结合，坚持利益共享，风险共担，建立健全内部管理制度，加强风险防控和监管，在有关部门的监管下规范有序地推进。

三、农民专业合作社规范化建设的探讨

农民专业合作社的产权结构是建立管理结构的基础，对管理模式和运行机制有直接影响。结合我国国情和农民专业合作社规范化建设的要求，对其运行机制提出一些粗浅认识。

（一）法律法规是农民专业合作社规范运行的基础

世界范围合作社发展已有 170 多年历史。随着合作社发展和国内外市场、经济环境的

变化，各类生产经营主体竞争日趋激烈，单一经营领域和单一经营模式的合作社受到来自内外部市场越来越大的挑战。为了增强市场竞争能力，农民合作社出现联合趋势，数量整体减少，规模不断扩大，相关法律法规及原则内涵也在调整。以美国"新一代"合作社为代表，突破了"一人一票"的管理模式，取而代之的是更具效率、产权明晰的股份制运行机制。

我国农民专业合作社在快速发展的同时，出现如合作社联合社、社区合作社、股份合作社，合作社内部开展信用合作等《农民专业合作社法》没有做出规定的情况。新修改的《农民专业合作社法》坚持问题导向，吸纳农民专业合作社制度建设的新内容，确认其实践探索的新成果，做出严格农民专业合作社的组织和行为，推动规范运行的新规定。在修改过程中有关部门和专家对农民专业合作社多元化的组织形态，合作社开展资金互助和信用合作问题，规范化建设的标准问题等，仍然存在不同的看法。从实践的观点来看，还可能出现一些其他新情况、新问题，相关法律法规需要在实践探索的基础上不断完善。

（二）依法行政与依法办社同等重要

法律法规既是农民专业合作社依法办社的基础，也是政府部门指导监管的依据。当前既有一些农民专业合作社不作为、乱作为的问题，也有法律法规存在政出多门，职责不清，有关部门回避矛盾指导监管不到位的问题。虽然中央多次明确允许农民专业合作社开展信用合作，但多年来大多数地方政府部门没有制定相应经营规则和监管办法。合作社在没有制度约束和缺乏监管的情况下开展信用合作，规范化建设难以落到实处。修改后的《农民专业合作社法》鉴于这项工作还不成熟，没有写进相关内容就在情理之中。

新修改的《农民专业合作社法》有利于进一步规范农民专业合作社组织和行为，为依法办社和加强规范化管理提供了坚强的法治保障。农民专业合作社要加强自律，对已经有明确规定的要求，必须严格遵照执行，不能打着改革的旗号做违反法律的事。政府严格执法，农民专业合作社自觉守法，对于治理农民专业合作社不作为、乱作为同等重要。

（三）与时俱进推进农民专业合作社规范化建设

法律是在实践的基础上产生并不断完善，具有滞后性。我国农民专业合作社发展时间短，出现法律没有规定的情形是正常现象。超出法律规定只要不是禁止性行为，不能笼统地认为是违法。对党中央明确肯定的做法如"允许合作社开展信用合作"，不能以不符合法律规定加以否定，更不能把维护部门利益的法律条文当做挡箭牌。

我国改革开放后从农村土地家庭承包经营到三权分置，从计划经济体制到社会主义市场经济体制，都是中国共产党坚持实事求是、与时俱进的重大成果。在农民专业合作社发展过程中，需要发现和总结基层的创新性成果，在一定的范围内试验推广，为指导面上工作提供经验。

（四）明确扶持政策重点激发内在活力

对合作社予以扶持和保护是世界各国支持农业的重要措施，也是引导合作社规范发展的重要手段。要继续坚持对合作社扶大扶强的政策，通过建立示范社及示范社名录，发挥优秀合作社的示范带动作用，不仅能发挥政策扶持的导向作用，而且通过加大对符合条件的农民专业合作社的扶持，树立典型，引导其加强规范化建设。

以"多予少取放活"为基本方针，进一步明确农民专业合作社扶持政策的思路。国家扶持农民专业合作社的政策，应逐步从财政扶持为主转为财政扶持与金融、税收优惠并重，减少合作社对项目扶持的过度期待。增强扶持政策的普惠性，激励合作社提高经营能力，提升市场竞争力和自身活力，成为建设现代农业的新型经营主体。

经济基础决定上层建筑。农民专业合作社正在改变家庭生产经营模式，产权结构类型与运行机制也会在实践中不断丰富和完善，必将对建立现代农业体系和实施乡村振兴战略产生深刻影响。

（作者单位：农业农村部农村经济研究中心原党组书记、中国合作经济学会常务副会长）

坚持合作社本质属性
促进合作社建设循法制轨道健康持续发展

—— 从新《农民专业合作社法》有关盈余分配内容增而复删所想到的

王忠林

2017年12月27日十二届全国人大常委会第31次会议修订通过的新《中华人民共和国农民专业合作社法》（以下简称新《农民专业合作社法》），将于2018年7月1日开始施行。这是促进合作社发展的最新法律依据，对规范合作社的组织和行为、实施乡村振兴战略、推进农业农村现代化具有重要意义。当前和今后一个时期，合作社建设的主要任务是贯彻新《农民专业合作社法》，促进合作社建设循法制轨道健康持续发展。

这次合作社法修改，无论是合作社地位、合作领域和业务范围、联合社组建等新增内容的创新，还是合作社盈余分配、公积金量化、国家投入所得收益平均分配给成员等原有原则的坚持，都很重要，充分体现了全国人大对合作社发展的高度重视，增强了各地发展合作社的信心和底气。

合作社法修改过程中，曾在《修订草案》"财务管理"一章，增加了"成员与本社的交易量（额）较少或者没有交易量的农民专业合作社，可分配盈余可以按照章程规定或者经全体成员同意的其他办法返还或者分配给本社成员"内容，但在其后的修改过程中又删除了增加的内容。

全国人大常委会对合作社盈余分配问题的慎重态度是正确的。因为，合作社分配不仅涉及成员利益，而且影响合作社性质，事关合作社的发展方向。这里谈点个人想法。

一、按交易量（额）分配是专业合作社的重要原则，是确保专业合作社本质属性的关键所在

在合作社建设中，有三个概念不容忽视，即"人的联合"、"资本报酬有限原则"和"按交易量（额）为主分配"。人们往往由于对这三个概念及其关系的理解不同，引发合作社理论、立法和实践方面的争执。

众所周知，事物是由本质属性决定的，事物之间的区别最根本在于本质属性的不同。合作社的本质属性是"人的联合"，这一"质的规定性"将自身区别于股份制公司"资本的联合"本质属性，这是合作社能够独立存在的关键所在。

我们都知道，合作社的建设有三条基本原则，即"资本报酬有限原则"、"一人一票"的民主管理原则以及"入社自愿、退社自由"的开放原则。这三条基本原则与股份制公司恰恰相反，股份制公司是"按资分配"、"以股权多少确定成员权利"、"成员只能出售股票但不能退出股份制公司"。各自的基本原则支撑和确保着各自的本质属性。

人们通常认为，合作社的三条基本原则，充分体现了合作社"人的联合"本质属性，而其中"资本报酬有限原则"是最核心的原则，是合作社的必要条件，没有资本报酬有限原则，合作社就不能称其为合作社。

合作社坚持资本报酬有限原则是无奈之举。合作社诞生之初，面对强大资本对市场价格的垄断，穷人只能以自己仅有的个人消费（后来逐步发展成为生产资料的购买和成员生产产品的销售）联合起来，组成合作社抵御资本的挤压和盘剥（现在主要是联合起来提高市场竞争力），所以人们也称合作社是"弱者的联合"。有的同志建议合作社也可以实行按资分配为主，实际有违合作社产生与组建的初衷。这个问题是一个不应争论的问题：如是公司制企业就应按资分配，如是合作社就不能以按资分配为主，各自本质属性使然，"挂羊头卖狗肉不可"，无论有意无意。

资本报酬有限原则在合作社中大致体现两个方面：一是限制出资，减少合作社成员之间资本悬殊。二是控制分配，防止出资多的成员侵占出资少的成员利益。我国实行的是第二种办法，《农民专业合作社法》规定按交易量（额）"返还比例不得低于60%"，意即"按资金分配比例不得高于40%"。控制分配是很有效的办法，控制了分配其实也就等于限制了出资。

国际上的合作社主要是专业合作社，并且基本是对成员给予统一购买生产资料或统一对外销售农产品的服务。这类成员与合作社之间交易非常明显的专业合作社，按交易量（额）为主分配与资本有限分配基本一致，实行了按交易量（额）为主分配，即落实了资本报酬有限原则，从而也就在分配上确保了合作社"人的联合"本质属性。

我国对合作社的立法是《农民专业合作社法》，法律调整的对象是专业合作社。所以我们说，删去《农民专业合作社法》（修订草案）中增加的内容（前述）是正确的。如果《农民专业合作社法》在已经确立了合作社"盈余主要按照成员与农民专业合作社的交易量（额）比例返还"原则，并且还具体规定"返还比例不得低于60%"后，又允许合作社"可以按照章程规定或者经全体成员同意的其他办法"进行盈余分配，不仅会使该法自身前后矛盾，而且还会违背国际合作社通行的基本原则，因资本报酬有限原则的缺失，而丧失合作社"人的联合"本质属性。

二、大量假合作社存在不是正常的经济秩序现象，合作社建设应遵循法制轨道发展

近年来，我国合作社迅速发展，为构建新型农业经营体系、增加农民收入、推进农业

现代化发挥了重要作用。但实事求是讲，也存在着许多假合作社。我们所说的假合作社，并不是指存在某些瑕疵或不规范的合作社，而是指已经丧失合作社本质属性，空挂其名的"合作社"。前者仍属合作社范畴，而后者则不是合作社，"假"字后面之所以缀以"合作社"，是在说明合作社是受"假"所侵害的对象而已。

在法治社会里，人们必须遵守的行为规范是法律。我国已经颁布了《中华人民共和国农民专业合作社法》，所以判断农民专业合作社"真""假"的依据必须是《农民专业合作社法》，不允许也不应该随意自定标准。

我国《农民专业合作社法》对专业合作社的要求是：①盈余分配以交易量（额）为主，占可分配盈余比重不得少于60%。②一人一票为主（可设附加表决权）的民主管理办法。③入社自愿，退社自由的开放原则。这三条是建设合作社的底线要求，也是判断合作社的重要标准，缺一不可。至于该法还要求，合作社成员中农民比例必须占80%以上，则强调农民专业合作社要以农民为主体，是"农民"合作社的法定标准，达不到这个比例则不是农民专业合作社。

实践中怎样判断"真""假"合作社，我们试分析这样几个案例：

例1 某地农民搞设施农业，盖大棚种植蔬菜。由于单户经营销售成本高，农民自愿组成销售合作社。合作社有50个农民成员，其中6个成员出资20万元（每人1万~5万元不等）。合作社章程规定销售蔬菜后，扣除成本费用所剩盈余必须60%以上按交易额返给成员，其余部分按出资比例分配给出资成员。当地政府对这个合作社给予了10万元资金扶持，他们每年盈余分配时平均量化到成员身上，所得的盈余分配给成员。合作社统一标准，统一销售，给予种植技术指导，合作社成员实行民主管理，每人一票，入社自愿，退社自由。

分析：这个合作社符合《农民专业合作社法》。其一，按交易额分配占60%以上，所以按资金分配比例肯定在40%以下，在分配上既符合我国法律要求，也落实了国际合作社通行的资本报酬有限原则，体现了合作社"人的联合"本质属性。其二，合作社实行了民主管理，一人一票。其三，合作社入社自愿，退社自由，体现了合作社开放原则。其四，国家投入收益分配符合法律要求，平均量化到了当年每个成员身上作为成员个人分配依据。所以这个合作社是很规范的合作社。

例2 某地6个农民出资20万元组建蔬菜销售合作社。他们吸引20名种菜农民参加合作社，合作社为20个农民搞销售服务。成员中出资的6个农民是核心成员，20个种菜农民是非核心成员。合作社收购蔬菜时以每千克1元的价格先付给农民，销售后再补给农民每千克0.2元。合作社盈余扣除成本费用后按出资分配。合作社核心成员有表决权，非核心成员没有表决权。合作社入社自愿，退社自由。

分析这个"合作社"不符合《农民专业合作社法》，其一，成员权利不平等。合作社有核心成员、非核心成员之分，并且非核心成员没有表决权，被排斥在合作社之外，非核心成员实际不是合作社成员。其二，合作社与非核心成员关系是契约关系。第一次所付资金是预付款，第二次仍是销售款，不属合作社盈余分配范畴。其三，合作社盈余分配主要是按资分配。按资分配改变了合作社"人的联合"本质属性，所以，这个经济组织不是合作社。

例3 由10个农民出资400万元组建现代农机专业合作社，财政补贴600万元，合作社为农民代耕，合作社章程规定所得盈余按出资额分配。

分析：这个为农民进行农机作业服务的经济组织也不是合作社，而是一个农机服务公司。因为其一，分配是按资分配。其二，被代耕土地的农民不是合作社成员，这个合作社只是10个出资人的股份制企业。其三，国家财政补贴的资金没有平均量化到成员，而是混在合作社资金里面，分红时谁投入资金多谁受益多，国家投入实际成了个人投入的匹配资金。其四，这个合作社所起到的作用只是农机服务公司的作用，没有起到合作社作用。因此这不是合作社。

例4 某合作社2 400户农民以5万亩土地经营权入社，其中有7户农民出资800万元。另外财政补贴1 200万元购买现代农机设备。合作社实行统一耕种，统一销售。社员代表大会决定，土地经营权入社等同交易量，每年合作社盈余必须拿出60％以上按土地面积分配，其余部分按资金（包括国家投入、社员出资和提取的公积金）分配，其中国家投入部分所得盈余平均分给当年合作社成员。这个合作社是否提取公积金由成员代表大会决定，提取的额度同记在成员账户的额度相等，与个人出资和国家补贴资金一起参与分配。

分析：这个合作社土地经营权入社后，土地交由合作社经营，合作社成为综合经营性合作社，因而不再是专业服务性合作社。由于合作社与成员没有交易活动，不可能产生交易量，所以不能按交易量（额）分配。但由于这个合作社把土地经营权数量（入社土地面积数量）等同交易量，在合作社盈余分配中占60％以上比例，从而落实了资本报酬有限原则（只要土地分配占60％以上，按资分配就不会超过40％）。另外这个合作社实行"一人一票"民主管理和"进出自由"的开放原则，还按照合作社法要求，将财政投入每年平均量化到每个成员身上，作为成员个人分配依据，也都体现了合作社"人的联合"本质属性。应该说，这是一个非常有创新的综合经营性合作社。顺便提一下，如果土地经营权折资入股，土地在合作社的占比有可能低于60％，这时资本报酬有限原则难以落实，"人的联合"本质属性也就随之失去。还需要说明的是，我国家庭承包经营的土地经营权之所以能够等同交易量，个人认为主要是因为我国家庭承包经营的土地有两个特点：一是每个农民家庭基本上都具有；二是具有的数量差距不悬殊。这两个特点与合作社的交易量（额）特点相类似，以其作为主要分配依据能够体现合作社"人的联合"本质属性。

例5 某地若干养鸡大户自愿组成养鸡合作社，养鸡分散在各家庭养殖大户，鸡蛋和肉鸡由合作社统一销售，合作社盈余按各大户与合作社交易额分配。

分析：这是典型的养殖专业合作社。各家庭大户分散养殖，合作社统一销售，合作社不追求自身利益，所得盈余按交易量分配给成员。

例6 某地 10 个农民出资 1 000 万元（每人出资 100 万元）集中建养牛场，组建养牛专业合作社。合作社盈余按资分配。为了经营方便，合作社另挂企业的牌子，注册了公司。

分析：尽管这个经济组织成员出资额相等，但由于按资分配所以不是合作社，其本质属性是资本的联合。应该说，这里不是合作社挂了企业牌子，而是企业挂了合作社牌子。假合作社通常的做法即"一套人马两个牌子"。

综合以上 6 个案例（例 1、例 2 是销售领域的"真""假"合作社；例 3、例 4 是粮食种植领域的"真""假"合作社，其中例 4 是粮食种植领域的综合经营性合作社；例 5、例 6 是畜牧养殖领域"真""假"合作社）分析我们可以看出，判断"真""假"专业合作社，主要是看是否符合《农民专业合作社法》规定的三条底线，其中分配是合作社最核心的标准。我们在合作社分配上大体应该把握三点：

第一，专业合作社的盈余分配应该以交易量（额）分配为主，这是我国《农民专业合作社法》规定的，并且也符合国际合作社通行的基本原则。合作社的交易量（额）主要是为成员购买生产资料或为成员销售农产品、以商品交易形成的"商品"交易量（额），另外也有为合作社成员自身进行农机、植保作业服务而形成的"作业"交易量（额）。

第二，无论是商品的交易服务，还是作业的交易服务，合作社应该主要是成员与合作社之间的交易服务。而与非合作社成员的交易服务可以有，但只有成员与合作社之间的交易量（额）才能作为判断是否"以交易量（额）分配为主"的依据。

第三，法律没有覆盖的综合经营性合作社因其成员与合作社没有交易活动，不可能实行按交易量（额）为主分配，所以综合经营性合作社需要在实践中探索，但前提是必须落实资本报酬有限原则（除非法律另有规定的特殊类型合作社）。

一些专家认为，我国目前合作社中大多是假合作社，有的则认为假合作社比例占到 80% 以上。从各种渠道反映的实际情况看，这些判断并非言过其实。应该说，因实行按资分配而丧失"人的联合"本质属性的假合作社大有"社"在。

实事求是讲，假合作社现象的存在是难以避免的。但是，从受其《农民专业合作社法》专门法律调整的对象——农民专业合作社来说，竟有多数不符合法律所规范的质的规定性，在法治社会里，这种现象无论如何都不能视为正常的经济秩序现象，必须引起高度重视认真予以解决，并引导合作社建设循法制轨道健康持续发展。

三、落实新《农民专业合作社法》主要任务应是依法规范合作社，促进合作社建设健康持续发展

假合作社违法且有害，弊端至少表现在三个方面：

其一，假合作社有悖组建初衷，起不到应有的维护和保护广大普通农民利益的作用。农民合作社以其"人的联合"维护和保护广大普通农民利益而区别于其他农业经营主体，

正是这一本质属性使得合作社得以独立存在并深受广大农民青睐，农民需要合作社。但令农民失望的是，假合作社又抛弃了"人的联合"本质属性，回归到股份制公司"资本的联合"本质属性，假合作社没有发挥合作社应有的作用，不是广大农民真正自己的经济组织，这一点有悖于合作社组建的初衷。目前有的假合作社已经成为新的侵占农民利益的平台，成为少数出资者牟利的工具，以其合作社的名义少数人侵占多数人的利益，从而造成了新的社会不公。

其二，假合作社成为腐败隐患，为权力寻租造成可乘之机。如前所述，假合作社是在以合作社之名，行股份制企业之实；貌似为广大农民服务，实则与合作社的成员主体——利用者——广大农民相分离。由于假合作社往往只是几个出资人的股份制企业，所以原来不应享受的政策现在有了"合法"路径，本应多数人受益的政策却只是少数出资者独享。假合作社为腐败开了方便之门，使别有用心者借合作社之名套取国家财政补贴，使某些政府公务人员利用权力寻租，造成国家财产损失，社会影响恶劣。

其三，假合作社是一种负能量，误导农民偏离法制轨道。"造假获利"甚至"省力获暴利"是假合作社的动力机制，如果再得到默许、纵容甚至鼓励（有的地方树立的"农民专业合作社示范社"典型是假合作社），则对合作社建设的反促进作用更大、更有害，会使农民也走偏离法制轨道的假合作社之路。因此，假合作社不仅自身不发挥合作社应有的联合扶弱作用，而且还影响"真"合作社发展，扰乱社会主义市场经济秩序和法治社会建设。

引导合作社建设循法制轨道发展，是解决目前合作社发展中存在大量假合作社问题的重要路径，是广大农民的普遍热盼，也是我国建设社会主义法治社会的必然选择。

为此，个人建议如下：

首先，合作社建设循法制轨道发展，各级政府及相关部门要有"有法必依"的法律意识。

2006 年全国人大通过了《中华人民共和国农民专业合作社法》，填补了中华人民共和国成立以来我国合作社发展史上的法律空白，这是一件具有里程碑意义的大事。

这部法律符合国际合作社通行的基本原则，适合我国农民合作社发展实际，并且为广大农民在合作社建设中留有了充分的空间和余地。毫不夸张地说，这是一部具有中国特色的农民专业合作社法，落实好《农民专业合作社法》是各级政府及相关部门必须履行的职责。

《农民专业合作社法》颁布十多年来，各级党委、人大、政府做了大量工作，特别是农业部等九个部委发布了《关于引导和促进农民合作社规范发展的意见》，一些地方还出台了地方性法规。但是，有些地方在执行上还存在一些问题，特别是在落实《农民专业合作社法》的宣传、指导、监督方面做得还不够。

合作社建设循法制轨道发展，并非是在法律基础上又对农民专业合作社提出更为苛刻的标准，而只是强调要认真落实《农民专业合作社法》，改变某些有法不依的状况。笔者认为，落实合作社法是合作社建设最起码的工作要求。有的同志因强调认真落实《农民专业合作社法》，主张坚持合作社本质属性被斥为是理想主义，这种评价似乎过了一些。

诚然，严格按照《农民专业合作社法》办事，会如有的同志所说合作社数量大量减少，但这是表面现象，实际减少的不是真合作社，而是假合作社。减少了假合作社不仅不会使合作社事业受损，相反会促进更多的真合作社产生，使广大农民从中受益。

其次，合作社建设循法制轨道发展，重点是要防止合作社发展泛合作社化。

假合作社产生虽然有诸多原因，但泛合作社化是其主要症结所在。在农村，家庭、合作社和公司制企业等不同经营主体各自有各自的优势和发展空间。合作社尽管有组织农民、服务成员、保护弱者的"抱团取暖"特殊功能，但与家庭相比，在经营行为的灵活、适应范围的广泛以及对经营者积极性的调动等方面可能要逊色一些；而与公司制企业相比，合作社又在资金的聚集、市场的反应、决策的敏捷等方面有着明显的不足和欠缺。我们既要看到合作社的优势，增强工作主动性，帮助引导农民组建发展合作社；又要认识到合作社的局限性，合作社不能包打天下，不能包医百病。组建合作社时要坚持实事求是、因地制宜的积极而慎重态度，防止合作社发展泛合作社化，不能用合作社代替其他经营主体，不要以工商登记的合作社数量作为工作目标，也不应该在没有优势的产业、环节、品种、地域盲目发展合作社。各类经营主体并无优劣之分，发挥各自的优势，扬长避短，优化配置，打组合拳，把家庭、合作社、公司等不同类型经营主体组合起来，建设农业经营体系可能是较好的选择。

根据我国农村农业实际，增加合作社的经营内容是必要的，但有些经营业务合作社并没有优势。如果我们勉为其难，硬性在这些领域组建合作社，其结果必然是名义上组建合作社、实际运行的是公司制企业，造成事与愿违、适得其反。这种不伦不类经营主体不是广大普通农民需要的，虽然有些也能起到一些类似公司制企业的服务作用，但真正的公司制企业发挥的作用远超过假合作社，而假合作社造成经济秩序混乱的代价则是社会难以承受也不应承受的。

从实践看，有两类合作社是我国农民目前比较需要并且也最具有合作社发展优势的合作社。一类是，实行家庭经营的农民自愿组建为成员自己进行各类服务的专业合作社。主要是合作社为成员购买种子、化肥、农药以及销售成员自己生产的农产品，合作社按商品交易量（额）分配为主，这类合作社是国际上传统的经典合作社模式。另外有些为成员服务的内容（例如农机、植保等服务），表面上看没有交易量（额），但实质上作业量即交易量，可以按作业的交易量（额）为主进行分配。专业合作社适合我国家庭承包经营为基础的基本经营制度，具有广泛的应用基础。另一类是，农民以土地经营权入社，由合作社统一经营的综合经营性合作社。这类合作社适合可以机械化作业的粮食产区，主要是"通过生产关系的调整为先进生产力的实现创造条件"，使得现代化农机具能够在"土地所有权归集体、承包权在家庭、经营权转移到合作社"的"三权分置"情况下充分发挥作用。

再次，合作社建设循法制轨道发展，规范合作社的会计决算是关键环节。

目前合作社的会计决算情况不尽如人意，有些合作社未按照相关法律和财政部规定进行会计核算，决算信息严重失真，"假决算"和"无决算"现象比较严重。因此，建立健全合作社决算是合作社循法治轨道发展的关键性基础工作。

财政部门要对合作社财会人员进行培训，加强对合作社决算工作的指导，尤其要指导好合作社的盈余分配，落实好资本报酬有限原则。另外审计部门应加强对合作社特别是财政有投入的合作社审计。搞好合作社决算，一是要建立决算。会计决算反映合作社阶段性经营成果，是成员参与合作社民主管理的重要基础，也是工商部门监管合作社必报的年度资料。《农民专业合作社法》及财政部合作社财会制度对此有明确的规定，合作社必须依法建立决算。二是决算要保真。实事求是，真实体现经营效果，不得弄虚作假，对弄虚作假行为要依法依规严肃处理。三是决算要规范。要按照财政部关于合作社决算的要求编制好决算，报表、账簿齐全规范，决算要经合作社成员大会或代表大会审议要按时公布决算，允许合作社成员随时查阅，提高成员参与管理能力，落实成员民主权利。

另外，合作社建设循法制轨道发展，特殊的、统一的、规范的合作社政策是非常必要的。

合作社应该有特殊的扶持政策。近年来，国家和地方出台了一些合作社政策，对合作社发展起到了积极促进作用。但是也存在一些问题，例如，缺少具有合作社特点的鼓励农民合作机制方面的政策激励，多数是与其他经营主体相类同的产业政策。后者的产业政策也很必要，合作社理应享受，但前者是根本，更有利合作社发展，应该单独制订这类政策，以体现"人民为中心"的发展思想。实际这类"特殊"的合作社政策并不"特殊"：其一，合作社是广大普通农民受益的经济组织，能够使广大普通农民直接受益，这一特点其他经营主体并不具备，因此，发挥特殊作用的合作社得到特殊的政策支持，相对于其他经营主体来说是公平的。其二，国家支持农民专业合作社的政策没有直接给到成员笔者，而是给到合作社。所有权仍属国家，受益者是成员。其三，国家补贴所得收益"平均"分配给合作社成员，起到了促进农民合作的作用。所以尽管支持合作社的政策具有独立性特殊性，但从公平公正角度上说并不为过。这类政策支持的依据大多是看农民参加合作社的数量、成员与合作社的交易总量（或总额）以及土地经营权入社的面积等。特别应该强调的是，合作社政策支持的对象应该必须是真合作社，应严格禁止以合作社的名义支持假合作社。

合作社的政策应该是统一的。目前的合作社政策不统一现象主要表现在：其一，合作社与其他经营主体之间的政策不统一。例如某些财政补贴直接给到民营企业，成为了个人财产。而扶持合作社的资金所有权仍属国家，成员只是享受国投获利收益。笔者认为，合作社法规定的政策支持办法是正确的，建议改变对民营企业的扶持政策办法。其二，各部门之间对合作社支持的政策不统一。有的部门对合作社的支持未按照《农民专业合作社法》执行，所投资金没有平均量化到当年成员作为分配依据。建议凡是对合作社的扶持政策都要符合《农民专业合作社法》，以利合作社发展壮大、农民广泛受益。其三，地方与中央扶持合作社的政策不统一。有些地方政府自定的政策违背中央支持合作社的初衷，扶持资金没有流向真正合作社，受益的多为少数出资者的假合作社。所以笔者认为，实行统一的合作社政策是必要的，有利于形成合力，促进合作社健康发展。

合作社的政策应该是规范的。合作社政策规范的依据应主要是《农民专业合作社法》及其相关法律和中央有关规定，标准要合法合规，过程要公开透明，哪个合作社符合标准就支持哪个合作社，优上劣下，一视同仁。

落实新《农民专业合作社法》是一项综合性工作，我相信，只要各级政府及相关部门互相配合，协调工作，以新《农民专业合作社法》为规范，坚持合作社的本质属性，鼓励农民改革创新，我国农民合作社建设就一定会循法制轨道发展，出现健康持续发展的新局面。

（作者单位：黑龙江省政府参事、中国合作经济学会副会长，原省委农村办公室、省农业委员会主任）

中国传统乡村凑份抱团互助文化对合作社的启示

——基于《寻乌调查》对立公田、打会的阐析

郑有贵

  毛泽东在《寻乌调查》中阐析的中国传统乡村凑份立公田、打会及其孕育的凑份抱团互助文化，为皇权不下县体制下乡村治理提供了经济支撑，对维持传统乡村秩序和小农支撑国家大一统发挥着重要作用，是中国传统乡村文明的组成部分，也是中华文化的组成部分。中国传统乡村凑份立公田、打会受宗法伦理主导，服务于封建统治，决定其不能向合作社发展转变，为必须彻底废除封建社会制度、构建中国共产党领导的社会主义乡村治理体系提供了实证。对于中国传统乡村凑份立公田、打会及其中孕育的凑份抱团互助文化加以研究，去宗法伦理及服务于封建社会统治之糟粕，借鉴凑份抱团互助求生存发展之精髓，有利于避免合作社发生向单纯经济利益关系滑落，能够更好地基于合作社是平等的人的联合而丰富合作社文化。

一、凑份立公田、打会及其对中国传统乡村治理和文化传承的经济支撑

  1930 年，毛泽东下大力对闽粤赣三省交界的寻乌所做的调查，自定为弥补"关于中国的富农问题我还没有全般了解"和"我对于商业状况是完全的门外汉"的问题，但实际上是较为全面系统和深入细致的，所形成的《寻乌调查》，不仅对当时乡村社会的一些重大问题作出判断，还对乡村状况进行了真实呈现，具有珍贵的史料和研究价值。学界对《寻乌调查》中个人地主相关内容的研究已有大量成果，而对于"公共地主"中的公田，特别是凑份立公田等孕育的互助文化还没有涉及。《寻乌调查》所呈现的传统乡村凑份立公田、打会等为中国传统乡村治理和文化传承提供经济支撑，并形成凑份抱团互助文化，这些对于中国农民有没有互助合作传统、传统乡村治理的经济支撑等重大历史问题的辨析，提供了丰富、具体、有力的佐证。

  《寻乌调查》在第四章"寻乌的旧有土地关系"中，就"公共地主"进行了专门的阐析。这部分又分为祖宗地主、神道地主、政治地主三类，对公田为何而立、如何立、收益如何分配等进行了细致的描述和分析。

  第一，祖宗公田及其对宗族治理和宗祖文化的支撑。《寻乌调查》中"公田地主"的第一部分专门阐述了祖宗地主，并使用了公堂经济的概念。"寻乌公田多，成了各区普遍

现象。"① 在寻乌，参与范围广的是公堂经济。寻乌总计祖宗方面的土地，占全部土地的24％，占全部公田的60％。从其中的行文看，公田由本姓以田凑份而成，公田所产的结余，用于祭祖和过年过节时分谷和肉。毛泽东阐析指出："各种公会多得很，祠堂里的公会如什么'公'什么'公'，差不多凡属死人，只要是有'后'的，而他的后又是有钱的，他的所谓后者必定从他们的家产中各家抽出一份替他立个公。这种凑份子立公的办法是什么姓都普遍采用的。凑成的份子一概是田地，不用现钱。再则那什么公还在时，他自己就留出田产立起公来，这一种比前一种更多。公田一经成立，就年年收租。租除祭祖用费外，大概总是有多余的，便把它积蓄起来。积蓄的方式不是拿谷积蓄，而是拿钱积蓄，就是每年把多余的谷子粜给贫民，把钱积起来。积得若干年成一笔大款，便购买田地。如此下去，这一公的田地就渐渐地增多起来。但这积蓄增多的在全部款子中只占去一部分，还有一部分是由他的子孙均分了去。"从中，可明了为什么参与立公田的人最多。

第二，神道公田及其对神道的支撑。《寻乌调查》中"公田地主"的第二部分专门阐述了神道地主。在寻乌，神道方面的土地占全部土地的8％，占全部公田的20％。毛泽东在《寻乌调查》中对神、坛、社、庙、寺、观等作了阐析，指出神坛是地主需要的，社坛是农民需要的，庙是地主、农民共同需要的。凡有会的神、坛都有公田，出钱弄这种神会的通通是富农地主。神会的田、谷、钱叫作"会底"，主要是田地。立会的目的有：一是为神。因为在封建文化中，神能保佑人畜清泰和财丁兴旺。二是吃东西。在神诞那一天，吃一顿，过年过节还分肉，但要凑了份子的才有吃有分。"社"不同于"神坛"，设社坛是为了保佑禾苗不遭虫子吃、牛猪六畜不至于遭瘟，保佑人们得到康健。正因为如此，社坛较为普遍，即使村子只有三家人也会有一个。庙的性质是所谓"有功德于民则祀之"的意思。②

第三，政治公田及其对乡村文化教育事业发展和基础设施建设的支撑。《寻乌调查》中"公田地主"的第三部分专门阐述了政治地主。毛泽东将政治地主分为两类，一类属于教育性质，包括考棚、宾兴、孔庙、学租；还有一类属于社会公益性质，包括桥会、路会、粮会。寻乌总计教育方面和公益方面的土地均占全部土地的4％和全部公田的10％。这些公田的经营，为传统乡村公共事业的维持提供了支撑。③

第四，山林公禁公采及其对山林治理和共享文化的支撑。寻乌有一部分公山，在整个山地所占份额达20％，其中属于一姓公山的占15％，属于地方公山的占5％。一姓公山与地方公山有区别，但共同之处在于，通过共同约定和遵守禁采期和开采期，以及用途，以保障林木生长及其对林木需求的满足。以一姓公山为例，公山不是通过凑份子形成，而是由先落脚氏族所有，实行公禁公采制度，即：禁止自由采伐和自由买卖。除了许可死人

① 《毛泽东文集》第1卷，人民出版社1993年版，第176页。
② 参见《毛泽东文集》第1卷，人民出版社1993年版，第178-180页。
③ 参见温锐：《清末民初赣闽边地区土地租佃制度与农村社会经济》，《中国经济史研究》2002年第4期，第72-73页。

需要"倒条把子树，搭墓棚"进行采伐外，主要是为了公共利益使用，如作陂、开圳、修桥梁等。开山日期由"禁长"召集本村同姓人等到场议定。采伐时，每家出一工，所得蓊其或树卡共同分配；也有将山林分成若干小块，召集公众到场拈阄，然后按所分地段各自采伐。毛泽东将一姓公禁公采的公山制度称为"家族主义的山林'共产'制度"，将地方公禁公采的公山制度称为"地方主义的山林'共产'制度"。①

第五，打会及其对民间融资文化的支持。打会，即民间互助融资，不同于放高利贷。会有长年会、半年会、月子会、四季会、隔年会等。邀集亲戚朋友打会，目的是互相扶助，用于娶媳妇、做生意、埋葬死人、还账等。打会的人（会头）经济状况相似，不是全无资产的人，多半是中农阶级及小商人。富农不需要打会，极贫的贫农邀不到人参会，只有半自耕农，佃农中有牛力、农具者，自耕农，市镇上较活跃没有破产危险的小商人，他们邀会才有人参加。

此外，20世纪二三十年代，合作社在寻乌也开始兴起②，不过还属于小范围试办。

公田并不是寻乌独有，而是在中国传统乡村普遍存在，只不过各地公田有多与少的差异，相对而言，长江三角洲和珠江三角洲比华北平原多。黄宗智在分析长江和珠江三角洲水利工程时指出，长江和珠江三角洲地区宗族组织的规模与水利工程的规模是相符的。两者也许可以视为同一生态系统里相关联的两个部分，呈现出自然环境和社会结构的相互作用③。2017年11月下旬，笔者调研贵州省安顺市西秀区鲍家屯明代所建"旱能灌，洪能排"的水利工程时，该村鲍中权提供的资料表明，这一古水利工程600年不衰，除因地制宜科学设计水利工程外，还有诸多原因。比如，有公田经济支撑。1930年续修的鲍氏家谱记载：鲍氏家族有公田133块，每块坐落地名、四至、交租谷多少记录完整，每年收租谷33石1斗2升（近5000千克），用于水利维修的技工工费和材料费、教育等。再如，有村规民约的保障。1390年立的石碑刻有明确规定，不得损坏水利设施，人为损坏罚银一两，水牛踏坏罚银五钱。1855年立的石碑刻有规定，禁止毒鱼、禁止损坏挖坝，违者罚银一两二钱。族谱上明确规定，原始森林的四座山是风水山，严禁乱砍滥伐，严禁放火烧山，严禁毁林开荒，严禁开山取石。违者，视情节，罚银一两以下，一钱以上。鲍家屯有一幅传统对联，上联：植树造林，使青山不老；下联：修河整沟，叫绿水长流。横批：美在人间。

上述对中国传统乡村通过凑份所立各类公田、打会等，以满足祭祖、神道、教育、公益、资金周转等需求的分析表明，乡绅治理只是从治理社会的人所处阶层的表象分析的结果。从唯物史观中经济基础决定上层建筑的逻辑分析，正是祖宗公田、神道公田、公益公田、教育公田、公山、打会等抱团互助的广泛存在，为宗族治理及以此为基础的乡绅之治提供了经济支撑。

① 参见《毛泽东文集》第1卷，人民出版社1993年版，第201-202页。
② 参见《毛泽东文集》第1卷，人民出版社1993年版，第196页。
③ 参见黄宗智：《华北的小农经济与社会变迁》，中华书局2000年版，第53-56页和243-247页。

二、传统乡村凑份立公田、打会与合作社的比较

合作社没有产生于中国，这是不容置疑的。中国先是向资本主义国家学习兴办遵循罗虚代尔原则的合作社，后学习苏联集体农庄发展高级农业生产合作社等。中国的合作经济在 1978 年前经历曲折，1978 年后的一段时间内发展滞缓，现今一些合作社存在没有充分体现合作社原则的问题。在现实问题研究中，曾有中国农民没有互助合作传统的判断。这样一个结论的得出，是因为对中国传统乡村的认识，还停留在表象，而对其中的公田、公山、打会等缺乏深入考察。此外，由于诸多原因，如受否定封建社会及其经济制度，以及受阶级分析的影响，《寻乌调查》所描述的祖宗地主、神道地主、政治地主、打会等凑份抱团互助文化受到屏蔽。

尽管中国传统乡村凑份立公田、打会等不能与现今的合作社相提并论，之前也没有人将两者联系起来分析，但对照合作社的互助性，以及国际合作社联盟确定的合作社原则分析，《寻乌调查》阐析的凑份立公田、打会，孕育着互助文化，有着与合作社相似之处。

第一，凑份立公田、打会的自愿性。自愿加入、退出是合作社原则之一。从《寻乌调查》看，入伙否，入哪类伙，遵从自愿，是根据需要和能力而定。以凑份立公田为例，在全部公田中，祖宗方面的土地占 60%，神道方面的土地占 20%，教育方面的土地占 10%，公益方面的土地占 10%。这种不同公田所占份额的差异，既是对入伙需要的反映，也是入伙能力的反映，还是遵从入伙自愿的结果。正因为如此，才有诸多公田、打会等入伙形式。在现今的话语体系中，能与各专门公田、打会对应的词，最相似的就是专业合作。当然，这种自愿也是受到约束，由非正式制度的宗法伦理所决定的，如祖父母、父母在时不准分户口、分财产，不准"别籍"，不准"异财"。这种情况下，宗法伦理成为祖宗公田存在和规模较大的原因之一。

第二，凑份立公田、打会的互助性。互助是合作社兴起及生命力所在。凑份立公田、打会广泛存在，就在于农民有不少需求，一家一户办不起或办了不经济，需要通过凑份入伙抱团互助，才能实现或才够经济。毛泽东在描述各种公田、公山、打会时，虽没有一一指出互助性质，但从中的描述看，互助性呈现得较为明显，甚至还直接指明了互助性。其中，最直接的有：例一，粮会，属于通过抱团互助与各方敲诈式抗争的组织。毛泽东分析指出，如果没有粮会，各方敲诈，各人不利，法警的脚钱比粮钱多，逾期限还要付非常重的利息。为抵制政府向族内各家迫粮，避免各家受害，凑钱成立粮会，或由各小公出钱凑成，粮会统一代表本族人完粮。用当下的话语，就是组织起来增强谈判能力或话语权。寻乌县仅有篁乡的严姓、大田的梅姓、车头的邝姓、吉潭圳下的刘姓等几个粮会，各有些田地，多的如车头邝姓粮会有 500 石租的田，原是"军田"，后改充粮会。① 例二，打会属

---

① 参见《毛泽东文集》第 1 卷，人民出版社 1993 年版，第 182 页。

于互助。毛泽东非常明确地指出，打会的目的是互相扶助。① 现今的资金互助社传承了打会的一些做法。例三，政治方面的土地，考棚、宾兴、孔庙、学租属于教育性质的，桥会、路会属于社会公益性质的。② 例四，凑份立祖宗公地旨在周济祭祀。毛泽东在分析有少数公堂对谷肉不采取平分而是轮分（轮流替祖宗收租的意思，名义上叫"轮收"或"管头"）时说："租收了，每年开支一小部分在祖宗的祭祀上，大部分落在管头的荷包里，这并不算'吃油饼'，因为这样做正是公堂经济存在的根本原因。为什么呢？当他那个祖宗还没有死，把家产分拆给儿子们的时候，为了怕他的子孙日后把分得的一点田产变卖了弄得没有饭吃，就从田产中挖出一部分不分，作为公田，永不变卖。一面有了他死后的祭费，一面呢，他的穷困的子孙便得了周济了，这叫作'留出后路'。他的子孙也很赞成这种办法，因为这就是为自己留出后路。凡是祖宗生前没有立起会的，祖宗死后，子孙们只要稍为富裕也必定为他立会，出名叫作祀祖，其实是为了自己。所以轮流收租名则是轮流替祖宗收租，实则是轮流替自己收租。在这个意义之下，那些贫苦子孙往往闹着要分公田，同时富裕部分的子孙却反对分公田，成为一种氏族内部的阶级斗争。那些穷苦人闹着要分公田也不是要分了田去耕种，他们是要分了田变卖，得钱还高利债或买明天的早饭米。在这种情形上面，看得出贫农群众因为他们苦得没有米煮，便把什么'祭扫'呀、'慎终追远'呀等等封建思想逐渐地不要了，他们的生活迫着他们要不了这些宝贝了。"③ 可见，各种公田和打会的收益，不按出田多少分配，而是一部分用于互助式周济祭费、共建、抱团抗争等多种公共支出，一部分用于积累以实现更强大的抱团互助，也有部分用于凑份入伙者分配。换言之，无论是凑份立公田，还是打会，对入伙者而言，不以营利为目的，而是为了入伙者的互助互济，以满足入伙者共同需求的实现。

第三，凑份立公田、打会中的朴素民主成分。实行一人一票的民主决策，是保障合作社实现互助不可或缺的原则。在中国封建社会中，各种凑份立公田、打会没有也不可能有一人一票民主决策的正式制度安排，尽管如此，遵从有序，一般经过民主议事，只不过仍然是由族长、尊者等说了算。尽管如此，在凑份立公田、打会中，还是有朴素民主成分。例如，最典型的是地方公山治理中，禁长一般五六个，至少三个，多的有十多个，依村落大小山林广狭而定。禁长均由选举产生，任期不定，全看其能否做到公道和尽职。禁长们每年召开一次禁山会议，一切关于禁山的规矩都是由这种会定出来的。禁山会临时召集的多，也有"有底子"的。④ 再如，为保佑禾苗不被虫子食、牛猪六畜不遭瘟疫和人们康健的社坛，在开会那天，各家一人参加，不分贫富，一概有份，杀猪买酒，大吃一顿。吃过之后，开堂议事，作陂开圳呀，禁六畜伤害禾苗呀，禁胡乱砍伐山林竹木呀，条规不一，议论纷纷，也没有什么主席，也不要什么记录。虽然乱讲一顿，却有一种自然的秩序。就

---

① 参见《毛泽东文集》第1卷，人民出版社1993年版，第218页。
② 参见《毛泽东文集》第1卷，人民出版社1993年版，第180页。
③ 《毛泽东文集》第1卷，人民出版社1993年版，第177-178页。
④ 参见《毛泽东文集》第1卷，人民出版社1993年版，第201-202页。

是当那所谓"老前辈"或所谓"更懂事的"讲得"更公道"的时候，大家都说他的话"讲得好"，就是这样子成了决议。这种社是群众的，虽然也信神，却与地主富农的神坛完全两样。这种社的会议是农民作主，不是豪绅作主，也不完全是富农作主，是"更公道"的人的话为大家所信仰，这个人就作了无形的主席。社坛有公堂的最少，大多数是每月初二开会（要敬神）时候大家凑钱，每人每次二毛、三毛至四毛，不来吃的不出。[①]

第四，凑份立公田、打会收益分配的有限共享性。按交易额返还是合作社实现互助而不可或缺的原则。公田、公山、打会实行有限的共享，也形成与封建社会相对应的博弈机制。例如，祖宗公堂经济中，有的实行分房股肉而不是分丁肉，就是这样一种博弈的结果。《寻乌调查》分析指出："为什么要分房股肉呢？这是一种斗争，房下人少的要分房股肉，房下人多的反对分房股肉，主张分丁肉。但结果各地多半是照了人数少的房份的意见分了房股肉。为什么少数对多数胜利呢？因为这种公的产业，原是各房都有平均的权利的。次分丁肉，不是每个公都有分，多数公是没有丁肉分的，这是因为公款不多，或是人太多了的缘故。"[②]

由上可见，《寻乌调查》呈现出传统乡村有底蕴深厚的凑份抱团互助文化，认为中国农民没有互助合作传统是对中国传统乡村历史的误读。正是因为传统乡村中有底蕴深厚的凑份抱团互助文化，有利于皇权不下县体制下乡村治理，使在生产力水平低下的情况下农民所遇困难可以得到有限解决，在小农支撑国家大一统的延续、中华文明的延绵不断和丰富发展中发挥着不可或缺的作用。现今合作社是可从传统乡村凑份立公田、打会的抱团互助文化中吸取养分的，那就是要注重文化建设。在传统乡村社会，通过凑份立公田、打会第一位的目的是满足宗法伦理主导的精神上的"公共产品"需求，而满足经济利益方面的需求还不是主要的。从实践看，在封建社会时期，因为满足了封建宗法伦理主导的精神文化需要，也就促进了宗族凝聚力的增强。这也给出了深刻启示，要增强合作社的凝聚力，合作社在实现成员经济利益的同时，也要注重文化建设，所不同的是，要清除宗法伦理影响，以社会主义核心价值观引领合作社的文化建设。

三、传统乡村凑份立公田、打会没有发展成为合作社的原因

中国传统乡村凑份立公田、打会与现今的合作社有着重大区别，没有能够发展成为合作社主要有以下原因。

第一，传统乡村凑份立公田、打会由宗法伦理统领，宗族组织成员间的关系是不平等的。传统乡村凑份立公田、打会等中的抱团互助文化并非是独立的文化，而是受宗法伦理主导。以立祖宗公田为例，所支撑的宗族组织，尽管是松散的，但由于可以周济祭费，有

---

① 参见《毛泽东文集》第 1 卷，人民出版社 1993 年版，第 179 页。
② 《毛泽东文集》第 1 卷，人民出版社 1993 年版，第 177 页。

利于在水、沙田、山林等资源争夺中获胜，本族人也可分享家族兴旺所带来的有限红利。珠江三角洲为争夺沙田而宗族组织发育相对充分即是例证。由此，促进了强烈的宗族认同感和本宗族利益共进退行为取向的形成。① 受三纲五常为基本架构的宗法伦理与政治统一，凑份立公田中人与人之间实际上是不平等的，存在严格的等级关系。仅以祖宗公堂经济收益分配为例，在过年过节时从祠堂里分谷和肉时，不是人人平等，而是依据人的社会地位。首先，是男女不平等。"男子都有分，女子没有分（有些族上寡妇有分），每人分得几斗谷、几斤*肉。这种谷叫'红丁谷'"。其次，按阶层地位分配，即：肉有四个项目：一是"胙肉"，从前是秀才、举人有功名的人分的，后头加上"毕业生"。二是"房股肉"，每房一份。三是"老人肉"，70 岁以上的人每人一份。四是"丁肉"，每个男子一份。分的次序：先分胙肉，次老人肉，因为这两种人是可贵重的，每人大概分一斤。次房股肉，每股十斤八斤的有，十多二十斤的也有，整的分出去，再零分与房众。② 这种凑份立公田等中的不平等也就难以发展成为平等的人联合所形成的合作社。

第二，传统乡村凑份立公田、打会是服务于封建统治的。在封建社会中，处于自给半自给的经济发展阶段，传统乡村社会中凑份立公田、打会主要是解决所处封建社会对应生活中的问题。特别是在私有制的主导下，凑份立公田、打会还只属于对封建经济的补充，无法成为主体。正因为如此，维护封建统治的凑份立公田、打会等可以存在，但不可能将其纳入国家正式制度，也阻断了其发展为合作社的路径。

第三，传统乡村凑份立公田、打会有两面性，既有互助性，也有剥削性。毛泽东在《寻乌调查》中，不是将诸种公田经济界定为合作经济，而是将其纳入到第四章"寻乌的旧有土地关系"中加以阐析，并将其归类为"公共地主"。不仅如此，毛泽东还特别指明了一些凑份立公田、打会中存在剥削问题。例一，毛泽东在指出"打会的目的是互相扶助，不是剥削"的同时，也指出打会中的月子会、隔年会、四季会"因为标利很重，结果变成剥削农民。"③ 例二，毛泽东在肯定桥会公益性的同时，也指出了桥会向剥削机关演变的问题，即桥会"都是地主、商人捐起的，目的是修理桥梁。起始钱少，逐年放债堆积起来成了大数，置买田地。每年十二月算数、敬桥神，名之曰'做桥会'，捐主都来吃一餐，吃了之后还分猪肉，所以桥会实在是个剥削机关。"④ 例三，毛泽东指出庙的田产很少，租入不够香纸费及庙老用，所以不是严重剥削所在。"寺"则完全不同，它是和尚的巢穴，是剥削厉害的地方。寺产都是大地主"施"出的，施了田的大地主，叫作"施主"。大地主为什么施田地给和尚呢？因为佛教是大地主阶级利用的宗教，大地主为了"修子修

---

① 参见温锐、陈涛：《社区共同体：清末民初农村经济社会关系再认识——以毛泽东〈寻乌调查〉及寻乌方志史料为例》，《福建师范大学学报（哲学社会科学版）》2015 年第 5 期，第 123 页。

* 斤为非法定计量单位，1 斤＝500 克。——编者注

② 参见《毛泽东文集》第 1 卷，人民出版社 1993 年版，第 177 页。

③ 《毛泽东文集》第 1 卷，人民出版社 1993 年版，第 218 页。

④ 《毛泽东文集》第 1 卷，人民出版社 1993 年版，第 181 页。

孙修自己",所以施田给和尚。观的田产的来源和剥削的状况,与寺无二样。① 例四,毛泽东指出,豪绅把持的公堂、神会,在向上送租时,会强迫农民交谷上仓,以实现谷价高时钱卖得多而侵蚀农民的利益。② 此外,在传统乡村凑份立公田等中,存在明吃暗拿占便宜的现象(毛泽东在《寻乌调查》中称其为"吃油饼")。如此,在封建社会凑份立公田、打会不可能真正以互助为价值取向,也决定了其不可能发展为合作社。

传统乡村凑份立公田、打会存在的上述问题,是没有发展成为合作社的原因,正是现今发展合作社需要吸取的教训。现今的合作社,主要不是传统乡村凑份立公田、打会那样受宗法伦理主导,而是面对资本主导全球经济的挑战。合作社吸取传统乡村凑份立公田、打会的教训,就是要在乡村发展受资本短缺约束的情况下,避免凑集资本时把合作社作为偏重甚至单纯实现资本利益的工具,更加自觉地坚持以人民为中心的发展思想,以及以互助合作为价值取向,根据所处发展阶段,健全合作社制度和运行机制,真正实现农民互助共享,进而实现乡村振兴并朝着全体人民共同富裕的目标迈进。对于这样一个时代课题,需要在实践中探索破解。

（作者单位：中国社会科学院当代中国研究所第二研究室主任、研究员,中国合作经济学会副会长,中国经济史学会副会长兼中国现代经济史专业委员主任）

---

① 参见《毛泽东文集》第 1 卷,人民出版社 1993 年版,第 179~180 页。
② 参见《毛泽东文集》第 1 卷,人民出版社 1993 年版,第 208 页。

积极发展农村合作经济组织

杨力明

一、当前形势

（一）国民经济发展现状

2016 年年末全国总人口 138 271 万人，其中城镇人口 79 298 万人，农村人口 58 973 万人，全国总就业人员 77 603 万人，城镇就业人员 41 428 万人；2000 年全国总人口数为 126 743 万人，其中城镇人口 45 906 万人，农村人口 80 837 万人，城镇就业人员为 23 151 万人，农村就业人员为 48 934 万人。城镇人口占全国人口总数的比例由 2000 年的 36.2% 上升至 2016 年的 57.3%，农村人口同期由 63.8% 下降至 42.6%；2016 年城镇就业人员比 2000 年增加 18 277 万人，而同期农村就业人员减少了 12 759 万人。

2016 年国内生产总值 744 127.2 亿元，其中第一产业产值 63 670.7 亿元，占国内生产总值的 8.6%；而 2000 年国内生产总值 99 214.6 亿元，第一产业产值 14 944.7 亿元，占当年国内生产总值的 15.1%。

主要农产品中的粮食，2000 年总产 46 217.5 万吨，2016 年增长至的 61 625 万吨。同期，棉花产量由 441.7 万吨增长至 530 万吨，油料产量由 2 954.8 万吨增长至 3 629.5 万吨，肉类产量由 6 013.9 万吨增长至 8 537.8 万吨。

2000 年我国进口谷物 315 万吨，其中小麦 88 万吨，大米 24 万吨，进口大豆 1 042 万吨，食用植物油 179 万吨，食糖 0.6 万吨，进口鲜冻猪肉 2 万吨，鲜冻牛肉 2 万吨，羊肉 0.5 万吨；而到 2016 年，我国进口的谷物及谷物粉达到 2 199.7 万吨，其中小麦 341.2 万吨，稻谷和大米 356.2 万吨，进口大豆 8 391.3 万吨，食用植物油 688.4 万吨，食糖 306.2 万吨。2016 年全年进口猪肉达 162 万吨（约占世界猪肉贸易量的 1/4），进口牛肉 5.8 万吨，羊肉 22 万吨。2016 年我国进口畜产品数额达 234.0 亿美元，同比增长 14.5%，而出口仅为 56.4 亿美元，同比减少 4.2%，贸易逆差达 177.6 亿美元。同时，一些进口产品价格低于国内同类产品的 1/5 至一半，对国内农产品市场产生巨大影响。

（二）农产品消费状况

由表 1、表 2 的对比数字可以看出，城镇居民的粮食消费量是农村居民消费量的 2/3 左右，蔬菜与植物油的消费量差别不太大，而牛羊肉、水产品、奶类、蛋类、瓜果等，城镇居民消费量比农村居民消费量分别高 1/5 到 2.5 倍。城乡居民对农产品的消费差异，将导致城镇化过程中我国居民对农产品需求数量的大幅增加。

表 1　城镇居民 2000 年与 2016 年主要农产品消费数量

单位：千克

	粮食	鲜菜	食用植物油	猪肉	牛羊肉	鲜蛋	水产品	鲜奶	鲜瓜果
2000 年	82.31	114.74	8.16	16.73	3.33	11.21	11.74	9.94	57.48
2012 年	111.9	103.2	10.6	20.4	4.3	10.7	14.8	16.5	52.6

表 2　农村居民 2000 年与 2016 年主要农产品消费数量

单位：千克

	粮食（原粮）	鲜菜	食用植物油	猪肉	牛羊肉	鲜蛋	水产品	鲜奶	鲜瓜果
2000 年	250.23	106.74	5.45	13.28	1.13	4.77	1.06	3.92	18.31
2012 年	157.2	89.7	9.3	18.7	2.0	8.5	7.5	6.6	33.81

二、面临的问题

（一）农村就业人员减少

伴随着我国城镇化的发展，城镇化速度的加快，十六年间城镇人口与乡村人口比例由 2000 年的 1∶2 左右转变为 2016 年的 1.3∶1 左右。2000 年第一产业就业人员 35 177 万人，占当年全国总就业人口的 50.0%，2007 年，第一产业就业人员为 30 731 万人，占 40.8%，2016 年第一产业就业人员为 21 496 万人，仅占全国就业人口的 27.7%。

农村就业人员逐年减少，虽然有少量城镇人员到农村投资就业，大型农业企业部分就业人员来自城镇，然而伴随着第一产业占国内生产总值的比例急剧下降，农业就业人员还面临就业人员老龄化趋势，从业人员专业技能的学习和培训跟不上社会经济发展形势，且大量有一定文化知识的青壮年到城镇就业等问题。农业生产面临缺少具有专业生产技能的农村就业人员的问题。

（二）农产品供求平衡问题

2000—2016 年期间，我国主要农产品产量大幅度增长。在这期间，粮食产量增长 1.33 倍，棉花产量增长 1.20 倍，油料产量增长 1.23 倍，肉类产量增长 1.42 倍。同期主要农产品进口也有较大幅度的增长。2000 年我国进口谷物 315 万吨，占当年全国谷物总产量的 0.78%，到 2016 年进口谷物达到 2 199.7 万吨，增长了 6.98 倍。2000 年豆类进口为 104.2 万吨，占当年全国豆类总产量的 5.2%，2016 年我国豆类总产量为 1 729.4 万吨比 2000 年减少 280.6 万吨，是 2000 年产量的 86.0％，而 2016 年进口豆类 8 193.8 万吨，是 2000 年进口量的 7.86 倍。

2016 年与 2000 年相比，食糖进口量增长 5 107 倍，植物油进口量增长 3.8 倍，小麦进口量增长 3.9 倍。

从城乡居民对农产品需要方面来考虑，在农村居民转变为城镇居民后，其消费习惯伴随着生活、工作环境等方面的变化，对农产品的需求数量也有改变，对肉类、水产品、蛋类、瓜果等农产品的需求量大幅度提高，表 1 与表 2 的对比数据可以看出增长的数量达到 0.5～2.5 倍。

由以上分析可以看出，虽然我国农产品产量逐年增长，但是消费者对农产品的需求增长幅度以及消费的多样性需求更广泛，对农产品的进口需求也会更加旺盛。

（三）农业生产的现代化需要

目前我国绝大多数农户以单个农户的形式进行农业生产，面对国内对农产品的品质、质量、安全等方面的需要难以应对，对进口农产品的质量与价格更难以承受，我国传统的农产品，如谷物、肉类、豆类、棉花、糖类等产品已经逐年丧失其优势地位。因此，农业生产要形成规模化、专业化、现代化的经营模式，提高农业生产效率，降低生产成本，提高生产者的收入，保证产品质量与安全，维护环境与生态的平衡发展。在市场经济的调节下，达到资源优化配置，农业持续、稳健、均衡增长的目的。

三、积极发展农村合作经济组织

（一）相关政策

2012 年中共中央国务院《关于加快推进农业科技创新持续增强农产品供给保障能力的若干意见》中指出："通过政府订购、定向委托、招投标等方式，扶持农民专业合作社、供销合作社、专业技术协会、农民用水合作组织、涉农企业等社会力量广泛参与农业产前、产中、产后服务。充分发挥农民专业合作社组织农民进入市场、应用先进技术、发展现代农业的积极作用，加大支持力度，加强辅导服务，推进示范社建设行动，促进农民专业合作社规范运行。"

2013 年 11 月 12 日党的十八届三中全会《中共中央关于全面深化改革若干重大问题的决定》中提出，加快构建新型农业经营体系，"坚持家庭经营在农业中的基础性地位，推进家庭经营、集体经营、合作经营、企业经营等共同发展的农业经营方式创新。""鼓励农村发展合作经济，扶持发展规模化、专业化、现代化经营，允许财政项目资金直接投向符合条件的合作社，允许财政补助形成的资产转交合作社持有和管护，允许合作社开展信用合作。鼓励和引导工商资本到农村发展适合企业化经营的现代种养业，向农业输入现代生产要素和经营模式。"

2014 年中共中央国务院《关于全面深化农村政策改革加快推进农业现代化的若干意见》中指出：构建新型农业经营主体，发展多种形式规模经营，扶持发展新型农业经营主体，鼓励发展专业合作、股份合作等多种形式的农民合作社。

2017 年中共中央国务院《关于深入推进农业供给侧结构性改革加快培育农村发展新动能的若干意见》中首次明确提出，加强农民合作社规范化建设，积极发展生产、供销、信用"三位一体"综合合作……支持进城农民工返乡创业，带动现代农业和农村新业态发展。鼓励高校毕业生、企业主、农业科技人员、留学归国人员等各类人才回乡下乡创业创新，将现代科技、生产方式和经营模式引入农村。

2018 年中共中央国务院提出，新型职业农民队伍建设亟须加强，培育各类专业化市场服务组织，推进农业生产全过程社会化服务，帮助小农户节本增效。发展多样化的联合与合作，提升小农户组织化程度。创新培训机制，支持农民专业合作社、专业技术协会、龙头企业等主体承担培训。

近些年来，面对农村农业的发展新形势，中共中央国务院的相关文件更加明确的指出要持续发展新型农业经营主体——农民合作社。

（二）我国农民合作社发展特点

从国际比较研究来看，经济发达国家的农业生产的分工细化与专业化达到较高水平。美国平均每个农场的规模达 176 公顷，一些大的农场达到 1 215～1 620 公顷；棉花、蔬菜、肉牛、大田作物等农产品的专业化水平达到 80％以上，欧洲（如法国、荷兰）、日本等农民合作组织的规模较大，服务内容、生产技术已经达到了较高水平。目前，法国有农村合作社 6 500 个，入社社员 13 万人，90％的农民加入合作社；日本农协供给农民的生产资料占农户总采购量的 74％左右，农户通过农协销售的农产品达到年销量的 90％以上；美国农民几乎全部参加了合作社，2005 年美国合作社 2 896 个，社员 257.1 万人（当年美国农民数量 213 万人，有些农民加入了数个合作社）。

据统计，2013 年底，全国依法登记的合作社 98.24 万家（比上年增长 42.6％），在社农户 7 412 万户，占全国农户总数的 28.5％（比上年增加 39.8％），平均单个合作社有社员约 75 人；到 2016 年 6 月，合作社总数达到 166.9 万家，入社农户占全国农户总数的 42.7％。2007 年 7 月 1 日颁布实施的《中华人民共和国农民专业合作社法》支持、引导、规范了合作社的建设和发展，保护了社员的合法权益，对农村建设与农业生产起到了积极的推动作用。

由于我国农民合作社成长的时间较短，许多合作社正处于摸索、成长期，合作社的优势和特点还没有充分发挥出来。因此，需要让更多的农业生产者了解合作社在农村建设和农业生产中所能起的积极作用。

通过参加合作社，提高了农民的组织化程度和民主参与意识。农民可以通过所在的合作社组织来提出自己的诉求和意愿，保障了农民在生产经营中的收益和谈判地位，使农民更有信心办好合作社，有助于提高农民从事农业生产的积极性。

合作社把单个农户组织起来，整合社员的资源（土地、生产资料、劳动力、资金、专业技能等），促进合作社内部资源更有效的配置，提高生产效率，降低生产成本，获取更高的经济收益，增加成员收入，同时也降低了单个农户进入市场可能产生的风险。

通过合作社组织的培训和技术交流，提高了农民的文化素质与专业技能，引入先进的管理制度，学习先进的农业技术，通过专业化、规模化、现代化的生产，提高农产品的质量和产量，保证产品的安全性，减少对土地、水资源及自然环境的破坏。

一些经济欠发达地区的农民，自发组织了适于本地社会、经济、自然环境、文化等方面发展的特点，或者是一二三产业融合各类专业性合作社，使他们能够就地就近就业，提高了收入，摆脱贫困落后的状况。

农民合作社的发展能够稳定农业就业状况。农业作为第一产业想要发展，像其他产业一样需要一定数量，相对稳定就业的有专业技能的从业人员。伴随着我国城镇化建设速度的加快，城乡发展一体化和户籍制度改革，户籍不再是身份区别，而仅仅表示了人们从事工作和职业的差别。全体公民享有自主择业、流动、居住的权利。当合作社发展壮大，社员的生活和生产条件大大改善，能够稳定一定数量的就业人员，另一方面农村农业发展的特点和优势能够吸引企业、集体、个体经济投资农业一些城乡居民进入农村从事农业生产。具有一定数量的稳定的农业就业人员，是我国农业持续、稳定、均衡发展的基本保障。

2014年12月6日中央农村工作领导小组副组长陈锡文同志在一次讲话中谈到当前国民经济和农业发展形势，指出经营体系创新，提倡农民联合、合作，发展农民合作社，农产品的品种、产量、技术、市场渠道等方面在专业合作社进行放大。例如黑龙江省某县的2 200个农户成立了种植合作社，耕地达到6万亩，实现机械化、现代化生产手段，2013年合作社收入达1亿元，土地入股分红每亩平均922元，资金回报率达到33％，是一个典型的具有规模化、现代化、机械化生产的农业合作社。

四、结束语

由于我国历史、社会、经济等因素的特点，农业作为国民经济的基础和战略发展要求，在相当时期内要不断发展创新，提高农业科技水平和生产效率。面对我国的人口规模和自然资源条件的约束，要立足于主要农产品基本自给，这是国家社会经济稳定发展的基础。同时，农业要以新的增长方式满足人民生活水平提高对农产品的多样性需求，积极发展规模化、专业化的合作经济模式是实现上述目标的重要方式之一。

1. 农业生产需要一定数量相对稳定、具有专业知识的从业者。农业和其他产业一样，已经向现代化、高科技的方向发展，需要从业者具备一定的文化知识和专业技能。依据我国农村发展现状，对农民进行教育培训和技术交流，与农业科研院校和科研机构合作，农民合作社是一个有效的载体。

2. 农民合作社不仅仅是经济性组织，也是社会性组织。农民在合作社中从事农业生产，不仅会参与经营、管理，还提高了民主意识和法制精神。同时，合作社加强了社员的对外交流合作，产生广泛的社会影响。

3. 地方各级政府、职能部门要根据党中央国务院有关发展农村合作经济的指示，引导支持农民兴办各种类型的合作社，制定具体的扶持措施和办法，起到指导、监督作用，吸引更多农民自愿加入到合作社，使农民合作社健康、稳定的成长和发展，尽量避免出现"空壳"合作社。

4. 注意加强合作社的自身建设。建立起健全的内部管理制度；严谨完善的财务制度，公平公正的民主议事制度，把合作社办成现代化的经济组织。

5. 合作社社员要不断加强培训、学习，提高专业技术水平，学科学用科学，把先进的农业科学技术应用到生产中，达到优化资源配置，提高劳动效率，保护自然环境，维护生态平衡的目的。发挥农民的创造力和积极性，确保我国农业稳定增长，农村繁荣富强，农民幸福安康。

6. 在我国城镇化的进程中，要注意城乡劳动力均衡、平等就业。各个产业都需要相对稳定的、有专业技能的就业人员，还要不断提高农民的收入和生活水平，稳定农业就业，只有这样，才能保证国民经济和社会稳定持续发展。

7. 农村改革开放四十年，亿万农民在党的"三农"政策指引下，艰苦奋斗，努力创新，为国民经济发展，社会稳定和人民生活安康提供了坚实的基础。农民合作经济组织在农业生产、农村政治、文化、环境建设等方面将会发挥越来越重要的作用。

（作者单位：农业部农村经济研究中心研究员、中国合作经济学会副秘书长）

一

等

奖

要素禀赋、入社门槛与社员增收[*]

——基于三家农民合作社的案例分析

钟　真　黄　斌

（中国人民大学农业与农村发展学院）

摘　要：在合作社成员异质性普遍存在的情况下，有效利用社员禀赋特征、充分设置入社门槛，对于维护社员权益和促进社员普遍增收具有重要的现实意义。本文在"要素禀赋—入社门槛—社员增收"的分析框架下，对三家农民合作社的门槛设置与其社员收益的关系进行了深入的案例分析。结果显示：通过设置入社门槛，合作社能高效聚集土地、劳动、资金、资本等要素禀赋并促进禀赋价值显现，最终对社员增收产生积极影响。其中，设置要素入股门槛，有助于合作社能优化盈余分配方式、提高社会化服务能力；设置种植规模门槛，有助于合作社能提高社会化服务能力；设置交易规模门槛，有助于合作社实现销售规模化。这为理解和推动成员异质性合作社的发展提供了有益参考。

关键词：农民合作社；要素禀赋；入社门槛；社员增收

一、引言

党的十九大报告明确指出"培育新型农业经营主体，健全农业社会化服务体系，实现小农户和现代农业发展有机衔接。"农民合作社作为重要的新型农业经营主体，在带动小农户与现代农业发展的有机衔接方面具有重要的作用。根据工商总局的数据显示，截至2017年7月底，即《中华人民共和国农民专业合作社法》实施十周年之际，全国合作社数量已达到193.3万家，入社农户超过一亿户，参加合作社农户的收入普遍比非成员农户高出20％以上。农民合作社已经成为农业供给侧结构性改革的重要生力军（孔祥智，2016）。近年来，国内学者对农民参加合作社与其增收关系进行了广泛的研究。相当一部

---

* 项目基金：国家自然科学基金面上项目"社会化服务对农业经营主体生产效率的影响机制与政策选择研究"（71773134）、国家自然科学基金国际（地区）合作项目"变化市场中农产品价值链转型及价格、食品安全的互动关系——以蔬菜、渔产品和乳制品为例"（71361140369）和教育部人文社会科学重点研究基地重大项目"我国新型农业经营体系构建与实践案例研究"（14JJD790030）。

作者简介：钟真（1984—），男，浙江桐乡人，中国人民大学农业与农村发展学院副教授，研究方向为农业经济理论与政策。E－mail：zhzruc＠126.com。黄斌，中国人民大学农业与农村发展学院硕士研究生。E－mail：2017103013＠ruc.edu.cn。

分学者的分析认为合作社可以通过多种途径增加社员的收益（蔡荣，2011；张晋华等，2012；苏群和陈杰，2014；张琛和高强，2017）。但也有一些研究发现，加入合作社的农户过多，合作社社员规模过大，其规模效率不一定高。过大的社员规模使得合作社容易陷入社员规模与资产规模不匹配的运营瓶颈（刘婧等，2011），而小规模合作社反而具有一定的设立和发展优势（杨光华等，2014），甚至有时盈利能力反而高于大规模合作社（Lerman and Parliament，1991）。尽管社员规模的扩张使得社员能享受更多的采购优惠与价格溢价带来的剩余分配（蔡荣，2012），但过大的社员规模会导致合作社内部不可避免地出现"搭便车"问题（蔡荣、王学渊，2013）。事实上，现实中发展迅速的合作社往往是由大户主导，为了限制社员规模而设立带有排斥性的准入门槛（张晓山，2009）。黄凤、杨丹（2014）的实证分析进一步发现，入社门槛的设置能通过限制社员的加入来提高合作社的服务能力。可见，入社门槛是合作社限制社员加入、控制社员规模的一种有效手段。从文献梳理看，学者们关于入社门槛在社员增收的影响上已有不少讨论。王真（2016）认为合作社通过设置较高的入社门槛不再吸纳新社员，进而形成封闭型合作社，常常会更有利于社员增收。但是，实践中也存在合作社利用入社门槛来维护其原有核心成员的地缘、亲缘优势，提高理事会收益的"隐性行为"，从而不利于普通社员的增收（杨灿君，2010）。这就使得合作社对农户的带动作用常常被放大或高估（潘劲，2011）。

那么，如何有效设置入社门槛来真正促进社员增收呢？这就不得不考察（潜在）入社农户的禀赋特征。合作社作为不同要素所有者追求共同利益而结成的组织（林坚、黄胜忠，2007），内部普遍存在着成员异质性的情况，而要素禀赋差异正是当前农民合作社成员异质性的本质原因（于会娟、韩立民，2013）。因此，在合作社成员异质性普遍存在的情况下，如何在设置入社门槛过程中有效识别并利用好社员禀赋特征，对于维护社员权益和促进社员普遍增收具有重要的现实意义。基于此，本文将以具有差异性的三家合作社的案例分析，来揭示要素禀赋、入社门槛与农民合作社社员增收之间的关系，为合作社实践发展与政策制定提供有益参考。

二、理论分析

（一）要素禀赋与入社门槛的关系

不同成员间初始禀赋的差异不仅会形成成员异质性，而且会导致合作社成员分层，使得内部出现核心成员与非核心成员（何安华，2012）。由于非核心成员即普通社员占了社员人数的绝大部分，讨论其增收情况更具代表性，因此本文着重分析普通社员的要素禀赋情况。在普通社员身上，要素禀赋主要包括土地、劳动等基础性生产要素（黄胜忠、伏红勇，2014），以及少量的资金要素（楼栋、孔祥智，2014）和以农机为代表的资本要素（周振、孔祥智，2017）。然而，现有的人地资源禀赋结构与土地产权结构使得农户主要依靠土地要素致富，农户增收受到限制（李宪宝、高强，2013）。因此，焕发社员土地、劳动、资金、资本要素的活力，优化社员要素禀赋投入结构，会对推动社员增收起到关键作用。根据各地合作社的调研情况，入社门槛能通过聚集各类要素禀赋直接影响着农户入社后给自己带来增收的效益，且目前合作社的入社门槛主要包括三类：要素入股、种植规模、交易规模。

第一，要素入股。入股要求是合作社聚集农户要素禀赋最为关键的门槛，能把土地、劳动、资金、资本等要素都聚集起来。土地入股是常见的农户入股形式，即成员以入股的形式把经营权让渡给合作社，并以这种让渡形式来换取对土地收益的分配权。孔祥智（2016）认为土地入股尤其有利于贫困地区农户脱贫。而对资金要素设置入股门槛，会使得合作社股权结构优化，社员得以广泛持股，并最终有利于形成规范的利益分配机制（孙亚范，2011）。按劳动力、技术入股由于能够提高劳动积极性、充分发挥人才与技术的作用，已被证明是温氏集团成功的宝贵经验（罗必良，2008）。把农机等设备折价入股同样也取得了广泛的成功经验（杨敏丽等，2006；徐建春、李翠珍，2013）。因此，通过对入股要求设置门槛，社员的各类要素禀赋都有可能成为其增收的部分。

第二，种植规模。种植规模是合作社内部成员异质性的关键维度（Kurian and Dietz，2003），因此对种植规模设置门槛能够减少成员禀赋异质性，从而便于合作社提供统一服务。同时，大量的小规模土地会导致土地过于细碎化而不便于合作社的管理，且土地细碎化程度越高，技术效率就会越低（黄祖辉等，2014）。因此，通过对种植规模设置门槛，有利于合作社对社员提供统一作业与技术服务，并在规模效益显现的情况下达到合作社与社员双双节约成本的效果。

第三，交易规模。对社员作物进行收购规模的大小，也决定了合作社销售收入的多少。在现实中，合作社对于收购规模有四类要求：不要求发生交易业务、需要发生交易业务、交易量应占生产作物的绝大部分、交易量应占生产作物的全部（即全数收购）。合作社与社员间若未形成稳定的交易契约，会影响合作社的采购、生产、产品供给等业务，进而影响合作社的交易效率与获利情况（崔宝玉等，2016）。美国"新一代合作社"由于认识到这一点已经提出了"交易份额制"，对社员的交易份额做出规定（傅晨，2003）。"交易份额制"事实上还能与按交易量分配盈余的制度联结起来。因此，设置交易规模门槛，能通过稳定合作社与社员间的交易关系，把要素禀赋凝聚而来的农产品真正汇集起来，通过统一销售获得规模效益。

（二）要素禀赋、入社门槛对社员增收的影响机制

国内外学者对于社员增收的渠道已有充分探讨。孙艳华等（2007）认为农户社员能通过合作社的"利润返还"与"上门服务"来获得增收，而Cook（1995）认为联合农户获取规模效益是合作社成立的初衷，这一点增收路径是不可忽略的。因此，农户在合作社内获得增收的渠道主要是通过合作社的盈余分配方式优化、社会化服务能力提升、销售规模

化得以体现的（图1），而与入社门槛紧密相连的要素禀赋能通过作用于以上三条机制来促进社员增收。

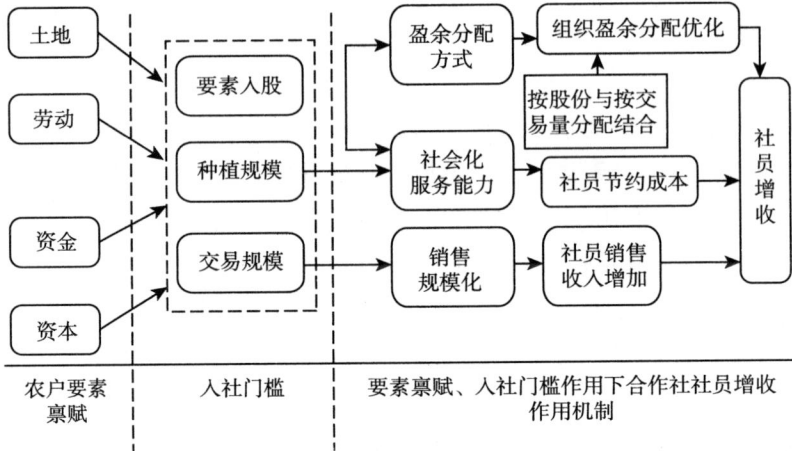

图1 分析框架图

第一，优化盈余分配方式。如果未进行盈余分配，以"一次让利"代替"二次分红"的话，普通社员会因成员分层而被边缘化，使得合作社内成员异质性会更为严重（任大鹏、于欣慧，2013）。入社门槛的设置恰好能使得合作社需要对社员进行盈余分配，更好维护社员利益。设置入股要求使得社员能获得可分配盈余中按股份分红的资本收益，使得土地、资金、资本等要素禀赋能起到价值增值的作用。另外，按照《中华人民共和国农民专业合作社法》要求，按交易量返还比例不得低于可分配盈余的60%。因此，在盈余分配方式合法的情况下，设置交易规模的要求则能使得社员从按交易量分红中获得不少额外收益。

第二，提升社会化服务能力。产前、产中、产后社会化服务的提供正是建立在要素禀赋聚集的前提之下。入社门槛使得要素得以聚集的程度越高，合作社提供社会化服务的能力与规模化水平就越高。孔祥智（2009）认为农业社会化服务能力的提高是合作社增收的重要来源，甚至有学者认为合作社只有发挥好社会化服务功能，才能真正起到促进社员增收的效果（朋文欢、黄祖辉，2017）。具体地，社会化服务能力表现在农资购买服务、农机作业服务、技术服务等都能以比市场价低的成本来服务社员，从而使得社员节本增收。

第三，销售规模化。"销售规模化"是通过稳定的交易契约关系把小规模农户的分散产品整合起来销售而实现的（严太华、战勇，2005）。具体而言，合作社以较高的价格（或者根据契约的价格要求）对内收购社员的产品再以规模化的方式对外销售，销售价格会高于同期市场价格。即使销路不畅，社员也能通过"保底收购价"间接增加收入。因此，设置交易规模门槛会提升销售规模化的程度，使得社员能增加通过销售农产品所获得的收入。

三、研究设计

（一）资料来源

本文选取的案例资料均来源于 2016 年暑期中国人民大学课题组对吉林、陕西等地 72 家合作社的实地调查。在此期间，通过对 72 家合作社的理事长进行一对一的问卷访谈，课题组获得了翔实的资料。通过反复比对筛选，本文最终选取三家苹果合作社作为案例分析对象（其基本情况见表 1）。选择这三家苹果合作社的原因主要有以下三点：第一，本文所选取的三家合作社在关键变量测定中显现出差异性，因此便于构成"实验组"和"对照组"；第二，三家合作社都能同时指向社员增收这一结论，这样使得多案例研究能增加结论的有效性（Eisenhardt，1991）；第三，这三家合作社都是种植类合作社，且都种植同一作物，有利于避免不同类型合作社对结论所造成的干扰；第四，案例中的三家合作社都位于陕西省渭南市，并且成立时间相近，能排除地区发展差异与成立时间对测量的干扰。

表 1　三家案例合作社的基本情况

名　称	成立时间	种植作物	种植规模（亩）	社员数量（户）	所在地址
农旺苹果专业合作社	2011	苹果	500	120	陕西省渭南市
秦湖苹果专业合作社	2011	苹果	1 500	140	陕西省渭南市
凤翔科苑苹果合作社	2013	苹果	2 500	625	陕西省渭南市

资料来源：根据作者调研情况整理得到。

（二）变量测量

根据已有的理论分析，本文以指标适用性为原则对要素禀赋聚集程度、入社门槛中的要素入股要求、种植规模、交易规模进行指标设定，以反映入社门槛聚集要素禀赋的情况；同时，通过盈余分配方式、社会化服务能力、销售规模化的指标设定来考察要素禀赋与入社门槛作用下合作社对社员增收的作用机制。社员增收则从社员与非社员的横向差异来进行考察（表 2）。

表 2　要素禀赋、入社门槛与农户增收的指标设定

指　标		具体含义或测量	参考依据
要素禀赋聚集程度		劳动力、土地、资金以及其他资本的聚集程度	罗必良等（2012）
入社门槛	要素入股	农户入社时是否须以土地、资金、农机等要素入股	伍振军等（2011）
	种植规模	农户入社时是否须具备一定的种植规模	诸文娟等（2007）
	交易规模	农户入社后是否须按照契约与合作社发生交易	陈茉、周霞（2014）

（续）

指　标		具体含义或测量	参考依据
合作社作用机制	盈余分配方式	社员在合作社中投入的要素是否全部享有剩余索取权	周振、孔祥智（2015）
	社会化服务能力	对社员提供产前、产中、产后服务的环节数	孔祥智等（2009）
	销售规模化	销售价格比市场价高的比例	李文明等（2015）
社员增收		社员与非社员年度净收益的平均差值（元）	杨丹、刘自敏（2017）

根据表 2 所阐述的指标设定，本文将结合案例情况对入社门槛、合作社作用机制以及社员增收进行指标说明。

借鉴罗必良等（2012）对农户要素禀赋状况的设定，本文把要素禀赋聚集程度定义为"劳动力、土地、资金以及其他资本"，以完整地显现农户要素禀赋聚集于合作社的作用。在实践中，大多数合作社要素入股的方式仍较为单一，通过入股比例来进行衡量过于理想化，因此参照伍振军等（2011）是否以土地入股的变量设定，采用"农户入社时是否需要以土地、资金、农机等要素入股"来衡量。利用诸文娟等（2007）所提出的"门槛面积"概念，结合所分析案例的实际情况，本文采用"农户入社时是否须具备一定的种植规模"来进行测量。现实中，社员与合作社会存在口头或书面的交易量契约，借鉴陈茉、周霞（2014）的定义，本文通过"农户入社是否须按照契约与合作社发生交易"来衡量交易规模。周振、孔祥智（2015）创造性地通过"成员在合作社中投入的要素是否全部享有或享有多少剩余索取权"来衡量盈余分配方式，把全部分红方式都纳入其中。这一衡量方式更符合本文盈余分配方式优化的含义以及合作社的现实情况，因此本文采用这一定义。借鉴孔祥智等（2009）对社会化服务能力的定义，本文通过产前、产中、产后社会化服务的环节数目来衡量社会化服务能力的水平。销售规模化能通过统一销售所获得的规模效益得以体现，而李文明等（2015）把这一规模效益定义为"规模化所带来的新增经济效益"，因而通过"销售价格比市场价格高的比例"来进行衡量能充分体现销售规模化所带来的新增经济效益。最后，根据杨丹、刘自敏（2017）通过紧密社员与松散社员收益比较来衡量社员增收状况的方法，本文通过"社员与非社员年度净收益的平均差值"来进行衡量，以凸显出农户加入合作社后的收益变化。

（三）案例介绍

1. 农旺合作社

农旺苹果专业合作社（简称"农旺合作社"）成立于 2011 年 4 月，种植面积 500 亩，社员人数 120 户。近年来，农旺合作社社员人数保持缓慢增加的态势，在 2013 年以来便保持每年增加 20 户新社员的速度。然而，农旺合作社并没有对新社员的加入设立任何门槛，既不需要资金等要素入股，也不需要与合作社发生交易业务，更没有种植规模的要求。另外，合作社股权过于集中，仅理事长一人便占了出资总额的 67%，同时分配方式未制定明确比例，盈余分配方式并不规范。尽管合作社能给社员提供少量农资采购、技术指导、销售指导的服务，并能为社员带来比市场价高 5% 的销售价格，但社员实际增收效果不明显，并且合作社也并未随着新社员的加入改变连年亏损的经营状况。

2. 秦湘合作社

秦湘苹果专业合作社（简称"秦湘合作社"）成立于 2011 年 7 月，种植面积 1 500 亩，每年都有新社员加入，由成立时的 15 户上升为 140 户。对于新社员的加入，秦湘合作社有着严格的入社门槛，要求社员要以资金等方式入股，农作物要全数销售到合作社，并且种植面积不能太小，农户要有大于 5 亩的种植规模。在合作社股权方面，秦湘合作社同样存在过于集中的情况，理事长个人便占了出资比例的 50%，且合作社没有制定明确的盈余分配比例，盈余分配方式不完善。另一方面，秦湘合作社已设置的入社门槛使得要素禀赋得以充分集聚，从而合作社能为社员提供农资采购服务、技术指导服务、销售服务、资金借贷服务以及信息服务。同时，秦湘合作社通过统一销售社员产品具备了销售规模化优势，促使销售价格比市场价格高 10%。

3. 凤翔科苑合作社

凤翔科苑苹果专业合作社（简称"凤翔科苑合作社"）成立于 2013 年 6 月，种植面积 2 500 亩，社员人数 625 户。尽管凤翔科苑合作社设立了入社门槛，但在合作社大力入户宣传的情况下，近几年社员人数仍然快速上升，由 2013 年 105 户到 2014 年 303 户再到 2015 年 503 户，最后上升到如今的 625 户。在入社门槛设置上，凤翔科苑合作社要求社员要以资金、农机等方式入股，农作物须全数销售到合作社，种植规模要达到一定要求并且这块地的承包者须是 18～60 岁的中青年劳动力。凤翔科苑合作社有着规范的盈余分配方式，其分配比例为按交易量分红占 65%、按股分红占 30%、发展基金占 5%。同时，合作社股权结构合理，理事长出资仅占总出资额的 11%。另外，凤翔科苑合作社能为社员提供农资、作业、技术、销售、资金、信息的服务。在销售规模化的优势下，凤翔科苑合作社也能把苹果卖出比市场价高 10% 的价格。同时，合作社还利用好销售规模优势，建立起了销售网站，使得苹果能直接在合作社网站上以较高的价格卖出。

四、案例分析

从三家合作社的案例情况（表 3）可以看出，设置不同的入社门槛宽松程度会导致要素禀赋聚集程度有高有低、聚集的要素类别有多有少，而这会使得要素禀赋与入社门槛对社员增收的影响上产生差异。因此，本文对三家合作社中入社门槛是如何聚集要素禀赋并促进社员增收的具体作用机制展开分析，以便于更全面地展示社员增收的过程。

（一）农旺合作社：无入社门槛，社员增收效果不明显

未设置入社门槛使得合作社未能通过社员的加入而集聚要素禀赋，进而导致合作社的

社会化服务无法达到规模化的程度，也就难以节约服务成本。农旺合作社实质上仅仅停留在松散的代买代卖关系，社员对于合作社缺乏组织向心力。合作社每年只能吸引 20 户新社员加入，劳动力未得到充分集聚，使得合作社规模过小，难以达到规模效益的条件。而这些新社员的加入仅仅是为了在购买农资时获得一点折扣，且在市场价格低迷时能把产品卖给合作社。事实上，只有一部分社员会通过合作社来购买农资与销售产品，使得劳动要素聚集带来的社员规模优势被进一步削弱，折扣力度小，社员销售收入无显著改变。缺乏入社门槛也就意味着社员可以随意就加入到合作社之中，而不需要有入股的要求。这样一来，资金要素和其他资本诸如农机、技术难以充分聚集于合作社中，并使得理事长出资比例高达 67％的股权集中现象无法得到解决。缺乏交易规模的要求也使得合作社不具备按交易量返还盈余分配的积极性，所以合作社盈余分配方式并不规范，社员无法正常享受"二次分红"。缺乏社会化服务的帮助，未能享受到优势明显的销售价格，无法获得盈余分配所带来的收益，导致合作社社员无法从农户到社员的转变身份过程中获得新增的经济效益。

表3 三家合作社情况一览表

指 标		具体含义或测量	农旺合作社	秦湘合作社	凤翔科苑合作社
要素禀赋聚集程度		劳动力、土地、资金以及其他资本的聚集程度	低	较高	高
入社门槛	要素入股	农户入社时是否须以土地、资金、农机等要素入股	否	是	是
	种植规模	农户入社时是否须具备一定的种植规模	否	是	是
	交易规模	农户入社后是否须按照契约与合作社发生交易	否	是	是
合作社作用机制	盈余分配方式	社员在合作社中投入的要素是否全部享有剩余索取权	否	否	是
	社会化服务能力	对社员提供产前、产中、产后服务的环节数	3	5	6
	销售规模化	销售价格比市场价高的比例	5%	10%	10%

（二）秦湘合作社：设置入社门槛，社员增收效果显现

设置入社门槛不够充分，会压抑要素禀赋聚集的程度，从而削弱了入社门槛对社员增收的效果。秦湘合作社相比农旺合作社，由于设置了入社门槛，与社员有着紧密的代买代卖关系，而合作社与社员都能从这一关系中获益。具体地，秦湘合作社社员规模由 15 名上升为 140 名，使得劳动要素得到规模化地集聚，让合作社拥有较高的作业能力。同时，秦湘合作社要求新社员的加入需要入股，且主要以资金的方式入股，而这使得资金要素得到集聚，合作社获得较为充足的启动资金来购买固定资产，从而使得合作社具备较高的社会化服务能力。然而，缺乏农机等资本要素的注入，社会化服务能力的提高受到了一定程度的约束。另外，合作社还设置了种植规模 5 亩以上的要求，这使得土地要素能够得到空

间上的聚集，便于统一作业、技术服务，也有利于规模经济的发挥。在统一采购农资方面，秦湘合作社为全体社员统一采购化肥、农药、种苗、套袋等，且采购价平均能比市场价低 10%。除了采购服务外，要素禀赋的集聚还使得秦湘合作社能免费为社员提供技术、销售、资金、信息服务，使得社员种植的亩产量在技术与信息的指导下得到提高，大大地节约了成本。由于秦湘合作社对社员设置了农产品要全数交易到合作社的门槛，合作社销售规模优势得以发挥，销售价比市场价高 10%。在亩产量提高与销售价格较高的情况下，社员经营收入得以提高。然而，秦湘合作社并没有建立规范的盈余分配机制。尽管秦湘合作社仍是在采取减去发展基金与按股分红部分后 100% 按交易量返还的方式，但比例的不稳定与理事长个人便占一半出资比例的股权集中现象，仍会大大限制社员获得盈余分配的新增收入。秦湘合作社社员最终实现平均增收 2 000 元，而这一部分增收主要得益于社会化服务与销售规模化所带来的效益。

（三）凤翔科苑合作社：设置入社门槛充分，社员增收效果明显

入社门槛设置充分，会使得要素禀赋得到最大程度的集聚，让土地、劳动、资金、资本等要素作用在社员增收上（表4）。凤翔科苑合作社与秦湘合作社同样设置了入社门槛，但凤翔科苑合作社资金要素的聚集程度较高，使得股权集中现象得以解决，形成规范的盈余分配方式，使得合作社与社员之间的关系由简单的代买代卖关系上升为利益联结体。同时，凤翔科苑合作社也对社员设置了入股要求、交易量要求以及种植规模要求。具体地，凤翔科苑合作社允许社员以资金、农机、土地等多种方式入股。相比秦湘合作社，凤翔科苑合作社中农机入股的方式使得合作社能在资金不富余的情况下增加资产，提高农机作业的服务水平，发挥资本要素对于促进社会化服务能力提高的作用。而社会化服务带来的节本效果也使得合作社的服务环节得以延伸与强化，更多发展基金能投入到以网站运营为代表的新型销售服务、信息服务的业务上。因此，凤翔科苑合作社通过为社员提供采购、作业、技术、销售、资金、信息的产前、产中、产后统一服务，使得社会化服务的规模优势能够得到充分显现，为合作社与社员双双节约成本。同时，凤翔科苑合作社也设置了种植规模与交易规模的门槛。合作社对于种植面积以及劳动者年龄的要求便于土地要素与劳动力要素得以高效地集聚起来，有利于提高统一作业服务与统一技术指导服务的效率。而凤翔科苑合作社对于交易规模的要求便使得合作社具备高议价能力，在谈判过程中占据优势，使得统购农资的价格能比市场价低 10%，销售价能比市场价高 10%，而这也得益于劳动、土地等要素的充分聚集对规模产出的影响。只有把规模产出和交易规模结合起来，销售规模化效益才能得到充分显现。除此之外，凤翔科苑合作社比例明确的盈余分配方式还能确保社员尤其是普通社员共享合作社的高收益，通过按交易量返还为主与按股分红为辅的分红方式，社员加入合作社后的新增收益能得到充分显现，拓宽了社员增收的渠道。在合作社盈余分配方式优化的情况下，凤翔科苑合作社社员最终获得最高的平均 5 000 元的增收。

表 4　合作社社员增收一览表

	农旺合作社	秦湘合作社	凤翔科苑合作社
设置入社门槛	未设置	设置不充分	设置充分
要素禀赋聚集程度	低	较高	高
社员增收渠道体现	少量社员从社会化服务中节约成本；提高少量销售收入	大量社员从社会化服务中节约成本；提高销售收入；获取少量盈余分配	大量社员从社会化服务中节约成本；提高销售收入；获取大量盈余分配
社员增收　社员与非社员年度净收益的平均差值（元）	几乎为零	2 000	5 000

五、研究结论与政策启示

上述三家合作社案例的分析结果表明，设置要素入股、种植规模，以及交易规模的入社门槛，合作社能聚集土地、劳动、资金、资本等要素并促进禀赋价值显现，最终对社员增收产生积极影响。具体而言，本文结论可归纳为以下几点：

第一，入社门槛在聚集要素禀赋后通过优化盈余分配方式、提高社会化服务能力、实现销售规模化三条作用机制对社员增收产生正向影响。

第二，要素入股门槛拓宽了土地、劳动、资金、资本的流入渠道，使得要素禀赋得以更充分地聚集，提高社会化服务能力，为社员节约成本。同时，要素入股还能通过稀释股权集中，优化盈余分配方式，提高社员获取盈余分配的收益。

第三，种植规模门槛使得土地要素在空间上得到合理聚集，从而降低土地地块细碎性，提高土地要素的规模化利用程度。同时，在农机等资本要素的注入下，作业服务与技术服务的效率明显提高，进而为合作社提高整体产出，为社员节约成本。

第四，交易规模门槛能够把土地、劳动等要素高度聚集下的规模产出与规模销售结合起来，对合作社销售规模化的效益显现能起到托底作用，使得合作社社员获得比市场价格更高的销售价格，是社员销售收入增加的来源。

上述结论意味着，农民合作社要想真正促进社员增收，需要充分调动农户的要素禀赋，并使得要素禀赋的价值得以充分显现。而基于农户要素禀赋状况设置入社门槛，是一条值得引起重视的路径。具体而言，本文的研究结论主要有以下三方面的政策含义：

一是政府及相关农业部门要加强经验宣传，通过培训等多种方式引导更多合作社理事长培育设置入社门槛的意识。合作社理事长与社员普遍因重视眼前利益，过度追求销售收入，忽视了通过其他社员增收渠道所能产生的带动作用。

二是加强对合作社入社门槛设置的引导与规范。充分的入社门槛，应该是能最大程度聚集农户要素禀赋，并促使其禀赋价值显现的。而现实中，不少合作社理事长利用入社门槛来维护亲缘、地缘关系，扭曲了入社门槛所应该发挥的作用。

三是打造更多的地方新型经营主体协会。新型经营主体协会的设立既能为农业龙头企业、农民专业合作社、家庭农场等经营主体之间的交流提供经验借鉴的机会，更能为合作社理事长之间提供经验分享的平台，从而促进更多理事长转变传统的经营理念。

参考文献

蔡荣，王学渊. 农业合作社的集体行动困境：理论分析与实证检验 [J]. 农业经济问题，2013，34（4）：69 - 75，111 - 112.

蔡荣. "合作社＋农户" 模式：交易费用节约与农户增收效应——基于山东省苹果种植农户问卷调查的实证分析 [J]. 中国农村经济，2011（1）：58 - 65.

蔡荣. 剩余创造、分配安排与农民专业合作社前景 [J]. 改革，2012（5）：88 - 93.

陈茉，周霞. 农户与农民合作社的契约关系及其影响因素实证分析——基于山东省 9 个县（市、区）的问卷调查 [J]. 山东财政学院学报，2014（3）：112 - 120.

崔宝玉，徐英婷，简鹏. 农民专业合作社效率测度与改进 "悖论" [J]. 中国农村经济，2016（1）：69 - 82.

傅晨. "新一代合作社"：合作社制度创新的源泉 [J]. 中国农村经济，2003（6）：73 - 80.

何安华，邵锋，孔祥智. 资源禀赋差异与合作利益分配——辽宁省 HS 农民专业合作社案例分析 [J]. 江淮论坛，2012（1）：11 - 18，195.

黄凤，杨丹. 农民合作社内部治理对其农业服务能力的影响——来自中国 15 省市的调查数据 [J]. 湖南农业大学学报（社会科学版），2014，15（6）：39 - 45.

黄胜忠，伏红勇. 成员异质性、风险分担与农民专业合作社的盈余分配 [J]. 农业经济问题，2014，35（8）：57 - 64，111.

黄祖辉，王建英，陈志钢. 非农就业、土地流转与土地细碎化对稻农技术效率的影响 [J]. 中国农村经济，2014（11）：4 - 16.

孔祥智，徐珍源，史冰清. 当前我国农业社会化服务体系的现状、问题和对策研究 [J]. 江汉论坛，2009（5）：13 - 18.

孔祥智. 合作社的益贫性 [J]. 中国农民合作社，2016（7）：38.

孔祥智. 农业供给侧结构性改革的基本内涵与政策建议 [J]. 改革，2016（2）：104 - 115.

李文明，罗丹，陈洁，谢颜. 农业适度规模经营：规模效益、产出水平与生产成本——基于 1 552 个水稻种植户的调查数据 [J]. 中国农村经济，2015（3）：4 - 17，43.

李宪宝，高强. 行为逻辑、分化结果与发展前景——对 1978 年以来我国农户分化行为的考察 [J]. 农业经济问题，2013，34（2）：56 - 65，111.

林坚，黄胜忠. 成员异质性与农民专业合作社的所有权分析 [J]. 农业经济问题，2007（10）：12 - 17，110.

刘婧，王征兵，倪细云. 农民专业合作社规模经济与适宜社员规模研究——以山西省为例 [J]. 财贸研究，2011，22 (6)：27-31.

楼栋，孔祥智．农民合作社成员异质性研究回顾与展望 [J]．华中农业大学学报（社会科学版），2014
　(3)：75-81.

罗必良，何应龙，汪沙，尤娜莉．土地承包经营权：农户退出意愿及其影响因素分析——基于广东省的
　农户问卷 [J]．中国农村经济，2012 (6)：4-19.

罗必良，欧晓明．合作机理、交易对象与制度绩效———"公司＋农户"的合作方式及其对"温氏模
　式"的解读 [M]．北京：中国农业出版社，2010.

潘劲．中国农民专业合作社：数据背后的解读 [J]．中国农村观察，2011 (6)：2-11，94.

朋文欢，黄祖辉．农民专业合作社有助于提高农户收入吗？——基于内生转换模型和合作社服务功能的
　考察 [J]．西北农林科技大学学报（社会科学版），2017，17 (4)：57-66.

任大鹏，于欣慧．论合作社惠顾返还原则的价值——对"一次让利"替代二次返利的质疑 [J]．农业经
　济问题，2013，34 (2)：44-48，110.

苏群，陈杰．农民专业合作社对稻农增收效果分析——以江苏省海安县水稻合作社为例 [J]．农业技术
　经济，2014 (8)：93-99.

孙亚范．农民专业合作社运行机制与产权结构：江苏 205 个样本 [J]．改革，2011 (12)：85-92.

孙艳华，周力，应瑞瑶．农民专业合作社增收绩效研究——基于江苏省养鸡农户调查数据的分析 [J].
　南京农业大学学报（社会科学版），2007 (2)：22-27.

王真．合作社治理机制对社员增收效果的影响分析 [J]．中国农村经济，2016 (6)：39-50.

伍振军，孔祥智，郑力文．农地流转价格的影响因素研究——基于皖、浙两省 413 户农户的调查 [J].
　江西农业大学学报（社会科学版），2011，10 (3)：1-6.

徐建春，李翠珍．浙江农村土地股份制改革实践和探索 [J]．中国土地科学，2013，27 (5)：4-13.

严太华，战勇．农产品定价权研究——基于中间利润分成模型的分析 [J]．财经研究，2005 (10)：
　116-123.

杨灿君．合作社中的信任建构及其对合作社发展的影响——基于浙江省 Y 市农民专业合作社的实证研究
　[J]．南京农业大学学报（社会科学版），2010，10 (4)：121-127.

杨丹，刘自敏．农户专用性投资、农社关系与合作社增收效应 [J]．中国农村经济，2017 (5)：45-57.

杨光华，贺东航，朱春燕．群体规模与农民专业合作社发展——基于集体行动理论 [J]．农业经济问题，
　2014，35 (11)：80-86，111.

杨敏丽，涂志强，郑诚．农机服务产业组织结构与机制创新研究 [J]．农机化研究，2006 (2)：1-5.

于会娟，韩立民．要素禀赋差异、成员异质性与农民专业合作社治理 [J]．山东大学学报（哲学社会科
　学版），2013 (2)：150-154.

张琛，高强．论新型农业经营主体对贫困户的脱贫作用 [J]．西北农林科技大学学报（社会科学版），
　2017，17 (2)：73-79.

张晋华，冯开文，黄英伟．农民专业合作社对农户增收绩效的实证研究 [J]．中国农村经济，2012 (9)：
　4-12.

张晓山．农民专业合作社的发展趋势探析 [J]．管理世界，2009 (5)：89-96.

周振，孔祥智．盈余分配方式对农民合作社经营绩效的影响——以黑龙江省克山县仁发农机合作社为例
　[J]．中国农村观察，2015 (5)：19-30.

周振，孔祥智. 资产专用性、谈判实力与农业产业化组织利益分配——基于农民合作社的多案例研究 [J]. 中国软科学，2017（7）：28 - 41.

诸文娟，钟甫宁，吴群. 江苏茶农选择有机种植方式的影响因素分析 [J]. 华中农业大学学报（社会科学版），2007（3）：36 - 39.

Cook M L. The future of US agricultural cooperatives：A neo - institutional approach [J]. American journal of agricultural economics，1995，77（5）：1153 - 1159.

Eisenhardt K M. Better stories and better constructs：The case for rigor and comparative logic [J]. Academy of Management review，1991，16（3）：620 - 627.

Kurian M，Dietz T. Irrigation and collective action：A study in method with reference to the Shiwalik Hills，Haryana [C] //Natural resources forum. Blackwell Publishing Ltd.，2004，28（1）：34 - 39.

Lerman Z，Parliament C. Size and industry effects in the performance of agricultural cooperatives [J]. Agricultural Economics，1991，6（1）：15 - 29.

合作社联合问题、康德式社会契约与何瓦斯剩余分配制*

许建明　李文溥

摘　要： 本文认为，合作社是以通过公共品为中心认为的以康德式社会契约，并以之为分析框架来理解合作社核心原则和联合问题。合作社其实不是企业契约，而是社会契约，也即马克思意义上的"自由人联合体"。以企业契约范式来认识合作社，无法在理论上协调合作社原则中的"一人一票的民主控制原则"与"按惠顾分配盈余原则"即控制权与索取权的不匹配。一种退而求其次的观点，将合作社看作是市场与科层组织的"混合"，但这种概念无助于理解合作社的核心原则以及这些原则之间的逻辑结构。如果合作社是自由进出的社会契约，那么，一人一票民主管理可以使得合作社的总体福利函数存在。如果合作社是一人一票民主管理的，而且要实现所有社员的福利最大化，那么最优的方式是何瓦斯剩余分配制。这样，不仅可以兼容合作社的三个核心原则，并且使何瓦斯剩余分配制得到新的理解：合作社公共品的成本分摊应当与社员从公共品的受益相匹配。联合社与合作社的区别在于二者所提供公共品的层面的差别。

关键词： 联合问题；罗虚代尔原则；企业契约范式；康德式社会契约；何瓦斯剩余分配制

一、引言

农业经营方式一直是政治经济学中的经典问题（何增科、周凡主编，2008）。重农主义的代表人物魁奈（2006）认为当时法国农业的落后与衰败是因为小农经营方式，因此献策推广"大农经营"，以促使法国走上繁荣富强之路。马克思也认为，在农业中，大生产优于小生产，大生产排挤小生产，这是"大工业在农业领域内起最革命的作用"[①]。政治

---

　　* 作者简介：许建明，浙江农林大学经济管理学院，电子信箱：zm3809@sina.com。李文溥，厦门大学宏观经济研究中心，电子信箱：wpli@xmu.edu.cn。本文研究得到国家社会科学基金一般项目"政府支持农民合作发展的效能边界与支持方式优化研究"（编号：16BJL050）与国家社会科学基金重大项目"需求结构转换背景下提高消费对经济增长贡献研究"（编号：15ZDC011）的资助，同时，本文得到了黄宗智、邓衡山、徐旭初、仝志辉、杨其静、靳涛、邓宏图、踪家峰、林金忠、谢建国、马秀莲、万婷婷、张浩等人的评论和建议，在此表示衷心感谢！

　　① 马克思：《资本论》第1卷，载《马克思恩格斯全集》第23卷，北京：人民出版社，1972年，第551页。

经济学的传统思路认为农业的现代化出路在于移植大工业模式。马克思对于孤立状态的农民有一个著名的批评，"由一些同名数简单相加形成的，就像一袋马铃薯是由袋中的一个个马铃薯汇集而成的那样"。[①] 类似的情景也发生在孙中山先生用"一片散沙"来批评中国人的社会凝聚力时。如何实现"一个个马铃薯"状态的农民之间的联合呢？20 世纪的东西方农业实践提供了两个主要模式：一是欧美与东亚社会的以家庭农场为基础的合作社（管爱国、符纯华，2000；唐宗焜，2012；黄宗智，2015）；另一是个体被剥夺了退出权的苏联式集体农庄（林毅夫，1990；唐宗焜，2012）。

由于农业经营中人与自然全面交融，农业生产过程同时又是一个农作物的自然生命过程，受气温、土壤、地形等因素影响，需要经营者以主人翁的责任心密切关注生命的全部过程（大卫，2008；杜润生，2003；陈锡文，1993），以大农场模式来经营农业的最大缺陷是：第一线的农业生产者缺乏足够的激励，难以主人翁的责任心密切关注生命的全部过程。20 世纪的东西方国家实践证明：在农业生产中，家庭农场制具有强大的生命力。由于监督和监督困难使得等级组织在农业生产中的可行性低下，但家庭农场的交易成本节约效应带来的代价是其实现规模经济能力与发展产前产后的经营环节贸易伙伴以提升市场竞争力的机会受限。农业合作社则可以通过网络效应、知识外溢和资源交换，使家庭农场在实现交易成本节约的同时克服以上的限制（Valentinov，2007；Karantininis，2007）。

合作社的事业其实几乎跟人类的历史一样久远，甚至早在古埃及、古巴比伦、古印度、古代中国与古希腊时期，人们就探索联合问题（Karantininis and Nilsson，2007）。波兰尼（2007）在著名的《大转型》——斯蒂格利茨（2007）在给《大转型》撰写的前言中特别提醒，这本书所揭示的教训是值得认真对待的（波兰尼，2007）——中指出，19世纪开始的现代社会由一种双向运动支配着：自我调节市场的不断扩展与社会自我保护机制的反向运动（波兰尼，2007）的共存与矛盾。其中，现代合作社作为"反市场"（苑鹏，2001）的社会组织，正是这一反向运动中的重要力量。国际合作社联盟多次对源自于19世纪中叶英国的罗虚代尔（合作社）原则进行多次修改，但核心原则一直未变。其中，社员自愿和开放原则使得合作社区别于苏联式集体农庄（Lin，1990）。因为《政治经济学教科书》总把"合作社"与"集体农庄"这两个概念放在一起连用（苏联科学院经济研究所，1960），以至于至今大家还会把合作社当作是苏联式集体农庄，所以这一个区分是必要的。"一人一票"的民主控制原则，"是现代合作社的最基本特征"（Rothschild and Whitt，1986），是"合作组织之所以异于私营企业的重要原则"，"因其真正表示了合作组织为社员所自有、自治、自享的基本精神"（郭敏学，1982）。对于中国这样的农民大国，合作社的民主控制原则更是意义非凡，"保护其不致被市场排斥而边缘化，扩大生产与提

---

① 马克思：《路易·波拿巴的雾月十八日》，载《马克思恩格斯选集》第 2 卷，北京：人民出版社，2009 年，第 566－567 页。

高质量，使农村居民收入分配保持相对公平，通过民主治理，促进农民对农村事务的自主参与。"（塞德曼、塞德曼，2006）"按惠顾返还盈余"原则在法国尼姆学派代表人物、曾任法国合作社联合会中央委员会会长的季特（Charles Gide）看来是最伟大的合作社原则，也是罗虚代尔合作社成功的关键（季特，1931）。季特甚至将提出这一原则的罗虚代尔公平先锋社成立时的 28 名成员之一的何瓦斯（Charles Howarth）称誉为"合作的阿基米德（Archimède）"（季特，1931），并将这一原则命名为"何瓦斯剩余分配制"。这三个核心原则使得合作社既区别于苏联式集体农庄，也区别于现代企业——"公司是以资本主义，合作社是以民主主义为特征，所以，公司是资本主义的团体，而合作社称为民主的团体。"（泽村康，1979）

合作社在长期的实践中形成了体现其性质特征的基本原则。

一般认为，国际合作社联盟所概括的这些"理念色彩非常浓厚"的合作社原则具有普适性。然而令人诧异的是，无论是国内还是国际学术界，至今鲜有学者在原理上对合作社原则进行证明。这导致了合作社原则规范与实践的反差——国际合作社联盟的合作社原则，虽然在全世界大部分国家里得到了承认，但仍可能会以"不符合中国国情"为由而拒绝。这一担心并非空穴来风，确实存在着许多实质上是企业的挂牌、变异"合作社"（潘劲，2011；苑鹏，2013；邓衡山、王文烂，2014）。因此，本文认为，对于决定合作社基本规定性的这些基本原则，不能仅仅在经验层面上的总结。因为任何的"经验"总结，都是不完全归纳，都不可避免地带有地方色彩，欠缺足以说服其他地方接受的普遍性的力量。只有原理层面的充分证明，才能在逻辑上赋予一个原则以普适性意义，这可以增强这些原则在人们心中的合法性，也有利于避免有人轻易地以"中国特殊国情"为借口，拒绝先进国家近两百年的农村发展经验。合作社作为现代社会的基本组织方式之一，是社会主义市场经济的重要内容（唐宗焜，2012），合作社原则所涉及的效率评价标准与价值评价标准原则的统一也是进一步完善社会主义市场经济体制的重要内容（李文溥，1996）。因此，这一研究工作，不仅具有理论意义，也具有体制实践意义。[①]

二、关于合作社的企业契约范式及其理论困难

学术界与政府决策层往往以企业来定义合作社，他们将合作社看作是某种特殊的企业；而且，对合作社的理论认识也局限于企业契约的范式。最能体现学术界对合作社性质的认识集中于两个方面：一是对作为企业的合作社的定义，另一是关于作为企业的合作社的理论研究范式。它们关于合作社性质的认识，都可以归类于企业契约范式。

[①] 国内农业经济研究有两个传统：一是政治经济学学科里的农业问题研究，属于理论经济学研究；另一是比较纯粹的农业经济学的传统，属于应用经济学研究。前者的研究主导了中国农村制度与农业发展政策制定的基本框架，但却为后者所忽视。

各类权威的公共机构对于合作社的定义，表明现有对合作社的认识局限于作为企业契约的合作社的范式之内，因为对一个事物的定义集中体现了人们关于该事物的类型与性质定位。比如，国际合作社联盟（ICA，2005）对合作社的定义是："合作社是人们自愿联合、通过共同所有和民主管理的企业，以满足社员共有的经济、社会和文化需求和愿望的一种自治组织。"① 美国农业部对合作社的定义是："合作社是一种使用者所有、使用者控制和基于使用进行分配的企业。"美国法律研究院和美国律师协会定义是，"农业合作社是一种企业组织，它通常由农业生产者成员结社形成、拥有和控制，它是为作为生产者或惠顾者的成员或股东的共同利益服务的，其是在扣除用于运营、存续和其他经过认可的用于发展和必要积累的成本之后的非盈利运作。"（转引自徐旭初，2005）

而且，东西方学者也颇为一致地在企业契约的范式里定义合作社。比如，美国和德国学者认为，合作社是一种独特的商业性企业形式（琼斯、汤普森，1984），是一种把市场因素和内部组织的层级治理因素结合在一起的混合企业组织形式（Bonus，1986），是一种由客户掌握所有权的企业（汉斯曼，2001）。日本学者认为，合作社是一种"特殊企业"（佐伯尚美，1995）；中国学者认为，合作社是一种"农业中的现代企业制度"（杜吟棠，2002），作为一种特殊的企业组织形式（张晓山、苑鹏，2009），是一种使用者拥有和控制，并根据使用进行分配的企业形式（徐旭初，2005）。

以上关于合作社定义的共同之处，就是将合作社看作是一个企业契约——虽然其性质有些怪异而已，但本质上还是企业契约。有一些学者甚至直接就以"作为企业的合作社"为其论著的标题，比如德国学者 Holger Bonus（1986）的论文《作为商业企业的合作联盟》，日本学者佐伯尚美（1995）的论文《作为企业的合作组织》，以及中国学者杜吟棠主编（2002）的著作《合作社：农业中的现代企业制度》。

同样的范式框架也体现在对合作社性质与机理的理论研究上。在三篇关于合作社的理论研究综述中，LeVay（1984）、Staatz（1989）与 Cook et al.（2004）都是将关于合作社的性质与运作机理的理论观点归类为三个流派：基于"垂直一体化的形式"、"企业"和"企业联盟"。一是将合作社作为垂直一体化的组织形式，合作社是为了满足成员之间实现产业链的不同环节整合的组织形式，合作社不是一个厂商，而是一个多厂商纵向一体化的商行。二是将合作社作为企业的组织形式，合作社跟一般的企业一样，其目标也是追求利润最大化，合作社的决策主要是由一群经理人员来完成。三是将合作社作为企业之间联盟的组织形式，合作社是一种合约集，是一个效用最大化群体之间的联结。

于是，合作社被视为一种特殊的企业："合作社是商业性企业的一种独特的形式。"（琼斯、汤普森，1984）"合作社作为一种特殊的企业组织形式。"（张晓山、苑鹏，2009）但是，如此定义，合作社还是一个很怪异的东西（Ménard，2007），其怪异程度到了理论上难以容忍的地步。首先，我们在经济学原理中，在理解企业行为时，总是从归资本所得

---

① 参见：http://ica.coop/en/what‐co‐operative。

的利润最大化的前提出发的；而在合作社的运行中，资本居于从属地位，其报酬是受限制的，即为资本报酬有限原则。其次，根据 Groosman - Hart - Moore 的控制权作为产权的企业契约理论，企业的剩余索取权和控制权是对称安排的（哈特，1998：76 - 79），比如一般企业的"一股一票"原则（即为控制权）与"按股分红"原则（即为剩余索取权）之间是匹配的。按照这一理论逻辑，既然合作社一人一票的控制权是平等的，那么，合作社的产权也应是所有社员平等、共同拥有的，进而合作社的剩余收益权也就相应是平等分配的，也就是，合作社的收益也应是平分的。但这一推论与合作社的另一个重要原则何瓦斯剩余分配制是相冲突的。也就是，合作社原则中关于控制权（一人一票的民主控制原则）与剩余索取权（何瓦斯剩余分配原则）的安排——合作社的剩余索取权被限定在提供惠顾的成员之中（Vitaliano，1983）——是相互矛盾的。而且，这个一人一票的原则与一般性企业中一股一票的原则也是不一致的。根据企业契约理论，一个有效率的企业治理结构必然表现为剩余索取权与控制权的对称性安排（米尔格罗姆、罗伯茨，2004）。而"给予民主控制的方法以优先的地位是现代合作社的最基本特征"（Rothschild and Whitt，1986）。因此，合作社并不符合一般企业的基本特征。

后来的一种妥协途径出现了，组织理论将合作社看作是市场和等级组织之间的中间类型，合作社作为一种混合形式存在（Ménard，2007）。组织理论对既不是市场也不是层次的安排的最新发展提供了重新考虑合作社性质及其基本特征的机会。通过交易成本经济学开发的"混合型"概念来封装这些安排的属性可能特别相关，因为它提供了一种将合作社纳入其他治理模式的理论框架。本文沿着这个方向，提出了合作社不同制度的表征，建立了理论基础的类型学。这种做法的一个重要结果是它挑战了对合作社的标准竞争政策。一种退而求其次的观点，将合作社看作是市场与科层组织的"混合"，但这种概念无助于理解合作社的核心原则以及这些原则之间的逻辑结构。

理论是大家理解世界的工具，同时，理论是围绕核心概念展开的、并与外在的经验世界发生对应关系的逻辑体系。当定位"合作社"的性质为"企业"时，大家自然而然就会借助于有关企业契约的理论来想象、预期、理解合作社的运行规则和特征。但是，当以主流的企业契约理论来理解合作社的核心原则时，会发现企业契约理论的解释力是失效的。如果与核心概念紧密联系的理论对一个事物无法提供理解能力时，需要的是检讨那个原先用以定位事物性质的核心概念及其理论框架是否是合适的，我们是否应该以其他更合适的核心概念来定位该事物？如果原有对事物的定性及其理论想象无助于理解事物的本质，那么，可能就需要调整一个定位来理解事物。本文从合作社作为康德式社会契约的视角来构造合作社的"一人一票的民主管理原则"与何瓦斯剩余分配制在逻辑上的结构关系，这是合作社作为康德式社会契约这个框架优于之前的合作社作为企业契约框架的重要之处。

三、作为康德式社会契约的合作社

本文从一个新的角度——即合作社作为一个以农户为权利主体、以提供公共品为中心任务的康德式社会契约——来理解合作社及其核心原则。

我们之所以将合作社看作是康德式社会契约，是因为合作社是以社员的独立权利为基础的，合作社所提供的公共品与公共服务也是立基于社员个体需求、并服务于社员个体；这与康德所主张的——"权利乃是以每个人自己的自由与每个别人的自由之协调一致为条件而限制每个人的自由，而公共权利则是使这样一种彻底的协调一致成为可能的那种法则的总和。"（康德，1990）即个体权利是作为主体存在，而公共权利对个体权利具有工具性价值——是一致的。① 一个具有理想色彩的公共组织是以其成员作为组织的目的，而不是将成员作为组织的工具。合作社作为一个强调"社员所有、社员掌控、社员受益"（user ownership，user control and user benefit）、理念色彩浓厚的组织（Birchall，2005），与现代民主国家一样，都属于康德式的社会契约。现代民主国家是建立在林肯的"民有、民治、民享"（government of the people，by the people，for the people）公式之上的。合作社是"民管、民有、民受益"的自治组织，其与现代民主国家建立在同样性质的前提上，具有一样的基本精神，成员个体是缔结康德式社会契约的主体，合作社与现代民主国家都是作为实现和保障成员/公民个体权利的工具。本文将合作社看作社会契约，并不是一种比喻，而是因为合作社本身就是建立在康德式的预设前提之上的社会契约：每个人，就像每个其他人一样，都具有同样的尊严和价值。合作社即马克思所说的"自由人联合体"②中的一种，或是"在协作和生产资料共同占有基础上重建的个人所有制"③，"社会契约是一个框架，也是一份蓝图，解释的起点都是个体。"（登特列夫，2008）社会契约论的预设是所有人天然自由平等（莱斯诺夫，2005），因而合作社原则中的"一人一票的民主控制"是合作社的康德式社会契约性质的应有之义。

关于合作社所具有的康德式社会契约性质，其实在一定程度上已经隐含在东西方学者的合作社性质的论述中，只是未曾十分明确地指出。日本学者泽村康在 20 世纪 30 年代曾指出，"合作社是人的团体。"（泽村康，1979）也就是，作为合作社的根本基础，并不是资本，而是社员的人格，社员是作为一个人格者来加入组织，以人格的结合力量，谋事业的发展，此即合作社不是资本的团体，而被称为人的团体的道理（泽村康，1979）。"合作社是人的团体，社员并不是资本的代表者，而是作为一个人格者来参加的，人格当然是平等的。"（泽村康，1979）泽村康进一步区分了合作社与企业的性质与特征，"公司是以资本主义，合作社是以民主主义为特征，所以，公司是资本主义的团体，而合作社称为民主的团体。"（泽村康，1979）"合作社是人的团体之故，必须是民主的。"（泽村康，1979）"在合作社，从人格平等的角度，各社员的权利，应该是一律平等的，合作社之所以为民主主义的团体，这可以说是由于社员的责任义务制度；同时，是基于人的结合之本质。"

① 通常，社会契约分为两类，一类是康德式社会契约；另一类则是霍布斯式社会契约，在这类社会契约里，个体通过缔约，形成一个凌驾于所有个体之上的主权者，即为"利维坦"。
② 马克思：《资本论》第 1 卷，载《马克思恩格斯全集》第 23 卷，北京：人民出版社，1972 年，第 95 页。
③ 马克思：《资本论》第 1 卷，载《马克思恩格斯全集》第 23 卷，北京：人民出版社，1972 年，第 832 页。

（泽村康，1979）在自然法意义处于平等状态的个人共同形成一个共同体即合作社。作为社会契约的合作社，它是社员"个人"之间的契约。"在合作社，社员的决议权，不拘出资多少，是一律平等的。"（泽村康，1979）德国学者 Draheim（1952）认为，合作社既是一个社会团体，又是一个企业（转引自 Bonus，1986）。美国学者认为，"合作社是个人参加的自愿联合会"，"是个人的联合体"（罗吉斯、伯德格，1988）。中国台湾学者认为，"合作事业是人的结合，而非资本的结合"（郭敏学，1982），"合作的目的在使社会上经济力量薄弱者，借合作互助，和谐共处，以改善自身的生产和生活"（郭敏学，1982）。中国学者也认为，合作社是"人的联合"（徐旭初，2005），是"人与人的合作"，不是"资本与资本的合作"，更不是"人与资本的合作"（韩俊，2007）。"这个联合体是人的联合体，不是资本的联合体"（唐宗焜，2012）。"合作社以人为本，不是以资为本；换言之，就是资从属于人，而不是人从属于资。"（唐宗焜，2012）"以人为本的联合，是人与人平等的联合，社员人人平等是合作社的基础。每个社员都拥有平等地参与、知情、发表意见和共同决策等权利，同时平等地承担相应的义务。"（唐宗焜，2012）

人们通过缔结社会契约形成公共组织，就是需要这些组织提供公共品（服务）。合作社提供着类似于国家提供的公共品，而且为维持合作社运行而需要所有社员共同承担的成本，这类似于国家的税收。因此，合作社的一个重要问题是：社员之间如何承担公共品的成本？

四、合作社的总体（社会）福利函数存在性

社会契约是一种抽象的、假设性的、作为一种推理和构造良善公共规则的标准分析框架，被应用于国家、立法与道德的规范层面的理论探讨。[①] 当我们推理和创造一个社会或者组织的合理规则，就必须了解这个社会或公共组织的总体福利函数。而这个社会福利函数是建立在康德式的伦理预设之上：每个人，就像每个其他人一样，都具有同样的尊严和价值。因此，本节要进一步考察诸如合作社这样的社会契约的总体（社会）福利函数的存在性问题。

（一）阿罗不可能性定理

在社会契约论的观念中，公共组织是自由的、理性的个体同意的产物。个体在签订社会契约时是平等的，其具体体现为一人一票。而且，形成一个社会契约，其职能就是为所有参与者提供公共品，一个没有提供公共品的社会契约是毫无意义的契约。而提供公共品是有成本的，那么，社会组织就需要掌握资源。该社会契约要为成员提供最优的公共品（服务），逻辑上要求有一个社会福利函数的存在；然后根据对这个社会福利函数所求解的

---

① 当代的罗尔斯（2009）正是以康德式的社会契约论来论证和构建福利国家和民主宪政原则。

最优化条件，进行决定公共品（服务）的数量、种类，以及公共品的成本分摊规则。当本文以康德式社会契约来看待合作社时，需要回答以上这些问题。

不幸的是，Arrow（1951/1963）证明，在一般性的条件下，社会福利函数在逻辑上是不存在的。即，对于有限数量的个人，并且至少存在三个不同的社会可选择项，如果我们用 $f=(R_1, R_2, \cdots, R_n)$ 来表示满足如下四个条件——条件 U（非限定的定义域）、条件 P（弱帕累托原则）、条件 I（不相关选择的独立性）、条件 D（非独裁性）——的映射，那么，该社会福利函数就不存在。

本文要回答的问题是：作为康德式社会契约的合作社的原则能否经得住 Arrow 不可能定理的挑战？因为如果合作社的总体（社会）福利函数不存在，就无法从理性上推导、理解合作社原则。

（二）社员开放原则与合作社总体福利函数

本文将证明：对于有限数量的个人，并且至少存在三个不同的社会可选择项，那么存在一个社会福利函数 f 能够满足条件 P、条件 I、条件 D 和条件非 U。

命题：$f(R_1, R_2, \cdots, R_n)$ 是一个定义在某个性质定义域上的社会福利函数。假如 f 满足帕累托准则、无关方案独立性条件和非独裁性条件，要证明出 f 不满足无限定定义域条件，即 f 的定义域是有限定的。个体对备选项的偏好排序是受限定的。

证明：用反证法。

阿罗证明，假设 f 是一个定义在非限定定义域上的社会福利函数；那么，不存在一个社会福利函数 f 能够满足条件 U、条件 P、条件 I 和条件 D（Arrow，1951）。Denicolò（1998）证明，条件 U、条件 P、条件 I 和条件 D 是社会福利函数 f 不存在的充分必要条件。也就是，必然存在一个社会福利函数 f 能够满足条件非 U、条件 P、条件 I 和条件 D，即 f 的定义域是有限定的。也就是说，有限定的定义域、条件 P、条件 I 和条件 D 足以保证社会福利函数 $f(R_1, R_2, \cdots, R_n)$ 的存在。

有限定的定义域，意味着，要形成一个社会福利函数，就必须对加入该社会契约的成员要求某种性质的资格认证。

如果一个社会契约（公共组织）在满足帕累托准则、无关方案独立性条件和非独裁性条件的情况下，加上满足进出自由原则——即蒂布特的"用脚投票"机制使得成员的个人偏好与所加入的公共组织的公共品性质相匹配（Tiebout，1956；Buchanan，1965；Bewley，1981；林毅夫，1990）——的条件时，则存在一个关于该社会契约的总体福利函数。社员自愿和开放原则是合作社诸原则中的第一原则，自由进出原则使得合作社是偏好相近者的"群（社会）"，即是赋予一个函数以有限定的定义域。那么，在满足帕累托准则、无关方案独立性条件和非独裁性条件（即"一人一票的民主控制"原则）的情况下，保证了从合作社成员的个人偏好排序集合到合作社的集体偏好排序的社会福利函数的存在。

五、何瓦斯剩余分配制：合作社公共品的成本分摊

罗尔斯（2009）把社会看作是一个合作的事业，人们共同投入共同产出，对于参与者而言，正义的问题就是如何分配合作剩余收益。收益与成本是作为同一个事物的正反两面。那么，正义的问题也可以看作是参与者如何分摊公共品的成本。正如国际合作社联盟在对合作社的定义中所说的，合作社是人们自愿联合，以满足社员共有的经济、社会和文化需求和愿望的一种自治组织。作为社会契约的合作社，是具有独立意志的社员个体之间的协议，目的是建立一个关于分摊公共品的成本的权利义务关系。提供这些公共品（服务）是需要成本的，这些成本必然是由成员承担的。否则，这样的公共组织必不是独立的。那么，这就涉及了这些成员之间的成本分摊问题。本节以带有公共品的 Ramsay 增长模型（Barro，1990）讨论合作社公共品的成本分摊问题。

有 n 个家庭，各有独立农场，自愿参加合作社，"共同利用设施"（佐伯尚美，1995），"合作社的目的在于扩大每个农民私人企业的一部分功能。"（罗吉斯、伯德格，1988）"合作事业乃全体社员业务的总结合"（郭敏学，1982），合作社提供这些公共品（服务）所需要的成本，当然是由社员来承担。合作社通过满足社员的公共品（服务）需要，而对社员收取的是类似于税收的公共品（服务）成本。

记 c 为 t 时刻代表性社员家庭的人均消费。每个家庭在市场上是处于竞争性地位，他们是市场价格的接受者，面对给定的利率 r 和给定的单位劳动工资率 w。假定每个家庭在每个单位时间里固定在劳动市场上供给 1 单位的劳动。由于家庭农场基本上是自我雇佣的，而且很少使用雇佣劳动。此时看作是均衡时，劳动市场出清。

那么，我们可以得到一个代表性社员家庭的人均水平的预算约束：

$$\dot{a} = w + r \cdot a - c \tag{1}$$

其中，a 为 t 时刻代表性社员家庭拥有的资产，它可以为正，也可以为负。

记 $u(c)$ 为代表性社员家庭的瞬时效用函数，是关于 c 的凹函数，即严格单调递增的、边际效用递减的连续可微函数。同时，假定 $u(c)$ 满足稻田条件。具有无限寿命的代表性的社员家庭依据预算约束，选择消费路径与资产积累路径，最大化以下给出的贴现效用总和：

$$\max \int_0^\infty \frac{c^{(1-\theta)}}{1-\theta} e^{-\beta t} \mathrm{d}t \tag{2}$$

其中，$\beta > 0$ 表示代表性社员家庭的时间偏好率。

那么可以得到欧拉方程，即各个时点上的消费选择：

$$\gamma \equiv \frac{\dot{c}}{c} = \left(\frac{1}{\theta}\right) \cdot (r - \beta) \tag{3}$$

这也是代表性社员家庭在均衡路径上的效用水平增长率。

横截性条件为：
$$\lim_{t \to \infty} \left\{ a(t) \cdot \exp\left[-\int_0^t r(\lambda) \mathrm{d}\lambda\right] \right\} \geq 0$$

横截性条件保证了代表性社员家庭的资产总量为负的时候也是有限的，不可能是无穷的。也就是，社员家庭在现行利率 $r(t)$ 下不能进行无限制地借贷，无法进行庞氏骗局式的融资。

社员农场所需要的公共品（服务）可以通过合作社来实现。合作社公共品（服务）的资本量的大小会影响社员家庭农场的生产行为。

为了简化分析，假定代表性社员家庭农场的生产函数的密集形式是柯布-道格拉斯型，可写成：

$$y = f(k, K) = k^\alpha K^{1-\alpha} \tag{4}$$

参数 $\alpha \in (0, 1)$，k 是代表性家庭农场自身的资本存量，K 是合作社所提供的公共品的资本存量，是萨缪尔森意义的非排他性与非竞争性的公共品（Samuelson，1954）。（4）式为生产函数的密集形式，即这里忽略了劳动这一变量，是因为现代农业生产中的家庭农场基本上是自我雇佣的，很少从外面雇佣劳动。那么，社员家庭会将其私人品资本量与合作社公共品资本量之间的比例关系调整到最优状态，即其平均成本最小化，此满足规模报酬不变的条件。

社员家庭农场的利润可以写成：

$$\pi = (1-\tau)y - w - r \cdot k \tag{5}$$

其中，τ 是合作社给予社员"盈余还返"之后留存在合作社之内的比例，无资本折旧，$\tau \in (0, 1)$。

最大化代表性社员家庭农场的利润，得到一阶条件：

$$r = (1-\tau) \cdot \frac{\partial f(k, K)}{\partial k} = (1-\tau)\alpha k^{-(1-\alpha)} K^{(1-\alpha)} \tag{6}$$

那么，家庭农场的生产函数（4）式加总可得：

$$Y = n \cdot k^\alpha K^{1-\alpha} \tag{7}$$

Y 是合作社所有社员家庭农场的总产出。

合作社是由社员管理的自主、自助、自治的组织。合作社提供公共品（服务）需要成本，这些成本理应由社员承担。同时，合作社作为"非营利团体"（泽村康，1979），追求的是价值，并非利润[①]，"按照成本价格提供公共品和服务"（罗吉斯、伯德格，1988；Barton，1989）。因此，我们可以将合作社自身的预算看作是平衡的。合作社通过对社员收取服务费用来作为提供公共品（服务）的成本。预算平衡式为：

$$K = Y \cdot \tau \tag{8}$$

将合作社的预算平衡式（8）式，代入社员家庭农场的一阶条件（6）式，就可以得到：

$$K = (n \cdot \tau)^{\frac{1}{\alpha}} k \tag{9}$$

---

① 参见：http://ica.coop/en/what-co-operative。

将（9）式代入（6）式，得到：

$$r=(1-\tau)\cdot\left(\frac{\partial y}{\partial k_f}\right)=\alpha\cdot(1-\tau)\cdot(n\cdot\tau)^{\frac{(1-a)}{a}} \tag{10}$$

将上式代入（3）式，可以将前面的效用水平增长率进一步表达为：

$$\gamma=\left(\frac{1}{\theta}\right)\cdot\left[\alpha\cdot(1-\tau)\cdot(n\cdot\tau)^{\frac{(1-a)}{a}}-\beta\right] \tag{11}$$

对上式求最大值（即最优化社员家庭收入增长率），最优化条件为：

$$\tau^*=1-\alpha \tag{12}$$

合作社的意义在于它动态优化其社员的效用水平。合作社对社员收费的最优标准 τ^* 是合作社公共品对社员收入提供的边际贡献（$1-\alpha$）。也就是，在稳态路径上，合作社通过"按惠顾分配盈余"原则留存在合作社之内作为提供公共品（服务）成本的"税费"恰好等于合作社公共品（服务）为社员带来收入增加的贡献权重。合作社对社员的产品销售收入征收 τ 部分作为"税收"，而其余的（$1-\tau$）部分则是合作社以"按惠顾分配盈余"原则返还给社员家庭。这样，在原理层面上得到了合作社的"按惠顾分配盈余"原则。

由最优化代表性社员家庭的长期效用水平增长率，得到的最优"税率"是 $\tau^*=1-\alpha$。其经济含义是，最优"税率"是与合作社公共品对社员的收入增加的贡献比重是一致的。这是合作社公共品成本在均衡路径上的分摊规则。这是为了在稳定状态时实现合作社的总体福利最大化，即为合作社总体福利的最优增长路径。

本文应用假言命题的论证方式来论证：如果合作社是康德式的社会契约，即合作社是一人一票民主管理的，而且，合作社要实现所有社员的福利最大化，那么最好的做法就是采取何瓦斯剩余分配制。这样的论证方式，无论在本体上，还是在逻辑上，都是合适的。因为合作社本身一个理念色彩很重的事物，所以，用假言命题的论证合作社原则在本体上是合适的。而且，只有得到这样的命题——如果合作社是一人一票民主管理的，而且，合作社要实现所有社员的福利最大化，那么最好的做法就是采取何瓦斯剩余分配制——我们才能在逻辑上兼容了"一人一票的民主管理原则"与何瓦斯剩余分配制。

这里从另一角度，提供一个为什么罗虚代尔原则能够"变成全世界合作运动的宪章"（季特，1931）的不同解释机理。罗虚代尔原则中"最重要的"，也是"所特有的"何瓦斯剩余分配制（季特，1931），保证了社员为合作社公共品所分摊的成本与该公共品对其收入增加的贡献比重是一致匹配的，兼容了社员个体与合作社的利益与激励，从而，实现了合作社的长期总体福利最大化。因此，季特（1931）认为"合作运动的将来，有无希望，关键全在何瓦斯剩余分配制"。

如果个人在私人品之外所需要的公共品（和公共服务）是各色各样的，而这些公共品并不是一个政府（比如中央政府）就能全部提供的，因为根据中位投票者定理，政府提供公共品是依据中位投票者的偏好，而无法兼顾其他位于两端个体的偏好（唐斯，2005）。因此，除了国家（中央政府）以外，地方政府、NGO 组织之类的公共组织提供满足个人偏好中各色各样公共品。这些公共组织在各个不同层面、场域的社会缔约，提供各式各样的、各个层级范围的公共品以满足个体在不同层面上的偏好。在提供公共品和公共服务上，中央政府与地方政府以及社会公共组织不是绝对服从的上下级关系，而是分工、职责不同的相互协调的公共服务者。同样的是，民间公共组织与政府之间是独立的，也不是绝对服从的上下级关系。由中央政府提供的公共品、地方政府通过的地方性公共品与由民间各种公共组织提供的俱乐部公共品，都是为满足每一个自由个体在公共品层面上多样性、异质性的偏好。每一个人基于个人偏好的不同，正如他需要各种各样的私人品，他也需各种各样的公共品，而这些不同的公共品是由他所加入的各种各样的公共组织提供的，这些公共组织是基于各种各样的社会契约。基于自愿加入的公共组织，必须能够为其成员提供公共产品或公共服务，如果不能为成员通过公共品，那么这样的社会契约是无法成立的。每一个社会契约都是独立于其他社会契约，如果不独立，那么该社会契约就没有存在的合理性。因此，这要求基于该社会契约形成的公共组织的财政收支是平衡的。

代表性社员家庭农场的生产函数的密集形式是柯布-道格拉斯型，可写成：

$$y=f(k, K_i, K_j)=k^a K_i^{a_i} K_j^{a_j} \tag{13}$$

其中，K_i、K_j 分别是合作社与联合社所提供的萨缪尔森意义公共品的资本存量，参数 $\alpha+\alpha_i+\alpha_j=1$。

得到的均衡条件是：

$$\tau_i^*=\alpha_i \tag{14}$$
$$\tau_j^*=\alpha_j \tag{15}$$

这意味着，合作社的核心原则在联合社层面也是适用的。

六、结论与进一步讨论

通过以上分析，本文得到如下结论：

第一，给出了一个理解合作社原则的新理论框架，即合作社作为一个提供公共品的康德式社会契约，将使合作社的核心原则——社员自愿原则、一人一票民主管理原则与何瓦斯剩余分配制即按惠顾分配盈余原则——比在之前的企业契约框架下得到更好的理解。社会契约理念以人为本，每一个人都是平等的，这与合作社原则中对社员个体的尊重、以社员为主体以及一人一票民主管理，在理念上是一致的。因此，社会契约框架比企业契约更适合于理解合作社原则。以康德式社会契约来理解合作社，社员的平等投票权就是其应有之义。在这个新理论框架中，我们以假言命题来论证：如果合作社是一人一票民主管理的康德式社会契约，而且，合作社要实现的是所有社员的福利最大化，那么最好的做法就是采取何瓦斯剩余分配制。也即，何瓦斯剩余分配制是一人一票民主管理原则与社员自愿原则的必要条件。在合作社作为康德式社会契约的框架中，合作社的核心原则在科学逻辑上呈现出紧密的结构。同时，合作社的联合问题是具有超越合作社作为经济组织的普遍意义，有利于理解现代社会运行的基本机制，合作社的核心原则可以为其他领域中的社会组织借鉴。

第二，按照交易量返还利润，即何瓦斯剩余分配制，在法国尼姆学派创始人季特看来是最伟大的合作社原则，也是罗虚代尔合作社成功的关键（季特，1931），"是合作社采用的最为普遍的分配方式"（韩俊，2007），"是合作社制度的核心"（徐旭初，2005）。何瓦斯剩余分配制是作为康德式社会契约的合作社在动态一般均衡的框架中稳态路径上所显示的特征，合作社公共品的成本分摊与社员从合作社公共品的受益程度是相匹配的。本文对何瓦斯剩余分配制的理解，不同于一般的理解。一般理解何瓦斯剩余分配制是以社员从合作社所获的收益角度关注（季特，1931）。本文则是从其反面来理解何瓦斯剩余分配制，是从社员因为享用合作社所提供的公共品和公共服务而向合作社所缴纳的"税收"，其"税率"的高低与合作社公共品对社员的收入水平增加的贡献比重是一致的。也就是，稳态路径上，社员对合作社的贡献与合作社对社员的贡献是匹配的，是一致的。现实中的许多合作社的社员与组织的联系是松散的，其实这是一种均衡状态，因为这种合作社对社员并无什么助益。

第三，以严肃的态度认真对待合作社原则。合作社原则作为合作社的宪法，不能以"中国特殊国情"轻易违反合作社的核心原则。违反合作社的核心原则的"合作社"可能没有合作社的内在实质，这无疑是拒绝先进国家一百多年以来的农村发展经验。合作社原则不仅有经验依据，而且有理性依据。比较国际合作社联盟的合作社原则与中国2007年《农民专业合作社法》中的合作社基本原则，就可以发现二者之间的一个重要差别是，后者没有明确合作社必须实行"一人一票制"的民主管理，而只是含糊其辞地说民主管理。忽略了"一人一票制"这一根本性制度建构和约束，实际中运行的本应是为全体社员谋求公益的农业合作社可能因此蜕变为营利性的、由资本控制的农业企业。因此，在原理上对合作社的规则进行反思，不仅仅具有理论意义，而且具有实践意义。合作社的原则——比如，一人一票的民主治理与按惠顾额返还盈余原则——必须得到严肃对待，不能随意更改。《中华人民共和国农民专业合作社法》应该明确表明，合作社必须实行"一人一票制"的民主管理，而不能不加限定、含糊其辞地说"民主管理"。

参考文献

陈锡文.中国农村改革：回顾与展望［M］.天津：天津人民出版社，1993.

大卫.农业经济与工业经济的差异［C］//何增科，周凡.农业的政治经济分析.重庆：重庆出版集团、重庆出版社，2008.

登特列夫.自然法：法律哲学导论［M］.李日章，梁捷，王利，译.北京：新星出版社，2008.

邓衡山，王文烂.合作社的本质规定与现实检视［J］.中国农村经济，2014（7）.

杜润生.中国农村制度变迁［M］.成都：四川人民出版社，2003.

杜吟棠 . 合作社：农业中的现代企业制度 ［M］. 南昌：江西人民出版社，2002.

管爱国，符纯华 . 现代世界合作社经济 ［M］. 北京：中国农业出版社，2000.

郭敏学 . 合作化农会体制 ［M］. 台北：商务印书馆，1982.

哈特 . 企业、合同与财务结构 ［M］. 费方域，译 . 上海：上海三联书店、上海人民出版社，1998.

韩俊 . 中国农民专业合作社调查 ［M］. 上海：上海远东出版社，2007.

汉斯曼 . 企业所有权论 ［M］. 于静，译 . 北京：中国政法大学出版社，2001.

何增科、周凡 . 农业的政治经济分析 ［M］. 重庆：重庆出版集团、重庆出版社，2008.

黄宗智 . 农业合作化路径选择的两大盲点：东亚农业合作化历史经验的启示 ［J］. 开放时代，2015（5）.

季特 . 英国合作运动史 ［M］. 吴克刚，译 . 上海：商务印书馆，1931.

康德 . 法的形而上学原理 ［M］. 沈叔平，译 . 北京：商务印书馆，1991.

康德 . 历史理性批判文集 ［M］. 何兆武，译 . 北京：商务印书馆，1990.

魁奈 . 魁奈《经济表》及著作选 ［M］. 晏智杰，译 . 北京：华夏出版社，2006.

莱斯诺夫，等 . 社会契约论 ［M］. 刘训练，李丽红，张红梅，译 . 南京：江苏人民出版社，2005.

罗尔斯 . 正义论（修订版）［M］. 何怀宏，何包钢，廖申白，译 . 北京：中国社会科学出版社，2009.

罗吉斯，伯德格 . 乡村社会变迁 ［M］. 王晓毅，王地宁，译 . 杭州：浙江人民出版社，1988.

米尔格罗姆，罗伯茨 . 经济学、组织与管理 ［M］. 费方域，主译 . 北京：经济科学出版社，2004.

潘劲 . 中国农民专业合作社：数据背后的解读 ［J］. 中国农村观察，2011（6）.

琼斯，汤普森 . 美国的农业合作社：起源和现状 ［M］. 税尚楠，译 . 北京：农业出版社，1984.

塞德曼，塞德曼 . 发展进程中的国家与法律：第三世界问题的解决和制度变革 ［M］. 冯玉军，俞飞，译 . 北京：法律出版社，2006.

苏联科学院经济研究所 . 政治经济学教科书 ［M］. 第三版增订本 . 北京：三联书店，1960.

唐宗焜 . 合作社真谛 ［M］. 北京：知识产权出版社，2012.

徐旭初 . 中国农民专业合作经济组织的制度分析 ［M］. 北京：经济科学出版社，2005.

许建明，李文溥 . 合作社与政府：制度性建构优于物质性支持 ［J］. 制度经济学研究，2015（1）.

苑鹏 . 中国农村市场化进程中的农民合作组织研究 ［J］. 中国社会科学，2001（6）.

苑鹏 . 中国特色的农民合作社制度的变异现象研究 ［J］. 中国农村观察，2013（3）.

泽村康 . 合作原理 ［M］. 周建卿，译 . 台北：商务印书馆，1979.

张晓山，苑鹏 . 合作经济理论与中国农民合作社的实践 ［M］. 北京：首都经济贸易大学出版社，2009.

佐伯尚美 . 作为企业的合作组织 ［M］. 今井贤一，小宫隆太郎 . 现代日本企业制度，陈晋，随清远，等，译 . 北京：经济科学出版社，1995.

Arrow, Kenneth J. *Social Choice and Individual Values*（*2nd ed.*）［M］. New Haven: Yale University Press, 1963.

Barro, Robert J. Government Spending in a Simple Model of Endogenous Growth ［J］. *Journal of Political Economy*, 1990, 98（S5）: 103 - 125.

Barton David G. What is a cooperative? ［M］. in David Cobia（ed.）, *Cooperatives in Agriculture*. New Jersey: Prentice - Hall, 1989: 1 - 20.

Bewley, Truman. A Critique of Tiebout's Theory of Local Public Expenditures ［J］. *Econometrica*, 1981, 49（3）: 713 - 740.

Birchall, Johnston. Co - operative Principles Ten Years on [J]. *Review of International Co - operation*, 2005, 98 (2): 45 - 63.

Bonus, Holge. The Cooperative Association as a Business Enterprise: A Study in the Economics of Trans- actions [J]. *Journal of Institutional & Theoretical Economics*, 1986, 142 (2): 310 - 339.

Buchanan, James M. An Economic Theory of Clubs [J]. *Economica*, 1965, 32 (1): 1 - 14.

Cook, Michael L., Fabio R. Chaddad, and Constantine Iliopoulos. Advances in Cooperative Theory since 1990: A Review of Agricultural Economics Literature [M]. in G. W. J. Hendrikse (ed.), *Restructuring Agricultural Cooperatives*. Haveka: Erasmus University Press, 2004: 65 - 90.

Denicolò, Vincenzo. Independent Decisiveness and the Arrow Theorem [J]. *Social Choice and Welfare*, 1998, 15 (4): 563 - 566.

Grossman, Sanford J., and Oliver Hart. The Costs and Benefits of Ownership: A Theory of Vertical and Lateral Integration [J]. Journal of Political Economy, 1986, 94 (4): 691 - 719.

Hart, Oliver, and John Moore. Property Rights and the Nature of the Firm [J]. *Journal of Political Economy*, 1990, 98 (6): 1119 - 1158.

Karantininis, Kostas, and Jerker Nilsson (eds.). *Vertical Markets and Cooperative Hierarchies* [M]. Dordrecht: Springer, 2007.

Karantininis, Kostas. The Network Form of the Cooperative Organization [M]. in Kostas Karantininis and Jerker Nilsson (eds.) *Vertical Markets and Cooperative Hierarchies*. Dordrecht: Springer, 2007: 19 - 34.

LeVay, Clare. Agricultural Co - operative Theory: A Review [J]. *Journal of Agricultural Economics*, 1983, 34 (1): 1 - 44.

Lin, Justin Yifu. Collectivization and China's Agricultural Crisis in 1 959 - 1 961 [J]. *Journal of Political Economy*, 1990, 98 (6): 1 228 - 1 252.

Ménard, Claude. Cooperatives: Hierarchies or Hybrids? [M]. in Kostas Karantininis and Jerker Nilsson (eds.), *Vertical Markets and Cooperative Hierarchies*. Dordrecht: Springer, 2007: 1 - 18.

Rothschild, Joyce, and Whitt, J. Allen. *The Cooperative Workplace: Potentials and Dilemmas of Organizational Democracy and Participation* [M]. Cambridge: Cambridge University Press, 1986.

Samuelson, Paul A. The Pure Theory of Public Expenditure [J]. *The Review of Economics and Statistics*, 1954, 36 (4): 387 - 389.

Staatz, John M. Farmer Cooperation Theory: Recent Developments [J]. *ACS Research Report*, 1989 (3): 84 - 88.

Valentinov, Vladislav. Why are Cooperatives Important in Agriculture? An Organizational Economics Perspective [J]. *Journal of Institutional Economics*, 2007, 3 (1): 55 - 69.

Vitaliano, Peter. Cooperative Enterprise: An Alternative Conceptual Basis for Analyzing a Complex Institution [J]. *American Journal of Agricultural Economics*, 1983, 65 (5): 1078 - 1083.

Williamson, Oliver E. Comparative Economic Organization: The Analysis of Discrete Structural Alternatives [J]. *Administrative Science Quarterly*, 1991, 36 (2): 269 - 296.

为什么社员对加入合作社联社不积极？
山东省寿光市的案例举证

李　雪　王文琴[1]　王志刚[2]　张文胜[1]
（1. 天津科技大学经济与管理学院，天津　300222；
2. 中国人民大学农业与农村发展学院，北京　100872）

摘　要：尽管合作社社员认可联社在农户生产和流通等方面发挥的作用，但其加入联社的意愿并不强烈。本文首先基于规模经济和交易成本理论阐释了联社的成本效应及合作社向联社发展的必然趋势。在此基础上通过寿光市171家合作社调查问卷，分析社员的对联社的认知、行为以及其加入联社不积极的原因。结论表明：社员看重联社的资源整合能力和规模效益，但对联社运行的诸多情况缺乏了解。社员一方面对联社身份定位、规范经营的存在担忧，另一方面对运营能力和利益分配机制也缺乏信心。这导致了合作社社员虽认可联社的优势，但加入行为并不积极，存在着"加入悖论"。最后，本文提出完善联社的经营管理制度、提高联社的科学管理水平、加强联社的宣传和培训、推动合作社与相关机构的合作和尝试联社"职业经理人"管理制度等政策建议。

关键词：合作社；联社；加入悖论；寿光

一、引言

自 2007 年《农民专业合作社法》出台以来，在工商部门登记的农民专业合作社有 199.9 万家，实有入社农户超过 1 亿户，约占全国农户总数的 46.8%，农民专业合作社实现了快速发展。但随着农村分业分工的深化，农民专业合作社规模较小、产业链短、谈判能力低等问题凸现出来。如何引导农民专业合作社走出目前的发展困境，成为提升农民组织化水平、实现乡村振兴的关键所在。

在此背景下，专业合作社之间的社社联合组织（以下称为联社）应运而生。作为一种契约选择，联社通过整合合作社现有资源，优化农产品供应链，形成了合作社之间优势互补、利益共享的格局。与单一合作社相比，联社的生产规模、谈判能力优势突出，可实现内部的规模经济和外部市场交易成本的降低。为了促进联社这一新型农业组织形式的健康发展，我国于 2017 年 12 月修订了《农民专业合作社法》，特增设农民专业合作社联社一章，明确了联社的法律地位。根据数据统计，目前联社在全国范围内约为 7 200 多家，涵盖专业合作社 9.4 万多个，合作社入联比率仅为 4.7％。既然联社与合作社相比较具有明显优势，那么加入联社组织本应成为合作社社员的优先选择，但现实的状况是社员加入联社的比例如此之低，令人不解。为什么社员加入合作社联社如此不积极呢？

现有文献对联社的形成、运行以及效益探讨较多，而对上述问题鲜有回答。鉴于此，本文选取山东省寿光市为调查对象，通过对 171 家农民专业合作社进行问卷调查，分析社员对联社的认知、加入行为。在此基础上探讨了制约联社发展的原因，并对完善联社的组织职能提出有针对性的政策建议。

本文选取寿光市作为调查地，主要原因有三：一是该市农业经济发达，是农产品生产大市，在全国具有前沿的代表性；二是当地政府积极推动合作社发展，支持联社的组建，在联社的建立和运营监督方面具有丰富经验；三是该市联社目前也面临着增长乏力、经营效益提升缓慢等发展瓶颈，破解其困境可为我国的联社发展提供借鉴和参考。

二、文献评述及理论阐释

（一）文献评述

学者们对联社的相关研究主要集中在四个方面：第一，联社的产生及发展。有学者认为合作社是建立在家庭承包经营基础上的劳动与资本的组合（孔祥智等，2007），经济收益驱动是农民入社的主要原因（Rhodes，1983）。随着市场化不断加深，合作社面临的外部竞争加剧，为抗击市场风险、减少交易成本，联社应运而生（苑鹏，2008）。但是，我国农民专业合作经济组织发展处于初级阶段，在此基础上组建的联社更是刚刚起步（李敬锁，2016）。可见，虽然当前联社这一组织形式已具有现实需求，但实践尚不充分、理论尚缺乏归纳和总结，导致其发展存在诸多方面的困境。

其次，联社的运行机制。多数学者认可联社具有抱团取暖的作用，即组成联社的目的是为了整合和优化配置社内资源，解决合作社个体"小"、"散"、"弱"的问题。从生产资料供应、农机农技服务和农产品收购等方面可以为农民的生产经营提供更为全面的服务，同时也可与社外各类生产服务主体建立监督约束机制，以实现互利共赢的健康发展模式（柏振忠等，2017；熊鹰等，2016）。有学者认为联社内部运行机制存在诸多问题。有学者提出组织机制、收益分配机制是联社运行的核心机制，约束和激励机制能有效促进联社的规范运行与良好发展（储成兵，2011），潘春芳（2016）分析了规范联社制度的重要因素。

再次，联社带来的效益。很多学者对比了联社组建前后的经营效益并由此推论其发展趋势。联社通过对合作社现有资源的整合和优化，使各个合作社在农产品生产和流通领域充分发挥自身优势，提高了社员收入提升了组织凝聚力（梁永波，2015；黄平，2017），且合作社的同业联合，会提高合作社产品的市场占有率，并促进合作社向生产、加工、储存及销售一体化组织结构的转变（史坤霞，2012）。同时，联社还可以通过规模化生产与多样化经营，吸引中大型超市与联社的直接接洽，为农超对接提供更多可能性（鲁旭，2010）。联社的组建不仅增强了单一合作社的竞争力，而且推动了农业生产规模化、经营组织化、农业产业系统化，加快了现代农业的发展步伐（农民专业合作社联社发展研究课题组，2014）。

最后，影响联社发展的因素。多数学者认为当前我国联社发展缓慢、数量较少、吸引力不强。有学者认为其根本原因在于组成联社的专业合作社本身发展水平较低，降低了联社内在的合作力（康小兰等，2015）。此外，很多研究探讨了限制联社发展的因素，如投资渠道单一、互助资金相对短缺、国家政策支持不足以及风险防范机制不完善等因素（吉天琦等，2015）。也有学者联社负责人的个体特征对联社决策的影响，结果显示负责人的个体特征对联社决策行为影响不大，而区域内联社的存在会带动社员加入联社等（刘滨等，2016）。

综上所述，现有联社发展研究取得了丰硕的成果，但视角多集中于联社成立的原因及发展必要性，联社组建前后的效益对比以及联社发展的影响因素，而对社员加入联社的意愿、行为及其阻碍因素的研究存在不足，特别是对合作社社员的大样本的调查分析较为少见。

（二）理论阐释

已有研究很多基于科斯的交易成本理论阐述了合作社联合为联社的过程。即专业合作社的产生是基于单一农户间的合作能降低其交易成本，而联社的产生则是因为合作社的联合能继续降低单一合作社的交易成本低，如此，合作加入者的报酬就比不加入者高。如果从规模经济的角度分析这一过程，会有农户、合作社和联社三个平均成本域的交错，即单位产量生产成本随农户组织形式的变迁而变化。根据规模经济理论，农户应选择最优路径生产，但考虑到在这一过程中的交易成本问题，我们将模型中的平均成本线进行扩展，即将农户的内部生产成本和外部交易成本加总形成平均成本总量（GAC），以此来描述农户在扩大产量规模时对组织形式的选择路径，如图 1 所示。农户在发展初期沿着这条 GAC_I 增加产出，在生产规模到达 A 点（为 GAC_I 与 GAC_c 的交点）时，如果继续选择单一发展路径，则超过 Q_1 产量的平均成本总值会高于选择 GAC_c，例如产量 Q_2 所对应的 GAC 大于 GAC_c，因此应选择加入合作社以求得更低的平均成本，即从交点 A 开始跨越到 GAC_c。合作会带来生产成本和交易成本的共同降低，使成本下降。而随着合作社规模的扩大，在 B 点（GAC_c 与 GAC_{cu} 的交点）后如果继续选择单个合作社生产经营，那么平均成本总值也会在 GAC_c 与 GAC_{cu} 之间形成差，如产量 Q_4 对应的 GAC_c 高于 $GAC_{cu'}$。因此，类似前述过程，合作社应在 B 点过后选择与其他合作社联合跨越到 GAC_{cu} 这条路径发展。农户组织形式在这一变迁过程中不仅实现了规模经济带来的生产成本的降低，而且也因合作而使外部交易成本下降。GAC_{cu} 曲线较另外两条曲线更加接近 X 轴且趋于平缓，这代表农户可以得到更大成本优势。由此，从长期看，联社的产生和发展是农业生产规模化的必然结果。

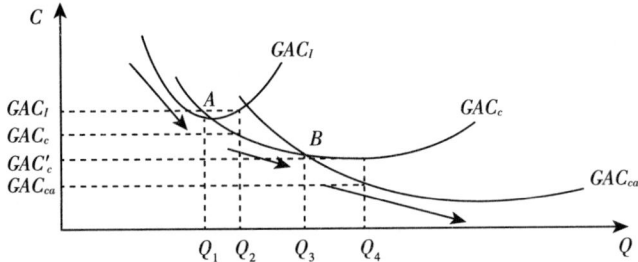

图 1　联社的成本效应

注：GAC_l 为单一农户平均成本；GAC_c 为专业合作社平均成本；GAC_{ca} 为联社平均成本

基于此本文提出以下研究思路：首先依据认知决定行为的分析思路，根据寿光市 171 个样本的调查统计结果，剖析社员对联社的认知程度，并排列出能促使其加入联社的优势条件。在此基础上分析社员加入行为并提出"加入悖论"，即合作社社员认可联社的优势，但加入行为并不积极。最后剖析社员加入不积极的原因，明确影响联社发展的关键因素，并提出相应的对策建议。

三、数据来源与结果分析

（一）数据来源

截至 2016 年 5 月，寿光市共有合作社 2 164 个，其中果蔬类合作社总数达到 1 548 个。现有合作社之间组成联社的方式分为横向联合和纵向联合两类：横向联合是指同类产品的生产合作社之间联合；纵向联合是指产业链上下游产业间合作社的联合。目前，寿光市采用横向联合方式组成联社的较多，且呈现横向联合向纵向联合的发展，体现了寿光农业组织形式不断深化的趋势。

本研究在预调查的基础上，设计合作社社员对联社认知情况的调查问卷，并于 2016 年 7 月赴寿光市开展实地走访调研。调研方式采取面对面提问记录式，共与 171 个合作社的社员代表交谈，并由调研人员专门记录，以确保调研结果的客观性和可靠性。

（二）社员对联社的认知

众所周知，社员对联社的认知是决定其加入与否的关键因素。为此，本研究设计了联社在生产优势、流通优势、市场表现以及联社功能等问题，以此分析社员对联社的认知现状，具体分析如下。

首先，社员对联社生产优势的认知（表 1）。近八成的受访者认为加入联社后可以享受到"平价供应生产资料"是重要的，这也间接印证了社员对联社高于专业合作社市场谈判能力的期待，基于理论的交易成本优势已受到社员关注。而社员对于订单式、标准化生产的重要性判断多数集中在"一般重要"上，分别只有少于三成的受访者认为联社给他们带来这些优势是重要的。这里存在三个问题：一是联社目前是否未能在此方面发挥出明显优势；二是如果有此类优势是否为社员所知；三是社员是否对标准化生产、订单式销售的优势还不够重视。

表 1　社员的认知——联社的生产优势

单位：份，%

项　目	细　分	不重要	有点重要	重　要
生产优势	平价采购原材料	5（2.92）	31（18.13）	135（78.95）
	根据订单生产	16（9.36）	109（63.74）	46（29.90）
	标准化生产	20（11.70）	106（62.00）	45（26.30）

数据来源：作者据调查数据整理所得，下同。

其次，社员对联社流通优势的认知。表2中显示，接近九成的受访者认可联社在批量采购上给农户带来的好处，同时，有超过七成的农户认为实现产销对接解决了他们之前的难题。联社这两方面的优势受到社员们的重视是情理之中，这决定于企业基本的运营目的，也表明联社在社员认知的关键环节发挥了作用。而在流通环节的另外三项调查中发现，分别仅有两成以上的受访者认为，联社在发展社区农产品供应和加强供应链主体地位的优势是重要的。此外，与生产环节对订单式生产的调查结果类似的是，流通环节"订单式"协作模式也未能受到重视，六成以上受访者认为"一般重要"。这里要说明：一是现阶段联社的功能是否只侧重在供销环节上；二是联社如果已经在社区供应、订单式发展和加强供应链上自身话语权上发挥优势，社员是否知情；三是如果前者成立，且社员知情的情况下，其是否认识到这些优势带来的好处。

表 2　社员的认知——联社的流通优势

单位：份，%

项　目	细　分	不重要	有点重要	重　要
流通优势	实现批量采购	6（3.51）	18（10.53）	147（85.96）
	产销无缝对接	9（5.26）	35（20.47）	127（74.27）
	发展订单式协作	14（8.19）	109（63.74）	48（28.07）
	承接社区订单	112（65.50）	20（11.70）	39（22.80）
	加强产销主体地位	108（63.16）	19（11.11）	44（25.73）

数据来源：作者据调查数据整理所得，下同。

再次，社员对联社的市场表现的认知。表3统计了对品牌、知名度、市场适应能力等方面的社员认知情况。值得注意的是，在"打造产品品牌"和"提升市场知名度"这两项的重要性判断上出现了偏差，近六成受访者认为打造品牌不重要，但又有几乎同比例的受访者认为"提升市场知名度"一般重要，仅有三成认为很重要，社员对后者的期待是正常的，而对前者的认知要考虑两点内容：一是联社是否在打造农产品品牌上已经迈出步伐；二是如果一成立，那么其对提升市场知名度的作用社员们是否知晓。在其余三项市场适应能力的认知调查中，社员较为普遍的认为适应市场需求、满足多样化要求、随时调整定价"一般重要"。可见，社员对自身要面临的市场化需求已有一定理解，但理解程度仅停留在结果上，对实现路径的认知程度普遍不高。

表3　社员的认知——联社的市场表现

单位：份，%

项　目	细　分	不重要	有点重要	重　要
市场表现	打造产品"品牌"	99（57.90）	19（11.11）	53（30.99）
	提升市场知名度	11（6.43）	105（58.01）	55（32.16）
	产品更加贴近市场需求	20（11.70）	105（61.40）	46（26.90）
	适应市场多样化	20（11.70）	108（63.16）	43（25.14）
	适应市场需求调整价格	17（9.94）	108（63.16）	46（26.90）

　　数据来源：作者据调查数据整理所得，下同。

　　从以上分析可以看出，购、产、销作为影响社员收益的三大因素一直被显著关注，在农户意识中更希望看到"直接利益"。在上述分析中，社员对联社在采购农资、农产品生产和流通环节发挥的直接作用是比较肯定的，但主观上的肯定并不代表联社已经发挥了这些作用，这种认知也可以理解为社员对联社这些潜在作用的期待。很明显的是，标准化生产、订单式发展、品牌化、协作、主体话语权、市场适应力等调查项并没有受到被调查者的足够重视。而这些运营方式恰恰是联社实现自身优势的有效途径，也是社员认可和期待的"直接利益"的来源。由此可以得到这样的结论：一种可能是联社在运营方式上缺乏积极探索，导致社员判断联社在此方面无优势可言；另一种可能是即使联社已经在运营管理上发挥出其能力，但在社员认知中，采取何种途径并非最重要的，他们希望看到直接、实在的利益。

　　前文对联社的生产、流通和市场能力这三方面认知的调查可见社员对联社的评价。评价结果需要进行双重可能性分析：一是联社可能已达到这些假设优势，社员对优势因素的重要性进行了评价；二是联社可能并未实现假设优势，社员对其评价。如果前者成立，那么问题出现在联社与社员之间的信息不对称上；如后者成立，那么问题指向了联社现有的运转情况，这两个问题在下文逐一剖析。那么，如果不考虑以上表1至表3统计的假设优势的认知，只从社员角度考虑对联社的期待，联社应该发挥哪些最重要的作用呢？本文设计了一个社员理想状态下的组织形式，通过对联社优势的重要性进行排序体现这一理想模式初样。

　　表4体现了认知范畴内的社员"期待"和重要性次序。从排序第1、第2这两项不难

辨出，多数农户"抱团取暖"的初衷是不变的，他们渴望联合带来自身强大，这也是联社发展的重要驱动力。重要性排在 3～5 位的印证了前面的认知分析中社员对供、产、销三个基本环节的重视，说明这些依然是理想状态联社要重点发挥作用的地方。其中排在第 5 的"抗风险能力增强"，虽然按重要列排序偏后，但如果把"一般重要"列的比例也统计进去则位次将提高到第二位，仅次于"资源整合，竞争力增强"。由此，社员对联社的期待由前五项凸显出来，总体来说，他们希望通过联合能带来目前自身发展中解决不了的小、弱、单的问题，期待一个强大的共同体能带来福利。

表 4　社员的认知——联社功能的重要性排序

联社的优势	不重要	有点重要	重　要	排　序
资源整合，竞争力增强	4（2.33）	45（26.32）	122（71.35）	1
推动合作社向规模化、组织化发展	26（15.20）	27（15.79）	118（69.01）	2
降低产销成本	36（21.05）	18（10.53）	117（68.42）	3
稳定农资采购和农产品产销渠道	37（21.64）	20（11.70）	114（66.66）	4
抗风险能力增强	18（10.53）	46（26.90）	107（62.57）	5
集中优势产品，进入高端市场	18（10.53）	89（52.05）	64（32.42）	6
分工明确，工作效率提高	100（58.48）	25（14.62）	46（26.90）	7
解决人才与资金不足	21（12.28）	107（62.57）	43（25.15）	8

再来分析排在本表的最后三项，认为"重要"的只占三成左右的高端市场问题、分工效率问题和人才资金问题，在社员认知中呈现出不被广泛接受其重要性的状态。那么这三个问题是客观未实现还是在客观实现下主观未认同，还需要进一步分析。一是进入高端市场的好处社员是否认知，且进入高端市场是否需要社员付出额外成本（这里也包括风险），社员又如何认知；二是目前合作社联合后的分工是否是合理的，是否被社员认可合理，工作效率是否提升，有无部分社员的利益受损下的效率提升，社员对此如何认知；三是联社在引进人才上的机制是否合理，主要采取哪些融资方式，对此问题社员如何认知。上述问题的回答，有助于突破联社发展的桎梏。

（三）加入行为

前文用成本效应模型阐释了联社出现的必然性，与合作社相比联社优势明显，那么社员是否愿意加入联社呢？调研同样针对社员的加入意愿展开，统计结果见表5。数据显示，愿意加入联社的社员仅占一成，其余近九成社员均选择"不加入"，社员对联社优势的认可与加入联社的比例过低，存在"加入悖论"。那么加入联社的行为如此的不积极是什么原因所导致的呢？调查中发现，占比仅为一成的所有加入者，均选择了"能带来实实在在的好处"，这与上述的重要性分析结果相符。在占九成的不加入者中，有超过六成是因为对联社"缺乏了解和培训",而选择运营、管理和缺少立法这三个具体原因而不参加联社的占比均较少。占比较大的前者,虽然表面上反应的是对联社行为结果的认知问题,但实质上也包括行为结果本身,"缺乏了解"代表社员对联社总体情况的不清楚甚至是疑虑,而"缺乏培训"又说明了解决途径的缺失。假设联社已经实现前文描述的理论优势,那么如果改变了社员对联社的认知,就能直接促进其加入联社的积极性。如此,其一就是要解决信息沟通渠道的问题。然而,若联社本身的行为结果并未达到理论优势,其二就要关注其本身的运营问题,可见,加入行为调查结果和前文的优势认知结果一致性的指向这两个问题,以下对这两点逐一进行剖析。

表5　加入选择及原因

行　为	原　因	数量（份）	百分比（%）
加入	能带来实实在在的好处	18	10.53
不加入	缺乏了解和培训	106	61.99
	对运营效率有顾虑	21	12.28
	管理人员道德和业务水平有顾虑	16	9.36
	缺乏相关政策和立法	10	5.85
合计		171	100.00

数据来源：作者据调查数据整理所得。

四、原因剖析

基于前文提出的"加入悖论",首先找出多数社员"缺乏了解和培训"的程度和原因,考察了现有的信息沟通渠道,分析了社员对联社的认知现状。其次,从社员评价的角度进一步挖掘了联社自身运营管理存在的问题。最后,依据社员期待调查和筛选了的联社组建运营的关键因素。

（一）社员对联社的了解渠道

社员对联社的认识和定位是影响其是否加入的重要因素。本文调查统计了社员对联社的了解程度。从结果来看,仅有19%的社员表示"很了解"联社情况,79%的社员表示对联社"有点了解",其余为"不了解"。从了解渠道来看,合作社内部培训是目前了解和解除社员顾虑的最有效途径,但只有19%的社员通过此渠道进行了解,63%的社员通过政府宣传形成一定了解,其余选择了其他途径了解。可见,目前政府部门在联社宣传中起着主导作用,而绝大多数社员在政府主导的宣传模式下依然认知不足（"有点了解"占79%）,间接表明了政府宣传的广泛度和有效性还远远不够。而另一项"培训"本应发挥更大的作用,但实际情况更不明显（仅占19%）。因此,解决信息不对称的问题先要解决信息沟通的渠道问题，即产生有效信息沟通的主体可以有谁、从效率角度上应以谁为核心，那么联社优势的认知问题就迎刃而解了。

（二）社员对联社运营的评价

为调查联社自身运营的真实情况，小组还对联社性质、联社效益的评价进行了调研。在联社性质评价调查中，有92％的社员认为"合作社联社是农业产业化的推动者"，仅有8％的社员认为"联社是农民合作社的简单组合"。可见，社员对其性质的理解是符合理论假设的。在联社效益评价的调查中，76％的社员认为"联社带给社员的经济收益一般"，选择"收益显著、非常显著"的仅占调查总数的9％，认为"经济效果不显著"的占调查总数的15％。被调查者对联社收益性的认可度普遍不高，这说明前文讨论的"能带来实实在在的好处"只是社员对联社的期待而不是事实。这也间接指向了联社的行为结果，即目前是否在农户们最关心的直接利益上发挥出了优势。如不能带来实实在在的回报，那么联社自然不对社员形成吸引。

（三）社员对组建与运营的期待

为了进一步透析社员加入联社不积极的原因，还需要对社员的认知期待进行调查。通过在寿光市农业合作社的走访发现，社员提出的联社现存问题主要体现在组建和运营上。本文对调研组建和运营两大问题的重要性因素进行评价，以"重要"列为依据分别进行了排序，具体如表6所示。

表6　社员对联社的期待

单位：份,％

项　目	细　分	不重要	有点重要	重　要	未回答	排　序
影响组建的因素	对联社的了解	4（2.34）	27（15.79）	128（74.85）	12（7.02）	1
	政府支持和推动	6（3.51）	40（23.39）	113（66.08）	12（7.02）	2
	牵头作用	2（1.17）	105（61.40）	55（32.17）	9（5.26）	3
	经济利益	8（4.68）	101（59.06）	52（30.41）	10（5.85）	4
	财产分配	101（59.06）	11（6.43）	49（28.66）	10（5.85）	5
运营问题	规范性、凝聚力	9（5.26）	8（4.69）	143（83.62）	11（6.43）	1
	约束机制	7（4.09）	8（4.69）	139（81.28）	17（9.94）	2
	可操作性、实用性	17（9.94）	114（66.67）	40（23.39）	0（0.00）	3
	信息不对称	6（3.51）	124（72.51）	16（9.35）	25（14.63）	4
	政府支持和推动	9（5.26）	111（64.91）	10（5.85）	41（23.98）	5

数据来源：作者据调查数据整理所得。

1. 联社组建的影响因素

表中可以看出大多数社员认为对联社的了解和发挥政府的推动力量是"重要"的，这二者成为组建联社环节中最受社员期待的因素。前文提出的联社与农户间的信息不对称问题是普遍存在的。牵头作用、经济利益以及财产分配也是联社组建过程中应当考虑的。其中，牵头作用的重要性也比较明显（"有点重要"和"重要"共超过九成），表明能人牵头的示范效应在社员看来不可忽视，这可以增强其加入联社的信心；经济利益依然是加入联社与否的重要考量因素；而近六成受访者在财产分配上选择"不重要"，则体现了社员对联社现有分配制度的不信任和自身利益保障的担忧。

2. 联社的运营问题

基于"加入悖论"，从重要性排序上可以分析出社员对联社目前的运营问题的主要顾虑。表6中八成以上的社员均认为联社运营中最主要的障碍在于"规范性，凝聚力"和"约束机制"上，其余几项的重要程度均居中。这说明联社的内部管理机制普遍存在问题，这不仅会导致联社运营的随意性，联社利益共享和风险分担的基本原则也会受到挑战，从而影响社员的加入意愿；而联社运营中的可操作性和实用性、信息不对称和政府支持的问题虽然重要程度不高，也分别受到较为集中的关注（"有点重要"均超六成），这也一定程度上束缚了社员加入联社的脚步。

五、结论与政策建议

综上所述，本文在理论阐释合作社向联社发展必然性的基础上，通过对寿光市171家合作社开展问卷调查和分析，探讨社员对加入合作社联社不积极的原因。研究结果显示，社员比较看重联社的资源整合能力和规模效益，特别是希望看到直接利益，但对联社的市场化行为缺乏理解。绝大多数被调查者认可联社的潜在优势，但对目前表现存疑，社员的加入意愿并不积极，存在"加入悖论"。不加入的原因一方面在于社员对联社地位认识模糊和和对联社规范经营的担忧，另一方面在于社员对联社运营能力和利益分配机制缺乏信心。

据此，解决社员对联社的认知问题应该从前文提出的两种可能性着手，即联社的实际运营情况和信息不对称问题。第一，完善联社经营管理制度，加大政府扶持力度，加快健全相关法律法规，并树立依法经营意识。面对联社管理不规范、缺乏凝聚力的问题，应完善经营制度和运行机制，让社员能切实感受到联社的优势和所发挥的作用。第二，提高联社的科学管理水平，培养社员的合作精神和市场意识。通过对先进经验和管理方法的学习，提高联社管理水平，增强联社内部凝聚力，提升社员利益共享和风险共担意识。第三，加强联社的宣传和培训，提升社员对联社的认知水平。面对大多数社员对联社缺乏了解和培训的现实，地方政府和合作社应加强联社配套法规和分配制度等方面的实务培训，提升社员对联社的认知水平，消除社员对联社合法性和利益分配公平性的担忧。第四，推动合作社与农业科研单位以及咨询服务企业的合作，实现合作社和联社的互利共赢。作为联社的组成基础，合作社固有的经营管理问题不仅会降低社员对联社的加入意愿，甚至会阻碍联社的组建和发展。充分发挥合作社的基本优势，积极推动合作社与农业科研单位以及咨询服务企业的合作，是保障联社健康发展的重要支撑。第五，尝试联社"职业经理人"管理制度，提升联社经营管理水平。吸引经营大户、家庭农场、社会创业者投入联社经营，尝试联社"职业经理人"管理制度，提升联社经营管理水平，实现联社的规模化和效益化，增强社员加入联社的信心。

参考文献

柏振忠，宋玉娥．农民专业合作联社的特质分析 [J]．黑龙江农业科学，2017 (2)：117-121．

吉天琦，李皎，陈震．云南农民专业合作联社互助资金发展浅议——以广南泛爱农业开发合作联社为例 [J]．当代经济，2015 (18)：91-93．

康小兰，张明龙，刘滨．合作联社合联契约选择及其影响因素的研究——以江西省为例 [J]．农林经济管理学报，2015，14 (5)：467-471．

孔祥智，等．国外农业合作社研究——产生条件、运行规则及经验借鉴 [M]．北京：中国农业出版社，2012．

孔祥智，岳振飞，张琛．合作社联合的本质——一个交易成本解释框架及其应用 [J]．新疆师范大学学报，2018 (1)：100-106

李敬锁．我国农民专业合作社联社发展的特点、困境及对策 [J]．青岛农业大学学报（社会科学版），2011，23 (2)：16-19．

李敬锁．需要给农民专业合作社联社一个合法又合理的身份 [J]．中国农民合作社，2011 (3)：18．

梁永波．优势互补联合推进基层发展广东台山市供销合作社实施"社社联合、服务于农"显成效 [J]．中国合作经济，2015 (8)：43-46．

刘滨，黎汝，康小兰．农民专业合作社联社行为实证分析——以江西省为例 [J]．农业技术经济，2016 (3)：113-120．

鲁旭．我国发展农民专业合作社联社的探索与思考 [J]．广东农业科学，2010，37 (8)：321-323．

农民专业合作社联社发展研究课题组．农民专业合作社联社调查研究报告 [J]．山西农经，2014 (2)：35-41．

潘春芳．农民合作联社动因及运行机制研究 [D]．南昌：江西农业大学，2016．

史坤霞．初探农民专业合作联社之发展——以山东省昌邑市宏大市场大姜种植专业合作社联社为例 [J]．中国农民合作社，2012 (12)：48-49．

熊鹰，彭迎，陈春燕，李晓．粮食适度规模经营的探索实践与思考——以四川省邛崃市"合作联社＋种植大户"模式为例 [J]．农业科技管理，2016，35 (6)：57-60．

苑鹏．农民专业合作社联社发展的探析——以北京市密云县奶牛合作联社为例 [J]．中国农村经济，2008 (8)：44-51．

周振，孔祥智．组织化潜在利润、谈判成本与农民专业合作社的联合——两种类型联社的制度生成路径研究 [J]．江淮论坛，2014 (4)：67-69．

Rhodes，V. J. The Large Agricultural Cooperative as a Competitor，American Journal of Agricultural Economics [J]. 1983，65 (5)：1090 - 1095.

Williamson O E. Markets and Hierarchies：Some Elementary Considerations [J]. American Economic Review [J]. 1973，63 (2)：316 - 325.

服务半径与农业社会化服务的规模化[*]

张　琛　孔祥智　钟　真

（中国人民大学农业与农村发展学院，北京　100872）

摘　要：农业社会化服务的规模化是当前推进农业现代化的重要路径。本文基于三个案例对农业社会化服务供给主体的服务半径决定机制进行了深入分析。结果发现：合理地确定服务半径是实现服务规模化的重要前提，服务半径的决定受到资源配置效率、地理环境、市场容量和主体类型的共同影响。因此，服务规模化的实现仍需同时发挥以新型农业经营主体为代表的经营性供给主体和以供销社为代表的公益性供给主体的综合作用。而农业社会化服务供给主体则需要充分考虑到资源配置效率的合理性、地理环境的适应性、市场容量的稳定性和主体类型的特殊性，确定符合自身发展的农业社会化服务半径。

关键词：农业社会化服务；服务规模化；服务半径

一、问题的提出

实现小农户与现代农业有机衔接，是习近平新时代中国特色社会主义思想关于中国农业现代化的重要论断。它顺应了亿万农户的期盼，符合新时代中国特色农业现代化的发展方向。而健全农业社会化服务体系是实现小农户与现代农业发展有机衔接的重要途径。一方面，中国农业生产经营成本与国际农产品价格呈现"一升一降"，尤其是土地成本和劳动力成本的快速上升，造成了以土地流转为基础的农业规模化经营遇到瓶颈，在实践层面上许多地方出现了"毁约弃耕"的现象（秦风明、李宏斌，2015；高强，2017）。另一方面，农业社会化服务体系的建设能有效解决农业服务供求的市场失灵问题（孔祥智等，2012）。此外，发展农业社会化服务也是实现贫困户脱贫和农业供给侧结构性改革的重要选择（张琛、高强，2017；孔祥智，2016）。

---

*　基金项目：国家社科基金专项课题"实现小农户和现代农业发展有机衔接研究"（项目编号：18VSJ062）和国家自然科学基金项目"社会化服务对农业经营主体生产效率的影响机制与政策选择研究"（编号：71773134）。

作者简介：张琛（1993—），男，安徽蚌埠人，中国人民大学农业与农村发展学院博士研究生，研究方向：农业政策分析、农村合作经济、城镇化。孔祥智（1963—），男，山东郯城人，中国人民大学农业与农村发展学院教授，博士生导师，研究方向：农业政策分析、合作经济；通讯作者：钟真（1984　），男，浙江桐乡人，中国人民大学农业与农村发展学院副教授，研究方向：农业政策分析，农户经营决策，农业社会化服务。

从政策层面看，21 世纪以来的中央 1 号文件均不同程度对发展农业社会化服务做出了部署。如 2017 年 1 号文件指出，"加快发展土地流转型、服务带动型等多种形式规模经营"；2018 年 1 号文件更是指出，"培育各类专业化市场化服务组织，推进农业生产全程社会化服务，帮助小农户节本增效"。从实践层面看，农业社会化服务的模式不断探索创新，并取得了卓有成效的经济社会效益，为农业适度规模经营提供了参考样本。例如，山东省供销系统依托基层供销社建设为农服务中心，采用"土地托管服务圈"的形式托管土地面积超过 2 000 万亩，既实现了规模化经营，又实现了农民收益共享（孔祥智、钟真，2017）。河南省荥阳市新田地种植专业合作社（以下简称"新田地合作社"）以 1 000 亩为单元成立农业生产要素车间，构建农业全程社会化服务体系，既实现了服务的规模化，也实现了农民"省钱、省工、省心"（张琛、孔祥智，2018）。黑龙江省克山县仁发现代农业农机专业合作社（以下简称"仁发合作社"）将承包土地面积划分 22 块，采用模块式的管理方式，为入社农户提供从种到收的全程农业社会化服务，也实现了服务规模化经营（刘同山等，2017）。这些经验表明，以农业社会化服务为抓手实现农业规模化经营，是实现产业兴旺的可行之路。随着农业社会化服务供给主体数量的不断增加，如何实现其健康发展显得尤为重要。农业社会化服务供给主体在提供农业社会化服务的过程中，需要考虑到的一个重要因素是服务方式的选择，而服务方式的选择需要首先考虑的因素是服务的半径。正如罗必良（2017）指出，农业社会化服务主体生成的关键因素是市场容量，扩大市场容量会增加服务主体的服务半径。同时，服务主体的服务半径增大，也会增加与之对应的服务成本，降低了分工所带来的经济效果。可以预期的是，服务半径与服务规模并不是呈现出简单的正向线性关系。那么，农业社会化服务供给主体的服务半径受到哪些因素的影响，其内在的决定机制是什么呢？

文献梳理可以发现，已有研究针对农业社会化服务主体的服务半径探讨还较为薄弱。虽然有学者采用数学模型推导的方式对于农业社会化服务的规模决定因素进行了开拓性研究，认为农业社会化服务主体的服务半径受到农作物生产周期、市场交易密度和服务商技术特征限制的影响（仇童伟、罗必良，2018）。但是，已有研究仍存在着以下三个方面的不足：一是现有研究中模型设定服务主体只提供单一性社会化服务，这与农业社会化服务供给主体的实际情况相偏离。当前农业社会化服务供给主体分为专业性服务供给主体和综合性服务供给主体[①]，一个服务供给主体提供多样性、多元化的社会化服务十分常见。二是现有研究中模型假定农户接受服务的规模以及假定服务的半径为圆形，只是关注了农业生产性服务（如种植环节）的提供，忽略了其他社会化服务的提供难以用圆形的服务半径来反映（如农业技术服务、金融服务等）。此外，实践中农业社会化服务供给主体的半径

---

① 专业性服务供给主体是指从事单一社会化服务的主体，如农机手、农资采购商等。综合性服务供给主体是指提供多项农业社会化服务的主体，一般是农民专业合作社、农业企业、农业协会等农村经济组织。笔者实地调研也发现，当前实现农业规模化经营的农业社会化服务主体多是提供综合性社会化服务。

也不完全是圆形。三是当前农业社会化服务的供给主体类型也存在着差异，不同服务主体的供给类型反映了不同的制度变迁类型，制度变迁类型也是影响着组织发展的重要因素。因此，已有研究并不能充分解释出农业社会化服务主体的服务半径决定机制。基于此，本文结合案例素材，在已有研究的基础上进一步探讨农业社会化服务供给主体服务半径的决定机制，以期为更好地理解当前我国农业社会化服务的发展逻辑及其体系的建设提供新的研究视角和实证依据。

二、案例概况

本文选取的案例为山东省安丘市官庄镇供销社农民合作社联合社（以下简称"官庄联社"）、新田地合作社和仁发合作社。之所以选择这三个新型农业经营主体作为研究对象，主要是考虑了以下四个方面的因素：一是所选取案例均通过农业社会化服务实现了服务规模化，而服务半径却存在着异同点，符合本文研究目标的需要；二是所选取案例的农业社会化服务供给类型反映了当前两种典型类型。官庄联社是政府推动型，而新田地合作社、仁发合作社则是市场推动型；三是所选取案例均是综合性农业社会化服务主体，即他们为农户同时提供了多种农业社会化服务，这也符合是当前新型农业经营主体的农业社会化服务基本事实（钟真等，2014）；四是所选的三个主体理论上都属于合作经济组织，其经营决策和内部治理具有相似性，便于对比分析（张琛、孔祥智，2018）。

（一）资料收集

为了深入了解当前农业社会化服务供给的基本情况，课题组采用 Miles and Huberman（1994）提出的三角测量法，既通过对所选取的案例进行实地调研收集一手资料，又收集了省、市、县三级农业部门对所选取案例的书面总结材料和新闻媒体资料，以保证案例资料实现相互补充和交叉验证。

在政府推动型农业社会化服务供给主体的资料收集上，课题组于 2016 年 11 月和 2017 年 7 月先后两次赴山东省供销社综合改革试点县进行深入调研，共对安丘市等 10 县（市）供销社改革以及基层供销社提供农业社会化服务情况进行了调研，共获得供销社系统领办或支持的农民合作社（或联合社）访谈案例 40 余个。市场推动型农业社会化服务供给主体的资料收集上，课题组分别对新田地合作社和仁发合作社进行了三次和四次跟踪调查，重点了解了两家农民合作社的成立背景、发展历程、内部治理机制、农业社会化服务形式、社员成本收益以及经营战略等方面的内容[①]。

---

① 山东省 10 县供销社改革的相关信息可参见孔祥智、钟真（2017）《供销合作社改革，土地托管与服务规模化——山东省供销合作社综合改革调查与思考》一文的介绍。新田地合作社和仁发合作社详细的访谈历程，可参见张琛、孔祥智（2018）《农民专业合作社成长演化机制分析——基于组织生态学视角》一文的介绍。

（二）案例介绍

1. 官庄联社

官庄联社位于山东省安丘市官庄镇，由官庄镇供销合作社牵头，安丘市丽蕾果蔬种植专业合作社、西利见牛蒡种植专业合作社、寿山花生种植专业合作社、金冠大葱专业合作社及青芋果蔬种植专业合作社共同组建成立，并于2015年2月登记注册成立，注册资本为1 000万元。其中官庄镇供销合作社出资额占注册资金的51%，剩余49%由五家合作社相同比例出资。根据《中共中央、国务院关于深化供销合作社综合改革的决定》和《山东省委、省政府关于深化供销合作社综合改革的实施意见》文件的指示，山东省供销社开展了"改造自我、服务农民"的综合改革试点工作。官庄联社在供销社综合改革试点的基础上，开展以土地托管服务为核心的农业社会化服务，以服务规模化实现了农业规模化经营。官庄联社的服务主体是两个为农服务中心：管公为农服务中心和西利见为农服务中心。所谓为农服务中心，是指为农户提供全程农业社会化服务，具体包括：通过测土配方实现智能施肥、推广应用优良种子、机械化耕种、飞防植保、土壤熏蒸改良、烘干贮藏、信息咨询服务等的平台机构。这一平台机构由安丘市农业服务公司与官庄联社共同建设和运营。两大为农服务中心由财政扶持资金、县级农业服务公司和官庄联社共同出资建设。其中，官庄联社按照"农民出资、农民参与、农民受益"的原则自筹资金，出资额度不得低于70%（其中社员持股比例不得低于80%），充分体现了农民在为农服务中心的主体地位[①]。

2. 新田地合作社

新田地合作社于2011年3月成立，位于河南省荥阳市高村乡高村七组。成立时，新田地合作社注册资本100万元，其中理事长出资40%，其余6人分别出资10%。新田地合作社采用工业化管理农业的思想实现了农业规模化经营。新田地合作社土地经营面积由成立初期的200亩，快速激增到2016年的51 000亩，总盈余也实现了扭亏为盈。新田地合作社主要经营业务是向农户提供粮食种植的生产性服务和烘干、销售服务为一体的农业全程社会化服务。新田地合作社农业社会化服务的主体是农业生产要素车间[②]。随着土地经营规模的不断扩张，新田地合作社以1 000亩为一个单位设立农业生产要素车间，在农业生产要素车间内部实行统一经营管理。具体来说，新田地合作社以农业生产要素车间为一个单元，在车间内部实现"统一生产资料采购、统一农业技术推广、统一农作物植保、统一农业机械服务、统一粮食收储及销售"为一体的全程社会化服务体系。

3. 仁发合作社

仁发合作社于2009年10月成立，位于黑龙江省克山县河南乡仁发村。成立时，仁发

---

① 社员在为农服务中心的最低持股比例为56%（孔祥智、钟真，2017）。

② 新田地合作社以工业管理的思想经营农业，以1 000亩为单元，成立农业生产要素车间（张琛、孔祥智，2018）。

合作社的注册资本 850 万元，其中理事长出资 550 万元，其余 6 人分别出资 50 万元。仁发合作社要求农民以土地承包经营权入股的方式加入合作社，成功地走出了一条"带地入社、盈余分配"的规模化发展之路。仁发合作社土地经营面积由成立初期的 1 100 亩，快速激增到 2016 年的 56 000 亩，总盈余也实现了扭亏为盈，2016 年接近 1 亿元。随着仁发合作社土地经营面积的不断扩张，仁发合作社将土地划分为若干块，承包给 22 人，为农户提供从种到收全方位提供服务。具体包括：统一购买农药、化肥等生产资料、统一开展技术培训、统一进行农业机械作业、统一对外销售农产品。

三、影响服务半径的机制分析

（一）案例分析

通过案例介绍，官庄联社、新田地合作社和仁发合作社分别依托为农服务中心、农业生产要素车间和分块承包经营的方式，实现了服务的规模化，但是三者服务半径的数值和形式却存在着差异。从服务半径的大小看，官庄联社的服务半径为 3 千米（约为 40 000 亩），新田地合作社的服务半径约为 1 000 亩，而仁发合作社的服务半径约 2 500 亩[①]。从服务半径的形式看，官庄联社的服务半径就是 1 个为农服务中心的覆盖范围，这一范围实际就是官庄镇在乡镇撤并之前原乡镇（管公乡或官庄镇）的行政区域，而由于乡镇供销社没有随着乡镇撤并而合并，故服务半径与 1 个乡镇供销社的业务覆盖范围几乎重合，每个为农服务中心的服务半径约 40 000 亩；新田地合作社服务半径是按照村组的土地面积为单位，其服务单元——农业生产要素车间平均大小与当地一个村（如高村）的土地面积基本一致，该合作社共覆盖 50 个村的 51 000 亩土地；而仁发合作社的服务半径则是以集中连片的模块式土地为单位，不与村或镇的行政区划相挂钩，这些模块共涉及 5 个村 22 个模块的 56 000 亩土地。可见，农业社会化服务供给主体的服务半径的大小和形式存在着差异，因此不能完全采用数学模型推导的方法去分析农业社会化服务供给主体服务半径的决定机制。

结合文献和案例，本文认为农业社会化服务供给主体服务半径受到以下四个方面因素的影响。

1. 资源配置效率的影响

现有研究已经证实了资源错配是阻碍全要素生产率水平增加的重要因素（Hsieh and Klenow，2009；Adamopoulos et al.，2017）。因此，如何解决资源错配的问题是微观主体提高生产经营效率的重要难题。根据 Hsieh and Klenow（2009）的研究，在最优配置状态下各种资源的边际产出应该是相等的，如果各种资源的边际产出不一致，说明存在着资源错配。如图 1 所示，假定两种资源 A 和资源 B，当资源配置处于最优状态时，资源 A

---

① 仁发合作社将经营的 56 000 亩土地承包给 22 人，平均每人承包面积约 2 500 亩。

和资源 B 的边际产出相等，此时资源 A 和资源 B 的使用量为 AO^* 和 BO^*。当出现资源错配的情况，如资源 A 和资源 B 的使用量为 AO 和 BO 时，此次资源 A 和资源 B 的总产出较最优状态的总产出减少了曲边三角形 ABC 的面积。因此，资源错配不利于总产出水平的提高。农业社会化服务主体服务半径的确定需要实现资源的有效配置，解决资源错配问题。案例中，官庄联社、新田地合作社和仁发合作社均从资源配置的合理性角度考虑服务半径的规模。官庄联社的生产经营活动主要依赖于其为农服务中心。以管公为农服务中心为例，它成立于 2015 年 1 月，共投资 300 万元，占地面积 17 亩，建有 1 500 平方米的机械仓库、700 平方米的服务大厅和 100 平方米的职业农民培训中心。由于充分考虑到行政区划因素的影响，以乡镇行政区域为服务半径能够充分发挥官庄联社在乡镇统一调度的执行力，有效整合资源，打出了农业社会化服务的"组合拳"，最大限度解决了资源错配的问题。一是在为农服务中心设立设生产经营部、现代流通部、合作金融部三个部门。生产经营部负责农业生产，对农业生产中所涉及的农业生产资料投入、农业机械服务、农业信息服务以及烘干贮藏服务进行全面负责，解决了单一农业生产性资料服务不经济的弊端；现代流通部根据市场需求及时调配，有效地解决了农产品的生产与销售二者衔接的问题；合作金融部通过资金信用互助，在防控风险的情况下实现了资本要素的有序流动。二是依托为农服务中心开展农业托管服务。为农服务中心不仅购置了各种类型的农业机械 11 台（套），可用于耕地、播种、灌溉、采收等不同环节，还组建"打井服务队"、"农业技术服务队"、"农业机械作业队"等大田作物托管经营服务组织，对官庄镇所管辖范围内的管公村、西利见村、郑家沙沟、花家岭、朱家庄等 10 余个村的农民专业合作社、家庭农场、种植大户、普通农户提供农业社会化服务。三是以为农服务中心为基地组建了若干专业服务小组，开展测土配方、土壤熏蒸、智能配肥、农机作业、农产品收储和农民职业培训等服务项目；特别是聘请了安丘市农业局植保站技术人员为技术顾问，对农作物的耕种、灌溉、测土配方用肥、病虫害防治实行田间统一管理进行指导。

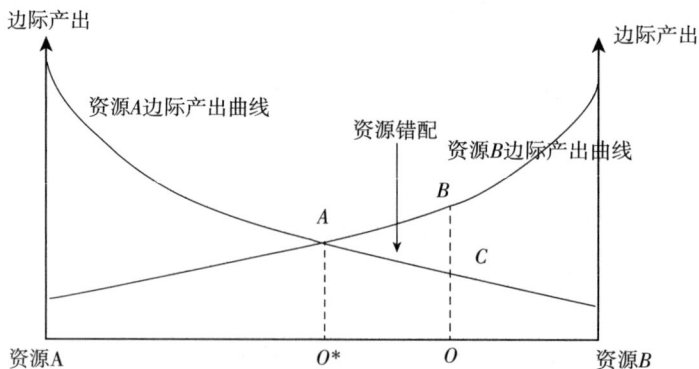

图 1　资源错配示意图

新田地合作社和仁发合作社依托农业生产要素车间和土地模块式管理，实现了资源的合理配置。具体来说，之所以新田地合作社采用 1 000 亩为一个单元成立生产要素车间，是因为 1 000 亩基本上与当地一个村庄的土地经营规模相当，依托村组便于实现社会化服务的管理。为了实现资源的有效配置，充分发挥村庄治理的内部优势，以村组的土地面积为单位作为服务半径能够有效地实现农业社会化服务的各项统一。如新田地合作社后侯村农业生产要素车间 M 主任与本村社员签订土地托管合同，统一种植高品质小麦和玉米，为社员提供耕、种、收社会化服务，并按照当时价格统一收购。在农业生产要素车间内部实现要素的统一配置：一是统一品种选育，不仅做到科学选种，保证了产品品质质量，也能够瞄准市场需求，提供市场销售价格；二是统一生产服务，即实现了农业技术、农作物植保、机械服务三者的统一调度；三是与以往收购过程相比，在农业生产要素车间内部的统一销售能够有效地与一家一户谈判的交易成本。新田地合作社以农业生产要素车间为载体充分实现了要素在生产要素车间内部的有序流动，有效地降低了新田地合作社在提供托管服务中的资源错配的问题。正如其理事长 L 所言："农业生产要素车间让合作社社员既是服务对象又是服务主体，采用工业化管理管理农业的理念能够让生产要素车间内的各要素实现合理配置，产生出最大价值。"为了实现调动管理者的主观能动性，进而获得更高的预期收益，仁发合作社采用土地模块式管理方式，将社员以土地承包经营权入股的土地分给 22 名管理者进行管理，实现资源的有效配置。为了实现农机手与管理者相互监督，仁发合作社实施农机具作业单车核算方式（即将每台农机具承包给驾驶员并统一供油、维修和调度），并制定了严格奖惩机制，避免农机手随意加机油、农机手不爱护农业机械现象的发生，尽可能地降低农机空跑率，实现了农机具的最优配置。

综合来看，山东省安丘市供销社系统最优的资源配置效率体现在为农服务中心，新田地合作社资源有效管理的最佳方式体现在农业生产要素车间，而仁发合作社最有效的资源配置方式体现在集中连片的土地模块；而为农服务中心、农业生产要素车间和土地模块作为三个主体的最优经营单元其范围大小正是其最佳服务半径。可见，农业社会化服务供给主体的服务半径将受到资源配置效率的影响。

2. 地理环境的影响

地理环境也是影响诸如农机作业服务等农业社会化服务的供给主体服务半径的重要因素（Binswanger，1986；郑旭媛、徐志刚，2016）。具体来说，平原地区、丘陵地区和山地地区种植的农作物类型存在差异，粮食作物的农业机械化水平较高，经济作物的农业机械化水平还较为薄弱。丘陵和山地地区不太适宜种植粮食作物，较为适宜种植以林果业为主的经济作物，而当前经济作物的农业机械化水平远低于粮食作物的农业机械化水平。农业机械化水平的高低，直接影响了农业机械对劳动力的替代效果。此外，农业机械最怕"长途跋涉"，既不利于抢农时，耽误作业时间，又增加了机械作业成本。尤其是在人工成本不断上涨的背景下，地理环境因素直接影响到农业社会化服务供给主体的服务半径的确定。

以官庄联社为代表的山东省供销社根据地理环境因素，在平原地区开展了"3公里土地托管服务圈"，在丘陵地区开展了"6公里土地托管服务圈"，充分考虑到了地形因素的影响。新田地合作社地处河南省荥阳市，处于平原和丘陵地区交界地。村与村之间土地细碎化较为严重，一个村庄内土地较为集中，因此新田地合作社选择以村社为服务半径，开展农业社会化服务。仁发合作社处于黑龙江省克山县，处于广袤的东北平原，绝大多数土地集中连片经营。为了充分发挥土地集中连片经营的优势，仁发合作社采用土地模块式管理的方式将土地分包给管理者，既不需要考虑到土地细碎化问题，又不需要考虑农业机械化的问题，充分调动管理者的管理才能，增强内部组织合法性进而实现合作社的合作稳定性（张琛、孔祥智，2018）。因此，农业社会化服务供给主体的服务半径也受到地理环境的影响。

3. 市场容量的影响

只要农业社会化服务的市场容量足够大，农业社会化服务的供给也是存在规模经济的。而市场容量由纵向分工中的可交易频率和横向分工中的可交易密度共同决定，且交易密度主要可以从农户专业化生产和区域专业化生产两个维度来衡量（罗必良，2017）。基于此，本文从交易频率和交易密度两个方面来分析市场容量对服务半径的影响。

从交易频率上看，官庄联社依托农业全程社会化服务，提高了交易频率进而增加了市场容量。调研资料显示：官庄联社通过推广优良种子、改良土壤、开展机械作业服务既能够实现亩产增收 10%～20%，又能够以农业生产资料团购的形式直接与农资公司联系，以低于市场价 10%～15% 的价格直接配送到农户手中。可见，官庄联社服务规模化对农民的节本增效十分明显，农民更愿意与官庄联社打交道。此外，官庄联社借助山东省供销社开通的面向农民群众的"96621"服务热线，进一步增强了与农民的联系。从农民口中常说的一句话——"96621、服务找供销"，可以反映出官庄联社与农民的可交易频率较高。新田地合作社和仁发合作社依托农业社会化服务也都实现了农民的节本增效。其中，新田地合作社通过统一提供农业社会化服务，实现每亩种植成本节省 111 元，销售收入增加近20%；仁发合作社通过统一生产资料的供应实现化肥每吨节省 300～500 元、农药每亩节省40～50 元，通过技术服务和销售渠道实现农作物产量和销售价格的提升。农民加入这两个合作社获得了实惠，也都愿意与合作社打交道，因而社员与合作社的交易频率也较高。

从交易密度上看，由于官庄联社、新田地合作社以及仁发合作社都实现了农户的专业化生产，因此本文只从区域专业化生产这个维度来分析三者的交易密度。官庄联社通过服务规模化实现了区域的专业化生产，平原地区实现了大田作物的专业化生产，丘陵地区依托专业化统防统治服务实现了经济作物的专业化生产。新田地合作社以农业生产要素车间为载体，实现区域农作物专业化种植（主要种植高品质的强筋小麦和胶质化玉米）。仁发合作社通过模块式管理实现了以马铃薯种植为主、大豆和玉米种植为辅的分片专业化生产。因此，官庄联社、新田地合作社和仁发合作社的交易密度均较高，农业社会化服务的市场容量得到了有效保证，进而可以通过制定相应的服务半径来实现农业社会化服务的规模经济。

4. 主体类型的影响

官庄联社与新田地合作社、仁发合作社最大的不同是：官庄联社是由山东省供销社推动成立的农业社会化服务供给主体，而新田地合作社和仁发合作社是市场推动型的农业社会化服务组织供给主体。制度变迁分为强制性制度变迁和诱致性制度变迁（Lin，1989），而政府推动型的农业社会化服务组织带有强制度性变迁的属性，而市场推动型的农业社会化服务组织往往是依托自身和当地要素禀赋优势发展起来的而具有诱致性制度变迁的属性。但不管是何种制度变迁，目的是实现预期收益的最大化。官庄联社凭借山东省供销社系统较强经济实力、组织优势和传统口碑，通过强制性制度变迁有效解决了社会化服务过程中存在的各种不确定性因素，尤其是通过建立为农服务中心这一平台机构实现了对社会化服务供给方和需求方的协调、指导，调节各方利益，解决了社会化服务过程中高昂的协调成本。新田地合作社和仁发合作社作为市场经营主体，不具有强制性制度变迁的优势，而是根据市场环境变化呈现出诱致性制度变迁的过程。然而，诱致性制度变迁过程需要综合各方的利益，具有较高的协调成本。新田地合作社和仁发合作社正是通过合理界定自身变异因素和创新管理模式实现了诱致性制度变迁，在自身成长演化的同时降低了协调各方所需要的交易成本（张琛、孔祥智，2018）。具体而言，新田地合作社选取村社作为服务半径，并任命该村具有威望的"能人"为农业生产要素车间主任，实现了多种农业社会化服务的综合协调。因此，新田地合作社从当初的统一服务到选取村社作为服务半径，背后的逻辑是市场推动型农业社会化服务组织基于要素禀赋特点多方面利益权衡的结果。仁发合作社的情况类似，它也选取了具有管理能力的社员分块管理，既有效地降低了多种社会化服务提供的协调成本，又能够实现自身经营面积的稳定。此外，仁发合作社市场销售的不断拓展也使得仁发合作社需要创新内部管理方式，做到与市场相衔接。因此，仁发合作社从分散式经营到模块式经营的转变背后的逻辑也是它基于自身要素禀赋特点多方面利益权衡的结果。

（二）案例小结

综上，农业社会化服务供给主体的服务半径受到了资源配置、地理环境、市场容量以及主体类型的影响。然而，农业社会化服务供给主体的服务半径是由上述四个方面共同作用的结果。表1总结了官庄联社、新田地合作社和仁发合作社服务半径与服务规模化的基本情况。

官庄联社依托两个服务半径约为3公里的为农服务中心，服务面积共约为8万亩。而这个区域正是管公供销社和官庄供销社的业务覆盖范围。选取乡镇行政区划面积作为农业社会化服务半径的一个重要因素是充分发挥具有政府背景的官庄供销社的市场、组织和政治优势，实现在乡镇内部的资源有效配置，最大限度地降低了协调成本。此外，官庄联社作为区域内部的非完全市场化的竞争性主体，处于生态位的核心位置，能够保证稳定的社会化服务市场容量，进而实现了区域的"帕累托最优"[①]。地理环境因素方面，山东省供

[①] 根据《山东省委、省政府关于深化供销合作社综合改革的实施意见》（鲁发〔2015〕16号）的内容，山东省供销社在全省范围为开展为农服务中心建设，计划在2020年底实现全覆盖。因此，以乡镇面积为服务半径，能够保证每个乡镇实现农业社会化服务的开展，进而实现整个区域的"帕累托最优"。

销社系统根据地形的差异，确定了为农服务中心在平原地区的服务半径约为 3 公里，在丘陵地区的服务半径约为 6 公里；而官庄联社作为平原地区的乡镇级农民专业合作社联合社，充分考虑到了地形的因素。因此，官庄联社农业社会化服务半径充分结合到了资源配置、地理环境、市场容量以及主体类型等四个方面的优势因素。

表 1   案例服务半径与服务规模化的基本情况

	官庄联社	新田地合作社	仁发合作社
服务规模	80 000 亩	51 000 亩	56 000 亩
服务半径	3公里/约 40 000 亩	1 000 亩	2 500 亩
资源配置效率①	较高	较高	较高
地理环境	平原/丘陵	平原/丘陵	平原
市场容量	乡镇区域内农户	合作社社员	合作社社员
主体类型	政府推动型	市场推动型	市场推动型

注：作者根据资料整理可得。

新田地合作社农业社会化服务半径的方式是以农业生产要素车间为单元，服务半径为 1 000 亩。新田地合作社选择村庄作为服务半径，一是由地理环境的现状所决定，土地细碎化程度较高造成村庄与村庄之间难以实现整片的规模化种植；二是建立农业生产要素车间并聘用具有较高威望的作为车间主任，既实现能够实现在车间内的资源统一配置，降低资源错配程度，又能够借助具有较高威望的车间主任实现车间内部的协调管理；三是以村庄为服务半径，可复制性较高，便于新田地合作社经验的复制推广，进而有助于市场容量的扩大。

仁发合作社农业社会化服务半径的方式是土地模块式管理，服务半径大约为 2 500 亩。仁发合作社选择分块经营，一是由地理环境的现状所决定。东北地区土地集中连片经营，通过分块的方式实现农业社会化服务更加具有效率；二是分块的方式能够实现农业社会化服务在一个区域内的统一提供，提高了资源的配置效率；三是结合奖惩分明的规章制度，土地模块式管理既能发挥管理人员的才能，又能降低协调成本；四是分块的方式能够保证仁发合作社土地规模经济处于平稳的状态，既增加了交易密度又增加了交易频率，扩大了市场容量。

四、研究结论与政策建议

农业规模化经营离不开服务的规模化，服务规模化的实现需要合理确定服务的半径。

---

① 资源配置效率的高低，这里重点考虑的是多种农业社会化服务是如何实现对农户服务的，即资源在规模化经营主体的服务半径内是如何配置的。官庄联社、新田地合作社和仁发合作社均在服务半径内实现了多项社会化服务的统一，多种资源协同效应明显，并采取及时有效地应对措施，实现了要素之间的有序流动，因此具有较高的资源配置效率。

本文通过对官庄联社、新田地合作社和仁发合作社三个实现服务规模化案例的深入剖析，探究农业社会化服务供给主体服务半径的决定机制。主要结论可概括为如下两点：

一是服务半径的合理确定是实现服务规模化的重要前提。服务规模化的实现离不开合理的服务半径。官庄联社、新田地合作社和仁发合作社三者均实现了服务的规模化，一个共同的特点是确定了符合自身实际情况的服务半径。

二是服务半径是由资源配置效率、地理环境、市场容量和供给类型共同作用的结果。农业社会化服务供给主体需要根据自身实际情况，以资源配置效率的合理性、地理环境的适应性、市场容量的稳定性和主体类型的特殊性为原则，充分考虑到服务半径的多种决定机制，才能确定符合自身发展的社会化服务半径。资源配置效率的合理性决定了服务供给主体的预期收益，地理环境的适应性决定了供给主体与农业社会化服务的可适配性，市场容量的稳定性决定了农业社会化服务供给的规模经济，而主体类型的特殊性决定了服务供给主体制度变迁历程，进而影响农业社会化服务供给的交易成本。

上述结论为新时代以服务规模化为重点推进中国农业现代化具有积极的启示意义。第一，服务规模化的实现要合理确定服务半径。服务半径过小抑或过大都存着问题，服务半径过小难以实现规模经济，服务半径过大又会存在着较高的风险和较大的交易成本。因此，服务规模化经营主体需要处理好"统分结合"中统与分的关系，做到服务规模的合理性。第二，以服务规模化为重点实现农业适度规模经营的道路在中国既是可行的，也是构建现代农业产业体系、生产体系、经营体系，实现小农户与现代农业有机衔接的重要路径选择。第三，服务规模化的实现，不仅需要充分发挥以农民合作社、农业企业等为代表的新型农业经营主体的市场性力量，还有必要有效地结合以供销社、农垦等中国特色的国有、集体经济组织或行政性力量，实现农业社会化服务规模化。

参考文献

高强.理性看待种粮大户"毁约弃耕"现象［J］.农村经营管理，2017（4）：1.

孔祥智，楼栋，何安华.建立新型农业社会化服务体系：必要性，模式选择和对策建议［J］.教学与研究，2012（1）：39－46.

孔祥智，钟真.供销合作社改革，土地托管与服务规模化——山东省供销合作社综合改革调查与思考［J］.中国合作经济，2017（10）：36－40.

孔祥智.农业供给侧结构性改革的基本内涵与政策建议［J］.改革，2016（2）：104－115.

刘同山，钟真，周振，孔祥智.黑龙江克山县仁发现代农机合作社的创新发展［J］.中国合作经济评论，2017（1）：85－108.

罗必良.论服务规模经营——从纵向分工到横向分工及连片专业化［J］.中国农村经济，2017（11）：2－16.

秦风明，李宏斌.警惕土地流转后"毁约弃耕"［N］.中国国土资源报，2015－05－27.

仇童伟，罗必良.市场容量、交易密度与农业服务规模决定.南方经济，2018（4）https://doi.org/

10. 19592/j. cnki. scje. 360006.

张琛, 高强. 论新型农业经营主体对贫困户的脱贫作用 [J]. 西北农林科技大学学报（社会科学版），2017（2）：73 - 79.

张琛, 孔祥智. 农民专业合作社成长演化机制分析——基于组织生态学视角 [J]. 中国农村观察，2018（3）：128 - 144.

张琛, 孔祥智. 组织合法性、风险规避与联合社合作稳定性 [J]. 农业经济问题，2018（3）：46 - 55.

郑旭媛, 徐志刚. 资源禀赋约束，要素替代与诱致性技术变迁——以中国粮食生产的机械化为例 [J]. 经济学（季刊），2016（4）：45 - 66.

钟真, 谭玥琳, 穆娜娜. 新型农业经营主体的社会化服务功能研究——基于京郊农村的调查 [J]. 中国软科学，2014（8）：38 - 48.

Adamopoulos T, Brandt L, Leight J, et al. Misallocation, Selection and Productivity: A Quantitative Analysis with Panel Data from China [R]. National Bureau of Economic Research, Working Paper, University of Toronto, 2017.

Binswanger H. Agricultural Mechanization: A Comparative Historical Perspective [J]. The World Bank Research Observer, 1986, 1 (1): 27 - 56.

Hsieh C T, Klenow P J. Misallocation and Manufacturing TFP in China and India [J]. The Quarterly Journal of Economics, 2009, 124 (4): 1403 - 1448.

Lin J Y. An Economic Theory of Institutional Change: Induced and Imposed Change [J]. Cato Journal, 1989, 9 (1): 1 - 33.

Miles M B, Huberman A M. Qualitative Data Analysis: An Expanded Sourcebook [M]. New York: Sage Publications Inc, 1994.

二

等

奖

农民专业合作社绩效评价及绩效影响因素研究*

娄 锋

（云南大学经济学院，昆明 650091）

摘 要：基于中国合作社的发展现实，重新构建了合作社的绩效评价指标体系，重点考量合作社服务农户、农业的能力与效率，随后应用因子分析法对绩效评价指标体系进行了验证，并测度了样本合作社的绩效，依测度结果，使用结构方程模型解析合作社内、外部制度安排对其绩效的影响，发现产权制度是影响绩效的根本原因。在中国合作社特殊的形成路径以及严重缺乏合作文化支撑的情况下，产权制度上是否构建了一套权、责、利明晰，对等与匹配的内在激励机制是保证我国合作社有绩效至绩效好的关键。此外，是否有健全的治理机构及相关制度安排、是否公开了财务及经营情况、理事长拥有社会资源的多与少、是否得到国家或金融部门的支持等对绩效均有显著影响，最后得到关于我国合作社质的规定性及未来发展与创新的相关启示。

关键词：合作社；绩效评价；影响因素

绩效反映了一个生产经营组织内部的运作效率，也反映了其对外部环境的适应力及影响力，进而决定了该组织存在的意义和价值。农民专业合作社作为农业领域内一类特殊的企业，研究其绩效大小，考察影响绩效的内外部因素并与其他非影响因素区分开来，获得内外部各影响因素的相互作用及其最终对绩效的影响力，这对调控这些因素以提高合作社的运作效率、竞争力以及促进农业现代化发展均有着重大的现实意义。

《中华人民共和国农民专业合作社法》颁布实施后，对合作社绩效的考量已成为合作经济研究的一个热点。浙江省农业厅（2008）从行为性绩效（通过组织运行、运营活动体现出来）和产出性绩效（通过社员收益、组织发展和社会影响体现出来）两个维度来构建合作社绩效评价指标体系。赵佳荣（2010）基于“三重绩效”原理，构建了包括经济绩

* 基金项目：国家社会科学基金规划项目“西方农业合作经济组织创新和发展及其对中国的启示研究”（项目编号：11BJY090）、云南省社会科学基金规划项目“农民专业合作社运作研究”（项目编号：SKPJ201304）、云南省教育厅重点规划项目“云南农民专业合作社发展研究”（项目编号：2014Z002）、云南大学特色研究基金“西方现代农业合作经济组织的制度分析及启示”（项目编号：10YNUHSS028）。

作者简介：娄锋（1970—），男，云南大学经济学院副教授，经济学博士，硕士研究生导师。研究方向为合作经济、计量经济学。E-mail：zgnklf@126.com。

效、社会绩效和组织影响三个维度的绩效评价指标体系，并对湖南省部分合作社进行了绩效评价。罗颖玲等（2014）从四个维度：财务绩效、管理绩效、社会绩效、生态和环保绩效来构建绩效评价指标体系，并运用模糊综合评价对样本合作社进行了绩效考量，最后提出政策建议。任重等（2015）构建了烟农合作社经济、社会、生态效益的三维绩效评价指标体系，运用层次分析法对烟农合作社进行了绩效评价，发现加强烟农合作社的标准化和规范化建设最重要。张俊、章胜勇（2015）从管理者、社员和专家三方视角构建绩效评价体系，运用层次分析法对湖北和浙江两个省的部分合作社进行了绩效评价与分析，最后指出完善合作社自身制度建设和政府机构的合理引导是促进合作社良性发展、提高绩效的关键。当前文献中，主要研究方法是从组织绩效、财务绩效、管理绩效、社会绩效等维度来构建绩效评价指标体系，并利用指标体系对样本合作社进行综合绩效评价，最后得到启示。具体绩效评价方法有：层次分析、模糊综合评价、因子分析法、描述性统计分析等方法。

关于影响合作社绩效的原因，黄祖辉等（2002）认为合作社生产集群因素、合作成员因素以及社会环境因素等会影响合作社的绩效。邵科等（2014）运用合作社绩效主观感知测量法对影响绩效的原因进行了分析，发现惠顾结构对绩效没有影响，而成员广泛管理参与下的治理结构会对绩效产生正面影响。李道和、陈江华（2014）分析了江西省部分合作社的绩效影响因素，结果表明：政策扶持对合作社绩效存在间接影响，技术因素对绩效没有正向影响，而内部管理机制与企业家才能对绩效有正向影响。李双元（2015）对高原牧区的合作社绩效研究发现，影响绩效的因素依次是组织运营情况（重点是规范化建设）、生态保护情况（重点是草畜平衡）和社会效益情况（重点是合作社吸纳富余劳动的能力）。姜明伦、李红（2015）运用多元线性回归模型对宁波市农民专业合作社的绩效及其影响因素进行了分析，结果发现最重要的影响因素是经营规模、服务层次和规范化程。相关文献中，对影响绩效原因的找寻多数是通过对某一地区样本合作社的观察分析得到，范围有限。绩效评分大多不通过构建指标体系来综合测评获得，而是主观评判或直接采用单一指标（如合作社的净盈余或成员的净收入等），再结合方差分析、回归分析、非参数检验等方法检验原因对绩效的影响是否显著，最后得到结论。

纵观已有的研究文献，不难发现目前对合作社绩效指标体系构建、评价及绩效影响因素研究的成果已很丰富，但仍存在一些不足：一是内容上割裂。相对完整的绩效研究，第一应通过构建指标体系来综合评价绩效，第二要依据评价结果分析影响绩效的原因以得到启示或建议。目前多数文献两项内容是割裂的。二是在绩效指标体系构建及绩效评价中，对绩效作用因素权数的确定还是通过主观判断，如层次分析法中指标权数的确定常采用专家打分法等，绩效评价主观随意性强，同时还存在统计或计量分析中常常不考虑各原因之间的相互影响等问题。三是影响绩效的原因分析中，主观判断影响因素，缺乏理论与现实观察的结合判断。原因作用的机理分析大多也是表象性描述，最后得到笼统的政策性结论。四是相对缺乏制度层面的原因分析，无法深入了解绩效变化的内在机制与规律，也就无法给出具实用性、可操作性的研究成果。

一、合作社绩效的综合评价

（一）评价指标体系的构建

当前理论界主要基于经典合作制原则、价值观来选择各类绩效下的分指标（如组织建设规范化程度、管理规范化程度等），据此构建合作社绩效评价指标体系。经典合作制原则、价值观来源于西方合作社成功发展的实践，是适用于西方合作社绩效评价的，但时过境迁之后，不一定适用于中国，用一个尚未确定是否适合中国的原则、价值观来构建绩效评价指标体系，并依该体系的评价结果来指导我国合作社的发展是不可行的。我国合作社的绩效评价指标体系的构建应基于我国的现实国情，应重点考察合作社服务农户、农业现代化的能力与效率——这是现实对我国发展合作社的原则要求（即追求效率原则），否则合作社不仅得不到广大农户由衷地拥护，也得不到政府的认可与支持，合作社将会失去生存的根基与空间。

市场和专业化分工是合作的基础，对合作社服务农户、农业现代化能力与效率的考察，应重点测度合作社在市场竞争中能否正常、高效地运行；专业化分工下能否为成员提供及时、有效的服务；能否提高成员的生产经营效率；经营规模大小，成员产品销售情况是否改善等。具体指标有：①资产总额（万元）。②总人数（人）。③年经营总收入（万元）。④年经营纯盈余（万元）。⑤是否获得绿色农产品，无公害、有机食品认证，无认证得 0 分，获无公害农产品，绿色、有机食品认证分别得 2、4、6 分[①]。⑥统一供种供苗比例（％）。⑦统一采购投入品比例（％）。⑧统一标准化生产的比例（％）。⑨统一包装销售的比例（％）。指标⑥～⑨反映了农户加入合作社后其生产经营行为的变化，这会导致其家庭生产经营效率的改变。⑩带动当地非社员农户数（户）。⑪带动当地产业发展的满意度。⑫对当地社会影响力的满意度。⑬入社后平均亩产是否稳定[②]。分为没有、有所和明显稳定，赋值为：0、2、4 分。⑭入社后产品销售是否改善。分为没有、有所和明显改善，赋值为：0、2、4 分。⑮纯收入增收百分比（％）[③]。⑯对合作社增收的满意度。⑰是否有办公场所及设施。有、无赋值为：1、0 分。⑱是哪一级示范合作社。分 5 个级别：

---

① 无公害农产品是绿色、有机食品认证的基础，获证得 2 分。比较无公害农产品，绿色食品除也要对生产过程进行管理外，还要对影响产品质量的因素进行控制，因而获证得 4 分。有机食品认证除具备无公害农产品、绿色食品的要求外，还要求对影响环境质量的因素进行控制，因而获证得 6 分。参见：中国绿色食品市场 . http://www.ny123.com，2015 - 6 - 16。

② 该指标强于"入社后平均产量是否提高"，因农业生产很大程度上受环境的影响，区分合作社的服务和环境因素对平均产量的影响是很困难的，得到一个含混不清的答案，不如不要这一选项。而"入社后平均产量是否稳定"是最直观、最容易判别：如环境不利，可考量社员在合作社的帮助下，抵御自然灾害、稳定收益的情况；如风调雨顺，可考量社员在合作社的服务下，实现稳定高产出的情况。

③ ［（入社后的年平均实际纯收入—入社前的年平均实际纯收入）/入社前的年平均实际纯收入］×100％

国家、省、市、县级和其他，赋值为：9、7、5、3、1分。⑲是否有专职工作人员。有、无赋值为：1、0分。⑳社员对合作社建设的满意度。上述4个满意度指标均依据李克特量表（Likert scale）评分法分为很不满意、不满意、基本满意、满意、很满意5个级别，赋值为：1、3、5、7、9分。以上20个指标从组织规模（指标①、②），组织发展（指标③～⑤），生产行为（指标⑥～⑨），外部绩效（指标⑩～⑫），成员收益（指标⑬～⑯），组织建设（指标⑰～⑳）共6个方面进行测度。指标体系包含定量与定性指标、总体经营与成员收入指标、客观与主观指标、产出性与行为性指标、单项性与复合性指标等，期望实现评价指标体系的全面、客观和科学。

（二）评价指标体系的验证及评价结果

1. 样本数据来源与指标体系验证方法

评价指标体系是否全面、客观和科学需利用现实样本数据进行检验，本文所用数据是课题组组织我校二、三年级的部分究生于2018年1—4月对其所在地，包括江苏、浙江、山东、广东、广西、湖北、湖南、安徽、福建、河南、河北、云南、四川、贵州、甘肃、黑龙江、吉林，计17个省及自治区，重庆、上海、天津和北京4个直辖市的合作社进行问卷调查所获得。课题组发放问卷865份，收回793份，经过甄别、检验得到有效问卷761份。本文采用SPSS21.0，利用因子分析法来构建并验证指标体系。采用因子分析法是因为：从各指标对绩效的反映或代表水平来看，有主有次、有强有弱；从指标间的关系来看，有一些指标数据彼此高度相关，可归为一组。因子分析的基本思想就是要分清主次，并将联系比较紧密的变量归为一组，检验主次区分及分组归类是否可行或显著，如果显著，说明归入一组的变量受到了某个共同因素的影响，这个共同因素就称为公共因子。因子分析通过降维将相关性高的变量聚在一起，即以相关性分析为基础，从协方差矩阵或相关矩阵入手把大部分指标数据的变异归结为几个公共因子所为（即抓住反映或代表绩效水平的主要因素），把剩余的变异称为次要或特殊因子。然后通过回归分析法获得各指标的公共因子影响权数，加权求和获得各公共因子得分，再分别以各公共因子所对应的方差贡献率为权重对公共因子得分进行加权求和，最终得到各合作社绩效的综合得分。两次权数的确定均是通过指标数据内在变异规律获得，而非主观评判。由于因子分析法能比较清晰、客观地刻画研究对象的系统结构并能检验指标体系是否可行，进而考察各指标对绩效的反映或代表性关系更加深入、细致和可靠。

2. 因子分析过程及评价结果

（1）为消除不同级差、量纲的影响，用"功效系数法"[①]对原始数据进行标准化处理，得到分析样本数据。

---

① 计算公式为：$[(I_{ij}-I_{rj})/(I_{mj}-I_{rj})]\times50+50$，其中，$I_{ij}$为研究项数值，$I_{mj}$为本档最大值，$I_{rj}$为本档最小值。

（2）计算分析样本数据的 *Cronbach α* 为 0.698，分析样本数据信度尚可①。

（3）对于结构效度，因子分析适宜性检验 *KMO* 值为 0.683＞0.5；*Bartlett* 球形检验的值为 3 910.339（P 值＝0.000＜0.05），说明可以进行因子分析。

（4）主成分分析法提取公因子，并计算得到相关系数矩阵的特征值和特征向量。从方差累积贡献率表 1 可以看出，前 6 个因子特征值分别为 4.490、2.381、2.122、1.900、1.686、1.542，均大于 1，累积方差贡献率达到 71.603%，表明这 6 个因子具有很强的代表性，因子碎石图也说明这 6 个因子是反映绩效水平的主要因素（图 1）。

表 1　特征值与方差贡献率表

成　分	初始特征值			旋转平方和载入		
	合　计	方差的%	累积%	合　计	方差的%	累积%
1	4.490	22.449	22.449	2.947	14.735	14.735
2	2.381	11.907	34.356	2.645	13.227	27.962
3	2.122	10.608	44.965	2.456	12.281	40.243
4	1.900	9.498	54.463	2.159	11.797	52.040
5	1.686	8.430	62.892	2.060	10.298	62.338
6	1.542	7.711	70.603	1.853	9.265	71.603

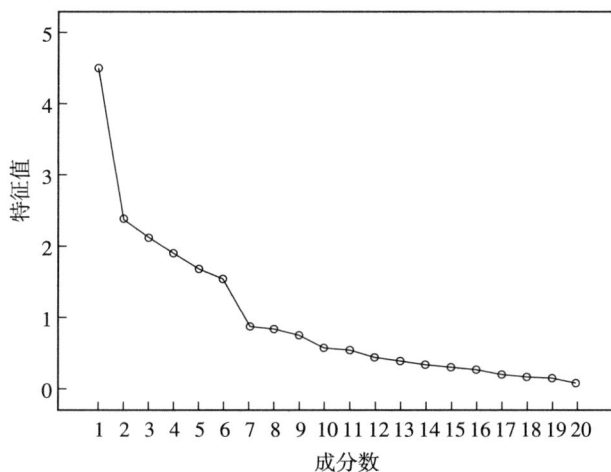

图 1　因子碎石图

（5）构建因子载荷矩阵并命名因子。采用具有 *Kaiser* 标准化的正交旋转法得因子载荷矩阵，见表 2。

---

① 　*Cronbach α*≥0.70 为高信度；0.35≤*Cronbach α*＜0.70 时为信度尚可；*Cronbach α*＜0.35 为低信度（Gilford，1954）。

表 2　旋转后的因子载荷矩阵

指　　　标	指标代码	成　　分					
		1	2	3	4	5	6
资产总额（万元）	I_1	0.064	0.031	0.049	0.249	0.115	0.803
总人数（人）	I_2	0.035	0.024	0.019	−0.001	0.108	0.970
年经营总收入（万元）	I_3	0.118	0.060	0.046	0.778	0.115	0.167
年经营纯盈余（万元）	I_4	0.071	0.048	−0.008	0.893	0.010	0.080
是否获得无公害农产品、绿色与有机食品认证	I_5	0.023	0.024	0.013	0.847	0.002	0.050
统一供种供苗比例（％）	I_6	0.851	0.096	0.051	0.031	0.086	0.038
统一采购投入品比例（％）	I_7	0.846	0.066	0.052	0.004	0.056	0.029
统一标准化生产的比例（％）	I_8	0.791	0.129	0.036	0.147	0.109	0.027
统一包装销售的比例（％）	I_9	0.794	0.277	0.112	0.079	0.018	0.020
带动当地非社员农户数（户）	I_{10}	0.009	−0.035	−0.027	−0.103	0.678	0.459
带动当地产业发展满意度	I_{11}	0.132	0.052	0.080	0.100	0.905	0.039
对当地社会影响力满意度	I_{12}	0.112	0.082	0.062	0.094	0.906	0.063
入社后平均产量是否稳定	I_{13}	0.045	0.792	0.044	0.017	0.023	0.016
入社后产品销售是否改善	I_{14}	0.302	0.810	0.190	0.011	0.097	0.020
入社前后成员纯收入增收比（％）	I_{15}	0.198	0.886	0.029	0.003	0.017	0.048
社员对合作社增收的满意度	I_{16}	0.192	0.842	0.131	0.006	0.002	0.064
合作社是否有自己的办公场所及设施	I_{17}	0.005	0.036	0.793	−0.058	0.048	0.049
合作社是哪一级示范合作社	I_{18}	0.113	0.042	0.828	0.059	0.056	0.014
合作社是否有专职工作人员	I_{19}	0.020	0.185	0.701	0.023	0.090	0.030
社员对合作社建设的满意度	I_{20}	0.109	0.067	0.833	0.047	0.038	0.015

提取出的 6 个因子分别命名为 F1～F6。表 2 中：第一主因子 F1 在指标 I_6～I_9 上的系数较大，其大体对应生产行为因子；第二主因子 F2 在指标 I_{13}～I_{16} 上的系数较大，其大体对应社员收益；第三主因子 F3 在指标 I_{17}～I_{20} 上的系数较大，其对应组织建设；第四主因子 F4 在指标 I_3～I_5 上的系数较大，其对应组织发展；第五主因子 F5 在指标 I_{10}～I_{12} 上的系数较大，其对应外部绩效；第六主因子 F6 在 I_1、I_2 上的系数较大，其对应组织规模。

（6）计算因子得分并排序。运用回归分析（regression）计算因子得分函数矩阵，结果见表 3。

记 $SF1$、$SF2$、$SF3$、$SF4$、$SF5$ 和 $SF6$ 分别是各家合作社在 6 个因子上的得分，则得到线性方程组：

$$SF1 = 0.001 \times I_1 - 0.019 \times I_2 - 0.011 \times I_3 + \cdots - 0.003 \times I_{20}$$

$$SF2 = 0.008 \times I_1 + 0.029 \times I_2 - 0.004 \times I_3 + \cdots - 0.055 \times I_{20}$$

$$SF3 = 0.011 \times I_1 - 0.008 \times I_2 - 0.001 \times I_3 + \cdots + 0.355 \times I_{20}$$

$SF4 = 0.065 \times I_1 - 0.074 \times I_2 + 0.323 \times I_3 + \cdots + 0.009 \times I_{20}$

$SF5 = -0.110 \times I_1 + 0.006 \times I_2 + 0.022 \times I_3 + \cdots - 0.016 \times I_{20}$

$SF6 = 0.436 \times I_1 + 0.538 \times I_2 + 0.037 \times I_3 + \cdots - 0.025 \times I_{20}$

表 3　因子得分系数矩阵

指　　标	成　　分					
	1	2	3	4	5	6
资产总额（万元）	0.001	0.008	0.011	0.065	−0.110	0.436
总人数（人）	−0.019	0.029	−0.008	−0.074	0.006	0.538
年经营总收入（万元）	−0.011	−0.004	−0.001	0.323	0.022	0.037
年经营纯盈余（万元）	−0.026	−0.006	−0.019	0.426	−0.028	−0.019
是否获得无公害农产品、绿色与有机食品认证	−0.036	−0.017	−0.003	0.416	−0.021	−0.088
统一供种供苗比例（%）	0.330	−0.080	−0.024	−0.036	−0.021	−0.006
统一采购投入品比例（%）	0.336	−0.093	−0.019	−0.047	−0.035	−0.010
统一标准化生产的比例（%）	0.294	−0.059	−0.032	0.023	−0.008	−0.018
统一包装销售的比例（%）	0.281	0.005	−0.007	−0.012	−0.057	−0.007
带动当地非社员农户数	−0.039	0.001	−0.034	−0.098	0.280	0.236
带动当地产业发展满意度	−0.023	−0.021	−0.004	0.019	0.454	−0.075
对当地社会影响力满意度	−0.034	−0.004	−0.013	0.018	0.457	−0.086
入社后平均产量是否稳定	0.010	0.266	0.010	−0.034	0.010	0.029
入社后产品销售是否改善	−0.042	0.344	−0.018	−0.031	−0.027	−0.001
入社前后成员纯收入增收比（%）	−0.043	0.372	−0.067	−0.028	−0.018	0.010
社员对合作社增收的满意度	−0.126	0.317	−0.037	0.040	−0.002	0.035
合作社是否有自己的办公场所及设施	−0.031	−0.035	0.308	−0.037	−0.048	0.026
合作社是哪一级示范合作社	0.001	−0.067	0.354	0.015	−0.007	−0.028
合作社是否有专职工作人员	−0.055	0.024	0.289	−0.005	0.017	0.009
社员对合作社建设的满意度	−0.003	−0.055	0.355	0.009	−0.016	−0.025

其中 I_1、I_2、I_3、$\cdots$、I_{20} 为 20 项经过标准化处理之后的指标。然后再分别以各因子所对应的方差贡献率为权重进行加权求和，就可得到各合作社绩效的综合评价得分 CSF，即：$CSF = 14.735\% \times SF1 + 13.227\% \times SF2 + 12.281 \times SF3 + 11.797\% \times SF4 + 10.298\% \times SF5 + 9.265\% \times SF6$。

最终，样本合作社的绩效综合排名与得分：第一名吉林省 SH 农民专业合作社（得分：107.37）；第二名湖南省 LP 种粮农民专业合作社（得分：75.9）；第三名山东省 AQSH 养猪专业合作社（得分：72.78）；第四名北京市 HL 肉鸭专业合作社（得分：71.67）；第五名浙江省 RH 西瓜专业合作社（得分：60.72）[①]。

---

① 因篇幅所限，本表只列出了前 5 名合作社的名称，名称中含有合作社名的拼音字母缩写。

二、合作社绩效的影响因素分析

（一）理论模型及变量设定

合作社内部制度安排（含产权、治理、分配等制度安排）是决定和影响其绩效的核心因素。与合作社绩效密切相关的交易、契约、生产经营、组织治理、分配等均是在合作社既定内部制度安排下的行为，没有内部制度的形成，合作社都不存在，更不用说其上述行为及其绩效了。合作社的绩效是内、外部因素及相关制度有机结合、作用的结果，但主要依赖于内部制度安排（徐旭初、吴彬，2010）。

从样本合作社绩效分数的分布来看，也印证了上述结论。在前100名合作社中大多是从事蔬菜、水果与养殖业务的合作社，而后100名合作社中也是如此。主营业务相同的合作社中，有绩效好的，也有绩效差的，即使是在同一地区、同一部门、从事相同业务、规模相同、资产相当的合作社也有绩效好的和绩效差的。因此，对绩效的根本性影响还是由合作社自身来决定。具体来看，绩效主要是通过合作社内部制度控制下的交易、契约、生产经营、组织治理、分配等行为来实现，即便是外部各因素对绩效的有利或不利影响，也要通过既定内部制度安排下的合作社的经营运作行为来利用或化解。总之，合作社绩效主要取决于其内部安排以及内部制度安排决定下的组织治理、运作机制以及生产经营能力等，这与李道和、陈江华（2014），李双元（2015），姜明伦、李红（2015）的研究结论是一致的。可见，由于内部制度安排是影响合作社绩效的核心因素，因而我们应重点考察内部制度安排对绩效的影响。

1. 理论模型的确定

内部制度安排对绩效影响的各因素中，西方理论界基于合作社"本质上是一类治理结构"的观点提出治理制度是影响绩效的主要因素（Vitaliano，1983；Nilsson，2001），国内研究者在借鉴西方研究成果时也将这一结论引入对我国合作社的绩效分析，将内部治理制度（特别是治理结构、机制）视为影响合作社绩效的核心因素，这一观点与中国农民专业合作社产生、发展演进的历史不符：西方农业现代化是先合作化后产业化，而我国是先产业化后合作化。合作化时农户已高度分化，且有龙头企业等经济实体加入、甚至牵头组建合作社，因而合作社形成时产权结构上往往是"一股（或数股）独大"，在没有合作文化基础的情况下，这样的产权结构对合作社内部治理有极强的影响，极易形成"内部人控制"的内部治理格局，产权制度对治理、分配制度以至最终的绩效均有很强的影响。而西方合作化时农户尚未严重分化，且有深厚的合作文化支撑合作社的形成，基于一人一票的民主原则来构建合作社的治理制度，农户入股的多少对其治理权没有根本性影响（许多情况下入股仅仅只是获得交易资格），在这样的情形下，治理制度才是影响合作社绩效的核心因素。

因此，基于中国合作社的发展现实，本文认为：①产权制度决定合作社的生产结构，从而决定了合作社的治理、分配制度；②产权制度决定资源配置，可直接影响绩效，又可通过决定治理、分配制度间接影响绩效；③合作社的产权、治理和分配制度对社员参与合作社生产经营与治理提供了不同的激励和约束，进而影响合作社的绩效；④当前绝大多数合作社的理事长实际上集经营决策权和执行权于一身，其企业家才能及其掌握的社会资源直接关系到合作社的绩效；⑤还有一些外部因素影响合作社的绩效。综上，本文拟设定检验的合作社绩效影响因子包括产权、治理、分配制度，理事长情况及外部因素。由于这些影响因子均是不可直接观测、计量的潜变量，因而本文拟通过若干可观测的显变量来对其进行测度，并选择结构方程模型（SEM）作为验证工具，检验这些因子相互作用直至最终对绩效的影响。依据 Bollen 和 Long（1993）的总结，结构方程模型是用实证资料来验证理论模型的统计方法，能将因子分析与路径分析两种统计技术结合起来，通过既定的统计手段对复杂的理论模型进行处理，并根据理论模型与数据关系的一致性程度对理论模型做评价。结构方程模型具有其他多变量统计分析方法难以实现的优点：不需要很严格的假设条件，允许自变量和因变量含测量误差；处理测量误差的同时还能分析潜变量间的结构关系；可以同时估计因子结构和因子关系；能对多重非独立相关关系进行估计等优点。具有上述优点的结构方程模型为本研究中不易直接观测、计量的合作社产权制度、管理、分配制度、社长情况和外部因素等潜变量对绩效的影响，以及产权制度对管理、分配制度的决定关系的检验提供一个可靠、高效的研究方法。SME 由测量方程和结构方程组成。显变量与潜变量之间存在测量方程：$X=\Lambda_x\xi+\delta$；$Y=\Lambda_y\eta+\varepsilon$；$E(\delta)=E(\varepsilon)=0$；式中，$X$：外生显变量的向量组合；$\xi$：外生潜变量；$Y$：内生显变量的向量组合；$\eta$：内生潜变量；$\Lambda_x$：外生潜变量因子负荷矩阵；$\Lambda_y$：内生潜变量因子负荷矩阵；$\delta$、$\varepsilon$ 分别为 X、Y 的误差项。潜变量间的结构方程为：$\eta=B\eta+\Gamma\xi+\zeta$；$E(\zeta)=0$，$\zeta$：结构方程的残差项。产权制度、外部影响、理事长情况为外生潜变量，治理、分配制度为内生潜变量，它们全是解释变量，将因子分析计算出的每一家合作社绩效评分作为被解释变量来构建结构方程模型，以分析内部制度安排、外部影响、理事长情况对合作社绩效分数的影响。标识合作社产权、管理、分配制度，社长情况以及外部影响的显变量共 19 个（表 4），所用数据来自761 家合作社的问卷调查。

2. 各潜变量的测度

（1）产权制度拟通过一组显变量来测度：①产权明晰化程度。对我国实践中的合作社进行制度规范的《合作社法》基本上是按经典合作社的制度安排要求来设计的，而经典合作社的成员在投入股本时，股本数与投票数、盈余分配额是相互割裂的，在无强合作文化支撑的情况下，成员缺乏持续投入资金、人力等资源的内在激励（Cook，1995）。该指标测度合作社产权制度上是否设计了权、责、利明晰、对等与匹配的内在激励机制。②股权集中度，即核心成员（理事会和监事会成员）的出资额比例。问卷分析表明股权集中度越高，产权制度安排的股份制倾向越明显。③合作社的依托者。相对于依托者是众多小农户的合作社，以企业或生产、贩销大户作为依托者的合作社，其产权制度更倾向股份制且其实力更强。

（2）拟通过一组显变量来测度治理制度：①是否公开财务与营运情况。②是否执行法定财务管理制度。问卷分析发现：①、②是广大社员最关心的治理制度安排，直接关系到社员搞好合作社建设的积极性，是影响治理制度激励作用的重要因素。③是否成立了"三会"（社员大会、理事会和监事会），用来测度合作社治理结构及民主治理机制是否形成，是否完备。④是否执行一人一票为基础的表决方式，测度合作社执行法定民主治理要求的情况。⑤社员大会、监事会在 2014 年各开了几次，用来测度治理制衡机构的运行情况。⑥社员如何表达不满，测度社员是如何参与治理的。⑦社员退社的容易程度①。问卷分析反馈：⑤、⑥、⑦也是影响治理制度激励作用的重要因素。

（3）依我国合作社的实际情况，应重点考查分配制度对提高绩效的激励作用。利益分配制度通过下列显变量来测度：①盈余是否进行了按交易额（量）返还。②盈余是否进行了按股分配。③盈余中是否提取了盈余公积。②

（4）理事长情况由以下 3 个显变量来测度：①理事长的文化程度，一定程度上反映了理事长的工作能力以及对外部环境的认知能力。②理事长的出资额比重，反映了理事长对合作社发展前景的态度和信心，也是一种承诺和信用保证，一定程度上表明理事长愿为提高绩效而努力的程度。③担任理事长前的身份或兼职。我国合作社生存与发展的社会环境决定了理事长的来源或背景，在相当程度上反映了其拥有的资金、人力及社会资源等，从而决定了其提高绩效的能力。

（5）外部影响因素由 2 个显变量来测度：①获得贷款的难易程度。②是否获得政府的相关支持。问卷分析发现上述两变量是合作社最强与最直接的外部影响因素。

（二）各变量的设定及检验

1. 各变量的设定

2. 变量的检验

结构方程估计前，要对所选显变量能否代表其对应的潜变量进行显著性检验，这里采用因子分析法进行验证。显变量测量数据的 $Cronbach's\ \alpha$ 值为 0.683；KMO 值为 0.646，$Bartlett$ 球形检验值为 1 218.870（P＝0.000＜0.05），说明可进行因子分析。分析结果：19 个显变量的因子载荷系数能较好地对应产权、治理、分配制度，理事长情况及外部因素潜变量，累积解释变异量达到了 67.501%，基本包含了全部潜变量的大部分信息，因而可以用其来代表 5 个潜变量。

---

① 依问卷分析，可通过社员退社时能否分享到其资格存续期间的公共积累、未分配盈余（包括按股分红）以及能否收回出资来综合反映。退社时，如果上述三项权利都有，表明自由退出程度高，社员能顺畅地表达最强不满意见，随着拥有权项的由多至少，社员表达最强不满意见的能力依次递减。由于合作社的股权不可流动，较高的社员自由退出程度会减少合作社的资产，从而对管理者的行为有一定的制约作用。

② 从理论上讲，盈余按交易额（量）返还是激励成员多惠顾合作社，促进合作社发展以更好为成员服务、最终提高绩效的关键。按股分配能激励内、外部投资的增加，一定程度上解决融资抑制问题，进而提高合作社绩效。提取盈余公积能增强合作社实力，促进绩效提高。

表 4 各变量的设定及其基本统计特征

潜变量	显变量		基本统计指标			
	指标代码	指标内容	最大值	最小值	均 值	标准差
产权制度	X1	产权明晰化程度:股本与投票数、盈余分配额中三项完全对等=4,股本与投票数、盈余分配额不完全对等或三项中只有二项对等=2,股本与投票数、盈余分配额三项完全割裂(即股本仅表明获得了投票、交易资格)=0	4	0	2.84	7.3
	X2	股权集中度(%)	100	19.70	40.81	80.39
	X3	合作社的依托者:企业或供销社=4,生产或贩销大户=3,政府及其相关部门=2,众多小农户=1①	4	1	2.95	7.38
治理制度	X4	是否定期公开财务与营运情况:公开=1,不公开=0	1	0	0.27	2.15
	X5	是否执行法定财务管理制度:执行=1,没执行=0	1	0	0.12	1.37
	X6	是否成立了"三会":全成立=3,成立了两个=2,成立了1个=1,没有成立=0	3	0	2.13	2.78
	X7	表决方式是否以一人一票为基础:是=1,否=0	1	0	0.43	2.34
	X8	2014年社员大会开过几次	11	0	1.54	6.60
	X9	2014年监事会开过几次	10	0	0.72	9.28
	X10	社员如何表达不满:通过社员大会=4,通过监事会=3,通过理事会=2,威胁退出=1,不提意见=0	4	0	2.16	1.04
	X11	社员退社的容易程度:很强=5,较强=4,一般=3,很弱=2,较弱=1	5	1	2.79	5.47
分配制度	X12	盈余是否按股分配:是=1,否=0	1	0	0.53	1.86
	X13	是否提取盈余公积:是=1,否=0	1	0	0.21	2.65
	X14	盈余是否按交易额(量)返还:是=1,否=0	1	0	0.38	3.24
理事长情况	X15	理事长的出资额比重(%)	100	8.6	14.32	25.08
	X16	理事长文化程度:高中以上=5,高中=4,初中=3,小学=2,小学肄业=1,文盲=0	5	1	3.91	1.46
	X17	担任理事长前的身份或兼职:非小农户(含生产、贩销大户;农村站所、村及乡镇干部;企业或供销社负责人等)=2,小农户=1	2	1	1.84	2.57
外部因素	X18	是否获得政府的相关支持:是=1,否=0	1	0	0.28	2.47
	X19	获得贷款的难易程度:不困难=3,比较困难=2,很困难=1,非常困难=0	3	0	0.13	1.75

---

① 依问卷分析,依托企业或供销社的合作社,其产权制度更倾向于股份制,而依托者是政府及其相关部门或是众多小农户的合作社,其产权制度更倾向于经典的合作制。

（三）结构方程的参数估计及检验

应用 AMOS21.0 软件对结构方程模型进行估计与检验，依验证的情况增减路径，再对模型进行拟合、计算，不断循环往复直到模型拟合效果达到既定要求：一是检验模型和结构模型的路径系数显著，参数的经济学意义合理；二是达到各种拟合测度指标的要求。经过 2 次计算与拟合：①将"社员如何表达不满"指标从"治理制度"中析出；②将"是否提取盈余公积金"指标从"分配制度"中析出。2 次调整后，拟合优度指数 GFI 与标准拟合指数 NFI 有所上升，其余指标没有改变。经联合正态分布检验，本次调查收集的数据满足多元正态分布（$\alpha=0.05$），可采用最大似然法（ML 法）来估计参数，最优模型见下图。

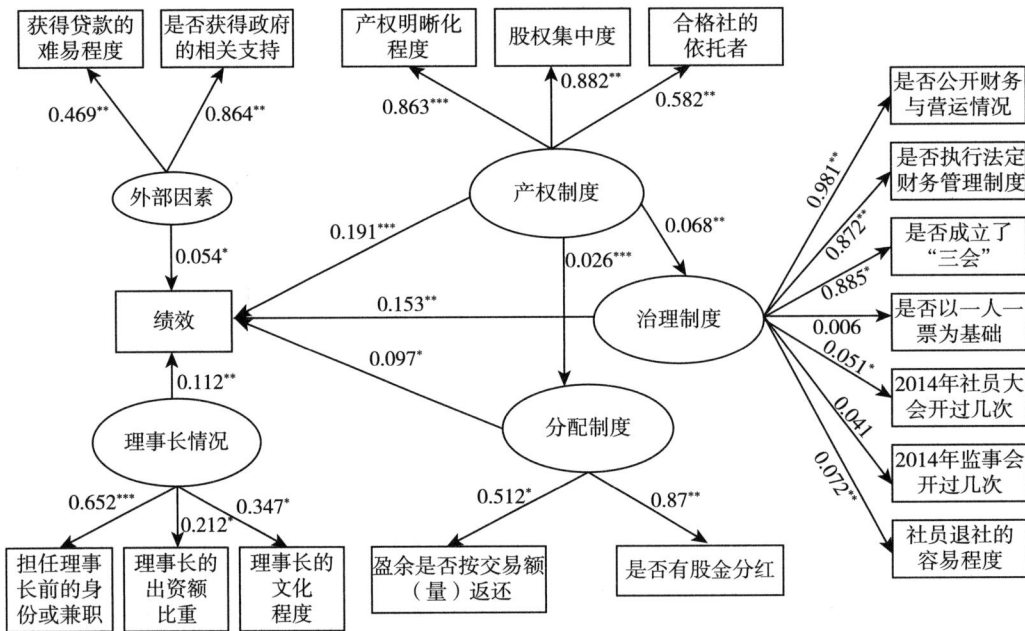

图 2　内、外部因素与绩效关系的结构方程估计结果（系数已标准化）

注：***、**、* 分别表示 1%，5%，10% 的显著性水平。

最后，各种拟合测度指标为：卡方自由度比 $\chi^2/df=2.511$（<3）①、残差均方和平方根 $RMR=0.010$（<0.05）、拟合优度指数 $GFI=0.842$（>0.9）、省俭拟合优度指数 $PGFI=0.676$（>0.5）、近似误差均方根与自由度协方差的一致性 $RMSEA=0.063$（<0.08）、标准拟合指数 $NFI=0.883$（>0.8）、增值拟合指数 $IFI=0.850$（>0.8）、非规范拟合指数 $TLI=0.895$（>0.8）、比较拟合指数 $CFI=0.866$（>0.8）。内、外部

---

①　括号中的不等式表明满足该条件的方程较为理想。条件转引自：侯杰泰，等. 结构方程模型及其应用. 北京：教育科学出版社，2004：154 - 161。

各因素对绩效的总体作用结果见表5，各因素影响力排序：产权制度＞治理制度＞理事长情况＞分配制度＞外部因素，最终模型对绩效指标变异的累积解释变异量（解释力）为70.1％。

表5　合作社绩效影响因素的作用分解

	影响因素	产权制度	治理制度	分配制度	理事长情况	外部因素
	直接作用	0.191***	0.153**	0.097*	0.112**	0.054*
间接作用	治理制度	0.068**	—	—	—	—
	分配制度	0.026**	—	—	—	—
作用	总体作用	0.285	0.153	0.097	0.112	0.054
	百分比（%）	40.656	21.826	13.837	15.977	7.703

注：*、**、***分别表示10%、5%、1%的显著性水平。

三、结论分析与启示

（一）结论分析

①产权制度是影响绩效的根本原因，其对治理、分配制度的作用系数分别为0.068、0.026，对绩效的直接作用系数为0.191，总体作用比例为40.656%。产权明晰化程度、合作社依托者、股权集中度对绩效有显著正向影响。②治理制度是影响绩效的关键因素（作用比例为21.826%）。是否成立"三会"、执行了法定财务管理制度、公开了财务及经营情况以及社员大会召开的次数对绩效有显著正向影响，而表决方式是否以一人一票为基础、监事会的开会次数对绩效的影响不显著。③理事长情况是影响绩效的重要原因（作用比例为15.977%）。理事长出资额及其文化程度对绩效有正向影响，但没有其兼职或担任理事长前的身份对绩效的正向影响显著。④分配制度对绩效有重要影响（作用比例为13.84%），其中盈余是否按股分配与按交易额分配对绩效均有正向影响，但按股分配对绩效影响更显著。⑤政府或金融部门的支持对绩效均有正向影响（作用比例为7.7%）。

（二）启示

对于政府：①合作社依托者（如生产、贩销大户等）由于拥有较多资源，在合作社生产经营中能提供诸多便利，这类合作社的绩效水平较高。由于农业合作化中往往需要依托者来牵头，特别是当依托者为农民生产、贩销大户时，对合作社绩效的正向影响更强，因而政府可采取加快农村剩余劳动力转移、完善农地制度等各项措施，促进农村专业农户的分化、大户的产生，再合理引导，在农民合作化中充分发挥他们"发动机"、"火车头"的带动作用。②理事长的兼职或担任理事长前的身份从一个侧面反映了理事长的能力，该指标对绩效的显著影响说明理事长的能力（特别是管理与营销能力）强弱对合作社的健康发展十分重要，因而政府应加强对理事长合作社经营管理与市场营销方面的教育与培训。③政府的支持对合作社绩效有最直接的影响，包括金融部门的支持也需要政府来协调。因此，政府应明确其职能、建立协调统一的扶持政策体系、加大扶持力度，并统筹解决合作社融资难的问题。

对于合作社：①产权制度上是否构建了一套权、责、利明晰，对等与匹配的内在激励机制是保证合作社绩效好的关键，具体实践中合作社要特别注意逐步建立和完善成员账户管理制度，防止成员的个人产权模糊化；②合作社应逐步建立、完善社员大会、理事会、监事会"三权鼎立"的治理结构和治理机制，逐步从理事会（或理事长）中心管理模式向全体成员中心管理模式转变，防止权力过度集中，这样社员大会制度、法定财务管理制度才能被执行；③当前多数合作社尚处于发展的初期，激烈的市场竞争中，生存是其主要命题，而生存中的最大难题是融资，为了吸引更多的资金，合作社往往偏向于按股分配，合作社有了足够的经营资金，绩效水平才能提高。这暗示合作社在盈余分配制度设计上，应因势利导、因地（时）制宜，应坚持效率优先的原则。

其他启示：

（1）中国农民专业合作社的质的规定性是什么？制度的边界在哪里？自我国农民专业合作社产生以来，这个问题就一直是理论界研究的重点。西方经典合作社的本质规定性是社员自我服务，拥有者、管理者与受益者"三位一体"，这是不可变的，否则合作社就失去了这种组织的基本制度特征，但关键的是"时过境迁"之后，"移植"到中国的西方经典合作社本质规定性是否还能保证合作社依然是有效率（绩效的核心因素）的？甚至还能不断地提高效率，为实现农业现代化服务？——这2项要求对合作社来说是最重要的，因为合作社的绩效分析向我们揭示了：作为一类以农民为主构建的生产经营组织，关键不在于它的称呼，而是它的作用，能否提高农户的生产经营效率与收益，能否促进农业现代化的发展才是合作社存在的价值与意义所在。

当前，我国合作社的本质规定性，是以遵循西方经典合作制要求而制定的《中华人民共和国农民专业合作社法》为标准，这是明确的，但并不意味着不能为效率而改变。当下对合作社本质规定性及其制度边界的研判，往往就合作社谈合作社，引经据典来研判甚至根据"三位一体"中的三项原则的各种组合来辨识现实中的合作社，大多没有结合中国的现实国情，基于效率的原则，从农业现代化发展的高度来辨析、研判合作社。一味地在表面原则，如自愿进出、社员使用、惠顾返还比例的高低或者是对成员所有、成员民主管理与盈余按惠顾返还三项原则如何组合、舍取才是合作社进行辩论，而这些原则或组合、舍取标准又与我国现实中合作社实施的原则、标准相抵触，当然对合作社质性底线就无法达成共识。

（2）合作社理论本身在不断地发展，合作社的质性含义，其内核应小而外延应该越来越大，各国农民专业合作社不可能存在一个统一的质性定义，合作社的质性应不断调整以适应各国农业现代化发展的要求。实事上，广大农户才是合作社理论的伟大创造者和实践者。西方农业现代化进程中，农业商品化、产业化与合作化几乎同时进行，欲加入合作社的农户分化不严重，生产资料差异不大，资源大体均等且合作文化普及，因而生产资料大体均等、劳动者人人平等、尊重劳动成果是西方合作社制度发展演进的逻辑起点，依该起点结合西方农业合作化成功的实践探索，最后总结出经典合作制原则：惠顾者拥有、民主管理、盈余按交易额返还及股金收益有限，这既符合西方当时的实际情况，又顺应了当时农业现代化发展的内在要求，能最大限度地提高合作社及社员的生产经营效率。因而，西方将依据该原则建立的生产经营组织定义为农业（农场主）合作社（如 ICA 所做的工作），但时过境迁之后，西方农民专业合作社产生的条件在当前的中国已寻不到，那么，中国基于当前的现实国情，合作社发展的内、外部条件及其实践，依据我国多数农民专业合作社制度发展演进的逻辑起点（产权结构上"一股"或"数股"独大，管理中不同程度的"内部人控制"，按股分配倾向）所演化出的合作社，来定义中国的合作社是否可行？如果这类合作社是有效率的，能实现合作各方共盈，能加速农业现代化进程，为什么不能将其定义为是中国（特色）的合作社？总之，合作社绩效分析暗示我们不应教条，不应本末倒置。那么应如何定义中国农民专业合作社质的规定性呢？应有四个层面：一是效率层面，即合作社首先必须是一类有效率的生产经营组织。这是核心问题，也是先决条件，合作社质性规定与其制度特征首先应表现出的是"建立在家庭农业基础之上，为提高其生产经营效率服务的组织"，说穿了是为农业现代化服务的组织。换言之，作为一种农业领域的生产经营组织，如果合作社不能提高农户家庭生产经营效率，不能为农业现代化服务，那么再经典、再合意的合作社对农户增收、农业发展、以致对国家现代化来说将毫无价值，探讨其质性规定与制度特征也将毫无意义；二是合作社的属性定义，在第一点的基础上才谈得到第二点，即合作社的属性定义必须是描述一类能够提高农业生产经营效率、能为该国农业现代化发展服务、以农户为主体构建的生产经营组织的属性特征；三是合作社的基本制度特征，这是属性定义的具体体现，是本质属性的多侧面的表现；四是符合程度，即定义在多大程度上符合依据效率原则所确定的、合作社的属性定义及其基本制度特征的经济组织属于合作社。

（3）关于我国农民专业合作社的发展与创新。由于发展合作社的内、外部条件及其产生演进的路径与西方不同，我国多数合作社从出现伊始，其制度安排就表现出非经典的特征，大多带有股份化特征（农业部《中国农民专业合作社发展报告》，2017）。许多研究者用西方经典合作社的本质规定性和制度特征来考量我国的合作社，认为中国几乎没有真正的合作社，或者只有 20%，[①] 进而提出要规范国内的合作社，要按西方经典合作社的本质

---

① 中国有多少真正或经典意义上的合作社是一个没有价值的命题，在中国特殊的国情下当然产生不了西方经典合作社。可能的有价值议题是：当前中国合作社产生与发展的内、外部条件正在发生深刻的变化，相对于经典合作社，国内多数合作社实践中的制度安排发生了变异，甚至是嬗变，这些合作社应如何发展才能提高农户成员的生产经营效率，使绝大多数成员满意，最终为实现我国农业现代化作出贡献，与此相关的问题有：土地问题、劳动力转移问题、生产经营问题、合作社内部治理与收益分配问题、经营人才问题、外部规制问题、合作社科学与合理的绩效评价问题等。

规定性及制度安排对中国的合作社先规治，后发展。实际上，这一观点所暗含的前提是"西方经典合作社的本质规定性及其制度安排"是适合中国的，可理论界至今尚未证明这是在中国"放之四海而皆准"的真理。

合作社绩效分析的结论留给我们的启示还有：①作为一类农业生产经营组织，合作社的组织形式、制度安排，甚至合作制原则均可以变，只有一点是不变的，那就是对效率的追求。农业现代化以及农业后现代化发展进程中，农业生产一定是"选择"那些能适应新环境、新变化并能在新环境、新变化中不断提高生产经营效率的农业生产经营组织形式，因而合作社的发展、创新应遵循效率原则，而不是形式原则。②当前我们对合作社发展创新的底线评判应纳入推动农业现代化或适应农业生产力发展的视野中来讨论，仅仅讨论合作社能否守住经典合作制的底线，通过"三位一体"中成员三个身份间的两两组合来辨析合作社的真伪，或者讨论在大户、龙头企业等牵头领办的合作社中治理结构是否合理，是否严格遵循"一人一票"原则，股权是否均等，分配是否合理（是否有 60% 盈余按交易额二次返还），甚至要对合作社先规治，后发展等，都是不可行的，后一种方法可能会重蹈人民公社的覆辙，应跳出合作社，甚至农业来研究合作社的发展与创新问题。我们发展合作社的最终目的是要实现农业现代化（并且实现农业现代化的路径不只合作化一条），不应是单纯地为发展合作社而发展合作社，因而我们应将合作社的质性及制度边界拓展，以给实践中的我国农民专业合作社发展与创新留下足够的制度空间，拓展多大应以效率为标准，以民主原则为底线。当前，实践中的我国农民专业合作社大多具有要素联合的性质，生产资料的所有者与使用者往往不同一，他们同在一个合作社中，为了共同的目的联合在一起进行生产经营，看这种联合是否属合作性质，不是从形式上看他们的身份，而是看他们所形成的联合体关系能否提高农业生产经营效率，即只要他们坚持合作社是农户参与，是一种以提高农户家庭生产经营效率的经济组织，在重大事项上坚持民主决策，并构建了比较合理的利益联结机制，提高了参与者的生产经营效率和收益，这种联合体就具有了（中国特色的）合作社性质。③前述合作社的含义将会包含理论界谓之"不规范"的合作社，但这些合作社有其存在的合理性，是中国现实国情的选择。同样，西方合作社发展所走的道路是西方现实国情的选择，他们的合作社不断实践所形成的经典合作制原则是适合西方农业合作化的，但不一定完全适合中国，因而我们不能用经典合作制来对中国的合作社发展变革"生拉硬套"。中国农业现代化发展的现实条件，合作社发展的内外部环境、合作文化、成员素质等与西方存在较大差异。所以，中国合作社应有自己的内涵，进而中国合作社的发展、创新也一定是与西方不同的，是超越经典的，这样看来，"在坚持经典合作制原则下进行合作社的发展与创新"不是、也不应该是我国农民专业合作社创新与发展应该遵循的基本原则。④发展合作社应坚持效率优先、兼顾公平，当前农业合作化进程中应允许一部分人（勇于合作化探索、投入多、承担风险大的农民生产或贩销大户）先富起来。社会经济发展是不均衡的，市场经济中各生产经营者的能力发展也是不均衡的，合作社成员拥有的资金、人力及社会资源是有差异的，合作理想要实现社员均衡地共同富裕是很困难的，这将会极大地损失效率。当前的农民专业合作社在发展实践中，越来越重视效率，公平淡化已是大势所趋，因为与西方发展经典合作社的那个时代相比，当前我国合作社发展的内、外部条件已发生了巨大的变化，一味地追求公平，将极大程度上丧失效率，合作社成员没有生产、劳动的积极性、主动性和创造性，成员、特别是核心成员不再愿意牵头成立合作社或者向合作社投资，从而严重影响了合作社的发展，在激烈的市场竞争中合作社甚至都无法生存，根本谈不上公平的实现。因此，对于市场经济中的合作社来说，生存与发展是第一位的，必须体现效率优先的原则，因而其运行机制、分配机制必须适应市场经济的要求，应该允许投入多，承担风险大的核心成员先富起来，再合理引导，加强民主管理，实现带动广大农户共同致富的目标。⑤未来中国的农民专业合作社将会发生一系列分化，《合作社法》所构建的理想制度不是，也不可能是中国合作社唯一的制度安排模式，中国农民专业合作社的发展路径一定是超越经典的。但不管其今后会演变成什么类型、异化为什么组织，先让其在农业社会化大生产中发展，不要急于去甄别它，甚至否定它，认为中国没有合作社或只有20％等，关键是要看它能不能提高农业生产经营效率，能不能促进农业生产力的发展，给广大农户带来实惠。当前国内农民专业合作社制度安排大多是非经典的，大多带有股份化特征,① 理论界已认识到合作社股份化发展是中国现实国情造成的，但这种合作社发展是否可持续？西方没有先验性经验（中国发展农民专业合作社所面临的问题，西方现代化国家农业合作化时从未遇到过），但事实胜于雄辩，市场经济遵循优胜劣汰法则，所以实践中生存发展得好，确实能提高农业生产经营效率，并能得到广大农户衷心拥护、支持的合作社一定是切合中国现实、符合中国农业生产力发展的内在要求的、具有中国特色的合作社。

综上所述，合作社绩效分析结论向我们揭示了：我国农民专业合作社发展与创新的关键是要看合作社或者那些所谓有名无实的合作社是否顺应了农业现代化发展的内在要求，是否提高了农业生产经营效率，是否加速农业现代化发展，即效率追求才是合作社发展变革永恒的最终目标（过多的目标追求，特别是益贫等目标可能会成为"生不逢时"、比较弱小、又面临与龙头企业等强大经济实体竞争、在"夹缝"中生存的专业合作社不可承载之重）。

参考文献

崔宝玉，谢煜. 农民专业合作社："双重控制"机制及其治理效应 [J]. 农业经济问题，2014（6）：60-67.

董晓波. 农民专业合作社高管团队集体创新与经营绩效关系的实证研究 [J]. 农业技术经济，2010（8）：117-122.

---

① 苑鹏. 中国特色的农民合作社制度的变异现象研究 [J]. 中国农村观察，2013（3）：40.

高建中，袁航，李延荣．农民专业合作社功能发展程度及影响因素 [J]．西北农林科技大学学报（社会科学版），2014（11）：28-33．

侯杰泰．结构方程模型及其应用 [M]．北京：教育科学出版社，2004：154-161．

胡平波．农民专业合作社中农民合作行为激励分析——基于正式制度与声誉制度的协同治理关系 [J]．农业经济问题，2013（10）：73-82．

黄祖辉，邵科．基于产品特性视角的农民专业合作社组织结构与运营绩效分析 [J]．学术交流，2010（7）：91-96．

黄祖辉，徐旭初，冯冠胜．农民专业合作组织发展的影响因素分析——对浙江省农民专业合作组织发展现状的探讨 [J]．中国农村经济，2002（3）：13-21．

姜明伦，李红．合作社成长绩效及其影响因素分析——基于宁波市农民专业合作社的调查 [J]．中国农民合作社，2015（6）：51-52．

李道和，陈江华．农民专业合作社绩效分析——基于江西省调研数据 [J]．农业技术经济，2014（12）：65-75．

李双元，高原牧区生态畜牧业合作社绩效评价——基于青海牧区55家合作社的数据 [J]．西南民族大学学报（人文社科版），2015（8）：152-157．

林海英．基于DEA的西部地区农民专业合作经济组织发展模式的绩效评价 [J]．物流科技，2015（3）：9-12．

刘滨，陈池波，杜辉．农民专业合作社绩效度量的实证分析——来自江西省22个样本合作社的数据 [J]．农业经济问题，2009（2）：90-95．

刘小童，李录堂，张然，赵晓罡．农民专业合作社能人治理与合作社经营绩效关系研究——以杨凌示范区为例 [J]．贵州社会科学，2013（12）：59-65．

罗颖玲，李晓，杜兴端．农民专业合作社综合绩效评价体系设计 [J]．农村经济，2014（2）：98-112．

任重，侯跃亮，王术科，薛兴利．烟农专业合作社绩效评价研究——基于山东省15个样本社的调查分析 [J]．农业经济与管理，2015（4）69-78．

邵科，郭红东，黄祖辉．农民专业合作社组织结构对合作社绩效的影响——基于组织绩效的感知测量方法 [J]．农林经济管理学报，2014（1）：41-48．

徐旭初，吴彬．治理机制对农民专业合作社绩效的影响——基于浙江省526家农民专业合作社的实证分析 [J]．中国农村经济，2010（5）：43-55．

杨军．不同模式农民合作社绩效的差异分析——基于广东、安徽148家农民合作社的调查 [J]．西北农林科技大学学报（社会科学版），2014（3）：40-44．

张俊，章胜勇．合作社营运绩效评价及验证——基于专家、管理者和社员三方视角的对比分析 [J]．经济学家，2015（9）：96-104．

赵佳荣．农民专业合作社"三重绩效"评价模式研究 [J]．农业技术经济，2012（2）：119-127．

浙江省农业厅课题组．农民专业合作社绩效评价体系初探 [J]．农村经济管理，2008（10）：31-35．

Bollen K A, Long J S.（Eds.）. Testing structural equation models [M]. Newbury Park, CA: Sage, 1993: 115-116.

Cook, Michael. L. The Future of U. S. Agricultural Cooperatives: A Neo-institutional Approach [J]. American Journal of Agricultural Economics, 1995（77）: 1153-1159.

Gilford，J. P. Psychometric Methods [M]. NY：McGraw Hill，1954.

Nilsson，Jerker. Organizational Principles for cooperative firms [J]. Scandinavian Journal of Management，2001 (17)：329 - 356.

Vitaliano，P. Cooperative enterprise：An alternative conceptual basis for analyzing a complex institution [J]. American Journal of Agricultural Economics，1983 (65)：1078 - 1083.

社会关系治理、合作社契约环境及组织结构的优化

——来自莱州泽潭渔业养殖合作社的证据

张益丰

（烟台大学经济管理学院）

摘　要： 企业领办型合作社并不必然导致农业合作社发展异化与经营效率低下。合作社良性发展既取决于合作社层面商品契约与要素契约的有效治理，更在于形成合作社内部社会关系治理机制。研究通过数理模型构建证明合作社社会关系治理体现在"企业＋合作社＋农户"三者形成"置信承诺"，既能在产品买卖型合作社治理过程中，促进企业和社员在合作社交易平台上交易信息传递无偏误，降低商品交易成本及组织成本，促进商品契约治理与要素契约的交互治理；针对要素参与型合作社，社会关系治理有助于降低合作社组织成本，优化合作社组织架构的理论构想，并借助莱州泽潭渔业养殖合作社案例分析验证这一过程。在此基础上提出针对性的政策建议。

关键词： 农民专业合作社；要素契约治理；商品契约治理；置信承诺；社会关系治理

一、问题的提出

自 2007 年《农民专业合作社法》颁布以来，我国农民专业合作社规模与数量呈现逐年递增态势。截止到 2017 年 9 月，我国农民专业合作社数量达 193.3 万家，入社农户超过 1 亿户，入社农户占全国农户的 46.8%。尽管合作社作为联结农户与市场的新型农业经营主体发展势头强劲，但其在发展过程中存在着组织带动能力不显著（邓衡山等，2016），合作社名实分离（熊万胜，2009），成员异质性严重（潘劲，2011），及合作社质性严重漂移（黄祖辉，邵科，2009）诸多问题。

在当前我国农业产业化先纵向联合（嵌入农产品供应链），后横向联合（发展合作社）的现实背景下（徐旭初、吴彬，2017），合作社发展始终面临着"三重契约"治理环境，即嵌入供应链所必需的商品契约治理、合作社内部成员之间要素契约治理以及嵌入村社发展所必需的社会关系契约治理（崔宝玉、刘丽珍，2017）。因此，合作社建设的有序推进需要实现对以下几个关键问题的解答：首先，针对"产品买卖型"合作社而言[①]，如何保

[①]　周振、孔祥智（2017）根据合作社核心成员与普通社员合作关系，将合作社定义为要素参与型与产品买卖交易型合作社，本文也将遵循这一界定标准。

证合作社与社员之间产品交易的商品契约环境良性运行？其次，商品契约治理与合作社内部要素契约环境的治理能否实现交互治理，怎样实现？另外，商品契约与要素契约形成交互治理的保障机制是什么？另外，针对所谓的"要素参与型"合作社，上述问题又该如何解答？

为回答上述问题，研究在文献回顾的基础上提出以下理论假设：首先针对"产品买卖型"合作社，企业、合作社与农户三者间强的社会关系治理，构建"企业＋合作社＋农户"三者在交易过程中的"置信承诺"，创造了商品契约交易过程交易双方信息无偏传递的条件，既降低交易成本又降低组织成本，改善要素契约环境治理，达到商品契约与要素契约的交互治理。其次，针对"要素参与型"合作社，良好的合作社内部社会关系治理通过降低合作社组织成本来达到优化合作社组织结构，并提升合作社经营效率。总之，合作社内部强的社会关系治理，能形成参与者之间的"置信承诺"从而锁定成员间合作关系，促进要素契约环境治理优化，改善合作社组织结构。本文通过数理模型构建对上述假设加以论证，在此基础上研究针对山东省莱州市泽潭渔业养殖合作社发展案例进行剖析[①]，验证了本文提出的理论假设。

可能的创新点有两点：①研究证实在产品买卖型合作社中，社会关系治理能够促进合作社交易成本与组织成本的降低，从而规范商品契约环境，促进合作社组织结构优化（要素契约治理有序），实现商品契约与要素契约的交互治理；②研究论证了在要素参与型合作社内部，来自于企业借助合作社实施合作社内部强社会关系治理，规范合作社内部要素契约治理环境，从而降低合作社组织成本，能促进合作社结构优化。

二、文献综述

农民合作社这一新型农业经营主体在农业产业化演进过程中扮演着越来越重要的角色，合作社的数量及参与人数呈现逐年提升趋势，政府对于合作社的关注度也越来越高（邓衡山、徐志刚，2016）。合作社在发展过程中衍生出多种类型和组织模式（崔宝玉等，2012），其中苑鹏（2013）指出农产品生产的服务供应商已经成为合作社的领办主体，符合经典合作社理论规定的农民自发型合作社数量稀少。张晓山（2009）也认为大农（企业）领办型合作社已经成为我国农业合作社发展的主导力量，其发展占优势的原因在于大农领办型合作社既顺应了政府管理对于农业规模化、市场化、组织化生产的综合要求，同时又与资本逐利目标要求吻合。因此大户和企业控制型合作社成为政府的重点扶持对象并得以快速发展是必然的（崔宝玉、谢煜，2014；崔宝玉、陈强，2011）。

既然大户领办型合作社已成为我国农业产业发展的必然选择，顺应发展潮流、优化其组织架构并突出其产业发展优势将有助于我国合作社健康发展。张晓山（2012）强调发挥

---

① 后文中将泽潭渔业养殖合作社统一简称为泽潭合作社。

大农所具有的企业家能力将成为合作社获得成功的保障；张益丰、刘东（2011）提出龙头企业与普通社员释放双向"置信承诺"能稳固合作社内部契约环境，有助于合作社组织结构改良。认为领办者与普通参与者只要形成所谓的"利益共同体"，能将关键交易内部化到交易性专用资产共有的合作社层面，有助于大户与小户通过合作社降低双方彼此的机会主义行为，减少交易专用性资产的使用风险（苑鹏，2008）。但相关研究仅进行宏观层面经验研究或者案例分析，缺乏微观实证数据支撑。

刘西川，徐建奎（2017）以及崔宝玉，刘丽珍（2017）的研究立足于契约治理环境视角研究合作社层面上商品契约与要素契约的交互治理过程，并且强调一旦出现商品契约对要素契约的反向治理即构成真正合作社存在的条件。崔宝玉，刘丽珍（2017）认为社员与合作社形成不同类型的交易时，合作社治理将呈现动态变化（外围社员与合作社交易表现为商品契约治理；积极社员与合作社重复交易，则突出关系治理；只有在核心社员与合作社形成长期交易中要素契约治理作用才会凸显，并且形成商品契约的反向治理）。遗憾的是上述研究并未就合作社核心成员-普通成员合作形态进行针对性的分类研究。

前人的理论研究已经关注到社会关系治理对合作社发展的作用。如杨灿君（2016）就"能人治社"中能人通过乡土社会关系性交往法则，强调个人声誉和合作社集体声誉，实现合作社组织治理。Fulton，J R and Adamowicz，W L（1993）强调社员承诺是合作社发展的必要条件，社员承诺缺失将威胁合作社的融资能力及生存能力，合作社的服务社员能力也会降低。万俊毅，欧晓明（2011）更是认为在合作社这一混合经营组织中，社会关系治理的作用要大于正式的契约治理[①]。

上述研究突破了组织成员身份认定这一单一标准，通过契约治理与关系治理"多元"互动来实现保护农户利益、发展农业产能并提升农产品品质的目标，为合作社规范化建设提供新的思路。但这些研究依然存在注重案例描述，缺乏数理分析与实证数据支撑等缺陷，且研究对象聚焦度不够。同时上述论证仅立足于"合作社＋农户"层面去研究合作社与社员在经营过程利益趋同及治理环境优化过程，忽略了领办大户（如企业）在"企业＋合作社＋农户"这一组织架构中行动逻辑分析，缺乏形成契约治理与社会关系治理良性互动的可行性论证与理论模型构建。

三、研究假设

通过对文献的回顾，研究高度认同合作社内部形成契约治理与社会关系治理形成有序互动是农民专业合作社良性发展的重要条件。借鉴周振，孔祥智（2017）的设定，我们将当前合作社形态按核心成员与普通成员的合作形态分为"产品买卖型"合作关系（如种养

---

① 但是合作社层面上社会关系治理研究并未就社会关系治理与契约治理之间的关系做出明确判断，这也成为本文研究的一个突破口。

殖类合作社）和普通成员通过要素参与形式的"要素参与型"合作社（如农机合作社、土地入股型合作社）。

研究认为无论是何种形态的合作社，"企业-合作社-农户"三方通过社会关系治理达到相互的"置信承诺"，能够有效促进企业-合作社、合作社-社员之间交易顺畅。按照这样构想，本文凝练出两个基本假设，并试图借助数理分析来证实社会关系治理是形成产品买卖型合作社与要素参与型合作社组织优化和运营绩效提升的关键。

假设1：产品买卖型合作社中，合作社通过社会关系治理，可以形成企业、社员与合作社之间的"置信承诺"，控制社员违约成本，促进合作社交易成本降低（形成良好的商品契约环境），并且进一步强化合作社产业中间层作用，促进合作社组织成本下降（营造好的要素契约环境），从而控制农户交售农产品支付的边际成本，促进合作社绩效提升，实现商品契约与要素契约的交互治理。

假设2：要素参与型合作成本控制则通过合作社提供的社会关系治理来提供"置信承诺"，借助企业对合作社的社会关系治理，以边际成本降低方式来达到领办者经营成本降低，从而实现合作社组织优化和经营绩效提高。

四、数理模型构建

（一）"产品买卖型"合作社视角

首先在"产品买卖型"合作中，合作社作为企业、农户就商品交易契约（如农产品买卖）与要素契约（如合作社组织治理）进行交互治理的产业中间层，形成"企业＋合作社＋农户"准纵向一体化经营体系。研究认为其良性运转的关键在于实现企业对农产品收购意愿的充分表达，同时入社社员能向合作社表达其真实的成本参数。假设龙头企业通过合作社向社员收购农产品量 Q，获得的收益为 $Y=(Q, \omega)$，其中 ω 为企业对采购该合作社社员生产农产品的偏好程度。$Y(Q, \omega)$ 随 Q 而递增同时为凹的，并且随 ω 递增；边际收益 Y' 随 Q 递减。社员成本 $c=c(Q, c)$，c 为成本参数。$c(Q, c)$ 随 Q 递增且为凸的，随 c 递增，同时边际成本 c' 随 Q 递减。

参照 Spulber，D F（1988）的机制设计，研究设定买方（龙头企业）购买意愿 ω 分布区间为 $[\omega_0, \omega_1]$ 范围内，其累计分布函数 F、密度函数 f 均为正且连续。卖方（社员）成本分布区间为 $[c_0, c_1]$ 范围内，其累计分布函数 G、密度函数 g 均为正且连续。根据 Aspremont，et. al（2010）的设定可知，企业的虚拟偏好评价为 $N(\omega)=\omega-\dfrac{1-F(\omega)}{f(\omega)}$；社员的虚拟成本为 $M(c)=\omega-\dfrac{1-F(c)}{f(c)}$。令 a 代表龙头企业愿意收购合作社提供农产品的意愿期望金额；b 代表合作社支付给农户的期望金额。众所周知，为保证合作社作为产业中间层获得利润，并能有留存作为返利支付给农户，其必要条件可以表述为：$a-b>0$。又

令 E_i （$i=\omega$，c）分别表示厂商与社员的预期算子。因此借鉴 Spulber，D F（1988）和 Myerson，R B and Satterthwaite，M A（1983）的设定，采用边际密度表示：

$$a_1(\omega)=E_c a(\omega，c)；\quad a_2(c)=E_\omega a(\omega，c)；$$
$$b_1(\omega)=E_c b(\omega，c)；\quad b_2(c)=E_\omega b(\omega，c)$$

在此基础上，卖方（农户）的期望收益为：

$$M(c)=b_2(c)-E_\omega C(Q，c) \tag{1}$$

买方（企业）的期望收益为

$$L(\omega)=E_c Y(Q，\omega)-a_1(\omega) \tag{2}$$

在满足激励相容与个人理性双重约束基础上，合作社通过选择机制（Q，a，b）实现利润最大化。产业中间层（合作社）的利润函数：

$$\prod = E_\omega E_c[a(\omega,c)-b(\omega,c)] \tag{3}$$

借鉴斯普尔伯（2002）的模型设计，本文设定买卖双方均以传递真实买卖双方交易意愿为最优策略，买卖双方的边际评价函数为：

$$L'(\omega)=E_c Y_2(Q，\omega) \tag{4}$$
$$W'(c)=-E_\omega C_2(Q，c) \tag{5}$$

然后对买卖双方的边际评价函数积分获得新的评价函数：

$$L(\omega) = L(\omega_0)+\int_{\omega_0}^{\omega} E_c Y_2(Q(t,c),t)\mathrm{d}t \tag{6}$$

$$W(c) = W(c_1)+\int_{c}^{c_1} E_\omega C_2(Q(\omega,t),t)\mathrm{d}t \tag{7}$$

对评价函数取期望值并进行部分积分后可知：

$$E_\omega L(\omega) = L(\omega_0)+E_\omega E_c\{Y_2(Q,\omega)[\omega-N(\omega)]\} \tag{8}$$
$$E_\omega W(c) = W(c_1)+E_\omega E_c\{C_2(Q,c)[M(c)-c]\} \tag{9}$$

要实现中间层利润最大化，需要使得买方（企业）提高买方向中间层（合作社）的支付额 a，降低中间层向农户（卖方）支付额 b，促使最低评价的 ω_0 与最高成本的卖方 c_1 期望净收益均为 0，即 $L(\omega_0)=W(c_1)$。在这种情况下，将式（1）、式（2）、式（8）、式（9）代入方程（3）获得：

$$\prod = E_\omega E_c[Y(Q,\omega)-Y_2(Q,\omega)(\omega-N(\omega))-C(Q,c)-C_2(Q,c)(M(c)-c)] \tag{10}$$

中间层利润最大化的一阶条件为：

$$\frac{\partial \prod}{\partial Q} = Y_1(Q,\omega)-Y_{12}(Q,\omega)(\omega-N(\omega))-C_1(Q,c)-C_{12}(Q,c)(M(c)-c) = 0 \tag{11}$$

在方程式（11）中，要使中间层利润达到最大化，至少满足：

$$Y_1(Q,\omega)-C_1(Q,c)>0 \tag{12}$$

即企业从合作社那里收购农产品获得的边际收益要远高于农户生产农产品的边际成

本。由题意可知，由于 $Y_1(\omega)$ 为递减函数，随着收购（生产）量的进一步提高，企业收益将下降。合作社的利润最大化将无法实现，企业为保持其收购过程中既得利润，同时也能维持合作社利润最大化，势必要求合作社通过相应要素契约环境治理等手段，实现合作社社员与合作社利益趋同。

目前为止通过合作社内部社会关系治理，促进合作社领办者、核心成员与普通成员行动一致，形成经营上的"准纵向一体化"，在种、养、管、收各个阶段实现统一流程和科学管理来降低农户经营成本 $C_1(Q，C)$，是较为现实的行动策略。数理模型证实通过社会关系治理，实际上形成企业、社员与合作社之间的"置信承诺"，实现商品交易信息在收购者与被收购者之间无偏传递，达到降低产品买卖交易成本与合作社组织成本目的，促进合作社与农户收益的提高。假设 1 得证。

（二）"要素参与型"合作社视角

要素参与层面，本文观察到企业领办合作社成立纵向一体化生产基地（如土地入股形成集中连片种植等形式）。在纵向一体化生产经营层面，龙头企业依托合作社，形成"准纵向一体化"基地生产模式。企业对农产品的前期投入包括资金投入和企业用于维持合作日常经营的相关投入（由于日常维护用工费用由合作社承担，劳动力费用合计在相关投入中）。

企业投资合作社建生产基地的成本：

$$\min C(W，Q) = W_1 X_1 + W_2 X_2 \tag{13}$$
$$\text{s. t. } Q = A X_1^a X_2^b$$

式中，X_1 表示企业投资建生产基地场所支付的资本投入量，包括企业投入的资产专有性投资（如设备投资、种苗投入等）以及企业从事提升技术优势的专有性资产投资；

X_2 表示为企业在生产基地生产管理费用，用于监督产品质量，生产过程监管等费用支出；

Q 为生产基地（总产出）规模；

A 为全要素生产率；a、b 分别代表两种要素投入所占份额，且满足 $0 < a + b < 1$；

W_1 为经营性资本投入的单位成本；

W_2 为生产管理费用支出的单位成本。

因此对要素 x_1、x_2 的需求条件为：

$$x_1 = A^{-\frac{1}{a+b}} \left[\frac{aW_2}{bW_1}\right]^{\frac{b}{a+b}} Q^{\frac{1}{a+b}} ;$$

$$x_2 = A^{-\frac{1}{a+b}} \left[\frac{aW_2}{bW_1}\right]^{-\frac{a}{a+b}} Q^{\frac{1}{a+b}}$$

因此成本函数为：

$$C = W_1 A^{-\frac{1}{a+b}} \left[\frac{aW_2}{bW_1}\right]^{\frac{b}{a+b}} Q^{\frac{1}{a+b}} + W_2 A^{-\frac{1}{a+b}} \left[\frac{aW_2}{bW_1}\right]^{-\frac{a}{a+b}} Q^{\frac{1}{a+b}}$$

整理后可得：

$$C(W_1, W_2, Q) = A^{-\frac{1}{a+b}}\left[\left(\frac{a}{b}\right)^{\frac{b}{a+b}} + \left(\frac{a}{b}\right)^{-\frac{a}{a+b}}\right]W_1^{\frac{a}{a+b}}W_2^{\frac{b}{a+b}}Q^{\frac{1}{a+b}} \quad (14)$$

由方程式（14）可知以下结论：

1. 当总的生产基地产出规模扩大 $Q\uparrow$，则企业支付的总成本 $C\uparrow$。

2. 企业投资生产基地的资本投入量提高，如为扩大生产规模而进行的硬件设施投入加大，增加对资产专用性投资，以及提高种养殖技术，实现绿色生态养殖的专有性资产投资增加。当扩大生产用途的资本投入单位 $W_1\uparrow$，企业支付的总成本 $C\uparrow$。

3. 企业投入生产基地日常运营管理费用的单位成本 $W_2\uparrow$，企业支付的总成本 $C\uparrow$。

从结论1可知当企业投资的生产基地规模扩大，由于农产品生产所具备的产业规模报酬递减原则的影响，造成企业主导的生产基地在运营与组织生产支出成本随着产量的提高而递增。结论2说明企业进行固定资产投入（专有性资产或专用性资产投资）增加，其带来的边际成本支出会随着经营规模的扩大而提高，从而使企业支付的总成本提高。由于专用性资产投资（如硬件设施投入）以及专有性投资（技术能力、工艺水平等投资）单位成本无法伴随生产规模扩张而得以控制或降低，在一定程度上固定资产投入无法做到既提高资本要素投入同时又降低经营成本。

结论3显示企业维持生产基地的日常管理费用部分的边际成本提高，企业总投入成本提高。由于企业投资生产基地并非简单的企业自主经营行为，其经营过程中存在社会关系治理，来协调流转农业生产要素（如土地）的原承包社员以及合作社的关系。因此生产基地日常经营的成本支出可以通过借助合作社的强社会关系治理来实现其与合作社、社员之间双重"置信承诺"，降低企业在日常管理中质量控制、员工雇佣成本以及安保费用。所以企业的组织成本可以借助企业对合作社的社会关系治理实现边际成本 W_2 降低，从而达到企业总成本支出有效降低的目的。

通过提供社会化服务，形成村两委为核心的社区型合作社，经营所获盈利按比例返还给社员或为社区提供生产性服务及准公共产品，有助于借助"置信承诺"与权威治理的组织治理手段，降低组织运营成本与经营风险。通过经济激励和社会化治理来增强合作团队凝聚力，合作社组织结构实现优化，将成为企业领办合作社发展准纵向一体化经营降本提效的关键。假设2可由结论1-3得到证实。

综上，从数理模型分析得出以下结论，即社会关系治理在产品买卖型合作社的发展中是形成商品契约与要素契约交互治理的"粘合剂"；同样社会关系契约治理在要素参与型合作社发展过程中起到降低合作社组织运营成本和控制经营风险的作用，是要素参与型合作社发展的"稳定剂"。

五、案例描述

本文选用的山东省莱州泽潭合作社相关数据源于2017年11月15—22日作者前往山

东省莱州市土山镇实地调研，对泽潭合作社内部理事长、核心成员、普通成员进行面对面访谈获取[①]。泽潭合作社成立于 2013 年 1 月（注册资金 510 万元）。合作社由蓝色海洋科技股份有限公司领办成立，主要从事优质扇贝的笼式养殖和销售，已建成全国最大的立体养殖"生态方"。泽潭合作社的案例特殊性表现在该合作社既具有产品买卖（交易）型合作社的特征，同时兼具要素参与型合作社的基本特征。两种形式的合作形态在泽潭合作社发展过程中相得益彰。

莱州湾海域的养殖户具有多年扇贝笼式养殖作业经验，但传统家庭经营存在的技术条件落后、质控能力弱等现实问题始终存在。养殖户对投饵、用药标准、养殖密度控制以及水体维护层面无法形成统一，水体污染极易造成养殖水域负的"外部性"，养殖户经营风险较大；同时养殖户独自面对市场竞争，扇贝收购市场为中间商掌控，农户养殖收益无法改善。当地农业龙头企业（蓝海公司）以海洋牧场形式开发海珍品养殖，首要问题是获得大规模、成片的海洋水域以便进行规模化作业。龙头企业通常采用成批量流转养殖户的海域使用权，形成较大的养殖区域进行纵向一体化经营，其优点在于经营过程可控，容易实现规范统一的养殖标准，无海域使用权纠纷。其缺点是流转对象多，手续复杂，交易成本高。同时海域使用权流转影响原有养殖户的生产经营。在一定程度上渔民独立经营与企业行为无法兼容。

为解决上述问题，蓝海公司通过领办合作社形式，通过合作社流转获得养殖专业户承包养殖水域中、底层的海域使用权，企业在合作社现有水域面积 16.5 万亩海域内投资建设海洋牧场[②]。股权方面，企业占合作社股本 59.6%（企业所占股份由合作社理事长代持）。其他入社社员以海域使用权入股，户均 1 股[③]。经营方面，合作社统一为入社渔民缴纳海域使用金，海域水面使用权依然归入社社员所有。入社社员家庭在原承包水域按照企业统一的养殖标准养殖高品质出口级扇贝，企业通过合作社对养殖户的优质扇贝实现按合同收购。农户在种苗选择、笼箱使用、饵料投放、规范用药和收割时间等流程严格按照企业的统一标准进行无公害扇贝养殖，收获由企业包销，合作社盈利额逐年增长[④]。年终时社员除能获得协议规定的水面入股合作社的分红外，还能按照扇贝交易额享受二次返利[⑤]，"产品买卖型"合作社内部实现了商品契约与要素契约的交互治理。

基于要素参与型合作社发展视角观察可以发现，泽潭合作社由企业领办，通过海域使用权合理流转，成功实现"参、藻、贝"立体生态养殖，实现领办企业、合作社及入社社

---

① 特此感谢莱州土山镇曲镇长、诚源集团于波董事长、蓝海股份王维忠总经理为本次调研提供的便利。

② 目前在流转海域累计投资 4.2 亿元，海参苗 78.5 万千克，造礁面积 4.6 万亩，投放船体礁 112 艘。以规划化、科学化方式养殖无公害紫菜与底播海参等经济附加值高的养殖产品。

③ 莱州湾养殖户海域承包面积相对平均，不存在入社社员由于流转水域面积差异影响入社所占股权。

④ 2015 年、2016 年合作社经营收入 4 508 万元和 5 140 万元，总成本支出分别为 3 063 万元和 3 400 万元。

⑤ 2015 年入社渔民户均收入 14.35 万元；其中合作社返利占收入 45.2%，2016 年户均收入则为 15.63 万元；其中合作社返利占收入 45.8%。

员三者的"激励相容"，合作社组织结构得以进一步优化①。泽潭渔业合作社要素参与顺畅并且实现"企业＋合作社＋农户"三方的成功，其关键在于社会关系治理的保障，有效促进合作社组织治理的优化与海洋牧场产能提升。

泽潭合作社这一"企业＋合作社＋基地＋农户"模式的创新点在于：

（1）合作社作为商品契约交易过程中的产业中间层出现，借助合作社交易平台来签订商品契约，完成养殖户与蓝海科技股份有限公司的优质扇贝收购②；合作社通过交易额年终实现二次返利③。

（2）龙头企业与加入合作社的养殖专业户签订商品契约，借助合作社组织来形成内部监督，规范养殖户的扇贝养殖投饵、用药、收割时期等养殖细节，扇贝的品质达到出口级。通过扶持合作社在组织结构、盈利分配机制等层面实现规范运行，合作社在产品买卖型这一合作维度上形成商品契约与要素契约的交互治理。

（3）由蓝海公司牵头，在莱州湾海域所辖土山镇、虎头崖镇、沙河镇养殖渔民中通过选举成立的社区联合型合作社，一方面作为生活在"熟人社会"内部的合作社社员，其行为规范受到生活社区内部的监督，通过社区型合作社来保证商品契约和要素契约在合作社内部履约，降低交易成本；同时企业领办型合作社对所辖区域内的公共产品进行投资（如投资 975 万元兴建长达 5 千米的通往渔港码头的水泥路、码头埠口），使得渔民出海作业更为便捷，安排区域内社区剩余劳动力从事安保、海参育苗、加工等工作，赢得群众的信任④。以"置信承诺"形式夯实了企业、合作社与社员的合作基础，降低了组织成本。

（4）泽潭渔业合作社并非单纯的以商品购销为目标的产品买卖型合作社，其另一目标是通过合作社这一组织形态，企业通过流转水域完成规范化海洋牧场建设，获得较高的养殖经济效益；同时海洋牧场的养殖规范完全借助"准纵向一体化"模式，形成企业牵头，合作社具体执行，实现水域内高附加值海珍品的"种-养-管-收"全程有序管理。因此降低养殖水域负的"外部性"则借助合作社这一产业"中间层"对水域上层扇贝商品契约、生产流程规范化管理来实现⑤。企业以投资合作社准公共产品，并按规定将海洋牧场中海珍品收益（30％）作为分红返还给合作社与社员等强社会关系治理手段，增强合作社团队凝聚力降低合作社组织成本。

---

① 合作社内部用于防范社员违约的费用控制在 20 万元，占合作社总成本支出 0.653％。使得合作社与社员的产品契约关系得以理顺；同时合作社用于专用设备投入 1 556 万元（占总成本 46.2％），种苗与技术投入 800 万元（占比 23.76％），为社员提供总、养、管、收全产业链的生产服务，合作社内部要素契约履约环境进一步优化。

② 合作社年产扇贝 500 吨，其他海螺、牡蛎等水产品 2 000 吨，全部由企业收购。

③ 返还红利计算采用红利额＝（合作社本年利润＋合作社年初未分配利润）×61％。

④ 企业通过投资公共产品建设（投资港口道路、码头修缮等）来巩固企业、合作社及社员的合作社关系，实地调研数据显示蓝海公司控制社员违约管理费用由 2014 年的 85 万元下降至 2016 年的 20 万元。

⑤ 企业通过合作社与农户签订扇贝养殖生产要素契约，通过规范化流程来控制扇贝养殖质量和水域环境安全；合作社内部社员的相互监管也进一步规范养殖过程。养殖户水面作业起到了现场巡视与监管作用，防止海珍品失窃事件发生。

表 1 合作社经营基本特征

合作社领办主体	合作社出资情况	合作社社员概况	合作社经营品种	所涉辖区	合作社经营类型
企业领办	企业出资 304 万元，占总股本 59.6%（理事长代持），其余股本由普通社员按一户一股出资构成	合作社社员 162 户，户均入社水域承包权面积 1 000 亩	出口级扇贝、海螺、牡蛎；出口级优质海参	土山镇、沙河镇、虎头崖镇、三山岛、永安街道等莱州湾周边传统养殖区域	具有产品交易（买卖）型合作社特征，又具有要素参与型合作社的基本特征

六、案例剖析

通过案例分析，研究发现由企业领办形成的泽潭合作社，通过有效的社会关系治理，通过合作社收购社员海产品，企业包销形式完成商品契约的有效治理，最终促使农户与公司就商品交易的短期合同长期化，降低双方违约激励（邓宏图等，2017）。泽潭合作社通过商品契约来约束合作社内部成员的经营过程与交易行为，实现商品契约对要素契约的反向治理，促进合作组织结构的优化，而这一切的实现得益于企业通过合作社对合作社所辖地区准公共产品投资，以及借助社区权威治理来约束社员交易行为与规范农产品生产流程，体现了产品买卖型合作社通过社会关系治理维系商品契约与要素契约的交互治理状态。

同时蓝海公司借助对合作社经营的投入，以社会关系治理来促进社员积极参与养殖水面流转工作，将社员经营与企业经营"相融"，保证了企业主导的"准纵向一体化"规模养殖基地建设的推进与优化，实现海域养殖生产效率的提升。这一过程也证实要素参与型合作社通过社会关系治理，形成合作社内三方"置信"承诺，能够实现合作社的要素关系治理优化，合作社发展条件得以改善，详见表 2。

表 2 契约关系与合作社内部治理

	社会关系治理的行动	社会关系治理的目的	要素契约	商品契约	组织优化
基于产品买卖（扇贝生产-收购流程）	建设码头、硬化道路，实现合作社跨区域发展	以准公共产品投资，社区权威治理等途径促进"置信承诺"的形成，实现社员、企业就收购意愿、养殖成本信息的真实表达	1. 合作社实现按社员交易额进行返利 2. 合作社核心成员由社员代表大会推选	1. 提供社会服务供给 2. 按照企业生产标准与流程生产 3. 合作社收购社员扇贝，企业负责包销	实现要素契约与商品契约的交互治理；重要事务实现社员大会决定；社员收益得到保障
基于要素参与环节（企业领办海洋牧场）	解决所辖区域内劳动力就业，夯实群众基础。社员对海洋牧场经营模式认同	降低组织成本与日常管理费用	社员入股合作社，获得海域使用权流转租金，年底将海洋牧场部分收益按入股数返利	雇佣社员从事海洋牧场（劳动力要素合约）	合作社经营收益提升，企业对合作社业务干预程度减少。理事会和社员代表大会负责合作社日常业务及重大决策的制定

七、结论

本文通过数理模型构建，并借助莱州泽潭合作社的发展经营典型案例分析，论证了企业领办的产品买卖型合作社形成商品契约与要素契约交互治理的关键在于合作社作为混合治理的产业中间层，实现企业对农产品收购意愿以及社员的真实成本参数均能向合作社实现真实表达。"企业-合作社-农户"三方通过构建"置信承诺"，有助于实现这一目标，并有效降低合作社组织成本。同时研究证实合作社内部社会关系治理促进企业主导的"要素参与型"合作组织成本有效降低，提升合作社经营绩效。综上所述，无论是产品买卖型合作关系还是要素参与型合作，改善合作社内部社会关系治理，将有助于合作社内部要素契约环境的优化，防止合作社发展异化。

当前龙头企业、农业大户领办合作社的目的无外乎产品销售、获得稳定供货渠道、获得要素供应（如土地、经营场地等）（刘西川、徐建奎，2017）。面对"产品买卖型"合作抑或是"要素参与型"合作关系，通过企业社会关系治理，实现社员、企业（大户）对生产成本、需要意愿信息借合作社内部社会关系契约治理形成的成员间"置信承诺"形式实现有效传递，将进一步优化合作社商品契约与要素契约的治理环境，促进合作社良性发展。

基于研究结论，本文提出以下三点政策建议：

首先，对于分散经营的农户来说以合作社形式形成生产过程的统一标准、生产要素的集约使用、销售的统一定价、销售渠道的共享，不仅有利于社员产品质量的提升，更能提高农产品的销售收入，同时也能够更好地实现风险规避。

其次，对于农业龙头企业而言，实现"互利发展换发展空间"的做法，通过组建合作社来实现集约化经营与准纵向一体化管理，利用合作社规范生产、交易、销售诸环节，促进合作社商品契约的有效治理。

最后，对于已组建的农业合作社（无论是要素参与型或者产品买卖型合作社）而言，通过社会关系治理来形成"领办者-合作社-农户"三方"置信承诺"，实现在交易过程中交易信息无偏传递与要素参与过程中的组织凝聚力提升及组织运营成本下降，最终实现契约治理环境的优化。

参考文献

崔宝玉，陈强. 资本控制必然导致农民专业合作社功能弱化吗？[J]. 农业经济问题，2011（2）：8-15.

崔宝玉，刘峰，杨模荣. 内部人控制下的农民专业合作社治理——现实图景、政府规制与制度选择 [J]. 经济学家，2012（6）：85-92.

崔宝玉，刘丽珍. 交易类型与农民专业合作社治理机制 [J]. 中国农村观察，2017（4）：17-31.

崔宝玉，谢煜. 农民专业合作社："双重控制"机制及其治理效应 [J]. 农业经济问题，2014（6）：

60 - 67.

邓衡山，徐志刚，应瑞瑶，等. 真正的农民专业合作社为何在中国难寻？——一个框架性解释与经验事实 [J]. 中国农村观察，2016 (4)：72 - 83.

邓衡山，徐志刚.《农民专业合作社法》需要大改吗？——兼论名实之辨的意义与是否需要发展中国特色合作社理论 [J]. 农业经济问题，2016 (11)：78 - 85.

邓宏图，马太超，徐宝亮. 理性的合作与理性的不合作——山西省榆社县两个合作社不同命运的政治经济学透视 [J]. 中国农村观察，2017 (4)：2 - 16.

黄祖辉，邵科. 合作社的本质规定性及其漂移 [J]. 浙江大学学报：人文社会科学版，2009，39 (4)：11 - 16.

潘劲. 中国农民专业合作社：数据背后的解读 [J]. 中国农村观察，2011 (6)：2 - 11.

斯普尔伯. 市场的微观结构-中间层组织与厂商理论 [M]. 张军，译. 北京：中国人民大学出版社，2002.

万俊毅，欧晓明. 社会嵌入、差序治理与合约稳定——基于东进模式的案例研究 [J]. 中国农村经济，2011 (7)：14 - 24.

熊万胜. 合作社：作为制度化进程的意外后果 [J]. 社会学研究，2009 (5)：83 - 109.

徐旭初，吴彬. 异化抑或创新——对中国农民合作社特殊性的理论思考 [J]. 中国农村经济，2017 (12)：1 - 16.

杨灿君. "能人治社"中的关系治理研究——基于 35 家能人领办型合作社的实证研究 [J]. 南京农业大学学报（社会科学版），2016 (2)：44 - 53.

苑鹏. 对公司领办的农民专业合作社的探讨——以北京圣泽林梨专业合作社为例 [J]. 管理世界，2008 (7)：62 - 69.

苑鹏. 中国特色的农民合作社制度的变异现象研究 [J]. 中国农村观察，2013 (3)：40 - 46.

张晓山. 大户和龙头企业领办的合作社是当前中国合作社发展的现实选择 [J]. 中国合作经济，2009 (10)：45.

张晓山. 大户和龙头企业领办合作社是当前中国合作社发展的现实选择 [J]. 中国合作经济，2012 (4)：10 - 11.

张益丰，刘东. 农村微观组织架构跃迁与准公共产品供给模式创新——基于山东农村综合性合作社发展经验的实证分析 [J]. 中国农村观察，2011 (4)：55 - 64.

周振，孔祥智. 资产专用性、谈判实力与农业产业化组织利益分配——基于农民合作社的多案例研究 [J]. 中国软科学，2017 (7)：28 - 41.

D Aspremont C，Ferreira R D S，Gerard - Varet L A. Contestability and the Indeterminacy of Free - Entry Equilibria [J]. Japanese Economic Review，2010，51 (1)：72 - 83.

Fulton J R，Adamowicz W L. Factors that influence the commitment of members to their cooperative organization [J]. Journal of Agricultural Cooperation，1993，8.

Myerson R B，Satterthwaite M A. Efficient Mechanism for Bilateral Trading [J]. Journal of Economic Theory，1983，29 (2)：265 - 281.

Spulber D F. Bargaining and regulation with asymmetric information about demand and supply [J]. Journal of Economic Theory，1988，44 (2)：251 - 268.

四川秦巴山区合作社减贫绩效影响因素分析

——基于社员增收的视角

刘国强　傅新红

（四川农业大学管理学院，成都　611130）

摘　要：本文立足四川秦巴山区 33 个合作社以及 394 个社员的微观调查数据，基于社员增收的视角，采用有序 Probit 模型实证分析合作社减贫绩效的影响因素。研究结果表明：四川秦巴山区合作社增收减贫绩效明显，必将是今后夺取脱贫攻坚全面胜利的有效载体；健康状况、受教育程度、劳动力、农业收入所占比例、收益满意度、县级示范性合作社、"三品一标"认证、按股/交易量返还利润、社员大会上发表的意见对重大事物决策的影响、巴中对社员增收起到显著的促进作用，是新时代推进合作社减贫的关键着力点；而"建档立卡"贫困户、距市集距离显著抑制社员增收，合作社减贫面临考验。基于此，从培育壮大合作社、夯实合作社减贫成效、优化合作社减贫"环境"三个维度提出提升四川秦巴山区合作社减贫绩效的政策建议。

关键词：四川秦巴山区；合作社；减贫绩效；影响因素

引言

农民专业合作社（简称"合作社"）一直被人们视为一个由贫困群体通过自助和互助而实现益贫和脱贫的理想载体，是精准扶贫精准脱贫的理想载体和农村反贫困最有效率的经济组织。《中国农村扶贫开发纲要（2011—2020 年）》、《中共中央、国务院关于打赢脱贫攻坚战的决定》等政策文件更是从法律层面赋予合作社扶贫的历史使命。农业农村部数据显示，截止到 2018 年 2 月底，全国依法注册登记的农民合作社达到 204.4 万家，每个村平均有三家，实有入社农户超过 1 亿户，占全国农户总数的 48.1%。那么，实践中合作社减贫究竟怎样，哪些因素影响了其绩效提升，如何充分发挥这支规模庞大的生力军的积极作用，具有重要的理论和实践意义。

合作社减贫路径日益呈现多元化。刘俊文指出，合作社"益贫性"特征主要体现在贫困农户可获得"合作互助"与"政策扶持"的双重红利。新型农业经营主体通过创新农业经营模式增加工资性收入、财产性收入和转移性收入，通过提供社会化服务促进经营性收入的提高，进而实现贫困户脱贫。邵科等进一步明确，合作社通过优先销售等产品参与方式增加经营性收入，通过雇工作业等劳动参与方式增加工资性收入，通过入股农地等资产参与方式增加财产性收入，通过项目入股等项目参与方式增加转移性收入。此外，合作社还具有推进技术进步，提高科技扶贫贡献度，扩大赋权机会，增强农户扶贫拥有感，激发内源动力，提升自我发展能力，促进内外协同，实现持续增收等作用。由此可见，合作社减贫绩效最终主要体现在社员收入提升层面。然而，合作社社员收入提升面临诸多挑战，蔡荣等发现，户主性别、受教育程度、种植规模、市场信息的可获得性、距市场距离和政府扶持等因素显著影响"合作社＋农户"模式下的社员收入。基本情况、经营活动、治理活动和外部环境对财务绩效有显著的正向影响，其中经营活动的影响较大，在控制了个体特征和合作社基本特征之后，社员制度、股权结构、决策方式、盈余分配四个方面的治理机制对社员增收效果具有显著影响。何国平等实证考察了合作社的产品差异化服务与成员增收的内在逻辑。

综上所述，学者就合作社减贫路径、社员收入提升影响因素等方面展开积极探讨，深化了对合作社减贫相关的理论与实践认知，同时也为本文奠定了研究基础。稍逊不足的是，现有文献更多地将合作社增收与合作社减贫孤立起来，侧重于对其中之一进行研究，本文将二者结合并梳理出其内在逻辑，即提高社员收入是合作社多维减贫中最应该关注的事项；如何有效测度合作社的减贫绩效是本研究的一个难点，部分学者采用特定方法专门剥离出合作社对社员收入提升的影响，但与直接询问社员自身对合作社减贫效应的获得感相比，难免有失客观性、真实性，且利用五分类变量代替收入变量有效规避了社员对后者的普遍敏感反应而导致的数据质量较低问题；已有学者将视角转至高原牧区、贫困地区等特殊区域，但依旧缺乏专门瞄准集中连片特困地区的研究，且目前也主要聚焦在合作社参与扶贫的理论性探讨层面，对合作社减贫绩效及其影响因素的实证类研究有待进一步丰富。因此，立足于四川秦巴山区，基于社员增收的视角，本文运用有序 Probit 模型实证分析合作社减贫绩效的影响因素，具有一定的创新性。

一、理论分析与模型构建

（一）理论分析

尽管贫困日益呈现出由收入单维度向教育、医疗、住房等多维度转变的特征，新时代反贫困手段也由收入减贫向多维减贫过渡，但不可否认，收入减贫始终居于最核心最关键的地位，因而在各地脱贫攻坚三方评估实践中，收入往往被视为第一个需要满足的基础性指标，如"一超过两不愁三保障"中的"一超"就专指收入必须超过多少。同理，虽然合作社具有收入减贫、社会减贫、能力减贫、权利减贫等诸多天然优势，但如何提高社员收入才是合作社减贫最应该关注的事项。对贫困地区而言，增收既是合作社社员最大的利益诉求，同时也顺应精准扶贫、精准脱贫的时代呼唤。本文正是基于社员增收的视角考察四川秦巴山区合作社的减贫绩效，进而探寻其影响因素。

鉴于直接询问收入涉及家庭隐私，社员更倾向于瞒报，调查数据水分较大，研究结论可能有悖现实，而采用五点式李克特量表（Likert Scale）来衡量则可以有效弥补这一缺陷，得到的数据更加真实可靠（表1）。其中，加入合作社后农业收入与之前相比纵向测度社员增收绩效，家庭收入与全村平均收入水平相比横向考察社员增收绩效，二者皆用5分类变量来刻画（差很多＝1；差一些＝2；差不多＝3；高一些＝4；高很多＝5）。借鉴黄胜忠等的研究方法，将二者加总便得到社员增收绩效，即减贫绩效，将其做进一步细分：两个指标的评价加总小于6的设为第一层级，两个指标的评价加总等于6的设为第二层级，两个指标的评价加总等于7的设为第三层级……两个指标的评价加总等于10的设为第六层级。由此，合作社减贫绩效变成了含6个层级的有序分类变量。

表1　合作社减贫绩效评价指标

减贫绩效	变量名	定　　义
社员增收	Y_1	加入合作社后农业收入与之前相比
	Y_1	家庭收入与全村平均收入水平相比

（二）模型构建

基于上述理论分析，因变量社员增收（$Y＝1，2，…，6$）表现为含6个层级的有序分类离散变量，而有序Probit模型正是研究此类问题的经典方法。因此，本文拟采用有序Probit模型实证分析四川秦巴山区合作社减贫绩效的影响因素。模型设定如下：

$$Y^*＝\beta_i X_i＋\varepsilon \tag{1}$$

（1）式中，Y^*为潜变量，表示样本社员增收的不同层级，取值［1、2、3、4、5、6］，X_i是影响社员增收的潜在因素，为实际观测值，β_i为参数估计系数，ε为残差项，且$\varepsilon\sim N（0，1）$。构建如下选择模型：

$$\begin{cases} Y^*＝1，\text{if } Y^*\leqslant\lambda_1 \\ Y^*＝2，\text{if }\lambda_1<Y^*\leqslant\lambda_2 \\ Y^*＝3，\text{if }\lambda_2<Y^*\leqslant\lambda_3 \\ Y^*＝4，\text{if }\lambda_3<Y^*\leqslant\lambda_4 \\ Y^*＝5，\text{if }\lambda_4<Y^*\leqslant\lambda_5 \\ Y^*＝6，\text{if } Y^*>\lambda_5 \end{cases} \tag{2}$$

（2）式中，$\lambda_j（j＝1、2、3、4、5）$代表临界切点值，且满足$\lambda_1<\lambda_2<\lambda_3<\lambda_4<\lambda_5$，则

$$\begin{cases} \text{Prob}=(Y^*=1|X_i)=\text{Prob}(Y^*\leqslant\lambda_1|X_i)=\text{Prob}(\leqslant\beta_iX_i\leqslant\lambda_1|X_i)=\phi(\lambda_1-\beta_iX_i) \\ \text{Prob}=(Y^*=2|X_i)=\text{Prob}(\lambda_1<Y^*\leqslant\lambda_2|X_i)=\phi(\lambda_2-\beta_iX_i)-\phi(\lambda_1-\beta_iX_i) \\ \text{Prob}=(Y^*=3|X_i)=\text{Prob}(\lambda_2<Y^*\leqslant\lambda_3|X_i)=\phi(\lambda_3-\beta_iX_i)-\phi(\lambda_2-\beta_iX_i) \\ \text{Prob}=(Y^*=4|X_i)=\text{Prob}(\lambda_3<Y^*\leqslant\lambda_4|X_i)=\phi(\lambda_4-\beta_iX_i)-\phi(\lambda_3-\beta_iX_i) \\ \text{Prob}=(Y^*=5|X_i)=\text{Prob}(\lambda_4<Y^*\leqslant\lambda_5|X_i)=\phi(\lambda_5-\beta_iX_i)-\phi(\lambda_4-\beta_iX_i) \\ \text{Prob}=(Y^*=6|X_i)=\text{Prob}(Y^*>\lambda_5|X_i)=\text{Prob}(\beta_iX_i>\lambda_5|X_i)=1-\phi(\lambda_5-\beta_iX_i) \end{cases}$$

$$(3)$$

（3）式中，ϕ 为标准正态累计分布函数。

二、数据来源与描述性分析

（一）数据来源

四川秦巴山区覆盖绵阳、广元、南充、广安、达州、巴中 6 市共计 34 个县（市、区），是四川四大集中连片特困地区之一[①]，以其作为研究区域来考察合作社减贫尤其是集中连片特困地区合作社减贫具有一定的典型代表性。因此，课题组于 2016 年 7 月 14 日至 7 月 29 日对四川秦巴山区合作社及其社员展开调查，调查主要采用典型抽样与随机抽样相结合的方法，具体操作为：首先，基于各地合作社发展现状及合作社减贫实践，选取广元、广安、南充、巴中 4 个样本市，每个市分别选取 1~5 个样本贫困县（市、区）；其次，每个贫困县（市、区）由农经站负责人推荐 1~4 个发展状况良好的样本合作社[②]；再次，分别对目标合作社及其社员进行问卷调查与访谈，前者主要针对合作社理事长或理事会成员，其对合作社的发展状况较为了解，而社员采用随机抽样的方式，调查对象为家庭决策者，其对家庭生产经营状况以及合作社参与情况比较熟悉，分别以其作为调查对象，获取的样本数据质量较高。最后，调查合作社 44 个，回收 33 份有效问卷，有效率为 75.00%；发放社员问卷 420 份，回收 394 份有效问卷，有效率为 93.81.%。合作社、社员有效样本的地区分布情况见表 1。

（二）变量说明及描述性分析

1. 因变量

从表 3 可以看出，社员增收层级近似服从正太分布（表 2），分别占 11.42%、17.51%、28.68%、24.62%、13.96%、3.81%，满足运用有序 Probit 模型进行实证分

---

① 四川四大集中连片特困地区：秦巴山区、乌蒙山区、高原藏区、大小凉山彝区。

② 之所以选择发展状况较好的合作社，是因为只有这些合作社才有可能真正起到减贫作用，其他合作社更多着眼于自身发展。此外，调查样本主要为各级示范性合作社，其在贫困地区起到"领头羊"作用，能够为其他合作社的健康发展以及开展减贫实践提供参考。

析的基准条件。进一步发现，层级 2 处于社员增收中等水平①，样本占 17.51，层级 2 以上的社员占 71.07％，表明大多数社员增收显著，合作社在四川秦巴山区促农增收脱贫实践中具有积极意义，将是今后夺取脱贫攻坚全面胜利的有效载体。然而，不同层级之间社员样本比例差距悬殊，超过一成的社员样本在层级 2 以下，其借力合作社增收的绩效不理想，仅仅 3.81％的社员样本处于层级 6，其对增收非常满意。究竟哪些因素制约了四川秦巴山区社员收入的提升进而呈现出社员间的增收差异？回答这一问题，在脱贫攻坚的背景下深入推动合作社减贫就显得十分重要和必要。

表 2　有效样本的地区分布情况

样本市	样本县（市、区）	社员		合作社	
		样本量	比例（％）	样本量	比例（％）
广元市	苍溪县	64	16.24	3	9.09
	剑阁县	46	11.68	3	9.09
	旺苍县	39	9.90	3	9.09
	昭化区	34	8.63	2	6.06
	合计	183	46.45	11	33.33
广安市	广安区	21	5.33	4	12.12
	岳池县	50	12.69	4	12.12
	合计	71	18.02	8	24.24
南充市	南部县	19	4.82	2	6.06
	阆中市	21	5.33	2	6.06
	合计	40	10.15	4	12.12
巴中市	恩阳区	30	7.61	2	6.06
	巴州区	7	1.78	2	6.06
	南江县	27	6.85	2	6.06
	通江县	17	4.31	1	3.03
	平昌县	19	4.82	3	9.09
	合计	100	25.38	10	30.30
合计		394	100.00	33	100.00

---

① 由前文可知，合作社社员增收层级由两个五分类变量加总划分等级而来，五分类变量中"3"处于中等水平，若两个五分类变量的平均数等于"3"，即和等于6，对应层级2，则该组合也处于中等水平，满足条件的组合有（1，5）、（2，4）、（3，3）、（4，2）、（5，1）。

表3 合作社社员增收层级分布

社员增收	得分层级					
	1	2	3	4	5	6
样本	45	69	113	97	55	15
比例	11.42	17.51	28.68	24.62	13.96	3.81

2. 自变量

本文从社员特征变量、家庭特征变量、合作社特征变量、地区特征变量四个维度来考察社员增收的影响因素。其中，社员特征变量用健康状况、受教育程度、2015年参加技术培训和指导的次数［后文简称"培训（指导）次数"］、村干部或外出打工等特殊经历（以下简称"特殊经历"）来表征，家庭特征变量用"建档立卡"贫困户、劳动力、农业收入所占比例、对合作社经营管理的了解程度来刻画。合作社特征变量用收益满意度、合作社示范等级、有没有"三品一标"认证、合作社的经营管理谁说了算、有没有按股/交易量返还利润、社员大会上发表的意见对重大事物决策的影响来表征。地区特征变量用距市集距离、合作社所在地级市来刻画。需要明确的是，合作社示范等级、有没有"三品一标"认证、有没有按股/交易量返还利润来自合作社样本，其余变量均来自社员样本，各变量的定义与描述见表4。

表4 变量的定义与描述

变量名称	变量定义	均 值	标准差	预期方向
社员特征变量				
健康状况（x_1）	1＝非常不好；2＝不太好；3＝一般；4＝比较好；5＝非常好	3.748 7	1.060 7	＋
受教育程度（x_2）	实际受教育年限（年）	7.114 2	3.344 5	＋
培训（指导）次数（x_4）	1＝0次；2＝1～2次；3＝3～4次；4＝5～6次；5＝7次及以上	2.538 1	1.156 8	＋
特殊经历（x_3）	0＝没有；1＝有	0.581 2	0.494 0	＋
家庭特征变量				
"建档立卡"贫困户（x_5）	0＝不是；1＝是	0.215 7	0.411 9	＋／－
劳动力（x_6）	实际数值（个）	2.862 9	1.252 6	＋
农业收入所占比例（x_7）	实际数值（%）	0.319 4	0.333 1	＋
对合作社经营管理的了解程度（x_8）	1＝非常不了解；2＝比较不了解；3＝一般；4＝比较了解；5＝非常了解	3.099 0	1.330 0	＋
合作社特征变量				
收益满意度（x_9）	1＝非常不满意；2＝不太满意；3＝一般；4＝比较满意；5＝非常满意	3.967 0	0.782 4	＋

（续）

变量名称	变量定义	均　值	标准差	预期方向
合作社示范等级 * （x_{10}）	1＝非示范；2＝县级；3＝市级；4＝省级；5＝全国，虚拟变量处理	3.604 1	1.176 8	＋
有没有"三品一标"认证* （x_{11}）	0＝没有；1＝有	0.604 1	0.489 7	＋
合作社的经营管理谁说了算 （x_{12}）	1＝理事长；2＝理事会；3＝入股多的核心社员；4＝社员大会	2.599 0	1.234 2	＋
有没有按股/交易量返还利润 （x_{13}）	0＝没有；2＝有	0.368 0	0.482 9	＋
社员大会上发表的意见对重大事物决策的影响（x_{14}）	1＝非常小；2＝比较小；3＝一般；4＝比较大；5＝特别大	2.654 8	1.236 7	＋
地区特征变量				
距市集距离（x_{15}）	距市集中心的距离（公里）	6.140 9	6.630 8	－
合作社所在的地级市（x_{16}）	1＝广元；2＝广安；3＝南充；4＝巴中，虚拟变量处理	2.144 7	1.250 7	

三、实证结果与分析

在有序 probit 回归分析之前，为保证模型估计结果的有效性，对自变量间的多重共线性进行检验。结果显示，各变量方差膨胀因子（Variance Inflation Factor，VIF）平均值为 1.95，最大值为 4.29，表明不存在显著的多重共线性[①]。在此基础上，本文采用 STATA13.0 统计分析软件对贫困地区合作社社员增收的影响因素进行实证分析，同时选择 robust 稳健性估计以修正可能存在的异方差问题。模型估计结果见表 5。

表 5　贫困地区合作社绩效影响因素模型估计结果

变量名称	估计系数	稳健性标准误	Z 值	显著性
社员特征变量				
健康状况（x_1）	0.131**	0.057	2.29	0.022
受教育程度（x_2）	0.055***	0.019	2.96	0.003
培训（指导）次数（x_4）	0.089	0.055	1.63	0.103
特殊经历（x_3）	−0.024	0.114	−0.21	0.832

① 胡博等，《stata 统计分析与应用》：判断多重共线性的标准是同时满足最大的 vif 大于 10 和平均的 vif 大于 1。

（续）

变量名称	估计系数	稳健性标准误	Z值	显著性
家庭特征变量				
"建档立卡"贫困户（x_5）	−0.296**	0.133	−2.22	0.026
劳动力（x_6）	0.105**	0.050	2.09	0.037
农业收入所占比例（x_7）	0.361**	0.184	1.96	0.050
对合作社经营管理的了解程度（x_8）	0.075	0.059	1.28	0.199
合作社特征变量				
收益满意度（x_9）	0.288***	0.082	3.50	0.000
合作社示范等级（x_{10}）（参照组：非示范）				
县级	0.553**	0.275	2.01	0.044
市级	0.009	0.234	0.04	0.970
省级	−0.115	0.211	−0.54	0.586
国家级	0.059	0.231	0.25	0.799
有没有"三品一标"认证（x_{11}）	0.220*	0.120	1.83	0.067
合作社的经营管理谁说了算（x_{12}）	0.030	0.053	0.57	0.570
有没有按股/交易量返还利润（x_{13}）	0.330**	0.148	2.22	0.026
社员大会上发表的意见对重大事物决策的影响（x_{14}）	0.216***	0.067	3.21	0.001
地区特征变量				
距市集距离（x_{15}）	−0.023**	0.009	−2.48	0.013
合作社所在的地级市（x_{16}）（参照组：广元）				
广安	0.019	0.188	0.10	0.921
南充	0.106	0.223	0.47	0.636
巴中	0.489***	0.149	3.29	0.001

Prob > chi2 = 0.000

Pseudo R^2 = 0.139

Log pseudolikelihood = −561.757

注：***、**、*分别表示变量在1％、5％、10％水平上通过显著性检验。限于篇幅，本表没有报告有序 probit 回归五个临界切点值的参数估计。

（一）社员特征变量对合作社社员增收的影响

受教育程度通过1％水平上的显著性检验，且影响方向为正，表明社员受教育程度越高，合作社对其收入提升越多，与预期方向一致。作为人力资本的重要获取途径，受教育程度可以显著增加社员的人力资本，进而促进其学习能力、接受能力以及参与能力等的提高，社员收入提升显著。然而，四川秦巴山区合作社社员受教育程度普遍较低，数据表明，实际受教育年限6年以内的社员接近5成，仅仅15.99的社员实际受教育年限超过

12 年，不容置疑，受教育程度偏低是影响社员增收的一个重要短板。

健康状况通过 5％水平上的显著性检验，且影响方向为正，表明社员健康状况越好，合作社对其收入提升越多。健康状况是衡量劳动力强弱的关键，健康状况越好，社员的劳动力素质越高，越有可能借助合作社实现增收脱贫。

特殊经历没有通过 10％水平上的显著性检验，表明特殊经历对社员收入提升没有显著的影响，与何国平等的研究结论不一致。数据表明，仅仅 58.12％的社员拥有特殊经历，而在劳动力要素自由流动的当下，这一比例明显偏低，容易造成社员社会资本匮乏，收入提升乏力。作为短期提高社员人力资本的培训（指导）也没有通过 10％水平上的显著性检验，与徐旭初等的研究结论不吻合，可能的原因是培训（指导）内容的适用性、先进性有待提升。数据进一步显示，超过一半（53.81％）的社员 2015 年接受 2 次以内的培训（指导），3～4 次的占 26.65％，培训（指导）次数整体偏低。

（二）家庭特征变量对合作社社员增收的影响

是否是"建档立卡"贫困户、劳动力、农业收入所占比例均通过 5％水平上的显著性检验。其中，"建档立卡"贫困户的影响为负，表明合作社对非"建档立卡"贫困户的收入提升效果优于"建档立卡"贫困户。进一步说明虽然合作社同时给予"建档立卡"贫困户和非"建档立卡"贫困户增收的平台与机会，但是同等条件下，由于后者具有多维贫困的特征，不一定能够有效利用合作社提供的生产资料与生产服务，导致大量合作社资源被前者所占有、利用，即产生"精英俘获"现象，因而在合作社减贫实践中需要对"建档立卡"贫困户给予特殊的关照。

劳动力、农业收入所占比例影响方向皆为正，表明家庭劳动力越多，农业收入所占比例越高，合作社对农户收入提升越多。劳动力是创造家庭财富的主力军，加入合作社后，劳动力资源得到优化配置，生产率得以释放，创造的价值增加，收入水平自然提升。而农业收入所占比例越高，社员越是以农业经营为主，参与合作社的主观能动性增加，合作社增收绩效越显著。

对合作社经营管理的了解程度没有通过 10％水平上的显著性检验，与张晋华等的研究结论不一致。可能的原因是四川秦巴山区合作社社员"主人翁"意识普遍不强，在日常生产、经营、管理等活动中的主观能动性较低，参与程度不高，数据显示，超过一半的社员农户对合作社的经营管理情况不太了解。

（三）合作社特征变量对社员增收的影响

收益满意度、社员大会上发表的意见对重大事物决策的影响均通过 1％水平上的显著性检验，且影响方向皆为正。合作社的收益满意度取决于合作社的发展状况，合作社发展状况越好，其市场竞争能力越强，带动社员增收的效应越显著。因此，促进社员增收的关键首先在于如何发展壮大合作社。社员大会上发表的意见对重大事物决策的影响衡量了合作社内部的监督机制，社员大会上发表的意见对重大事物决策的影响越大，表明合作社监督制度越完善，越有利于保障社员利益，促进其收入水平的提高，回应了徐旭初等的研究结论。

县级示范性合作社和按股/交易量返还利润均通过1％水平上的显著性检验，且影响方向皆为正。在不同示范等级的合作社中，相对于非示范性合作社，只有县级示范性合作社显著促进社员收入的提升，而市级、省级以及国家级示范性合作社都没有通过10％水平上的显著性检验，与王图展的研究结论不一致，可能的原因是：随着示范等级的提高，合作社旨在提高社员收入的初衷会发生不同程度的偏移以及示范社创建不规范，存在"名不副实"现象，有待进一步考究；相对于没有按股/交易量返还利润的合作社，按股/交易量返还利润的合作社在促进农户收入提升方面的作用更显著。可见分配制度在合作社制度安排中的重要性，合理有效的分配方式能够增加社员收入水平。

有没有"三品一标"认证通过10％水平上的显著性检验，且影响方向为正，表明相对于无认证农产品，有"三品一标"认证的农产品对社员收入提升的影响更显著。随着食品安全问题越来越受到社会大众的关注，尤其是在质量兴农，绿色兴农，品牌强农的背景下，以"三品一标"为代表的优质、高端农产品备受青睐，其消费需求旺盛，对社员收入提升的拉动作用更显著，是合作社减贫绩效提升的着力点之一。

合作社的经营管理谁说了算没有通过10％水平上的显著性检验，表明合作社的经营管理谁说了算不会显著影响社员收入的提升。可能的原因是：合作社的经营决策民主性有待完善，进而影响了社员经济收入的增加，数据进一步表明，理事长、理事会、入股多的核心社员、社员大会经营决策的比例分别为23.60％、33.25％、2.79％、40.36％，而非社员大会经营决策的比例高达59.64％，需要引起关注。

（四）地区特征变量对合作社社员增收的影响

距市集距离和巴中均通过1％水平上的显著性检验。其中，距市集距离影响方向为负，表明距市集中心越近，合作社对社员收入提升越多。距市集中心越近，社员家庭对农产品的市场信息捕捉越敏感，更容易意识到自身"小农"地位以及合作社的组织优势，对合作社的依赖度更高，主观能动性越强。同时，距市集中心越近，交易成本越低，有利于经营业务的开展，合作社的市场竞争优势得以体现；相对于广元，只有巴中合作社促进社员收入提升的作用更显著。仔细梳理可以发现，虽然巴中经济发展水平与广元有一定的差距[1]，但前者在支持、引导合作社发展及扶贫方面的政策环境更为轻松[2]。因此，政策扶持对合作社减贫绩效的提升意义重大。

---

① 2015年，巴中、广元两地GDP分别为：501.34亿元、605.43亿元。

② 距巴中市农业局统计资料显示，2015年，合作社获得贷款881万元，比上年增长了179.7％；5个合作社获得财政扶持资金，扶持资金总额达240万元；在"六个精准"落实中，通过回引创业等形式积极培育包括合作社在内的新型经营主体。

四、结论与政策启示

本文立足四川秦巴山区 33 个合作社以及 394 个社员的微观调查数据，基于社员增收的视角，采用有序 Probit 模型实证分析合作社减贫绩效的影响因素。研究结果表明：四川秦巴山区合作社增收减贫绩效明显，必将是今后夺取脱贫攻坚全面胜利的有效载体；健康状况、受教育程度、劳动力、农业收入所占比例、收益满意度、县级示范性合作社、"三品一标"认证、按股/交易量返还利润、社员大会上发表的意见对重大事物决策的影响、巴中对社员增收起到显著的促进作用，是新时代推进合作社减贫的关键着力点；而"建档立卡"贫困户、距市集距离显著抑制社员增收，合作社减贫面临考验。

基于此，提出以下政策建议：

1. 培育壮大合作社。以"示范社创建"为契机，不断优化合作社治理结构，完善决策机制、分配机制、监督机制等制度建设，加快实现合作社规范发展。以"三品一标"农产品认证为重要抓手，主动出击将合作社做大做强，切实提升社员获得感、幸福感、安全感，双管齐下，夯实合作社减贫之基。

2. 夯实合作社减贫成效。推动合作社构建保障"建档立卡"贫困户利益的特殊制度安排，防止内部"精英俘获"现象的发生，促进社员共同增收。瞄准农业收入所占比例较高的社员农户，针对主营业务加强合作社先进、适用农业生产技术培训与指导，增强其人力资本，以弥补先天受教育水平的不足。同时培养社员"主人翁"意识，提高其主观能动性，积极参与合作社日常生产、经营、管理与监督等环节，与合作社形成紧密的利益共同体。

3. 优化合作社减贫"环境"。抢抓脱贫攻坚战机，加紧完善农村基础设施建设、提高公共服务水平，营造适宜合作社发展的良好外部氛围，努力降低合作社经营交易成本。不断完善新型农村合作医疗制度，努力提升社员健康状况，夯实劳动力素质。统筹整合合作社培育资金与扶贫资金，着力化解四川秦巴山区合作社减贫面临的资金瓶颈。

参考文献

阿马蒂亚·森. 贫困与饥荒：论权利与剥夺 [M]. 北京：商务印书馆，2001.

柏振忠，李亮. 武陵山片区农民合作社助力精准扶贫研究——以恩施土家族苗族自治州为例 [J]. 中南民族大学学报（人文社会科学版），2017（5）：160-164.

蔡荣. "合作社+农户"模式：交易费用节约与农户增收效应——基于山东省苹果种植农户问卷调查的实证分析 [J]. 中国农村经济，2011（1）：58-65.

何国平，刘殿国. 产品差异化与农民专业合作社成员增收绩效 [J]. 华南农业大学学报（社会科学版），2016（5）：45-54.

黄胜忠，林坚，徐旭初．农民专业合作社治理机制及其绩效实证分析［J］．中国农村经济，2008（3）：65-73．

蒋辉，刘兆阳．农户异质性对贫困地区特色农业经营收入的影响研究——微观农户数据的检验［J］．贵州社会科学，2016（8）：161-168．

李双元．高原牧区生态畜牧业合作社绩效评价——基于青海牧区55家合作社的数据［J］．西南民族大学学报（人文社科版），2015（8）：152-157．

刘俊文．农民专业合作社对贫困农户收入及其稳定性的影响——以山东、贵州两省为例［J］．中国农村经济，2017（2）：44-55．

娄锋，程士国，樊启．农民专业合作社绩效评价及绩效影响因素［J］．北京理工大学学报（社会科学版），2016（2）：79-87．

邵科，于占海．农民合作社在促进产业精准脱贫中的功能机理、面临问题与政策建议［J］．农村经济，2017（7）：120-123．

苏群，陈杰．农民专业合作社对稻农增收效果分析——以江苏省海安县水稻合作社为例［J］．农业技术经济，2014（8）：93-99．

王图展．农民合作社议价权、自生能力与成员经济绩效——基于381份农民专业合作社调查问卷的实证分析［J］．中国农村经济，2016（1）：53-68．

王真．合作社治理机制对社员增收效果的影响分析［J］．中国农村经济，2016（6）：39-50．

吴彬，徐旭初．农民专业合作社的益贫性及其机制［J］．农村经济，2009（3）：115-117．

徐旭初，吴彬，应丽．农民专业合作社财务绩效的影响因素分析——基于浙江省319家农民专业合作社的实地调查［J］．西北农林科技大学学报（社会科学版），2013（6）：20-26．

徐旭初．农民专业合作社绩效评价体系及其验证［J］．农业技术经济，2009（4）：11-19．

张超．合作社公共服务效率及其影响因素分析——基于浙江省的调查［J］．财贸研究，2016（3）：63-71．

张琛，高强．论新型农业经营主体对贫困户的脱贫作用［J］．西北农林科技大学学报（社会科学版），2017（2）：73-79．

张晋华，冯开文，黄英伟．农民专业合作社对农户增收绩效的实证研究［J］．中国农村经济，2012（9）：4-12．

赵晓峰，邢成举．农民合作社与精准扶贫协同发展机制构建：理论逻辑与实践路径［J］．农业经济问题，2016（4）：23-29．

郑少红，刘淑枝．农民专业合作社运营绩效评价——以福建省为例［J］．技术经济，2012（9）：82-87．

合作社本质、环境特征与合作社文化形成

——基于安徽省农民专业合作社的调查分析

李 想

（安徽财经大学中国合作社研究院，蚌埠 233041）

摘 要： 本文依据安徽省农民专业合作社调研数据，实证分析了合作社本质与环境特征对合作社文化形成的影响。结果表明：合作社市场能力、重视技术创新、外部制度环境、带头人素质、注重核心能力积累、合作社管理制度完善、决策民主、开展农民培训、社员参与经济决策、合作社追求目标均对合作社文化形成有正向影响；而自愿加入合作社、合作社之间合作程度对合作社文化形成无显著影响。现阶段，合作社本质作为合作社核心价值观没有凸显其在合作社文化形成中的核心影响力，外部环境仍是合作社文化形成最重要的影响因素。

关键词： 合作社文化；合作社本质；环境特征；Logistic 模型

一、引言

《中华人民共和国农民专业合作社法》的全面实施标志着我国农民专业合作社正式走上规范发展之路。自此以后农民专业合作社如雨后春笋般迅猛发展，其在创新农村经营体制机制、发展现代农业、带动农民增收、建设社会主义新农村等方面发挥着极其重要的作用。然而在现实发展中，农民专业合作社在政策支持下虽数量众多，其质量却不尽如人意，其中一个深层原因是我国至今对合作社文化缺乏认识和共识（徐旭初，2009）。客观上，政府与社会更多的关注合作社的市场竞争力和经济存续性，对合作社文化影响合作社经营效率情况并不特别注重。而实践证明，合作社文化不仅影响着合作社经营行为，其本身也与其特殊地位与所处经济社会环境密切相关。因此，深入探讨合作社本质与环境特征对合作社文化形成的影响，有助于提高合作社效率，促进我国农民专业合作社持续健康发展。

目前与本研究相关的文献中，国外学者主要从组织文化展开研究，理论上多从价值观、哲学信仰、团体规范、组织习惯和符号等方面理解组织文化，并指出组织文化是决定组织市场竞争能力的重要因素（Hofstede，1991；Morris，1993；Chatman，1994；Ott，

1989）。实证方面，Cameron & Quinn（2006）在组织文化理论研究基础上，提出用于组织文化测量、诊断和评估的模型，进而开发出一系列测量表，对组织文化进行定量化的、可操作化的深入研究。总体而言，国外组织文化研究将理论研究与应用研究、定性研究与定量研究相结合，对组织文化产生作用的内在机制以及组织文化与各组织管理因素的关系进行了深入探讨，并对组织文化与组织经营业绩的关系进行量化追踪研究，取得较大进展。

我国学者借鉴国外组织文化的研究成果对作为特殊经济组织形式的合作社文化进行重点关注。应瑞瑶（2002）运用新制度经济学原理，从制度环境因素和要素相对价格入手，分析并揭示我国农业合作社发生异化的根源，提出我国农业合作社的定位原则；林坚、王宁（2002）指出在我国现阶段，必须从思想宗旨层面和实际操作层面对合作社进行深刻理解；孙亚范（2003）尝试从社会文化角度解释市场经济条件下我国农村合作经济组织发展与创新的滞后性，并提出相应政策建议；任大鹏，郭海霞（2008）从集体行动的逻辑出发，分析了合作社制度理想主义和现实主义之间的矛盾和关系；徐旭初（2009）则基于合作社文化的概念界定，提出合作社文化是合作社理论、制度以及运动的核心问题之一，合作社文化影响合作社经济行为，合作社所处的经济社会环境影响着合作社文化。

综上所述，国外成果理论与实证分析虽深入，但因国情差异其结论并不完全适用于我国合作社实践，而国内学界对于合作社文化研究取得的成果多数仍停留在合作社文化的理论研究上，缺乏系统而深入的实证研究。因此，本文以安徽省为例，基于农民专业合作社的调研数据，通过构建二元 Logistic 计量模型研究合作社本质与环境特征对合作社文化形成的影响，并据此得出结论与政策启示。

二、理论分析

（一）合作社文化

作为弱势群体联合的特殊经济组织形式，由于具有社员共同体和企业的双重身份，农民专业合作社既要考虑经济功能又要考虑社会功能（黄胜忠等，2008）。它之所以呈现出强大的生命力，关键因素就在于蕴涵其中的合作社理念和价值观，以及由此形成的独特文化内涵。因此，合作社文化是指反映合作社本质规定性的、为合作社成员普遍认可的一整套思维模式、认知系统、行为规范等。一般地，它集中体现为合作社的组织使命和目标、伦理价值观、组织原则等（徐旭初，2009）。优秀的合作社文化能够创造出和谐、上进的合作社氛围，产生源源不断的动力，对合作社发展起到巨大的推动作用。

（二）合作社本质、环境特征与合作社文化形成

我国农民专业合作社发展时间尚短，多数合作社还在发展中逐步形成和实践自身合作社文化，必须多方面考量影响农民专业合作社文化形成的因素。综合而言，农民专业合作

社文化形成主要受到外部环境、内部环境以及合作社本质特征的影响。

外部环境主要包括世界文化因素、传统文化因素与社会生产力发展水平三大因素。生产力发展水平是最重要的外部因素，合作社发展均受制和依赖于这一因素。其通过影响合作社市场与客户稳定，影响合作社技术装备水平和工艺先进程度，制约合作社发展动力与创新潜力，进而影响合作社文化形成。国内经济文化环境中的制度要素与国际经济文化环境又通过生产力发展水平对合作社文化间接产生影响。

内部环境主要包括合作社的领导者素质、核心能力、社员素质与内部管理制度等因素。合作社文化同作为合作社带头人的创业意识、经营思想、工作作风、管理风格，与其意志、胆量、魄力、品格等直接相关。他们既是合作社文化的倡导者和设计者，也是合作社文化实践的组织者和推动者。其素质一方面体现在合作社核心能力培养与内部管理制度完善上，另一方面体现在其经营与市场能力上。而社员素质则由合作社原则中的开展农民培训来获得提升。

本质特征，即合作社的本质规定性，是指它之所以为合作社及其区别于其他组织的制度特性，这种本质规定性集中体现在合作社的基本原则上（黄祖辉、邵科，2009）。自愿和社员资格开放，社员民主管理，社员经济参与，自治和独立，教育、培训和信息，合作社之间合作，关心社区事业七项合作社原则集中体现了合作社文化的核心价值，是合作社生存发展的精神支柱和重要条件。合作社产生 160 多年至今长盛不衰，就得益于其深厚的思想基础和文化底蕴。

三、数据来源与研究方法

（一）数据来源

研究使用的数据来源于安徽财经大学合作社研究院对安徽省 12 个地市的农民专业合作社省级示范社经济管理人员进行的调查，在调查过程中，共发放问卷 280 份，回收 270 份，剔除缺失关键数据的样本 25 份，最终获得有效问卷 245 份①。

（二）样本基本特征

1. 合作社类型特征

被调查的合作社中，从事种植类型的合作社有 98 个，占样本总数的 40%；从事养殖类型的合作社有 75 个，占样本总数的 30.6%；从事运输类型的合作社有 21 个，占样本总数的 8.6%；从事加工类型的合作社有 26 个，占总数的 10.6%；其他类型的有 25 个，占样本总数的 10.2%。种植类与养殖类型的合作社合计占到总数的 70% 以上，居主体

---

① 有效问卷具体分布情况为：安庆 11 份、蚌埠 44 份、亳州 7 份、巢湖 15 份、池州 20 份、阜阳 23 份、合肥 10 份、淮南 14 份、六安 48 份、宿州 23 份、芜湖 14 份、宣城 16 份。

地位。

2. 合作社成立的方式

被调查的合作社中，由农民自发组建的数量最多，有 88 个，占样本总数的 35.9%；由农村带头人或能人推动成立的有 73 个，占样本总数的 29.8%；由政府推动成立的有 41 个，占总数的 16.7%；由龙头企业成立的有 25 个，占样本总数的 10.2%；由市场自发形成的有 12 个，占样本总数的 4.9%；而其他类型的有 6 个，占 2.4%。

（三）研究方法

1. 模型选择

合作社文化形成受多种因素影响，但最终结果只可能有两个，即形成一定的合作社文化与基本没有形成合作社文化，属两分变量，因此，对合作社文化形成的分析属于离散选择问题，采用概率模型比较理想。而二元 Logistic 模型是对被解释变量为二分类变量进行多元回归分析的有效模型。Logistic 模型的具体形式如下：

$$p_i = F[\alpha + \beta X_i] = \frac{1}{1 + \exp[-(\alpha + \beta X_i)]} \tag{1}$$

由（1）式得：
$$\ln\left(\frac{p_i}{1-p_i}\right) = \alpha + \beta X_i$$

由此，具体模型构建如下：

$$\ln\left(\frac{p_i}{1-p_i}\right) = \alpha + \sum_{i=1}^{m} \beta_i x_i + \mu \tag{2}$$

式（2）中，p_i 表示第 i 个合作社形成合作社文化的概率；X_i 表示第 i 个影响合作社文化形成的因素；β_i 为影响因素的回归系数；α 为截距项；μ 为误差项。

2. 变量设定

考虑到我国合作社目前发展阶段，选取"是否形成一定的合作社文化"作为被解释变量（Y），将"基本没有形成合作社文化"取值 0，"形成一定的合作社文化"取值为 1。解释变量选择外部环境因素、内部环境因素和本质特征因素三大类，考虑数据的可获性，每大类分别又选取若干变量，变量及其含义具体如下：

（1）外部环境因素：选取市场能力、重视技术创新、外部制度环境三个变量。市场能力是合作社根据市场营销环境和自身资源条件，在市场竞争中获得比较优势，实现目标的能力。重视技术创新是合作社在世界与传统文化环境下对技术工艺等创新的意识与态度。外部制度环境包括财政、金融、公共服务、培训等方面。理论预期三个变量对合作社文化形成有正向影响。

（2）内部环境因素：选取带头人素质、合作社核心能力积累、内部管理制度完善三个变量。带头人素质体现为其创业意识、经营思想、工作作风、管理风格。合作社核心能力是合作社整体资源，涉及技术、人才、管理凝聚力等各方面，积累的关键在于创建学习型组织，而这正是合作社文化的形成过程。内部管理制度完善主要包括财务管理、民主议事决策、成员管理、购销管理办法等各项规章制度。理论预期三个变量对合作社文化形成有正向影响。

（3）本质特征因素：选取自愿加入合作社、决策民主、开展农民培训、社员参与经济决策、合作社之间合作程度、合作社经营追求目标六个变量反映合作社本质特征。合作社经营追求目标可能为农民利益最大化、市场份额最大化，也可能是利润最大化，追求农民利益最大化在目前一定程度上能够体现合作社关心社区事业的原则。决策民主是社员有平等的投票权。开展农民培训是合作社为其社员、农民提供教育和培训。社员参与经济决策是社员积极参与资本盈余分配并做出决策。自愿加入合作社表明合作社是自愿加入的组织，它向能利用其服务并承担社员责任的所有人开放，没有任何歧视。合作社之间合作程度是合作社为有效地为其社员服务，并通过社间通力协作，加强合作运动。理论预期合作社经营追求目标对合作社文化形成的影响无法确定，其他五个变量对合作社文化形成有正向影响。

本文最终确定了三大类十二个解释变量，具体变量特征说明及预计对被解释变量的可能影响方向如表1所示。

表1　变量特征说明及预计对因变量的可能影响方向

变量名	赋值定义	均值	标准差	影响预测
被解释变量				
形成合作社文化（Y）	"是否形成一定的合作社文化?"，基本没有=0；形成一定的合作社文化=1	0.53	0.50	
解释变量				
1. 外部环境因素				
市场能力（X1）	"在市场竞争中比较优势如何?"，很低=1；低=2；一般=3；高=4；很高=5	2.87	0.94	正向
重视技术创新（X2）	"是否重视技术创新?"，很不重视=1；不重视=2；一般=3；重视=4；很重视=5	2.89	1.02	正向
外部制度环境（X3）	"财政、金融、公共服务等政府支持如何?"，很差=1；差=2；一般=3；好=4；很好=5	2.88	0.94	正向
2. 内部环境因素				
带头人素质（X4）	"带头人素质能力如何?"，很差=1；差=2；一般=3；好=4；很好=5	2.92	0.90	正向
核心能力积累（X5）	"技术、人才、管理凝聚力等各方面积累如何?"，很不注重=1；不注重=2；一般=3；注重=4；很注重=5	2.93	0.88	正向
合作社管理制度（X6）	"财务管理、民主议事决策、成员管理、购销管理制度等是否完善?"，很不完善=1；不完善=2；一般=3；完善=4；很完善=5	2.92	0.92	正向

（续）

变量名	赋值定义	均　值	标准差	影响预测
3. 本质特征因素				
自愿加入合作社（X7）	"是否对所有农户开放且自愿加入？"，很差＝1；差＝2；一般＝3；好＝4；很好＝5	2.99	0.91	正向
决策民主（X8）	"社员是否拥有平等投票权？"，很低＝1；没有＝2；一般＝3；民主＝4；很民主＝5	3.09	0.91	正向
开展农民培训（X9）	"是否为其社员、农民提供教育和培训？"，从不＝1；偶尔＝2；一般＝3；经常＝4；频繁＝5	3.02	0.93	正向
社员参与经济决策（X10）	"是否积极参与资本盈余分配？"，很差＝1；差＝2；一般＝3；积极＝4；很积极＝5	2.82	1.05	正向
合作社之间合作程度（X11）	"社间合作程度如何？"，很差＝1；差＝2；一般＝3；高＝4；很高＝5	2.92	0.89	正向
合作社追求目标（X12）	利润最大化＝1；市场份额最大化＝2；农民利益最大化＝3	2.01	0.53	不确定

四、模型估计结果与分析

（一）模型估计结果

本文运用SPSS16.0统计软件采用向后逐步回归法对模型进行估计，结果如表2所示。在回归过程中，首先将所有变量引入模型，然后根据检验结果，逐步剔除不显著变量，再重新拟合回归方程，直到保留的解释变量对因变量的影响均能通过显著性检验为止。按照这一过程，自愿加入合作社、合作社之间合作程度没有通过显著性检验，最终回归结果中剔除了这两个变量。

表2分别给出回归系数（B）、标准误差（S. E.）、统计量（Wald）、自由度（df）、显著性（Sig）与优势比 Exp（B）。其中，Sig 表示不同变量 Wald 的显著性水平，优势比 Exp（B）表示自变量对农民专业合作社文化形成概率的边际影响。结果显示，模型预测正确率达到 97.10%，拟合度为 0.928，模型整体检验结果较为显著，十个变量也通过显著性检验，合作社追求目标变量与合作社文化形成正相关，其他变量影响作用方向与预期一致。

表 2　回归系数估计值及显著性检验结果

自变量	系　数	标准差	Wald 值	自由度	显著性	优势比
市场能力（X1）	3.082	0.828	13.858	1.000	0.000	21.806
重视技术创新（X2）	4.018	0.967	17.243	1.000	0.000	55.563
外部制度环境（X3）	1.304	0.545	5.737	1.000	0.017	3.685

（续）

自变量	系　数	标准差	Wald 值	自由度	显著性	优势比
带头人素质（X4）	2.746	0.732	14.086	1.000	0.000	15.579
核心能力积累（X5）	1.337	0.535	6.239	1.000	0.012	3.807
合作社管理制度（X6）	2.085	0.625	11.141	1.000	0.001	8.045
决策民主（X8）	1.829	0.631	8.412	1.000	0.004	6.230
开展农民培训（X9）	1.101	0.552	3.974	1.000	0.046	3.008
社员参与经济决策（X10）	1.484	0.535	7.691	1.000	0.006	4.411
合作社追求目标（X12）	1.808	0.880	4.215	1.000	0.040	6.096
常量	−57.638	13.752	17.566	1.000	0.000	0.000
模型预测正确率	97.10%					
−2 倍对数似然值	47.519					
Cox & Snell R^2	0.695					
Nagelkerke R^2	0.928					
卡方检验值	289.407	（$P=0.000$）				

注：显著性水平取 $\alpha=0.05$。

（二）对计量结果的解释

1. 外部环境因素对合作社文化形成的影响

外部环境因素中的市场能力（X1）、重视技术创新（X2）、外部制度环境（X3）三项指标与合作社文化形成正相关且在 5% 的水平通过显著性检验，表明市场能力、技术创新能力与外部制度环境越好，越有利于合作社文化的形成。从各指标优势比来看，评价每高一档次，合作社文化形成的概率比原来分别提高 21.806 倍、55.563 倍和 3.685 倍。原因可能是：①合作社可以整合各社员资源要素实现规模化标准化经营，其市场运作能力越强越能更好地销售产品，扩大市场占有率，对于合作社这种弱者联合体来说，这一因素是合作社文化形成与发展的重要物质保障。②重视技术创新能增加农产品科技含量，提高合作社市场竞争力，合作社越是能不断运用新技术，就越能获得超越其他市场对手的能力，技术创新能力正是反映合作社文化实力的重要尺度，合作社要适应技术变化就必须主动创新，在创新中求稳定、求发展。③外部制度环境因素通过政府供给农村公共服务，在政策上出台农民专业合作社法各项配套法规、提供项目资金和税收优惠等一系列支持措施提高农民专业合作社效率，从而加快合作社物质文化基础的形成。

2. 内部环境因素对合作社文化形成的影响

内部环境因素的带头人素质（X4）、核心能力积累（X5）、合作社管理制度（X6）三项指标均与合作社文化形成正相关且在 5% 的水平通过显著性检验，表明合作社带头人素质越高、合作社核心能力越强、内部管理制度越完善，对合作社文化形成越有利。从各指标优势比来看，评价每高一档次，合作社文化形成的概率比原来分别提高 15.579 倍、3.807 倍与 8.045 倍。这可能因为：①带头人素质是合作社文化形成的核心力量和领导者，他们承担着文化形成的倡导与设计者，以及文化实践的组织与推动者的双重角色，其素质高低极大的影响合作社文化形成。②合作社注重核心能力积累使合作社在竞争中处于优势地位的强项，是其他对手很难达到或者无法具备的一种能力，这种能力是长期积累的结果，也是合作社具备竞争优势与提高效率，形成合作社自身文化的主要源泉。③完善的合作社内部激励、监督和制衡的运行机制等合作社内部管理制度，是农民专业合作社文化形成的组织保障，这将促进农民专业合作社更加健康规范发展，其文化也就随之得以提升。

3. 本质特征因素对合作社文化形成的影响

本质特征因素是合作社坚持的原则也是其区别于其他经济组织的本质特征。该因素的决策民主（$X8$）、开展农民培训（$X9$）、社员参与经济决策（$X10$）、合作社追求目标（$X12$）四项指标均与合作社文化形成正相关且在 5% 的水平通过显著性检验，表明合作社追求目标越高、决策过程越民主、社员参与决策的积极性越高、开展农民培训次数越多，对合作社文化形成越有利。从各指标优势比来看，评价每高一档次，合作社文化形成的概率比原来分别提高 6.230 倍、3.008 倍、4.411 倍与 6.096 倍。究其原因，合作社文化的核心价值体现在其特有的本质规定性和价值基础上，合作社追求目标、决策民主、开展农民培训与社员参与决策积极性等合作社原则正是这种核心价值的表现，它们随着整个社会经济环境的变化而变化，向着有利于提高合作社竞争力、凝聚力、吸引力的方向发展，从而对合作社文化形成产生深远的影响。

五、结论与政策启示

本文以安徽省农民专业合作社为例，运用二元 Logistic 模型实证分析了合作社本质特征与环境特征对合作社文化形成的影响。结果表明：合作社市场能力、重视技术创新、外部制度环境、带头人素质、核心能力积累、合作社管理制度完善、决策民主、开展农民培训次数、社员参与经济决策、合作社追求目标均对合作社文化形成有着显著影响，与合作社文化形成正相关，其中重视技术创新与合作社市场能力的影响最大。而自愿加入合作社、合作社之间合作程度则对合作社文化形成无显著影响。现阶段，合作社本质特征没能凸显其在合作社文化形成中的核心影响力，这可能也验证了潘劲（2011）对合作社原则重新审视的结论。

上述结论有着重要的政策启示：①合作社本质特征各变量作为合作社核心价值观并没有体现出超出合作社物质基础的影响力，这在一定程度上表明我国合作社本质规定性漂移的不可避免性。政府不必强制性干预这种漂移的发生，可以通过制定相关法律、法规，合理引导本质规定性的漂移（黄祖辉，邵科，2009）。坚持合作社核心价值观仍是其精神文化表现形式与物质文化实现的重要保证。②我国农民专业合作社尚处于初级发展阶段，影响合作社文化形成最重要的因素是其生产力发展水平，这从合作社市场能力与重视技术创新对合作社文化形成的影响之大可见一斑，因此政府应积极拓宽合作社发展的资金来源渠道，形成政府扶持、金融支持以及社会资金相互促进、相互结合的长效投资机制，满足合作社发展的资金需求，为合作社文化形成打下良好的物质基础。③合作社带头人是合作社文化形成的核心力量和领导者，不断提高带头人素质至关重要。对于合作社这种特殊的经济组织，注重加强教育和培训应成为合作社带头人提升素质，促进合作社文化形成的基本路径。此外，政府与社会还应引导合作社及其带头人通过倡导学习型文化和创新型文化，推动合作社由带头人个体创新向组织创新转变，为合作社可持续发展提供动力。

参考文献

黄胜忠，林坚，徐旭初．农民专业合作社治理机制及其绩效实证分析［J］．中国农村经济，2008（3）．

黄祖辉，邵科．合作社的本质规定性及其漂移［J］．浙江大学学报（人文社会科学版），2009，39（4）．

金·S. 卡梅隆，罗伯特·E. 奎因．组织文化诊断与变革［M］．北京：中国人民大学出版社，2006.

林坚，王宁．公平与效率：合作社组织的思想宗旨及其制度安排［J］．农业经济问题，2002（9）．

潘劲．中国农民专业合作社：数据背后的解读［J］．中国农村观察，2011（6）．

任大鹏，郭海霞．合作社制度的理想主义与现实主义——基于集体行动理论视角的思考［J］．农业经济问题，2008（5）．

孙亚范．合作社组织文化及其对我国农村合作经济组织创新的启示［J］．农村经营管理，2003（7）．

徐旭初．合作社文化：现状、图景与思考［J］．农业经济问题，2009（11）．

应瑞瑶．合作社的异化与异化的合作社——兼论中国农业合作社的定位［J］．江海学刊，2002（6）．

Chatman J A，Jehn K A. Assessing the Relationship Between Industry Characteristics and Organizational Culture：How Different Can You Be？［J］．Academy of Management Journal，1994，37（3）．

Hofstede G. Culture and Organizations：Software of the Mind［M］．London：McGraw Hilt，1991.

Morris M H，Avila R A，Allen J. Individualism and the Modern Corporation：Implications for Innovation and Entrepreneurship［J］．Journal of Management，1993，19（3）．

Ott J S. The Organizational Culture Perspective［M］．California：Brooks/Cole Publishing Company，1989.

农民合作社发展影响因素研究

黄惠英　秦树文

（河北北方学院经济管理学院，张家口　075000）

摘　要：农业合作社的发展受到很多因素影响，所以分析农民合作社发展影响因素很有必要。文章主要分析了机制体制、经济环境、社会文化、农业技术应用和农业资源五大因素对农民合作社发展的影响，并根据影响机理相应提出政策建议。

关键词：农民合作社；因素；社员

合作社起源于欧洲的资本主义市场经济，在北美逐渐发展起来，至今已经有几百年的历史。农民合作社在一个国家中占有重要的地位，农民合作社的产生克服了农业适度规模生产的局限，提高了农户的组织化程度，促进了农民增收。农民合作社的发展受不同因素的影响，本文将从机制体制、经济环境、社会文化、农业技术应用和农业资源对农民合作社的影响进行分析。

一、文献综述

众多学者关于合作社纵向延伸涵义的研究主要有：Emelianoff（1922）认为合作社是农场在市场经济中的纵向的延伸，即农场＋农户共同经营农业生产资料和农产品。其中加入合作社的社员的利益是合作关系维持下去的关键。Phillids（1953）在合作社纵向延伸的基础上，建立了模型，分析合作社的运营和利益分配。Hakelius（1966）在合作社纵向延伸的过程中，重点考虑了社员的情感因素、信任因素，以稳定合作关系。Rogers，Petraglia（1994）利用市场营销学分析了市场对合作社的正向显著效应。Cook（1995），Harte（1997）认为合作社具有"经济合理性阶段——组织设计阶段——成长、成熟和异质性阶段——识别反馈与再选择阶段"的生命周期，认为合作社是社员之间的"契约"关系的组织形式，社员通过这种形式可以获得最大化的利益。Sexton and Iskow（1988）认为社员为了目标最大化，生产标准化，节约生产成本，而自愿形成合作社。Nourse（1994）在市场经济条件下，市场失灵导致分散的小农户难以抵御市场中的风险，因此，农户应该选取合作形式，共同承担市场风险。Saattz（1987）认为农户为了降低信息不对称以及农业要素的专用性产生的成本才成立农民合作社。Hansen（2000）认为合作社能为社员提供各种有关农业生产、农产品销售的服务，将外部不经济转化为内部经济，减少农民的交易费用。Veerman（2001）认为农民合作社因为存在双重委托，因此在业务决策上相对农业公司而言存在一定的劣势。Ellia（1994）认为合作社的组织优势以及具有的将市场外部不经济转化为内部经济也是合作社成立的主要原因之一。Eilers and Hanf（1999）提出利用代理理论分析农民合作社中的契约、激励问题。Sexton（1990）研究认为不同的市场行为，市场结构会导致合作社不同具有不同的竞争力。Trechter（1996）认为投资者所具有的企业参与合作社经营时，或促使合作社获得更好的经济效益。Zago，Karantininis（2001）研究认为社员的异质性对合作社的效益存在很大的影响。黄祖辉等（2012）认为合作社的形成能为农户提供社会化服务，有助于降低农户在市场中的交易费用，增加农民收入。蔡荣等（2015）对我国农民合作社进行了研究，认为存在规模小，管理不规范，社员文化水平低等问题。徐慧等（2015）认为我国农民合作社的运营能力、资金实力、机制体制和发达国家的都有不同程度的差距。张晓川（2012）研究发现我国合作社多样性与异质性并存。黄胜忠（2014）研究认为，农户的自身特征以及外部因素共同影响着农户参加合作社的意愿。

二、合作社发展的区域环境因素

（一）机制体制

农民合作社的形成，为分散的农户形成一种组织形式提供了一种有规律可循的制度手段，同时促使现代农业生产形式实现了规模经济。农民专业合作社的基本目标是农民增收，合作社的机制体制的合理、完善是该目标实现的前提。合作社可以为社员提供一些服务，是市场组织的另一种替代形式，社员自愿参与合作社，参与之后实施民主管理，主要体现社员政治觉悟的不断进步。2007年以后，我国的农民合作社的机制体制不断完善，入社的农户逐渐增加，农民合作社得到了迅速发展，其对农户的带动效应不断增强。合作社通过为农户提供统一的生产资料，进行新技术培训，提供关于农产品产业链所需要的服务，降低了分散的小农户和大市场交易的费用，提高了农户的产品的竞争力，提高了农产品的附加值，从而带动社员的收入。农民合作社作为新型经营主体之一，有效地促使农业增效，农民增收。

有效的机制体制可以加强农民合作社的正外部效应，提高农民合作社的市场竞争力。农民合作社有效执行相关政策，获得资金支持，进行农业技术推广，建设农业产业园区，等等。从宏观到微观，有效的机制体制促使农民合作社的管理活动、生产活动、销售活动获得了保障，能使农民合作社起到很好的示范引领作用。在乡村振兴战略背景下我国农民合作社的发展必须要有有效的机制体制保障。

（二）经济环境

经济环境直接关系到合作社的竞争力的高低。在经济环境中，合作社处于竞争状态，能促使市场环境中的各主体趋利避害,走向合作,增强各主体的竞争力。在完全竞争市场中,农业技术市场的外溢效应有效发挥的前提是产业集聚,农产品加工企业集聚,集聚效应的有效发挥能提高农业专业化程度,提高了农产品加工品的品质,增加了农产品的比较优势。但生产要素的专用性会提高交易费用,而合作社的内部交易可以抵消提高的交易费用,所以农户有加入合作社的动力,促使合作社的生命力更加旺盛。

在经济发展比较快速的区域,其具有的市场化程度也比较高,市场竞争更激烈,所以在此环境下的农民合作社需要规范化管理。农业现代化的发展,促使农业生产以及农产品的交易也呈现出现代化形式,良好的经济环境能促使农民合作社的生产效率不断提高。农业技术的创新、扩散,农业专业人员的跨区域流动,更进一步促进农民合作社的发展。市场化比较优良的经济环境提高了农民合作社的要素配置能力。

(三)社会文化

农户自愿加入农民合作社,是合作社的主体,农民的社会文化习惯直接影响农民合作社的发展。农户在农业生产活动的过程中,带有很强的地方历史性和区域特性。农民的文化水平一般都很低,所习得的农耕知识是代代农民之间的口口相传。这种传播形式的主要纽带是地缘关系、血缘关系以及业缘关系,在农村存在的这种社会关系网络中,农耕文化、知识以及代代积累的经验构成的农耕知识体系被下一代农民接受并应用于农业生产中。社会文化直接影响到农户的农业生产行为,因此会影响到农民合作社的发展。

(四)农业技术应用

农业科学技术对农业生产具有很大的影响,农业生产受区域农业资源以及农业农作物生长的自然规律的限制,这两个区间的要素的投入带来农业产出率的增加的空间有很大的限制,但农业技术的创新、推广到最后的应用为农业带来的产出的增加的空间很大。农业技术创新的主体主要有:农业科研院所,设置农业专业的高校,等等。农业创新技术转化的主体主要有:农业企业,农业合作社,等等。农业创新技术推广的主体主要有:相关政府部门,技术主体企业,等等。农业创新技术应用主体主要有:农民,农业企业,农业合作社,农场,农业大户,等等。农业技术创新—农业技术推广—农业技术应用这一过程,需要三个阶段的主体紧密合作,我国的农业生产主体主要处于分散且非专业化局面,在这种情况下,技术应用主体所需要的农业技术并非处于统一水平,因此,同一技术创新主体面对的技术推广对象很复杂,新农业技术的推广费用很高。对于分散的农户,信息不对称增加了很大的成本。随着农业技术的应用,农业生产更加专业化,加工技术含量更高,农业产业链的分工更加明确,农业与工业、服务业的产业边界趋于模糊化。农业的发展更加需要横向和纵向的合作。农民合作社是最基础的农业生产的合作形式之一,是农业技术需求呼吁的主体,也是农业技术推广有效的主体之一,更是农业技术应用的主体之一,农民合作社能有效提高农业技术的推广速度和应用范围,能减少农业技术推广、应用过程中的成本。

(五) 农业资源

农业生产资源是农业生产区域客观存在的物资。农业生产对农业资源的依赖很大。农民合作社所处的区域是否具有优势农业资源以及特色农业资源基础，在很大程度上决定了农民合作社的竞争力。农业技术的创新虽然能提高农业资源的利用效率，但农业资源对农业的生产的限制仍然存在。

三、政策建议

(一) 完善机制体制

农民合作社的有效发展需要相关政府部门的政策进行扶持，通过完善政府的政策、制度，发展农民合作社的规划促进合作社的发展。政府通过立法确认农民合作社的地位，鼓励合作社创新性发展。政府通过规章制度合理规范农民合作社的运营，并给予监督。同时，政府对农民合作社制定的规章制度要遵循"民管，民有，民收益"以及农民自愿的原则。

农民合作社要制定内部治理制度，并有效地执行。该制度主要以确保农户在合作社的地位为主，确保农户的利益。有效的内部治理制度，首先是要制定合理的利益分配制度，主要包括按社员投入的劳动分配，按社员投入的资金分配，按社员在一周期内农产品的交易量返还利润，年末要按股分红。农民合作社在制定利益分配制度时，要制定合理的分配方式，满足核心社员和普通社员的需求。在利益分配的同时，留好预留资金，推动农民合作社持续发展。利益分配制度合理的同时，民主监督制度也要完善，设立社员大会、监事会，民主选举理事长、理事。实施民主监督、治理、决策，进一步保证农民合作社能体现农民的意愿。

(二) 优化技术推广路径

技术推广的前提是有比较好的技术创新环境。好的技术创新环境能提高合作社的技术创新能力。区域经济发展水平比较高的地区，具有农业生产要素聚集效应，能集聚技术人才、资金，能推动农业技术创新的发展。农业技术创新阶段之后，需要进行农业技术推广，在推广的过程中，政府是关键主体之一。同时可以利用农业园区的辐射带动能力，带动农民利用新技术。建立完善的风险预警以及控制制度。

具有较好的技术创新能力也是至关重要的，不同合作社主体的创新能力是不同的，各合作社与其他具有技术创新能力的农业经营主体要创建创新技术连接制度，促使创新技术在连接的渠道中有效扩散，实现创新技术外溢效应。

创新技术推广的过程中，要做好创新技术管理工作。农民合作社要推广创新技术，首先要引进技术人才，并对社员进行技术培训，投入研发资金以及设备，积极与就近科研院所以及高校进行技术学习。其次，加强对农产品质量体系、农产品品牌、技术的专利保护等，进行合理的管理，提高农产品的科技含量。

（三）提高经济发展水平

经济发展水平比较高的地区，其基础设施建设比较好，基础设施是农民合作社发展的基础，可以确保农业生产的物资条件，促使农业扩大再生产顺利进行。经济发展过程中，应该合理规划农业基础设施，能顺畅转移农村剩余劳动力，同时为农民合作社的发展提供基础保障。在建设农业基础设施的过程中，不能仅仅局限于农民的力量，应该采取多元投资形式，加大公共财政的投入，增加投资总量，整合社会各界关于农村投资的资金。投资方式也应该多元化，除了政府、村集体投资方式之外，还应该采用政府联合民间资金的投资方式，使投资资金趋向社会化。

农业基础设施具有外部经济、公共产品、集聚效应、垄断等属性，不同的农业基础设施具有的这些属性是不同的，因此，针对不同的农业基础设施应该采用不同的建设计划，采用不同的经营方式，不同的发展方式。由于资金、劳动力、资源的有限性，所有的农业基础设施只能分阶段发展。

除了发展基础设施，还要有效的建立技术农民培养体系。首先针对不同的技术型的农民设立不同的培养模式。对于粮食领域的技术型农民，政府应该主导，对从事该领域生产的农民进行专业知识的培训，主要通过在农闲时，举办短期讲座，平时通过电视，网络等进行培训。对于经济作物领域的农民，应该以市场需求为导向，及时引进先进技术。对于进行农产品储藏、销售的农民，应该利用企业资金对农民进行培训。

（四）扩大社会文化的影响

农民自身深受社会文化的影响，因此，间接促使社会文化对农民合作社的影响深远。农民合作社的社会文化应该具备理性、互惠两个特点。农民合作社的社会文化具有一定的习俗性，这种特性缺乏制度化和理性化，应该增强社员的集体行为以及差异化行为，提高农民的组织文化，增加社会文化在农民合作社的作用。激发社会文化中农民的自治作用，提高农民合作社集聚效应，提高其运行效率。利用社会文化的特性，协调农民的集体活动，建立合作社的价值体系，提高农民合作社的自治水平，明晰产权。

农民合作社的发展，其业务范围逐渐扩大，纵向型、横向型农民合作社之间的联系越来越紧密。实现了适度规模经济，降低了交易成本，利用农业产业链提高了农产品的附加值。合作社之间的联合，可以提高竞争力，增强抵御风险的能力。农民合作社的联合过程中，要积极整合农业生产要素，提高资源利用效率，促进农民合作社的发展。

（五）整合农业资源

自然资源对农业生产具有很大的约束。所以要整合各地区，不同合作社的生产要素和自然资源。发展特色农业产业，突出农民合作社的特色，依据资源优势制定科学合理的发展规划，延长农业产业链，增加农产品附加值，提高社员的收益。

资源是有限的，农业生产过程中要节约资源。发展循环农业可以节约农业资源，同时使资源再利用。循环农业的主体主要是农业大户、农业公司。但农户、合作社是主要的参与者，政府是主导者。提高农民合作社的循环农业意识，在农业生产过程中，节约资源，循环利用资源，提高能源的利用效率。

参考文献

黄祖辉，扶玉枝，徐旭初. 农民合作社的效率及其影响因素分析 [J]. 中国农村经济，2011（7）：4-13.

黄祖辉，扶玉枝. 创新与合作社效率 [J]. 农业技术经济，2012（9）：117-127.

徐慧，刘丰，陈淑玲. 国外农业合作社委托代理关系及其治理经验 [J]. 世界农业，2015（7）：64-69.

徐旭初. 合作社的本质规定性及其他 [J]. 农村经济，2003（8）：38-40.

苑鹏. 试论合作社与股份公司的本质区别与相互联系 [J]. 农村经营管理，2007（2）32-34.

Cook, M. The Role of Management Behavior in Agricultural Cooperatives [J]. Journal of Agricultural Economics, 1995, 5 (77): 177-178.

Emelianoff, I. Economic Theory of Cooperation: Economic Structure of Cooperative Organizations [M]. California University Press, Washington DC, 1942.

Hakelius, K. Cooperative Value, Farmers' Cooperatives in the Minds of the Farmer [D]. Swedish University of Agriculture Sciences, 1996: 162-164.

Harte, O. Corporate Governance: come Theory and Implications [J]. The Economic Journal, 1995, 430 (105): 231-234.

Hendriks, G. Marketing Cooperatives and Financial Structure: A Transaction Costs Economics Analysis [J]. Agricultural Economics, 2001, 3 (25): 94-99.

Nourse, E. The place of the Cooperative in our National Economy: American Cooperation 1942-1945 [M]. American Institute of Cooperation, Washington DC, 1995, 27-33.

Phillips, R. Economic Nature of the Cooperatives Association [J]. Journal of Farm Economics, 1953, 1 (35): 34-36.

Rogers, R., Petralia, L. Agricultural Cooperatives and Market Performance in Food Manufacturing [J]. Journal of Agricultural Cooperation, 1994, 9 (9): 47-50.

Sexton, R., Iskow, J. Factors Critical to the Success or Failure of Emerging Agricultural Cooperatives, Gaining Foundation Information Seri es [M]. Press of California University, California, 1998, 78-84.

Sexton, R. Imperfect Competition Agricultural Markets and the Role of Cooperatives: A Spatial Analysis [J]. Americ an Journal of Agricultural Economics, 1990, 3 (72): 151-158.

Vitaliano, P. Cooperative Enterprise: An Alternative Conceptual Basis for Analyzing a Complex Institution [J]. American Journal of Agricultural Economics, 1983, 5 (65): 113-117.

社会资本、资源获取与农民专业合作社成长[①]

——基于辽宁省 215 家农民专业合作社的实证分析

李 旭 李 雪

（沈阳农业大学经济管理学院，沈阳 110866）

摘 要：《农民专业合作社法》颁布十多年来，合作社发展迅猛，如何提升农民专业合作社的成长水平已经成为各界关注的焦点。本文基于辽宁省 215 家合作社调查数据，对社会资本是否以及如何通过资源获取影响合作社的成长进行了实证分析。实证结果表明，农民专业合作社的社会资本对成长有显著正向作用，其中结构性和认知性社会资本直接对合作社成长产生正向影响，资产型资源获取和知识型资源获取在社会资本与合作社成长之间起部分中介作用。由此，揭示了社会资本对合作社成长的作用机理。

关键词：农民专业合作社；社会资本；资源获取；成长

一、引言

农民专业合作社（以下简称"合作社"）能够综合农业生产的产前、产中、产后服务，打破市场垄断，有效对接"小农户"与"大市场"，从而规避小农户独自面临市场的风险，降低生产成本，取得合作效益，提高农民收入（Jeffrey，1995；邓衡山等，2011）。十多年来，国家对合作社发展的重视助推了各类各级合作社在数量上的迅猛增长，截止到 2017 年 7 月底，全国合作社数量已达 193.3 万家，是 2007 年的 73.22 倍，实有入社农户超过 1 亿户，约占全国农户总数的 50%。然而，伴随着数量快速增长，合作社也逐渐显现出自身发展能力弱和带动力不强等诸多问题（潘劲，2011）。因此，如何提升合作社的成长水平，已经成为学术界和政府关注的重心。

合作社本身就是嵌入在特殊的社会关系中，依赖交易者特殊的社会规范和共同信念来维持交易的正常进行（Granovetter，1985）。合作社从外部网络中获取的资产型资源是合作社成长的基石，获取的知识型资源是合作社生产、竞争的关键性资源。而合作社内部的团结、信任影响着资源获取的能力，这也决定了合作社的成长水平。然而，既有国内文献

---

① 项目来源：国家社会科学基金项目（14BJY091）、沈阳市社科联 2018 年度专项课题（17057）和 2018 年度辽宁省经济社会发展研究课题（2018lslktyb-101）。李雪为通讯作者。

多聚焦新制度经济学理论（黄祖辉，2000）、竞争优势理论（Egerstrom，2004）、组织结构（苗珊珊、张松槐，2009）和关系治理（刘同山、孔祥智，2013）、利益相关者（李旭，2015）、复衡性和绩效性视角（季晨等，2017）等视角探析合作社的成长性，整体来看，尽管目前针对合作社成长机理、影响因素的研究已有很多成果涌现，而且一些研究成果已经证实了社会资本对合作社绩效的促进作用（梁巧等，2014）。但是，社会资本对合作社成长影响的中间路径现有文献没有做深入揭示，这对于提高合作社的成长水平和利用社会资本无法给予有效的指导。基于此，本文在社会资本理论的基础上，以资源获取为中间路径，构建合作社社会资本对其成长作用的理论模型，以揭示社会资本对合作社资源获取以及资源获取对合作社成长的作用机理。

二、理论分析与研究假说

（一）社会资本的内涵和测量

社会资本的研究最早是应用在社会学领域中，1961年，Jacobs 在其研究中尤其凸显出以信任、合作为前提的个人之间关系以及组织整体行动为核心的群体的重要性。随着学科之间的交叉性增强，社会资本逐渐在经济学、管理学、政治学等领域引起了广泛的关注。Bourdieu（1980）首次提出社会资本的概念，将社会资本定义为"实际或潜在资源的总和，这种资源与长期拥有的制度化共同熟识和认可的关系网络有关"。Coleman（1988、1998）将社会资本定义为"个人拥有的社会结构资源"，认为它是可生产性的，存在于行动者之间的关系结构中。Ports（1995）将社会资本定义为个体借助于其在社会网络中的身份来调配有限资源的能力。

由于社会资本的衡量较为复杂和棘手，学术界对社会资本的衡量方式没有形成统一观点。因此，学者往往对其内容进行分类衡量。Putman（1993）将社会资本分为网络、规则和信任三方面内容进行测量。Nahapiet and Tsai 等（1998）用外部社会关系、内部成员之间的信任以及成员对组织集体目标和行动的理解度来衡量社会资本。Uphoff 等（2000）和梁巧等（2014）将合作社的社会资本分为结构性社会资本和认知性社会资本，分别指与外部合作组织之间的网络关系和成员之间信任程度。本文基于合作社的特点，借鉴 Uphoff 等（2000）的划分方式，将合作社的社会资本划分为结构性社会资本和认知性社会，结构性社会资本是指合作社与外部利益相关者之间的网络规模和强度，认知性社会资本则是指合作社管理者与社员、社员之间的信任关系。

（二）社会资本与合作社资源获取的关系

以往研究将资源获取能力应用到社会资本领域的研究非常之少，而将合作社作为研究对象的更是罕见。一些研究是以企业为主体探析社会资本与资源获取的关系，这对合作社的研究非常有借鉴意义。企业可以利用与供应商、政府、科研院所等许多主体之间的紧密关系，来获取所需的原材料、资金、知识和信息等资源（罗党论等，2009；朱秀梅等，2010），同时企业所利用的关系资源在很大程度上也会影响其获取的资源支持质量（Alvarez等，2004）。而合作社总是嵌入于农村场域与社会情境之中的，即要与外部利益相关主体进行信息、产品与资源的交换，也要赢得政府和商业伙伴的支持（崔宝玉，2015）。组织成员间良好的信任关系和分享知识的意图有效促进了资源的转换和应用，更激发了组织成员共同合作社努力，促使成员获取更多所需的资源（Barney等，1994），以达成集体目标。鉴于此，本研究提出假设1：社会资本对合作社资源获取呈显著正相关关系：

H1a：结构性社会资本对资产型资源获取呈显著正相关关系；

H1b：结构性社会资本对知识型资源获取呈显著正相关关系；

H1c：认知性社会资本对资产型资源获取呈显著正相关关系；

H1d：认知性社会资本对知识型资源获取呈显著正相关关系。

（三）资源获取与合作社成长的关系

组织拥有资源的种类，尤其是关键性的资源会影响其成长绩效，并且这种影响呈动态加强态势（刘芳等，2014）。资产型资源是企业赖以生存的基本条件（朱秀梅等，2010）。知识型资源虽然不能迅速转化为企业的绩效，但它具有模糊性、不可模仿性和不可替代性的特点，可以帮助企业分析发展战略和探寻发展商机，从而提高企业的经济效益（Zahra，2000）。合作社赖以生存的条件是嵌入社会网络中获取经营所需的资金、原料以及机器设备等资产型资源，然而，在激烈的市场竞争中，合作社还需要异质性的无形资源，即知识型资源，因为它是合作社获得竞争优势的基础，有助于合作社在市场环境多元变化中采取应对策略，在高度竞争环境中进行有效生产经营，从而扩大销售份额，提高市场占有率。因此，资产型资源是合作社实现成长的基础，而知识型资源是合作社成长的潜力。基于以上分析，本文提出假设2：资源获取对合作社成长呈显著正相关关系：

H2a：资产型资源获取对合作社成长呈显著正相关关系；

H2b：知识型资源获取对合作社成长呈显著正相关关系。

（四）社会资本、资源获取与合作社成长

有学者认为资源获取既是一种能力，又是一个桥梁，在组织成长过程中从外部关系网络中不断获取所需各种资源，从而促进组织的发展。本研究前期调研发现，当合作社的结构性社会资本嵌入于外部的社会关系网络中，可以加强合作社在整合资金、信息、技术等资源时的获取能力，从而为合作社带来经济效益（梁巧，2014）。另一方面，社会信任是合作社产生、存续和发展的必要条件（徐志刚等，2011）。认知性社会资本主要指合作社成员之间的信任程度，良好的信任关系有助于增强合作社内部资源的流动及交换，并增加成员对合作社的认同感和忠诚度（Keefer，1997），为实现共同致富目标，激励合作社成员从外部获取更多发展所需资源，共同促进合作社成长。因此，结合两方面影响的论证，

本文认为资源获取在社会资本对合作社绩效影响中起中介作用。基于以上分析，本文提出如下假设：

H3a：资源获取在结构性社会资本对合作社成长的影响中起中介作用；

H3b：资源获取在认知性社会资本对合作社成长的影响中起中介作用。

综上所述，本文的概念模型如图 1 所示。

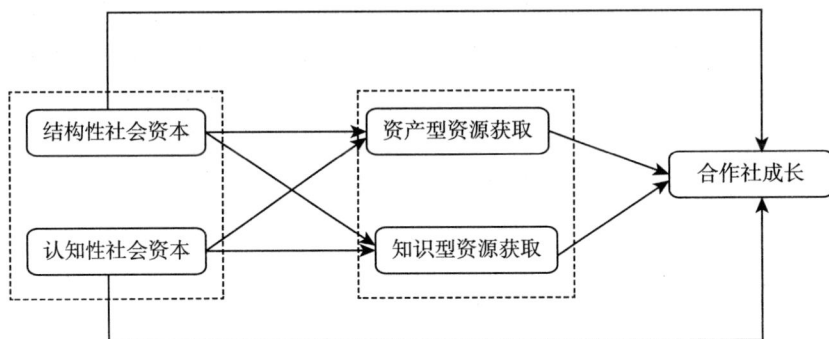

图 1　研究假设模型

三、研究设计

（一）研究变量与测量

1. 社会资本

本文借鉴 Uphoff 等（2000）和梁巧等（2014）的划分方式，将社会资本划分为结构性社会资本和认知性社会资本。本文用合作社与外部利益相关者联系的频繁程度、合作满意度、有效沟通程度三个指标来测量。认知性社会资本是以内部信任作为测量的关键指标，主要体现在四个方面：首先，社员对管理者提供服务和提高收益等方面的信任度；其次，管理者对社员能够生产和提供质量和数量达标产品的信任度；再次，社员之间的凝聚力和信任程度；最后，管理者与社员之间对信息、经验的沟通频率。

2. 资源获取

本文借鉴朱秀梅等（2010）的研究成果，将资源获取划分为资产型资源获取和知识型资源获取两个维度，在朱秀梅等量表的基础上，结合合作社前期调研的结果，得到合作社资源获取的量表，合作社获得较低成本的"生产资料和机器设备扶持、技术扶持、资金扶持、人才支持"四个题项测量资产型资源获取，合作社获取了较多的"农产品市场信息和知识、合作社优惠政策信息、市场营销知识和技能"，"理事长获取了一定的管理知识和技能"以及"社员获取了较多的农业技术知识、技能和培训机会"五个题项测量知识型资源获取。

3. 合作社成长

合作社的实质是经济互助性组织，本文参照郭红东（2009）和李旭（2015）关于合作社成长性的研究，从效益和互助两方面出发，包括示范社级别，与其他合作社比，合作社销售增长率令人满意、利润增长率相对较高，参与合作社农户数量不断增加，社员对合作社提供服务满意度五个测项。

（二）样本选择与数据收集

本文对辽宁省合作社进行实地调研，考虑到辽宁省不同地区合作社发展水平各不相同，课题组采取典型抽样的方法分别从辽东、辽中、辽西选取代表性市县开展调研，调研对象涵盖种植、养殖等生产类合作社。调查员与合作社的领办人或负责人面对面交谈，了解合作社的创办、社会资本、资源获取及成长等情况。调研共访问260家合作社，有效问卷215份，有效回收率82.7%。样本情况如表1所示，样本的代表性较好。实地调研的合作社产业包括粮食、果蔬、食用菌等种植类产品，生猪、肉鸡等禽类养殖，以及淡水鱼等水产养殖。此外，还对被调查者的性别、年龄、受教育程度等因素进行调查。

表1　样本特征分布情况（N=215）

样本特征	类型	样本量	占总体（%）	样本特征	类型	样本量	占总体（%）
性别	男	186	87	受教育程度	专科	56	26
	女	29	13		本科	6	3
年龄	35岁以下	17	8	产品种类	种植类	195	91
	36~45	55	26		养殖类	20	9
	46~55	101	47	示范级别	国家级	24	11
	55岁以上	42	19		省级	50	23
受教育程度	初中及以下	74	34		市县级	55	26
	高中	79	37		非示范社	86	60

四、数据分析与假设检验

（一）信效度检验

本文从一致性信度、组合信度、建构效度和判别效度，验证问卷的信度和效度。如表2显示，本文基于Cronbach's α值进行一致性信度检验，所有潜变量的Cronbach's α值均在0.78以上，表明量表的可靠性较好；5个潜变量的组合信度值均大于最低水平0.7，表明问卷具有良好的组合信度；5个潜变量的KMO值均大于0.7，且各题项在其潜变量的标准因子载荷值均大于0.5，显著性水平为0.000，表明问卷的建构效度良好；各潜变量平均方差抽取量（AVE）经检验均大于0.5，并且所测5个潜变量的AVE平方根均大于它与其他潜变量之间的相关系数，表明问卷具有良好的判别效度。

表 2　量表的信度效度分析结果

潜变量	题项	标准因子载荷	KMO值	组合信度	1	2	3	4	5
结构性 社会资本 （SC）	SC1	0.892***			0.83				
	SC2	0.834***							
	SC3	0.771***	0.734	0.87					
认知性 社会资本 （CC）	CC1	0.895***							
	CC2	0.877***							
	CC3	0.963***							
	CC4	0.844***	0.836	0.94	0.350	0.89			
资产型 资源获取 （AR）	AR1	0.815***							
	AR2	0.721***							
	AR3	0.621***							
	AR4	0.667***	0.759	0.80	0.424	0.638	0.71		
知识型 资源获取 （KR）	KR1	0.741***							
	KR2	0.761***							
	KR3	0.719***							
	KR4	0.748***							
	KR5	0.746***	0.856	0.86	0.635	0.564	0.588	0.74	
合作社 成长 （CG）	C	0.765***							
	CG2	0.853***							
	CG3	0.594***							
	CG4	0.738***							
	CG5	0.842***	0.835	0.87	0.535	0.679	0.692	0.671	0.76

注：相关系数包含在矩阵的下三角中，AVE 平方根在对角线上。***表示 $P<0.001$。

（二）模型拟合

在对量表的信度与效度进行检验之后，本文运用 AMOS22.0 软件对整体模型的拟合度进行检验，模型的拟合结果如表 3 所示。模型的绝对适配指数 RMR、χ^2/df、RMSEA、GFI 均符合标准，表明了构建的理论模型与样本数据间的拟合效果较好，且模型的相对适配指数 CFI、IFI、NFI 均大于 0.9，超过最佳拟合度指标。综上所述，整体模型具有良好的拟合程度，分析结果可适用。

整体模型的分析结果如图 2 所示，在图中回归路径达到显著性水平的用实线标注。结构性社会资本和认知性社会资本均对合作社成长影响显著，结构性社会资本、认知性社会资本对资产型资源获取和知识型资源获取均存在显著作用，假设 H1a、H1b、H1c 和 H1d 均得到支持。资产型资源获取和知识型资源获取对合作社成长的标准化路径系数分别为 0.31 和 0.232，并且通过了显著性检验，结果证实了合作社获取资产型资源和知识型资源的能力越强，越能提高合作社的成长水平，假设 H2a、H2b 成立。综上所述，假设 H3a、H3b 均得到了验证。资产型资源获取和知识型资源获取均在结构性社会资本、认知性社会资本与合作社成长之间起部分中介作用。

表 3　模型的拟合指数

指　　标	CMIN/DF	GFI	CFI	NFI	IFI	RMR	RMSEA
取值	1.811	0.888	0.953	0.901	0.953	0.041	0.062
参考标准	<2.5	>0.8	>0.9	>0.9	>0.9	<0.05	<0.8

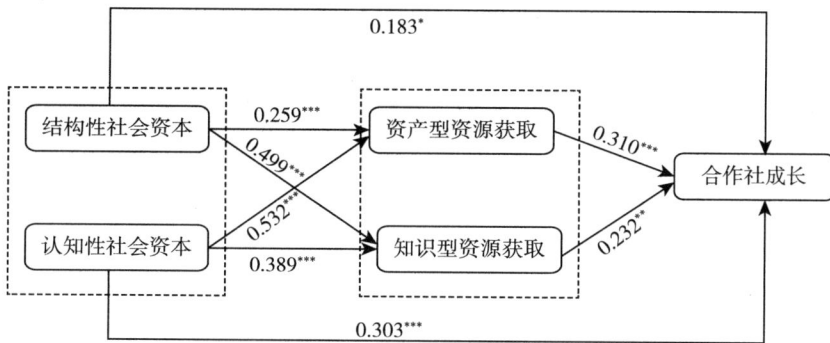

图 2　模型拟合结果

注：* 表示 $p<0.05$，** 表示 $p<0.01$，*** 表示 $p<0.001$。

五、研究结论与对策建议

(一)研究结论

本文通过构建结构方程模型，验证资源获取为中介变量的社会资本对合作社成长的作用机制，得到以下结论：①结构性、认知性社会资本均对合作社成长产生正向作用。合作社与外部利益相关者联系越频繁、合作满意度越高以及内部成员之间信任度越高、信息知识沟通的频率越高，越能提高合作社的成长水平。②社会资本与资源获取能力呈正相关关系。与外部利益相关者保持良好关系网络有助于合作社获取所需的资产型和知识型资源。合作社内部成员之间的凝聚力、信任度以及沟通频率越高，越能够激励社员利用所拥有的社会关系网络获取合作社所需的资源。③资源获取对合作社成长产生正向作用，合作社成员既可以直接使用获取的生产资料、资金等资产类资源促进合作社的成长，也可以运用获取的知识、技能和信息等知识类资源提高合作社的成长水平。

(二)政策建议

第一，合作社需构建和管理社会资本。首先，合作社在拓展外部关系网络的同时，还应该致力于提高网络的构建能力和管理能力，合作社的管理层即可以利用强关系网络来赢得发展所需的帮助和支持，也可以利用强关系网络去撬动拥有更丰富网络关系的组织或个体，从而撬动更好的社会资源来为合作社发展获资源支持，进而促进合作社的发展壮大。其次，政府应充分发挥其职能，为合作社与科研机构、涉农企业等利益相关者之间搭建合作平台，进而扶持合作社建立良好的外部关系网络。最后，合作社应加强社员之间的凝聚力和信任度。本文研究表明了成员之间的内部信任水平在提升资源获取能力和合作社成长水平上起到重要作用，建议合作社的管理层提高与社员之间关于信息、知识和经验的沟通频率及分享意愿，积极开展合作社文化和培训活动，促进成员之间交流合作，将传统的亲缘关系、地缘关系为纽带的"个人信用"维系模式转变为以契约精神等为基础的"普遍信任"来做支柱。

第二，合作社应该重视资源获取能力。一方面，合作社的管理层应注重提高自身的管理技能，增加农业和管理相关的知识储备，深入了解合作社相关政策，带领社员逐步实现集体致富目标。另一方面，合作社鼓励成员运用所拥有的关系网络获取合作社发展所需的资金、技术、产品信息和营销技能等，鼓励成员积极参加相关培训活动以及获取外部的相关知识和技术，并在合作社内部交流分享。此外，合作社既可以引进优秀的管理人才和技术人才，也可以邀请科研院所的专家与成员交流，将先进的技术和知识分享给社员，提高社员的思维意识和技能水平。

参考文献

崔宝玉.农民专业合作社：社会资本的动用机制与效应价值 [J].中国农业大学学报（社会科学版），2015，32（4）：101-109.

邓衡山，徐志刚，黄季焜，宋一青.组织化潜在利润对农民专业合作组织形成发展的影响 [J].经济学（季刊），2011（7）.

郭红东，楼栋，胡卓红，林迪.影响农民专业合作社成长的因素分析——基于浙江省部分农民专业合作社的调查 [J].中国农村经济，2009（8）：24-31.

黄祖辉.农民合作必然性、变革态势与启示 [J].中国农村经济，2000（8）.

季晨，贾甫，徐旭初.基于复衡性和绩效视角的农民合作社成长性探析——对生猪养殖合作社的多案例分析 [J].中国农村观察，2017（3）：72-86.

李旭.农民专业合作社成长性的评价与决定机制——基于利益相关者理论 [J].农业技术经济，2015（5）：76-84.

梁巧，吴闻，刘敏，卢海阳.社会资本对农民合作社社员参与行为及绩效的影响 [J].农业经济问题，2014，35（11）：71-79，111.

刘芳，梁耀明，王浩.企业家能力、关键资源获取与新创企业成长关系研究 [J].科技进步与对策，2014，31（8）：85-90.

刘同山，孔祥智.发展视角下的合作社治理 [J].经济问题探索，2013（6）.

罗党论，唐清泉．政治关系、社会资本与政策资源获取：来自中国民营上市公司的经验证据 [J]．世界经济，2009（7）：84-96．

苗珊珊，张松槐．农民专业合作组织成长机理研究 [J]．合作经济与科技，2009（15）．

潘劲．中国农民专业合作社：数据背后的解读 [J]．中国农村观察，2011（6）．

夏英．2017 年我国农民合作社发展现状、导向及态势 [J]．中国农民合作社，2018（1）：10-11．

徐志刚，张森，邓衡山等．社会信任：组织产生、存续和发展的必要条件 [J]．中国软科学，2011（1）：47-58．

朱秀梅，费宇鹏．关系特征、资源获取与初创企业绩效关系实证研究 [J]．南开管理评论，2010，13（3）：125-135．

Alvarez, S. A., Barney, J. B. Organizing rent generation and appropriation: toward a theory of the entrepreneurial theory firm [J]. Journal of Business Venturing, 2004, 19: 621-635.

Barney, J. B., Hanson, M. H. Trustworthiness as a source of competitive advantage [J]. Strategic Management Journal, 1994 (15): 175-190.

Bourdieu P. The forms of capital (1986) [R]. Cultural theory: An anthology, 2011: 81-93.

Coleman J S. Social Capital in the Creation of Human Capital [J]. American Journal of Sociology, 1988, 94 (Supplement): 95-120.

Egerstrom, L. Obstacles to Cooperation [M]. in Christopher D. Merrett & Norman Walzer (eds): Cooperatives and Local Development, M. E. Shape Inc, 2004: 70-91.

Jacobs. The Death and Life of Great American Cities London Penguin [R], 1965.

Jeffrey, S. R. Potential for Cooperative Involvement in Vertical Coordination and Value-Added Activities [J]. Agribusiness, 1995, 11 (5): 473-481.

Knack S, Keefer P. Does social capital have an economic payoff? A cross-country investigation [J]. The Quarterly Journal of Economics, 1997, 112 (4): 1251-1288.

Mark Granovetter. Economic Action and Social Structure: The Problem of Embeddedness [J]. The American Journal of Sociology, Vol. 91, No. 3. (Nov., 1985), pp. 481-510.

Nahapiet J, Ghoshal S. Social Capital, Intellectual Capital, and the Organizational Advantage [J]. Academy of Management Review, 1998, 23 (2): 242-266.

Portes. Social Capital: Its Origins and Application in Modern Sociology [J]. Annual Review of Sociology, 1998, 24, 1-24.

Putnam R D. Bowling alone: America's declining social capital [J]. Journal of Democracy, 1995, 6 (1): 65-78.

Putnam R D. The prosperous community: Social capital and public life [J]. American Prospect, 1993, 13: 35-42.

Uphoff N, Wijayaratna CM. Demonstrated benefits from social capital: The productivity of farmer organizations in Gal Oya, Sri Lanka [J]. World Development, 2000, 28 (11): 1875-1890.

农民合作社内资金互助规范发展的路径研究[*]

——基于山东临沂的案例

王刚贞　　江光辉

（安徽财经大学金融学院，蚌埠　233000）

摘　要： 农民合作社内的资金互助作为合作金融组织形式，具有信息对称、交易成本低、运行机制灵活等优势，对缓解我国农村资金供需矛盾、完善农村金融服务、促进农村经济发展以及增加农民收入等方面发挥重要作用，但存在外部监管缺失、内部管理混乱等问题，以致金融风险频发。本文基于农村合作经济理论，通过调研山东省临沂市供销合作系统资金互助业务试点情况，深入剖析临沂资金互助模式的运行机制与监管机制，总结其开展成效与问题，最后提出从立法监管、政府扶持及体系构建三个方面规范农民合作社内资金互助的发展路径。

关键词： 农民合作社；资金互助；规范发展

一、引言

农业经济是国民经济发展的基础，关系到我国"乡村振兴战略"的大局。但长期以来，融资难问题成为严重制约农村经济发展的瓶颈，农村金融问题已受到政府和学界越来越多的关注。党的十七届三中全会首次提出"允许有条件的农民专业合作社开展信用合作"，全国各地的农民合作社积极探索，大力开展资金互助，截止到 2016 年底，全国依法登记的农民合作社已达 166.9 万家，入社农户约占全国农户总数的 42.7%^①，其中大部分农民合作社已经开展或准备开展资金互助业务。农民合作社内的资金互助作为一种民间金融组织形式，从属于农村合作经济组织的范畴。农民合作社内的资金互助是建立在人缘、地缘、血缘、业缘的基础之上，这种组织形式的运作同时依靠非正式约束和正式约束双重制度规则发挥作用，既具备民间金融交易的信息对称性、交易成本低、运行机制灵活等优势，同时也具备了现代正规金融的组织性和规范性，这种特有的优势使其能有效服务农民

---

　　* 基金项目：安徽省教育厅基地重点项目"农民专业合作社内部资金互助问题研究"（SK2015A088）。

　　作者简介：王刚贞，教授，硕士生导师，研究方向：农村金融。E-mail：wgz3499@163.com。江光辉，硕士研究生，研究方向：农业经济。电子信箱：jgh1993@126.com。

　　① 2016 年农业部关于农民合作社的最新政策指示：http://www.tuliu.com/read-40224.html。

合作社、家庭农场以及农户。对缓解我国农村资金供需矛盾、完善农村金融服务、促进农村经济发展以及增加农民收入等方面具有重要意义。

然而目前存在外部监管缺失、内部管理混乱等问题，以致金融风险频发。近年来河北、江苏等地连续出现了假借"合作社"名义开展非法集资活动以及负责人卷款跑路和社员挤兑股金事件，严重扰乱了农村金融秩序，对当地金融生态安全造成了极大危害，甚至影响我国农村合作金融的发展进程，引发了政策界和理论界的高度关注。

因此，农民合作社内的资金互助未来如何完善风险管理，地方政府如何进行有效监管，如何在金融稳定与市场发展之间寻求平衡，以实现农民合作社内资金互助的规范发展，不仅是当前政策界关注的焦点，也是本文研究的重点。

二、文献回顾

国内外关于农民合作社内资金互助的研究成果不断丰富，主要集中于三个方面：

一是农民合作社内资金互助的优势研究。农民合作社内的资金互助是以农民合作社为基础进行社员间的资金互助和信用合作，有利于解决借贷双方的信息不对称问题，Hoff和 Stiglitz（1990）指出，在信息不对称的条件下，正规金融与非正规金融在筛选、监督和合约实施成本等方面的差异是发展中国家存在二元金融结构的主要原因。正规金融机构往往缺乏对农户生活、经营以及道德方面的私人信息，从而无法精确监督农户如何使用贷款（张正平、何广文，2009），为了克服信息不对称带来的风险，正规金融机构一般要求严格的抵押和担保或采取信贷配给（Holmstrom and Tirole，1997），而由于农户的财富禀赋一般较低，难以向金融机构提供有效的抵押，致使逆向选择和道德风险问题更为严重，也更难解决（Carter，1988）。资金互助社从农户生产经营中内生出来能有效实施相互监督和合同互联，与农民合作社或龙头公司联合发展时可显著改善农村融资状况（洪正，2011），因此，农民合作社内的资金互助是更加适应农村生产关系的组织形式（王玮等，2008），是帮助合作社和社员摆脱融资困境更为现实的选择，具有交易成本低、较强的内在稳定性和自我风险管理能力等优势（张德元，2016），资金互助的迅速发展，在很大程度上缓解了农村资金供需矛盾，有效地改善了农户贷款难问题（李明贤，2016），并且在开拓市场、促进扩大再生产及农业产业结构调整、增加农民收入、实现规模经济效益等方面发挥了很好的作用（贾晋等，2017；王苇航，2008；何广文，2007；戎承法等，2011）。

二是农民合作社内资金互助的风险研究。合作社内部开展资金互助作为民间融资的一种形式，其发展面临着诸多风险，首先是信用风险的积累和严重的法律风险（王曙光，2009）。其次是流动性风险（王慧颖，2014），由于缺乏合理的融资机制，资金互助社普遍面临资金不足的境况（雷鹏等，2017），相对于正规金融机构而言，资金互助社对流动性风险的控制措施仅通过控制贷款规模和结构，而不能像正规金融机构那样通过同业拆借、再融资或向中央银行借款来缓解流动性约束，也正因为流动性风险控制措施少，致使互助社不能充分利用资金（孔祥智等，2011）。第三是自然风险和市场风险，由于资金互助社的资金主要运用三农领域，是风险的集聚地，如很多养殖类的资金互助社的风险控制手段主要是依赖加强技术服务和担保，其他风险控制手段缺失，一旦出现大规模疫病，贷款资金将面临较大风险（夏英等，2010），贷款过程中的自然风险和市场风险等不确定因素成为制约资金互助社发展的主要障碍。第四，操作风险和内部人控制所产生的道德风险（彭澎等，2015），资金互助社因存在违法违规操作行为，出现了非法集资、老板跑路现象[①]，甚至，出现倒闭事件（潘军昌等，2013），使资金互助社的社员在经济上蒙受损失，也给资金互助社的健康发展增设了障碍。

三是农民合作社内资金互助的监管研究。农民合作社内资金互助作为新型的合作金融形式，其发展仍处于摸索阶段，尽管银监会已出台《农村资金互助社管理暂行规定》，对农村资金互助社的建立和发展提供了重要的制度保障和政策支持。但由于监管制度与农村金融实际相脱离（陈司谨等，2011），银监会的监管过严和监管过度，导致市场准入门槛偏高（张德峰，2012）和经营灵活性降低（邵传林，2010）。农民合作社内的资金互助由于分布广、数量多，监管难度非常大，加上农委系统、供销合作社等管理部门缺乏专业监管人才和监管手段，使得农民合作社内的资金互助实际上处于外部监管缺失的状态，风险管理完全依赖于负责人的风险管理意识和风险管理能力，导致各地资金互助社的风险管理水平参差不齐，有很多地方存在不规范经营现象，从而集聚了大量风险（汪小亚，2014；彭澎等，2015）。如江苏灌南县的资金互助社是由县委农村工作部批准设立，因监管不到位，使资金互助社负责人违规操作，私自挪用社员储户存款，放高利贷给江苏龙诚集团，最终因资金链断裂导致资金互助社倒闭（潘军昌等，2013）。

然而，结合我国农村合作经济发展的实际情况，研究如何进行制度设计以使农民合作社内的资金互助能够持续发挥其制度优势而避免出现异化，探讨农民合作社内的资金互助未来将如何规范发展，避免走入农村合作基金会整体覆灭的厄运，是当前实务界和政策界最为困惑也是亟待解决的问题。山东省于2015年成为国务院唯一批准开展合作金融试点的省份，其中临沂市是第一批试点市区，临沂市供销合作系统积极探索农民合作社内资金互助并取得巨大成效，但临沂合作金融在运行中依然存在发展困境和监管困境。本文将深入剖析临沂农民合作社资金互助模式，探讨农民合作社内的资金互助将如何完善运行机制、风险管理以及有效监管，并提出相关建议以期规范发展。

三、山东临沂农民合作社内资金互助模式

山东农业历史悠久，耕地率属全国最高省份，是中国的农业大省，农业增加值长期稳

---

① 中国政协新闻网．"警惕资金互助社重蹈农金会覆辙" http：//cppcc.people.com.cn/n/2013/0115/c34948 - 20197902.html.

居中国各省第一位。同时山东省也是资金互助业务开展最成功的一个省份，因此成为国务院唯一允许开展新型农村合作金融试点的省份，其中临沂不仅是山东省面积最大的市，更重要的是临沂市供销社领办农民合作社开展资金互助业务（简称"临沂资金互助模式"）是全国规范运作的典范。截至 2016 年底，临沂市供销社有 55 家农民合作社开展了资金互助业务，服务社员 1.52 万户，其中，开展资金互助业务的农民合作社中获国家级、市级以及县级示范社占 70% 以上，有 22 家获得"山东省农民专业合作社信用互助业务资格认定书"，为解决农户融资难及促进农户增收发挥了巨大作用。因此，选择山东临沂资金互助社的案例进行深入剖析具有典型的代表性。

1. 运行机制：大小联合

山东临沂作为农业大市，农业产业化有一定的基础，但由于受农村金融市场萎缩的影响，资金严重匮乏，制约了发展。为突破资金瓶颈制约，临沂供销社利用供销系统的综合优势，结合农村信用的基本特点，将生产合作、经营合作和信用合作融为一体，逐步构建了"大小联合"的资金互助运行机制（图 1）。通过"小联合"进行农民合作社内社员之间的资金调剂，通过"大联合"进行各农民合作社际之间的资金调剂。"大联合"与"小联合"有机结合，能有效解决农户在生产经营中的融资难题，解决农民合作社发展中的融资难题，降低了生产经营成本；并将农民合作社与农民紧紧地连接在从基地到市场终端的农产品经营服务体系中，形成一个竞争力不断提升的利益共同体，推进农业产业化的发展。

（1）小联合：社员之间的资金调剂。所谓"小联合"，就是各农民合作社在本社社员内部开展资金互助。农民合作社内部成立资金互助部，管理社员互助金，对互助金安全高效运作，以信用合作支撑生产经营合作，促进农民合作社的发展，以生产经营合作增强信用合作的服务功能。社员可以向本社信用互助部申请小额互助金，享受优惠利率，以解决种植、养殖、生产加工等致富项目缺乏资金的问题。通过小联合，把社员闲置的资金集中起来，办一家一户办不了的大事。

农民合作社内的资金互助主要为了解决社员生产经营中的资金需求，但由于单个农民合作社的产业单一，生产经营具有同质性，生产周期完全一致，资金需求和资金盈余的时段高度重叠，导致农民合作社内的资金互助出现"两难困境"：投入期时社员都需要资金，出现"无资金可贷"的局面；收获期时社员都有闲置资金，出现"无社员可贷"的局面。资金互助仅限于满足社员之间的生活资金需求，难以满足社员之间生产资金的需求，难以真正实现社员之间的资金余缺调剂。

（2）大联合：社际之间的资金调剂。为解决"小联合"资金供求的"两难困境"，临沂市供销社尝试构建"大联合"的资金互助模式，对全市 50 家①农民合作社因区域性、产业性、季节性差异产生的资金余缺进行调剂。所谓"大联合"，即成立临沂亿嘉农林牧

---

① 临沂亿嘉农林牧专业合作联合社是由临沂市河东区供销社建立，开始是为河东区的 14 家合作社（包括亿嘉果蔬产销专业合作社）进行资金融通，后来作为市级融资平台。

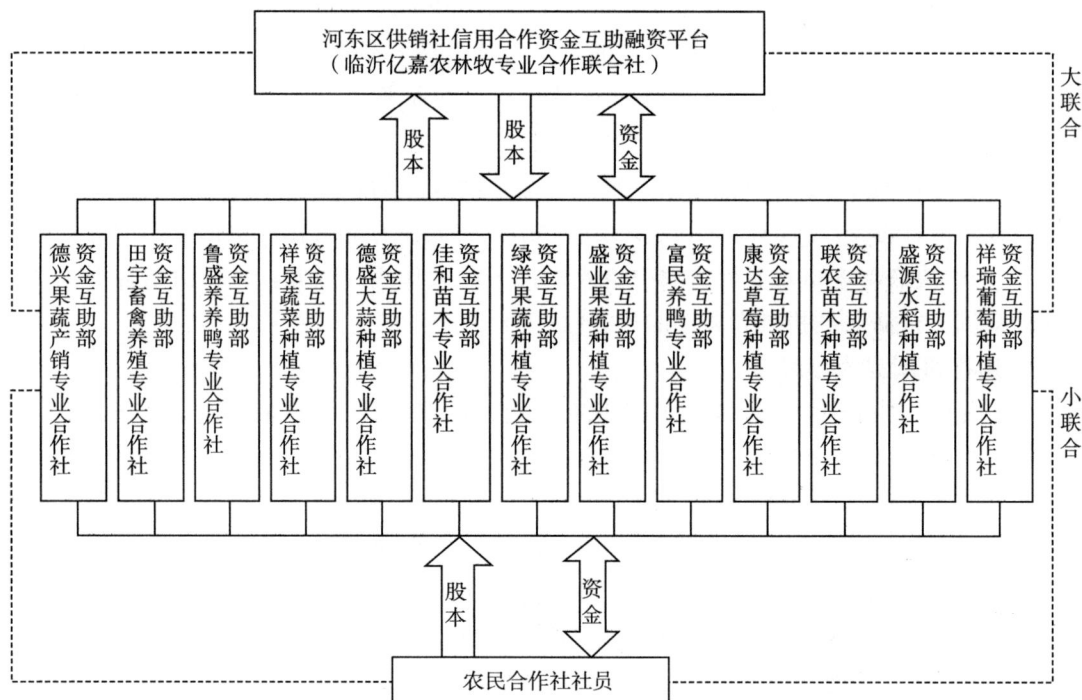

图1 "大小联合"的资金互助运行模式

专业合作联合社作为农民合作社之间的资金余缺调剂平台,当单个农民合作社有富余资金且无社员可贷时,可将资金调入调剂平台;当单个农民合作社有资金需求且无资金可贷时,可从调剂平台借入资金。通过"大联合"发挥调节器、蓄水池作用,实现各农民合作社际之间进行资金调剂、互融互通,提高了资金使用效率,充分发挥了信用合作对农民合作社发展的支撑作用。

2. 监管机制:内外结合

临沂资金互助模式成功运行十年有余,发展规模稳步扩大,得益于资金互助社严格的内部监管机制与外部监管机制相结合(图2)。

(1)内部监管机制。临沂资金互助社建立严格的监管条例,严格坚持"社员制"、"封闭式""不支付固定回报"原则,对互助资金使用程序进行了明确规定,实现区域内合作社统一标准,实现规范化操作流程。实现资金互助社审查社员以及社员对资金互助社进行监督的双向监管机制。

其一,资金互助社审查社员。资金互助社相比其他商业银行的优势主要是由于社员之间的信息完全对称,从而能节约交易成本,控制风险。如果不能达到这个要求,资金互助社的优势也不复存在。因此,社员的资格审核是关键。参与"大小联合"资金互助模式的资金互助社审核社员主要基于两点:一是基于业缘——同一产业的社员。开展资金互助业务的农民合作社必须是建立在产业经营的基础上,具有一定的经营基础和实力;参与资金

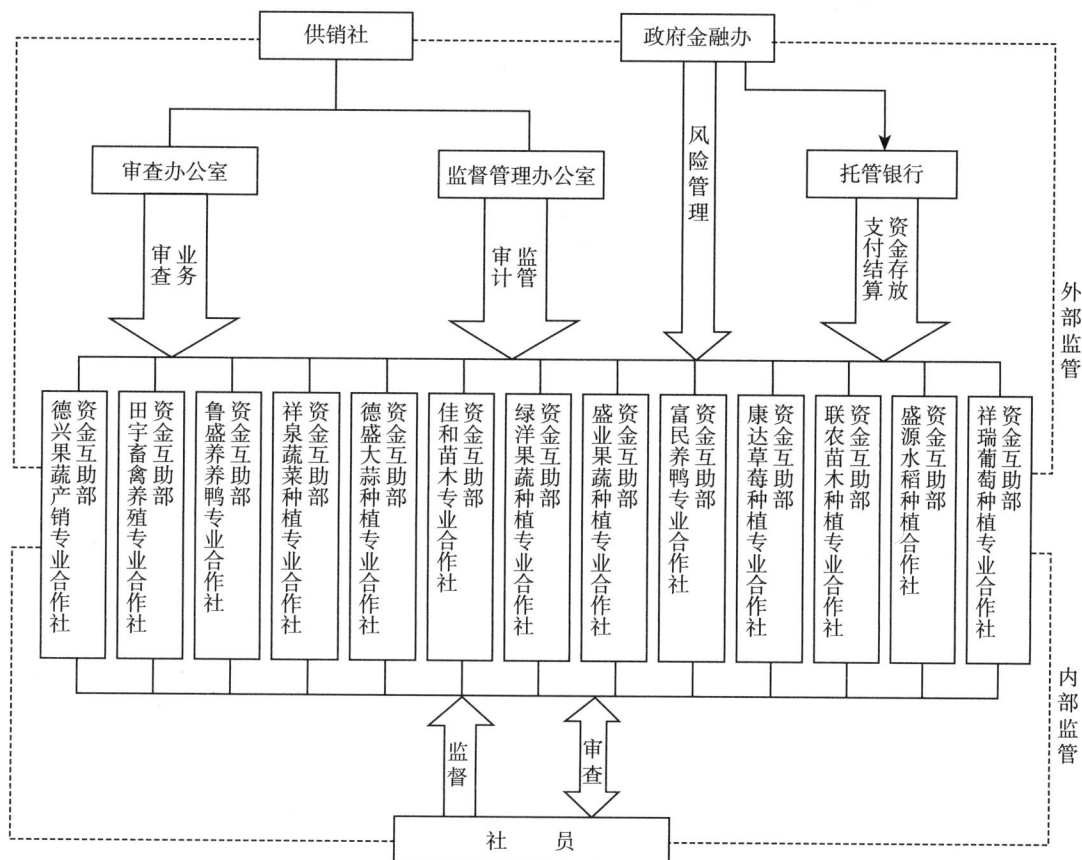

图2 "内外结合"的资金互助监管模式

互助的社员必须是参与生产经营的社员，与合作社之间有紧密的业务往来。这两个"必须"有利于资金互助社完全掌握社员的资金用途以及还款能力，有效控制资金风险。二是基于地缘——同一区域的社员。参与的社员以生产经营地为中心的半径范围内，以村镇为限，一方面，距离决定了社员之间的交往频次，决定了社员之间的了解程度，有利于真正发挥资金使用的有效监督，降低监督成本。另一方面，经营相同产业的社员在同一区域内有利于信息和技术交流，提高生产经营水平，也可以降低社员之间的交易成本。可有效地规避资金互助社为了扩大资金来源，大量降低社员的门槛，如存入较少金额即可认定为社员，从而导致规模急剧膨胀，走入非法集资的泥潭。

其二，社员监督资金互助社。资金互助社的贷款仅限于社员之间，资金互助社为每个社员设立社员账户，社员账户要在社内定期进行公示，允许社员查阅。贷款发放时，成立由农民合作社管理人员和社员代表组成的资金使用评议小组，每年对社员出资情况、信用状况、资金需求和使用成本公开评议1次，确定每位社员的授信额度并予以公示，社员可在授信额度内申请使用资金。可有效的发挥社员的监督作用，避免出现农民合作社挪用资金以及不良贷款的发生。

（2）外部监管机制。临沂资金互助社自开展以来一直在临沂市供销社的严格监管下，稳步健康发展。为了进一步加强监管，2015年加入新型农村合作金融试点后开始增设金融办这一监管主体。

其一，供销社是首要监管主体。临沂资金互助模式是在供销社领办的合作社内开展，且供销社系统合作社内部占股34％以上、有实际话语权的合作社开展信用互助业务。供销社作为出资人和管理者，对资金互助业务的健康运行承担着第一监管责任。因此，为了提高对资金互助业务的监管水平，河东区供销社成立供销社信用合作资金互助管理委员会，下设河东区供销社信用合作资金互助审查办公室和河东区供销社信用合作资金互助监督管理办公室，形成完善的监管组织体系（图2）。管理委员会主要负责贯彻国家、省、市有关农村合作组织资金互助监督管理的政策法规，制定工作计划和落实措施，指导系统内资金互助业务的开展，负责系统内互助资金的监督管理，负责对区供销系统内互助资金运转使用等情况的监督指导。信用合作资金互助审查办公室，主要审查供销社系统内资金互助业务的投资方向、投资额度、考察报告、保证措施、借款手续，借款备案等。信用合作资金互助监督管理办公室主要负责全系统内信用合作资金互助日常监督、管理、审计、指导等工作。

其二，金融办是试点监管部门。山东省是国务院同意开展新型农村合作金融试点的省份，临沂最早被列入新型农村合作金融专项试点县（区）。根据山东省人民政府办公厅出台的《山东省农民专业合作社信用互助业务试点方案》和《山东省农民专业合作社信用互助业务试点管理暂行办法》，明确各县（市、区）政府是本辖区信用互助业务试点监督管理和风险处置的第一责任人，有义务及时识别、预警和化解风险。省和设区市、县（市、区）地方金融监管局是本辖区信用互助业务试点的监督管理部门。明确要求建立托管银行制度，即开展信用互助业务试点的农民合作社应当选择一家银行业机构，作为其信用互助业务试点账户开立和资金存放、支付及结算的唯一合作托管银行，不允许设资金池，从而避免出现资金互助社负责人挪用资金或捐款跑路的事件发生。

四、山东临沂资金互助发展成效及问题

临沂资金互助模式最早于2006年开办资金互助业务，成功运行十年，取得了卓有成效的功绩，成为全国各地学习的经典案例。截止到2016年底，临沂供销社开展信用互助业务合作社共计55家，累计发放互助资金总额4.6亿元，服务社员户次达1.2万次，社员户均贷款额度达3.8万元，运行稳健。不可否认，"大小联合"的资金互助运行机制极大地解决了农民融资难的问题，促进生产经营发展，实现农民收入增长；"内外结合"的资金互助监管机制确保资金互助社十多年的健康运行，农民信用意识不断提高，金融生态环境不断优化。但在发展过程中依然存在一些问题：

1. 缺乏政策扶持

临沂资金互助模式极大的解决当地三农融资难问题，但资金互助业务难以享受国家对三农的政策扶持，且存在业务监管、工商监管、税务监管以及法律地位不明确等问题。另外，合作社缺少银行机构融资支持，其预期支付能力不确定，面临运营成本和流动性支付风险双重压力。贷款需求主导型的特点与融资政策不配套的现实交互作用，使合作社融资受到限制，发展受到制约。

2. 投资渠道受限

临沂资金互助模式的独特之处是将亿嘉农林牧专业合作联合社作为资金互助调剂平台，在为社员提供农业生产资料的购买，农产品的销售、加工、运输、贮藏以及与农业生产经营有关的技术、信息等服务的同时，将社员单位之间的富余资金进行调剂、互融互通，从中发挥调节器、蓄水池作用。虽然调入合作社的资金可用于合作社之间的调剂，但会受到季节、经营周期等因素影响，有时会存在资金闲置和对外投资的压力。由于县域缺乏投资人才，投资渠道有限，难以利用资本市场来分散投资风险并寻求投资收益。因此，合作社只能进行其他投资，如基地建设，成立食品公司以及地产开发公司等，其中亿嘉融资平台入股成立地产开发公司，投资额占亿嘉总股金的 34％，其投资过于集中，风险较大，且随着宏观调控的推进，地产开发的风险也将逐步显现，这将加大了合作社投资的风险性。

3. 监管有待完善

为了促进规范经营，临沂资金互助社设有监管部门、监管人员、规章制度等，从全国范围来看，其运行相对比较规范，但存在基层监管压力过大等问题。亿嘉融资平台接受河东区供销社信用合作资金互助管理委员会的监督管理，监管人员主要是从事相关业务的现有人员，对资金互助业务熟悉，但存在人员紧张、业务繁忙、监管压力大等问题，难以系统性地开展检查指导、业务培训、工作交流等。随着临沂市成为信用试点后，金融办全面负责资金互助的监管工作，一定程度减轻供销社的监管压力，但金融办的监管过于严格，导致业务难以正常开展。山东省 78 家试点农民合作社平均开展互助业务规模仅 22 万元，从抽查 11 家农民合作社的互助业务开展情况看，发现大部分（占抽查总数的 56％）都存在虚构互助业务，难以真正发挥资金互助的融资效果。

五、结论与建议

本文基于山东临沂农民合作社资金互助业务试点情况，分析认为临沂资金互助模式创新地运用"大小联合"的运行机制以及"内外结合"的监管机制，实现了资金在社内和社际间的流动，提高了合作社资金使用效率，实际解决了合作社发展中的融资难题，并使得资金互助业务在内外监管的作用下长期稳健运行，在一定程度上代表了我国农村合作金融的成功探索。但国务院在山东省的合作金融试点发展停滞，也表明临沂资金互助模式中双重监管主体存在一定的问题，要实现农村资金互助业务的健康发展，避免走入农村合作基金会整体覆灭的厄运，必须加快立法进程及加大政府扶持，更重要的是从制度上构建多层次资金互助体系。

1. 加快立法进程为监管提供法律保障

合作金融的发展需要法律的保障，以实现对合作金融进行专门的调整。我国合作金融已经走过了50多年的历程，但目前尚未制定一部《合作金融法》。从我国合作金融的发展历程来看，农村合作基金会的倒闭和农村信用社的改革困境，都充分印证了没有专业合作金融法律的支持，将难以建立真正的合作金融组织。如果没有合作金融法律的支持，政策规定具有较强的随意性，在以后的发展过程中存在被禁止或者被全面取缔的风险，这种不确定性也会对农村资金互助社的融资环境造成巨大的影响。所以，应尽快制定《合作金融法》，明确该法律分为总则和细则这两部分。其中总则部分应该规定全国所有合作金融组织应遵循的基本规则，在分则部分可设专篇对"农村资金互助社"进行规定，明确农村资金互助社的性质、地位、设立、变更和终止等条件和标准，界定相关主体的权利义务和职责，完善法人组织的治理机制等。

2. 加大政府扶持以增强风险抵抗能力

农村资金互助社具有天生的弱质性，政府在加强监管的同时，还要加大扶持力度，以增强其抵抗风险的能力。首先，在成立的初期，政府应给予必要的资金、技术或人员的扶持，使其具有一个强大的支持后盾。政府可以考虑安排专项财政资金用于农村资金互助社的发展，对新成立的可给予一次性的财政奖励或给予一定的启动资金，政府可以通过财政转移支付或发行特别金融债券等形式来筹集资金，可以入股的方式投入农村资金互助社。为了防止农村资金互助社对资金的挪用，政府可以将这些资金委托给信用社或农行代为保管，实行专项资金的专门管理制度。

其次，农村资金互助社的资金主要作用于农业领域，政府可以给予其一些税收优惠政策，如在成立的前三年实行免税优惠，可将所减免的税收用于建立风险基金。同时，政府可以利用财政政策和货币政策激励金融机构，以促进正规金融机构与农村资金互助社相互合作。比如可以对金融机构融资给农村资金互助社的业务实行免税政策，也可以放宽金融机构向互助社融资的银行间同业拆借的利率，使其两者之间可以自由商定其拆借成本。

最后，政府应积极推动建立和完善农村信贷保险制度。农村资金互助社基于信息对称性，贷款的主观违约风险比较小，但农业属于弱质产业，自然风险和市场风险较大，加上农户自身的风险承受能力弱，农村社会保障制度建设相对落后，从而增大引发客观违约风险的比率。因此，政府可以积极引入保险制度，政府补贴部分或全部保费，在发生自然灾害或保险条款中的属于保险责任的事故时，由保险公司进行理赔，农村资金互助社作为第一受益人，可以减少因一些客观因素造成的贷款损失，并且当地政府可以对受损社员提供一定的技术支持或项目支持，从经济上使其尽早摆脱困境。

3. 构建多层次的资金互助体系

农村资金互助社是未来合作金融发展的主要形式，如何在控制风险的前提下实现快速发展是政府关注的核心。农村资金互助社坚持社员制和封闭性原则，可以充分发挥"熟人社会"的信息完全对称优势，是控制风险的重要保障。但同时存在着融资能力有限以及投资渠道受限等双重问题，直接危及其生存和发展壮大。因此，根本的解决办法是要从更高层面构建多层次的资金互助体系，主要包括三个层次：

一是基础层。成立村级农村资金互助社，依托业缘、地缘或人缘等吸纳社员，严格遵循封闭运行原则，直接以一定方式向农户提供金融服务。

二是中间层。组建县市资金互助社联合社，资金富余的村级农村资金互助社可将资金调剂给资金短缺的村级农村资金互助社，以解决同一产业或同一地域因季节性和周期性因素产生的资金供需矛盾，从而为社员在更高的层面上和更大范围内提供融资服务。

三是最高层。构建省级资金互助中心，主要负有风险监管、组织发展战略制定、信息发布、运行管理、相关利益者协调、提供资金清算服务、跨系统资本运作等职能。各层机构既相互联系又是各自独立的经营体系，可实行自下而上出资、控股的产权模式。

参考文献

陈司谨. 农村资金互助组织发展的制度进化 [J]. 社会科学家，2011（10）：70-73.

宫哲元. 农村资金互助社管理暂行规定亟待修订 [J]. 中国财政，2014（3）：76.

何广文. 农村资金互助合作机制及其绩效阐释 [J]. 金融理论与实践，2007（4）：3-8.

洪正. 新型农村金融机构改革可行吗？——基于监督效率视角的分析 [J]. 经济研究，2011（2）：44-58.

贾晋，肖建. 精准扶贫背景下农村普惠金融创新发展研究 [J]. 理论探讨，2017（1）：70-75.

孔祥智，平时利，毛飞. 农民资金互助社运行机制及其绩效——江苏省步凤镇农民资金互助社案例分析 [J]. 山东农业大学学报（社会科学版），2011（4）：1-6.

雷鹏，韩山，贾伟. 资金互助组织如何实现风险防控——基于河北、山东调研案例 [J]. 银行家，2017（1）：106-109.

李明贤，周蓉. 异质性社员参与农村资金互助业务的博弈分析 [J]. 农业经济问题，2016（2）：77-82，112.

潘军昌，张学姣，孔有利. 农民资金互助社监管漏洞探析——基于灌南农民资金互助社倒闭案的分析 [J]. 江苏农业科学，2013（10）：412-414.

彭澎，张龙耀. 农村新型资金互助合作社监管失灵与监管制度重构 [J]. 现代经济探讨，2015（1）：48-52.

戎承法，楼栋. 专业合作基础上发展资金互助的效果及其影响因素分析——基于九省68家开展资金互助业务的农民专业合作社的调查 [J]. 农业经济问题，2011（10）：89-95，112.

邵传林. 金融"新政"背景下农村资金互助社的现实困境——基于2个村的个案研究 [J]. 上海经济研究，2010（6）：27-35.

汪小亚. 发展新型农村合作金融 [J]. 中国金融，2014 (5)：22 - 24.

王慧颖. 农村资金互助合作组织及其风险管理研究 [J]. 世界农业，2014 (10)：93 - 97.

王曙光，王东宾. 农民资金互助：运行机制、产业基础与政府作用 [J]. 农村经营管理，2010 (8)：
24 - 26.

王曙光. 农村信贷机制设计与风险防范：以王安石青苗法为核心 [J]. 长白学刊，2009 (1)：111 - 115.

王苇航. 关于发展农村资金互助合作组织的思考 [J]. 农业经济问题，2008 (8)：61 - 65.

王玮，何广文. 社区规范与农村资金互助社运行机制研究 [J]. 农业经济问题，2008 (9)：23 -
28，110.

夏英，宋彦峰，濮梦琪. 以农民专业合作社为基础的资金互助制度分析 [J]. 农业经济问题，2010 (4)：
29 - 33.

张德峰. 论农村资金互助社的政府有限监管 [J]. 现代法学，2012 (11)：126 - 135.

张德元，潘纬. 农民专业合作社内部资金互助行为的社会资本逻辑——以安徽 J 县惠民专业合作社为例
[J]. 农村经济，2016 (1)：119 - 125.

张德元，张亚军. 关于农民资金互助合作组织的思考与分析 [J]. 经济学家，2008 (1)：40 - 47.

张正平，何广文. 农户信贷约束研究进展述评 [J]. 河南社会科学，2009 (2)：44 - 49，218.

Carter M R. Equilibrium credit rationing of small farm agriculture [J]. Journal of Development Economics，
1988，28 (1)：83 - 103.

Hoff K，Braverman A，Stiglitz J E. The economics of rural organization [J]. Journal of Development Eco-
nomics，1993，47 (2)．

Holmstrom B，Tirole J. Financial intermediation，loanable funds and the real sector [J]. The Quarterly
Journal of economics，1997，112 (3)：663 - 691.

乡村振兴视野下的农民合作社发展研究

王 勇

（青岛农业大学合作社学院，青岛　266109）

摘　要： 乡村振兴与农民合作社具有互动效应。但是在乡村振兴过程中，农民合作社发展会遇到诸多困境，譬如，发展理念滞后，资本下乡冲击，人才流失，政府职能转换跟不上实际需求。今后，要将农民合作社纳入乡村振兴战略，建立健全双方健康发展的体制和机制，还要防止乡村振兴和农民合作社发展进入误区。

关键词： 乡村振兴；农民合作社；互动效应；协同发展；普惠式支持政策

乡村振兴战略上升为国家战略以后，学术界对于其理论问题、实践问题和政策问题进行了广泛研究。农民合作社的研究也继续深入了下去，并且与乡村振兴通盘考虑。探讨这些问题对于乡村振兴和农民合作社各自发展和协同发展，增强其对于国家、区域、市场经济主体的正向作用，发挥其互动效应等具有重要的理论意义和战略意义。

对于乡村振兴与之前社会主义新农村建设的关系问题，张晓山（2017）认为，乡村振兴战略是"五位一体"总体布局在乡村领域的具体落实，是社会主义新农村建设的升级版。

我国为什么提出乡村振兴问题？陈锡文（2018）提出，这是由于我国国情决定的。对于乡村振兴的重点问题，他认为推进农业和农村现代化是工作之一，而要实现这个目标，要处理好农业经济体系的问题，还要处理好农业支持政策的问题，以及采取相应措施实现小农户与大市场有效衔接的问题。

如何促进乡村振兴？贺雪峰（2018）认为，乡村振兴是乡村振兴战略的实施不能机械教条，不能明晰所有具体行动方案，而是在不断实践调整中最终达到目标。郭晓鸣（2018）指出，乡村振兴的重点是要完善以乡村振兴规划体系为先导的约束机制，以土地制度改革为重点的动力机制，以优化政策体系为关键的支撑机制，以绿色发展为核心的引领机制。

孔祥智（2018）、杨丹（2018）、高强（2018）、龚佑琼（2018）认为，乡村振兴离不开组织振兴，乡村振兴离不开农民合作社。

综上所述，学术界对于乡村振兴的背景研究已经比较充分，努力方向也已经明确，对于农民合作社是促进乡村振兴重要组织形式已经达成共识。但是对于乡村振兴与农民合作社发展的互动效应，农民合作社在乡村振兴过程中遇到的困境的分析，以及促进农民合作社和乡村振兴协同发展的对策问题研究成果较少。本文将在以上三个方面予以阐述，期望为我国乡村振兴和农民合作社健康发展提供智力支持和决策参考。

一、乡村振兴与农民合作社的互动效应分析

（一）乡村振兴为农民合作社发展提供资源保障

2017 年 10 月 18 日，习近平同志在十九大报告中指出要实施乡村振兴战略。2018 年中央一号文件《中共中央　国务院关于实施乡村战略的意见》明确了乡村振兴战略的总体要求和途径。

乡村振兴战略的总体指导思想是，坚持农业和农村优先发展；按照产业兴旺、生态宜居、乡风文明、治理有效和生活富裕的要求，走中国特色社会主义乡村振兴之路；让农业成为有奔头的产业，让农民成为有吸引力的职业，让农村成为人们安居乐业的美丽家园。

1. 农村产业为农民合作社奠定产业基础

俄国专家 A. 恰亚诺夫（A. Chayanovan）曾经指出，在市场的影响下，处于这一阶段的农业合作社将合乎历史必然性地向建立与产品销售一体化的农业原料初加工业的方向发展；农业合作社在农村地区推进了工业化进程，在农村经济发展中取得了支配地位。

这种过程是乡村产业组织化的必然结果。其内在机理在于，乡村产业链条中的某些功能应该让位于农民合作社，使各种产业在专业化或者综合化合作社的带动下被整合起来，通过品牌化、组织化、标准化、规模化的发展途径增强农村产业的综合竞争力。

实践中，在农业的各个部门都出现了农民合作社这种农民自组织类型。例如，山东省临沂市河东区合胜水稻合作社从当地水稻产业发展实际出发，在理事长的带动下，不仅满足本社成员的实际需求，还为周边稻农提供代耕代收服务。由于其具有规模效应，为非社员的稻农提供的服务成本为每亩 260 元左右，低于稻农自耕自收成本（每亩 430 元左右），深受非社员的肯定。

2. 生态宜居的农村环境为乡村旅游合作社或其他类型的农民合作社开展旅游业务创造了条件

在乡村振兴的目标体系中，生态宜居是重要的组成部分。截止到 2017 年底，全国共有农民合作社 201.7 万家。在这些农民合作社中，有一部分是乡村旅游合作社，其注册的产业类型为"乡村旅游"。本文列举了国内一部分乡村旅游合作社，具体见表 1。

还有一部分农民合作社虽然不叫乡村旅游合作社，但是具有开展乡村旅游业务的基本条件，这也为农民合作社发展奠定了良好基础。比如，北京市兴办了一大批"农宅合作社"。这些农民合作社的操作流程是，农民自愿将自家农宅入股到农宅合作社，农宅合作社再根据市场需求统一装修这些农宅，年终时农民社员按照入股额度分得盈余。北京古北

口北台乡居农宅专业合作社成立于 2014 年 7 月 29 日，它是北京市第一家农宅专业合作社。这个合作社现有社员 12 户，合作社结合该村特色的"御葱"产业，打造"御葱"特色餐饮品牌。该合作社还与"途牛"等网站合作，利用"互联网＋农业"模式，以民宿为产业载体，促进农民合作社与乡村旅游的有效衔接。运行结果是，合作社将农民闲置的农宅资源盘活，并且将其他资源纳入农宅运行系统，形成聚集效应，增加了农民收入，还带动了农村基础设施建设，满足了市民赴乡村旅游的需求；农宅合作社通过公积金等形式壮大了自身实力，为提升服务质量和服务能力奠定了坚实的物质基础；进一步加速了城乡融合的步伐，为城乡统筹发展闯出了一条新路。

表 1　部分乡村旅游合作社的基本情况

序　号	名　称	业务范围	注册时间
1	赫章县白果镇柜子岩乡村旅游合作社	蔬菜、经果林、中药材种植及销售，家禽、家畜、水产养殖，乡村旅馆、餐饮服务，农业观光旅游	2017 年
2	兴仁县阿藏乡村旅游发展农民专业合作社	组织农业生产、农产品销售、农业观光、接待服务、为成员提供业务管理以及旅游景区的开发、建设、经营；景区园林规划、设计与施工、景区内的旅游客运及相关配套服务、工艺品的开发、制作、旅游项目投资、房地产开发、文化传播、汽车出租、旅行社、酒店经营	2017 年
3	重庆市南坡乡村旅游股份合作社	生态农业观光旅游项目开发；元宝枫树、香菇种植及销售	2015 年
4	沂源县天成乡村旅游专业合作社	组织成员开发乡村旅游资源；开展农业观光、果实采摘；为成员开展乡村旅游相关的农业观光、果实采摘提供服务	2016 年
5	烟台市清福乡村旅游农民专业合作社	组织成员开展农家乐旅游服务、水果、坚果、蔬菜、花卉盆景、苗木种植和销售；淡水鱼养殖、畜牧饲养、蜂业养殖；为成员提供农资的购买、农村土地整理服务、农业器械租赁	2016 年
6	香格里拉市奇俗乡村旅游农民专业合作社	乡村旅游	2017 年
7	广西金秀罗丹瑶寨乡村旅游专业合作社	茶叶种植、加工及销售；为游客提供住宿、饮食、观光游览、代购代销服务；农副土特产品购销、预包装食品销售；旅游咨询服务	2016 年
8	武汉市八巷九弄乡村旅游专业合作社	休闲观光农业服务，农作物、树木、果树、花卉、蔬菜、中药材种植，水产养殖，组织收购、销售成员及同类生产经营者的产品	2015 年
9	青岛万果乡村旅游专业合作社	农业休闲观光和乡村旅游咨询、服务；组织成员开展果蔬种植、采摘、销售；组织采购和供应成员所需的农业生产资料；开展成员所需的贮藏、包装服务；为本社远远引进新技术、新品种；开展与本社成员种植有关的技术培训、技术交流和咨询服务	2014 年
10	北京古北口北台乡居农宅专业合作社	利用农村、农户的闲置农宅开展民俗旅游；销售农副产品；会议接待；提供成员所需要的生产资料；技术培训、技术咨询、技术服务	2014 年

资料来源：国家企业信用信息公示系统数据库。

3. 文明的乡风为农民合作社的生成和发展营造了"软环境"

自从世界上第一个成功的合作社——罗虚代尔公平先锋社（Rochdale Equitable Pioneers Society）诞生开始，合作社对于入社成员都有一个原则性的规定，即选择人品好，道德高尚的成员入社。这是保证合作社"纯洁性"的重要门槛。在 1995 年国际合作社联盟（International Cooperative Alliance，ICA）成立 100 周年纪念会修订的国际合作社原则中就隐含了此条件。特别是合作社信奉的诚实、自助、关心他人等价值观就隐含着合作社成员是"好人"的意蕴。

经过四十年的农村改革，我国乡村面貌有了极大改观，这不仅体现在物质文明方面，也体现在精神文明层面上。文明的乡风为农民合作社输送了大量的优质成员，这对于农民合作社生成和发展至关重要。

山东省临沂市兰山区云朵农作物种植农民专业合作社成立于 2010 年 7 月 21 日。据理事长赵荣良介绍，该合作社在吸纳社员时，明确规定社员必须是遵纪守法，遵守社会公德，具有家庭美德的农民。这种"软约束"其实是确保农民合作社成员精神世界纯净的"阀门"，对于农民合作社可持续发展弥足珍贵。

4. 治理有效为农民合作社的民主管理注入了"酵母"

众所周知，国际合作社运动一直倡导社员民主控制原则。其运行机制是在一人一票决策原则的前提下，又适当引入"附加表决权"的议事规则。2017 年 12 月 27 日修订的《中华人民共和国农民专业合作社法》第三章第二十二条规定，农民专业合作社成员大会选举和表决，实行一人一票制，出资额或者与本社交易量（额）较大的成员按照章程规定，可以享有附加表决权。

在 2007 年 7 月 1 日正式施行《中华人民共和国农民专业合作社法》之前，《中华人民共和国村民委员会组织法》就已经施行。农村居民根据后者的相关规定参与到村庄政治事务的决策，其中选举村民委员会主任就是农民参与村庄政治生活的一个重要表现。通过民主决策产生的村社组织不仅要有极强的工作意愿、工作能力、工作魄力，还要有工作资源和政策支持。加之，农村党员参加党员组织生活也强化了村庄有效治理度。这些民主训练都为农民合作社的民主管理奠定了基础。

5. 富裕的生活为农民合作社的提质增效创造了条件

邓小平同志曾经指出，贫穷不是社会主义，更不是共产主义。我们党从 1921 年建党以来，长期致力于谋求民族的解放，人民当家作主，国民经济的振兴，先进文化的弘扬。人民生活富裕是这些目标的具体表现之一。这种生活富裕不仅体现在物质生活方面的丰富，还表现在精神生活方面的充裕。这种富裕不是少数人的生活富裕，而是全体人民的生活富裕。农民合作社作为农民为主体的合作经济组织，其生成与发展离不开高素质和高技能的成员。

改革开放以来，农民年人均纯收入为 1978 年的 133.57 元，到 2017 年，农民年人均纯收入 13 432 元，增长了 99.6 倍。按照现行国家农村贫困标准（按照 2010 年价格每人每年 2 300 元）测算，2017 年，全国农村贫困人口 3 046 万人，比上年减少 1 289 万人，减少了近 1/3；贫困发生率为 3.1%，比上年下降了 1.4 个百分点。

以上成就的取得得益于我国社会主义制度深入推行与完善，也得益于广大农民群众的勤劳智慧和不懈探索。这些已经走上和正在走上富裕生活道路的农民成为农民合作社成员的"蓄水池"。成员结构逐渐优化的农民合作社逐渐生成并且发展起来。

（二）农民合作社为乡村振兴提供了重要的"动力源"

习近平总书记在参加山东代表团时的讲话强调，乡村振兴要实现"五个振兴"，即产业振兴、人才振兴、生态振兴、文化振兴和组织振兴。下面，我们就分析一下农民合作社在这些振兴过程中能够发挥何种作用。

1. 农民合作社为乡村振兴提供组织保证

在我国，新修订的《中华人民共和国农民专业合作社法》规定，农民专业合作社可以开展农业生产资料的购买、使用，农产品产销、加工、贮运等业务，也可以开展农村工艺、休闲农业、技术、信息、设施建设等产业服务活动。

截止到 2017 年底，农民专业合作社总数达到 201.7 万家。这些组织促进了上述产业的合理化和高级化，也促进了农村面貌的改善。

2. 农民合作社为乡村振兴增加了人才供给

乡村振兴离不开人才。这些人才包括技术、经济、文化、政治等方面的人才。农民合作社是一所大学校。在这里，成员之间互相学习，共同进步。借助于这种学习机制，成员的知识、技能和文化水平都有所提升。迪尔凯姆（E. Durkheim）曾经主张将探讨社会事实的教育科学与教育实践分离开来。事实上，农民合作社人才成长目标恰恰是在基本理论学习和实践教育同步进行的基础上完成的。这些人才既掌握了合作社理论，又掌握了相关技能。这些人才为乡村振兴提供了人力资本。人力资本概念的提出者——西奥多·W. 舒尔茨在论述人力资本对于经济增长的贡献问题时强调，大多数农业季节工人的收入相对低微，其中许多人没有受过正规教育，而且健康状况欠佳，实际工作能力也很低。有些农民合作社除了为社员开展产业服务之外，还兼顾健康教育、子女教育、营养教育、文体活动等业务。从教育学基本原理可知，这是农民合作社在进行人力资本投资和积累。从外部性来看，农民合作社的这种人力资本投资与积累有助于农民合作社自身可持续发展，也有助于乡村振兴目标的实现。

3. 农民合作社为乡村振兴营造了良好的生态环境

环境也是一种生产力。良好的生态环境是多种组织力量努力保护的结果。1996 年国际合作社日的纪念主题是"合作社企业：有能力实现以人为中心的可持续发展"。实践中，有些农民合作社推行了循环农业模式，取得了较好的经济效益、生态效益和社会效益。有些农民合作社还组织社员开展了爱国卫生运动，为乡风文明、美丽乡村建设做出了贡献。

4. 农民合作社为乡村振兴增强了"文化自信"

广义上的文化是指人类在社会实践中所获得的物质、精神的生产能力和创造的财富总称。这些财富既包括物质财富，也包括精神层面的财富。自 1844 年罗虚代尔公平先锋社近代化以来，农民合作社创造了很多的文化。这些文化有的是传统文化的保护和传承，有的是创造性的文化。这些由农民合作社保护或者创造的文化加厚了农民本身和农民合作社的文化自觉和文化自信力。事实上，社会组织作为一种物质设备和人体习惯的混合体，也不能和它的物质和精神基础相分离；情操及因之而生的价值形成基础常常是一个社会的文化设备；这种设备需要长时间的约制而成，并且在相应组织的支配下映照一定的文化现实。文化是乡村发展的"魂"。从这个意义上讲，农民合作社作为费孝通先生指称的一种社会组织，它保护、传承、创造文化的过程实际上是一个为乡村振兴注入"文化基因"，唤醒相关主体文化自觉的过程。这种"文化基因"与农业有效结合将促进文化创意产业的发展，从而使农业和农村生活在创意的环境下更有生机和活力，也为挖掘市场潜力奠定了基础，文化衍生品，以及产品和包装的文化创意元素将大大提升农业和农村的竞争力。可以说，没有成功的文化振兴，不可能有乡村的真正振兴。因为，乡村振兴的目标之一就是促进人与自然、社会，包括人与自身之间的和谐。文化是桥梁，文化更是生产力，文化还是一种"软实力"。

5. 农民合作社为乡村振兴提供了强有力的组织保证

在现有的乡村治理结构中，乡镇正式机构、村党支部、村委会、村务监督委员会起到了重要的组织作用。2007 年 7 月 1 日正式施行的《中华人民共和国农民专业合作社法》为农民组织化进入市场和社会创造了良好的法制环境。对于乡村治理的意义在于，农民合作社成为了一种乡村治理力量，发挥了重要作用。

从国际合作社运动的历史来看，合作社是弱者的联合组织，是他们为了与市场中占据支配和垄断地位的资产阶级相抗衡而组织起来的一种企业形式。这种组织化进入市场的方法是农民的伟大创造，也是农民在市场化缺陷环境下逼迫出来的必然选择的一条生存和发展的途径。农民合作社在乡村振兴过程中能够以特有的运行原则确保社员采取有益于乡村发展的行动。也就是说，在现有乡村治理体系中，将会增加农民合作社这一类组织形态，构成"一主多元"（以乡镇机关、村党支部为主，其他组织为补充）的乡村治理组织格局。由于农民合作社具有多功能性，这将大大促进乡村振兴的组织力提升，从而增强乡村振兴的效果。

二、农民合作社在乡村振兴过程中将遇到哪些困境？

（一）发展理念滞后于乡村振兴的整体目标，这将抑制农民合作社发展的外部性

乡村振兴是一个系统工程。这种系统工程包括总体性目标、阶段性目标、行动主体、行动原则、行动策略和步骤以及具体策略和政策措施。乡村振兴的这种特性要求在乡村每

一种组织形态都要在乡村这个大平台上分工分业，有所作为。

现实中，有些农民合作社的发展观存在问题，表现在很多方面，具体见表2。

表2　农民合作社发展观滞后的主要表现

发展观类型	主要表现	后　果
经济发展唯一	忽视农民合作社的社会功能和文化功能；农民合作社领导层经济精英享有绝对主导权；忽视生态环境的保护等	物质财富增加了，但是精神财富未同步增加；退社；农民合作社成员结构不合理；乡村环境遭到不同程度的破坏等
高速度	盲目扩大经营规模；大而全的产业结构	经营不善，债台高筑或者破产；交易成本和费用增加
外部依赖	唯争取各类项目是从；过度公关等	主导产业荒废；特色产业未能很好发展等

以上不良表现将使农民合作社发展效果大打折扣，甚至还会引起人们对于合作社这种组织形态的怀疑、否定。

（二）资本下乡对当地农民合作社的冲击

有的学者认为，在中国加入WTO后，为了克服由于农业不设防，大量资本涌入农村而造成的安全问题，政府必须建立健全相应的规范机制。客观上讲，资本下乡有助于解决农村金融短缺、产业发展乏力等问题，但是企业化经营势必带来公司与当地农民利益不协调的问题，比如公司发展的近期利益与当地农民长远期望之间的冲突。也就是说，在乡村振兴过程中，在某些地区出现农民非主体性问题。"原子化"的农民无法抗衡市场大浪潮的冲击，同样，小规模的农民合作社也无力应对那些资本雄厚、人才供给充足、市场较畅通的大中型农业企业、食品企业的挑战。尽管"公司＋农民合作社＋农户"的合作模式推行较为普遍，但是由于企业和农民合作社发展目标存在差异，导致契约经济往往向有利于企业的方向发展，农民合作社和农民往往处于被动的地位。增强农民及其合作经济组织的主体性，就需要从机制、政策等层面予以充分科学设计，减少上述问题的发生。

（三）人才流失将制约农民合作社可持续发展的能力

在我国，农民合作社社均成员数为80多个，而且以20个成员的偏多，这种小规模现象使得农民合作社面临着小农户面临的诸多问题。

不可否认，新型职业农民培训部门对于培育农民合作社骨干发挥了重要作用，却与农民合作社人才快速成长和农民合作社健康快速发展的要求还不相适应。农民合作社还面临着人才供给不足现象。笔者把它概括为"内源性"的人才供给不足和"外源性"的人才供给不足。农民合作社内部培育工作开展乏力，造成"内源性"的人才供给不足。快速的城镇化使一些年轻农民离开村庄到外面发展，甚至"离土又离乡"，缩窄了农民合作社人才供给的渠道。加之农民合作社办公地点多在乡村，一些基础设施建设滞后于城市，无法满足人才的实际需求，农民合作社经济实力较弱，难以吸引外部人才的加盟，造成"外源性"的人才供给不足。

这两种人才供给不足的现象极大地制约了农民合作社可持续发展的能力。2011 年国际合作社日的纪念主题是"青年是合作社的未来"。这其实明确指出了农民合作社人才供给和培育的大方向。当前，"互联网＋农业"行动在全国范围内铺开，由于电子商务人才短缺，这一行动的深度和广度受到很大程度的影响。有一些乡村、农民合作社的经济、社会、文化等资源比较丰富，但是缺乏青年农民的带头和参与，导致市场开拓能力不强，农民增收乏力等结果。对于这些瓶颈问题有关部门必须加以研究，制定相应的政策措施，着力解决这些问题。

（四）政府职能转换跟不上农民合作社发展的步伐

党的十七大报告指出，发展农民专业合作组织，培育有文化、懂技术、会经营的新型农民，发挥农民建设新农村的主体作用。十八大报告强调，发展农民专业合作和股份合作，构建集约化、专业化、组织化、社会化相结合的新型农业经营体系。十九大报告提出实施乡村振兴战略，构建现代农业产业体系、生产体系、经营体系，培育新型农业经营主体，实现小农户和现代农业发展有机衔接。

国家对于农民组织化的政策设计体现了宏观性、可操作性、方向性、引导性。各级政府应该深刻领会这些政策实质，加快政府职能转化步伐，与新型农业经营主体有效对接，特别是对于农民合作经济组织要履行好相应的指导、服务和监管职责，确保农业和农村优先发展。

实践中，各级政府职能转化的速度和效果并未达到理想的良好状态。下面，以农民合作社联合社政策及其贯彻落实问题予以阐释。2013 年中央 1 号文件提出积极探索合作社联合社登记管理办法，2014 年中央 1 号文件指出，要引导农民发展农民专业合作社联合社。农民合作社联合社发展的动力来自农民合作社自发发展的需要，也来自政府试图以联合社更好地推动合作社的发展的需要。2017 年 12 月 27 日修订的《中华人民共和国农民专业合作社法》增加了"农民专业合作社联合社"一章，共八个条款。这一章对农民专业合作社联合社组建条件、登记要求、法人责任、运行机制等做了原则性规定。这对于农民专业合作社联合社的发展提供了法律保证。从实践来看，全国共有农民专业合作社联合社7 200 个，涵盖农民专业合作社 9.4 万个，带动农户 560 万户。可见，农民专业合作社在发展过程中呈现出了联合化的趋势。与此相对应的是支持农民专业合作社联合社发展的政策措施比较缺乏，特别是缺乏金融、用地等方面的政策。

2014 年 8 月 27 日，农业部等九个部委发布了《关于引导和促进农民合作社规范发展的意见》。该政策明确规定了农民合作社规范化发展的具有要求等内容，具体见表 3。

在农民专业合作社规范化发展中，政府职能转换的步伐明显滞后。这突出表现在以下几个方面：对国家有关政策理解不到位，有选择性执行现象；缺乏区域内农民合作社部门联合会议制度等组织领导方法；普惠式的人才培养工作滞后；发挥示范社引领作用不够等。上述现象严重阻碍了农民专业合作社又好又快发展。从世界合作社运动史来考察，合作社处理好与政府的关系问题始终是一个关乎合作社能否顺利发展的重大问题。

表3 农民合作社规范化发展的基本要求

基本原则	主要任务	政府责任
以农民为主体；分类指导；典型示范；市场引导与政府监督相结合	规范章程；依法登记注册；实行年报制度；产权关系要明确；组织机构要明确；健全财务管理；成员账户和档案管理建立和健全；建立公平合理的收益分配机制；社务公开；诚信经营；稳妥开展信用合作业务；强调信息化建设	政府引导；财税支持；金融保险服务创新；用水用电支持；强化组织领导；示范引领；注重人才培养

资料来源：农业部，《关于引导和促进农民合作社规范发展的意见》，2014年8月27日。

法国合作经济尼墨学派的查理·季特（Charles Gide，1847—1932）在评论英国合作社运动史的时候曾经指出，合作社与任何政党，任何社会派别，无不严守中立的原则，简直是毫无理由的话。

再从我国合作社运动史来考察，合作社与政府的关系处理得较好的时期往往也是合作社发展较好的时期。相反，合作社运动偏离正确发展轨道的时期往往也是合作社与政府的关系不相协调的时期。政府对于合作社过度观望、放任自流以及"一刀切"等态度和行为都应该摒弃之，合作社过度依赖政府的态度和行为也应该避免。代之以的应该是政府的有限的积极的支持合作社发展，合作社自主和独立的发展，需要政府支持的也要去积极争取。至于政府和农民合作社的行动方向与策略问题将在本文第三部分详细阐述。

三、促进乡村振兴和农民合作社协同发展的思路与对策

如上所述，乡村振兴与农民合作社具有互动效应。因此，在促进这两方面工作时要坚持协同发展原则，提升其整合效果。具体而言，应该确立科学发展思路，采取相应的对策。

（一）将农民合作社纳入乡村振兴战略

从理论上讲，农民合作社和乡村振兴有其演进规律。这些规律是不以人的意志为转移的。当务之急是将农民合作社纳入乡村振兴战略，使其实现各自的发展目标。具体见图1所示。

从图1可以看出，农民合作社生成与发展能够促进乡村振兴，同样，乡村振兴也能够促进农民合作社的生成与发展。这种互动效应是通过各自发展的发展目标束和实现途径决定的。在实践中，要求政府和农民合作社的双重组织创新，切不可"错位"发展，行南辕

北辙之事。更不能顾此失彼，人为地减弱各自的外部性。

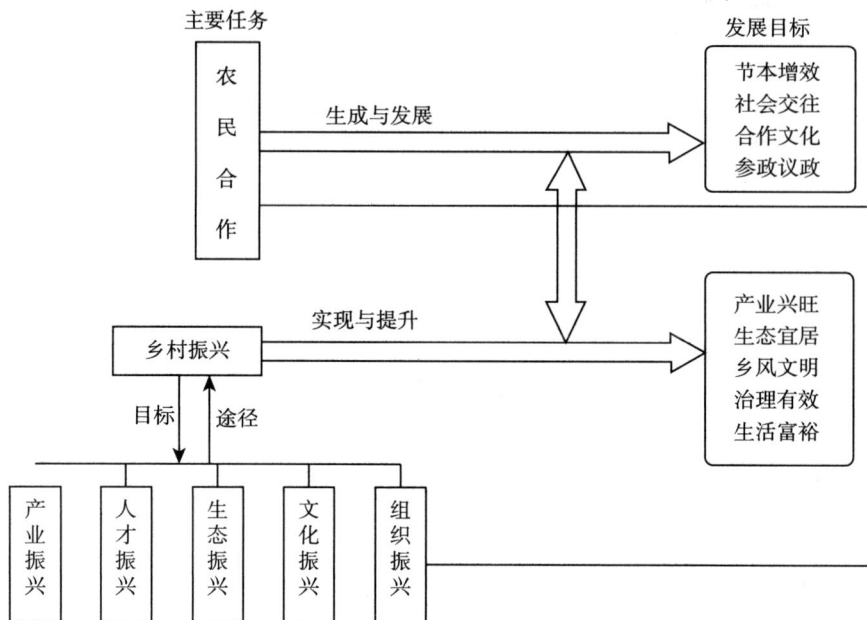

图1 乡村振兴与农民合作社生成与发展

（二）建立健全乡村振兴和农民合作社健康发展的体制和机制

既然乡村振兴是一个系统工程，这就需要建立健全农民合作社这一组织形式在这一工程中充分发挥作用的体制和机制。

应该说，我国农民合作社法律和法规施行以来，在中国农民合作社发展过程中，相应的管理部门和服务机构多数能够履行法定授权的基本职责。主要表现在：各个部门出台了促进农民合作社又好又快发展的政策措施；建立了农民专业合作社部际联席会议制度；培养了农民合作社业务骨干和相应的管理人员；在农民专业合作社登记注册、品牌塑造、质量标准制定与执行、过程监管以及项目扶持等方面都予以政策扶助等等。所有这些努力都是作为涉农部门应尽的职责。今后，要继续加大力度扶持农民合作社又好又快发展，制定和实施行之有效的政策措施。

一是贯彻好落实《中华人民共和国农民专业合作社法》及其他国家相关政策。中国农业发展要依靠政策、科技和投入。了解、利用国家相关政策是乡村振兴主体和农民合作社健康发展的题中应有之义。有法可依、有法必依、执法必严、违法必究。未来对于农民合作社法律的修订还要继续进行，发挥其重要的保驾护航作用。但是也要顺应合作社发展发展趋势，把握合作社法律修订的总体方向，那就是立法目的应当向着少目标、单一目标转型，突出合作社的农户目标导向。要在法治精神的指引下，处理好政府和合作社关系，政府应当更多通过赎买方式来实现政府目标。在社会主义市场经济条件下，要贯彻落实《中华人民共和国农民专业合作社法》，因为它明确了合作社独立的法人资格，为保障合作社开展市场经济活动奠定了法制基础。

二要利用好国家机构改革的机会，将乡村振兴和农民合作社发展纳入到多部门的工作重点，形成部门合力。农业和农村部、财政部等部委要各司其职，加强沟通和联系，利用部际联席会议制度等形式将乡村振兴和农民合作社发展促进工作统一起来，形成政策合力。

三是乡村振兴主体和农民合作社要苦练内功，不断提升竞争力。目前，乡村振兴主体多元化，目标也多元化，要将阶段性目标和分目标统一在总目标之下，利用好国内外一切有利条件克服不利影响，将资源优化配置，不断提升乡村振兴和农民合作社发展的水平。例如，在乡村振兴过程中，要将扶贫工作置于重要位置。在贫困地区脱贫进程中，要充分发挥农村合作组织的作用，重点是促进农民合作组织参与产业化扶贫，提升扶贫效果。农民合作经济组织不仅仅是中介组织，要促进其组织的群众性、经营的灵活性和管理的民主性，使之成长为具有较强竞争力的市场经济主体。农民合作社以及政府和其他社会力量都要贯彻和落实新修订的《中华人民共和国农民专业合作社法》，推进农民合作组织规范化发展。

（三）防止乡村振兴和农民合作社发展进入误区

乡村振兴已经成为全国人民缩小城乡发展差距，提高国民经济发展水平的重要战略。现有的政策文本都明确了这一战略的目标、步骤以及实施措施，但是也要防止形式主义。地方重视区域利益而忽视国家利益，注重局部利益忽视整体利益；将乡村振兴和新型城镇化对立起来，过分强调物质方面的振兴，而忽视人才的振兴；同时也存在农民主体性缺失等问题。

农民合作社已经进入到新的发展阶段。要防止出现下列现象：过分强调数量增长，忽视质量和效益的提升；过分强调重点发展，而忽视普惠式支持政策的制定和落实；对于联合社要么拔苗助长，要么放任自流或者过度观望；忽视知识产权制度的创新与维护；成员异化；成员结构不合理；发展类型单一；与国家改革开放脱节；浪费利用国家相关政策壮大自身竞争力的机会等。

习近平总书记在纪念马克思诞辰 200 周年大会上强调，学习马克思，要把马克思主义基本原理同新时代中国特色社会主义实际结合起来；我们要始终把人民立场作为根本立场，尊重人民主体地位和首创精神。在农民合作社发展过程中，要推进"全要素合作"，政府要对农民合作组织进行"制度补贴"。要深刻认识到合作社是一种介于课程和市场之间的产业组织，与家庭农业组织相比较，其治理成本具有较高的特征。还要兼顾到现有的村级组织，比如"村两委"和农民合作社的关系问题。乡村振兴离不开企业家和企业家精神，要求企业家在乡村振兴过程中履行好社会责任。充分从人民性出发，我们要发挥政府和包括农民合作社在内的各类组织的从业人员的积极性，不断创新，积极工作，致力于造就一大批合作社企业家，为实现乡村振兴和农民合作社发展目标出力献策。只有发挥合力，上述目标才能实现。

参考文献

A. 恰亚诺夫. 农民经济组织 [M]. 萧正洪，译. 北京：中央编译出版社，1996：269.

本书编委会. 中华人民共和国农民专业合作社法 [M]. 北京：法律出版社，2017：11.

查理·季特. 英国合作运动史 [M]. 吴克刚，译. 北京：商务印书馆，1931：83.

陈锡文. 实施乡村振兴战略，推进农业农村现代化 [J]. 中国农业大学学报（社会科学版），2018（2）：5-10.

邓小平. 邓小平文选 [M]. 北京：人民出版社，1993：64.

费孝通. 文化与文化自觉 [M]. 北京：群言出版社，2010：18-19.

高强. 农民合作社在乡村振兴中有广阔的发展空间 [J]. 中国农民合作社，2018（2）：47.

龚佑琼. 乡村振兴 农民合作社大有作为 [J]. 中国合作经济，2017（12）：63.

郭晓鸣. 乡村振兴以构建四大机制为突破重点 [J]. 农村工作通讯，2018（5）：60.

贺雪峰. 治村 [M]. 北京：北京大学出版社，2017：106.

贺雪峰. 振兴乡村注意防止线性思维 [J]. 农村工作通讯，2018（5）：60.

黄祖辉，赵兴泉，赵铁桥. 中国农民合作经济组织发展：理论、实践与政策 [M]. 杭州：浙江大学出版社，2009：2.

孔祥智，等. 中国农民专业合作社运行机制与社会效应研究——百社千户调查 [M]. 北京：中国农业出版社，2012：2.

孔祥智. 乡村振兴离不开农民合作社 [J]. 中国农民合作社，2018（3）：53.

缪建平. 贯彻《农民专业合作社法》推进农民合作组织规范化发展 [J]. 农村经营管理，2008（3）：18.

潘劲. 合作社与村两委的关系探究 [J]. 中国农村观察，2014（2）：26-38.

全国人大农业与农村委员会. 农民专业合作社法修订草案解读 [J]. 综合农协，2017（2）：4.

任大鹏.《农民专业合作社法》的基本理论问题反思——兼议《农民专业合作社法》的修改 [J]. 东岳论丛，2017（1）：71.

谭智心. 农民合作社联合社扶持政策研究 [J]. 中国合作经济评论，2017（1）：157.

唐宗焜. 合作社真谛 [M]. 北京：知识产权出版社，2012：311.

仝志辉. 农民合作社联合社的法律规制 [M]. 北京：社会科学文献出版社，2016：1.

王曙光. 论新型农民合作组织与农村经济转型 [J]. 北京大学学报（哲学社会科学版），2010（3）：117.

王勇. 家庭农场和农民专业合作社的合作关系研究 [J]. 中国农村观察，2014（2）：48.

魏后凯，黄秉信，等. 中国农村经济形势分析与预测（2017—2018）[M]. 北京：社会科学文献出版社，2018：42-48.

西奥多·W. 舒尔茨. 论人力资本投资 [M]. 北京：北京经济学院出版社，1990：4.

夏征农. 辞海 [M]. 上海：上海辞书出版社，2009：2379.

徐旭初，吴彬. 贫困中的合作——贫困地区农村合作组织发展研究 [M]. 杭州：浙江大学出版社，2016：208.

杨丹．乡村振兴战略视阈下的农民合作社：定位、作用和发展路径［J］．中国农民合作社，2018
　（1）：49．

苑鹏．关于修订《农民专业合作社法》的几点思考［J］．湖南农业大学学报（社会科学版），2013
　（8）：8．

张红宇．乡村振兴战略与企业家责任［J］．中国农业大学学报（社会科学版），2018（1）：13-17．

张晓山．实施乡村振兴战略的几个抓手［J］．人民论坛，2017（11）：72．

张晓山．走向市场：农村的制度变迁与组织创新［M］．北京：经济管理出版社，1996：33．

赵铁桥．砥砺十年展新貌 合作事业谱华章——纪念《农民专业合作社法》颁布十周年［J］．中国农民合
　作社，2016（10）：8．

郑有贵．农民合作经济组织不仅仅是中介组织［N］．农民日报，2004-11-06：第3版．

中华人民共和国国家统计局．中国统计年鉴［M］．北京：中国统计出版社，1999．

朱信凯，于亢亢．未来谁来经营农业：中国现代农业经营主体研究［M］．北京：中国人民大学出版社，
　2015：156．

佐藤．学习的快乐——走向对话［M］．北京：教育科学出版社，2004：135．

三等奖

合作共赢、产业融合的市场驱动模式[*]

——黑龙江省绥棱县双合农机合作社

张 梅

（东北农业大学经济管理学院，哈尔滨　150030）

摘　要：在农业供给侧改革背景下，农民专业合作社面临较大的市场压力，如何在保持组织制度特点的前提下实现和市场的有效对接是其面临的重要课题。黑龙江省绥棱县双合农机合作社探索出合作共赢、产业融合的市场驱动模式。其本质特点是基于组织优势和合作共赢的利益联结方式、"统一管理和分散经营"的经营方式，以及农户和合作社之间实行契约管理，并进一步实施了以产权明晰为目标的管理机制改革，同时引入职业经理人。双合农机合作社经营成功的主要启示是合作社需要确立以市场导向为基础的逆向经营理念，产业合作共赢模式应充分发挥合作节点组织的比较优势，注重培养职业经理人阶层以及政府应该确立以服务和监督为核心的政策导向。

关键词：民主管理；产业融合；组织比较优势

农民合作社是具有"民管、民有和民受益"特点的组织形式，尽管我国农民专业合作社法从农业合作社原则、合作社成员构成、管理方式等方面对农民合作社进行了法律制度上的设定，但是农民合作社在现实中却显示出不同的特点。Kast 和 Rosezweig（1979）指出一个关于经营组织的最基本的观点是经营环境的特点能够在他们的组织结构得以反映，否则他们将不具备竞争力[①]。我国农民合作社呈现不同的制度特点有政策引导的结果、有市场作用，也有要素约束的因素。从 2015 年开始，我国的农产品价格体制进行改革，改革的方向是使农业生产由生产导向转向市场导向。除水稻、玉米实行保护价之外，大豆实行了目标价格，而玉米的临储价格机制也退出历史舞台。这些环境改变使新型经营主体和农户面临较大的压力，农产品生产的利润空间压缩，两个"天花板"的空间越来越小，农业生产和经营的风险加大。这些因素使农民合作社面临的市场制约因素权重加大，什么样的农民合作社才能在这种环境压力上获得生存和发展机会，农民合作社的发展路径应该如

　＊ 作者简介：张梅（1975—），女，山东省平原县人。东北农业大学经济管理学院博士、教授。研究方向：农村合作经济。

　① Kast，Fremont & James Rosezweig. Organization and Management. A System and Contingency Approach［M］. 3th edition. Auckland：McGraw – hill. 1979.

何？这是农民合作社管理者、政府及研究学者共同关注的现实问题。2016年，在大多数新型主体利润下滑的情况下，黑龙江省绥棱县双合农机合作社却实现了可观的经济利益。2016年农机合作社实现总收入17 355 736元，扣除合作社总支出5 894 916元，当年农机合作社实现总盈余11 460 820元。加入农机合作社的农民每亩分红853.32元，比当地非入社农民亩均增收453.32元以上。农机合作社自2011年成立以来，一直以市场经营为导向，主动联系市场，寻找生存和发展空间，走出一条市场引导企业，企业创办合作社带动农户实现合作共赢的康庄大道。

一、绥棱县双合农机合作社的基本情况

绥棱县双合现代农机专业合作社成立于2011年8月，位于黑龙江省绥化市绥棱县靠山乡光芒村。合作社主要开展农机作业服务，包括：机械整地、播种、中耕、植保和收获。目前合作社总投入1 825万元，其中机械投资1 000万元，共购置大型农机具50套。配套场库棚投资300万元，占地面积17 000平方米。合作社投资150万元建设日处理300吨的烘干塔1处。合作社仓储设施投资375万元，建设储量1万吨的钢板仓一座，主要用来存储甜玉米、蔬菜和水果等。2014年荣获全省现代农机专业合作社规范社称号。农机合作社的创办人为宋全柱，是私人企业主。农机合作社最初总投资400万元，主要用于购买农业机械、场棚库建设和合作社的营运资金需要。农机合作社的设立方式采取股份制，宋金柱是大股东，投资360万元，占到总股份的90%，其他4个股东每个投资10万元。截止到2016年10月30日合作社现有入社成员323户，农民成员占成员总数比例99%。投资总额为13 113 901元，其中：现金入社7 142 591元、国投资产5 971 310元。规模经营土地11 949亩，全部种植黏玉米。

二、农机合作社的运营模式

（一）发挥组织优势和合作共赢的利益联结方式

农机合作社是由黑龙江省绥棱县食品公司投资入股创办的，该公司是当地的老牌食品公司，主要经营肉制品、畜禽屠宰杀、蛋制品加工销售和副食品等。在开拓市场过程中，食品公司发现了生产黏玉米的生产契机，种植黏玉米有广阔的市场需求，它既可以做主食，也可以当菜品，该产品市场处于相对紧缺状态。还可以速冻加工，延长产业链条，增加产品附加值。玉米采收后秸秆可以作青贮饲料。绥棱县食品公司与河北、山东等地的食品公司签订了甜玉米生产合同，由绥棱县食品公司负责加工甜玉米，外地食品公司负责销售，实现订单农业。绥棱县食品公司在与农民对接过程中，发现如果如公司直接和农户进行对接，由于交易群体较大、数量较多、公司资本专用性较强，因此交易成本较大，还会产生机会主义风险，增加了经营的不确定性。因此，绥棱县食品公司决定投资建立农机合

作社，由农机合作社代理公司与农户进行对接。食品企业、农机合作社及农户的关系是食品企业是农机合作社的主要投资者，食品企业不直接干涉农机合作社管理，食品企业负责开拓市场，对农机合作社交售的农产品实行订单收购。农机合作社是企业和农户之间的中介组织，代理企业对农户的生产活动进行集中管理，对农户生产甜玉米过程进行一条龙式标准化管理，从而确保农户生产的产品符合市场的质量要求。农户以自己承包的土地全部入社，但实行分散经营，自己管理自己的土地，生产的农产品全部上缴农机合作社。农机合作社和农户之间签订订单合同和管理合同，对农户生产的农作物品种上、质量要求做出规定，对农户交售的农产品根据交售数量和质量按交易额进行分配。农机合作社为社员个人账户、农户和农机合作社之间的生产资料和交售的农产品按交易时间、次数、金额记入农户个人账户，作为分配的依据。从农户收购的甜玉米价格要比市场价格每千克要高 4 分钱，并且食品公司提供的种子是免费的，还能享受到农机合作社较低的农机服务费用，从而确保农机合作社管理质量及保障农户利益的实现。2015 年，农机合作社种植黏玉米面积达到了 11 949 亩，彻底实现了由种植传统玉米向种植经济作物转变的历史性跨越。

这种"企业＋农机合作社＋农户"模式是以市场为导向的利益联结模式，通过农业、加工业和销售三次产业的融合，充分发挥了食品企业在开拓市场、农机合作社集中管理，以及农户种植经营的比较优势，并通过产业整合将三方利益进行协调，有效地化解了市场风险和农业经营风险，实现了利益共享、风险共担的共赢机制，从而确保了整个产业链及各节点组织的利益实现。根据该合作社的财务报表显示，2016 年合作社总盈余 11 460 820 元的 80％按入社土地面积兑现分红，总盈余的 20％按现金和国投资金兑现分红，每一元出资额回报率为 0.174 788 9 元，入社农民获得土地亩均分红和国投资产量化分红共 853.32 元，是当地收入的 2.13 倍。

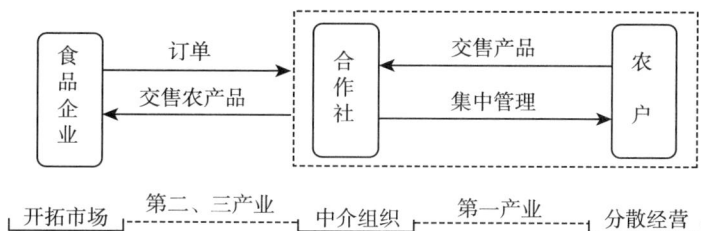

图 1　缓棱县双合农机合作社的运营模式

（二）"统一管理和分散经营"的经营方式

农机合作社在经营方式上将农业生产和管理过程分离，即农业生产环节由农户自己组织，而合作社负责提供统一计划、生产资料供应、技术、销售等一系列服务。这种模式的形成缘于当地的资源禀赋条件。由于入社农户较多、土地分布较为分散、土地质量参差不齐（当地的土地分为一、二、三，三个档次）。如果由农机合作社统一进行经营，由于土壤质量不同、分布区域不同，不但增加了农机合作社管理的难度，也使财务核算较为困

乡村振兴与农民合作社发展

难。所以农机合作社采用了由农户进行分散经营土地的模式，由农户自主生产和经营，农机合作社根据农户最终的交易量进行分别核算。

在统一管理方面，农机合作社采用统一管理方式。包括统一生产计划、统一供应农资、统一技术标准、统一产品认证、统一指导服务、统一收割和销售的"六统一"管理方式。

1. 统一生产计划

合作社根据市场需求和本社产品实际，统一制订年度生产计划和各个阶段生产计划。由社员、加工厂按生产计划落实生产，与合作社签订生产合同。计划合同做到"八定"：定面积产量、定质量规格、定农资农械需求、定技术服务、定安全生产责任、定产品交售办法、定加工要求、定管理人员工资报酬奖惩。

2. 统一供应农资

合作社根据社员种植需要和技术要求，统一组织为社员采购、供应生产资料。实行规模采购努力减少社员的生产成本。合作社统一采购供应的农资必须保证质量，适合本社各种生产和质量安全技术标准。否则造成的损失由负责采购的当事人赔偿。

3. 统一技术标准

合作社按照质量安全要求统一组织制订、实施生产技术规程，按产品质量标准组织生产逐步建立产品质量追溯、检测监督等制度。

4. 统一产品认证

合作社统一认证认定无公害基地、无公害农产品、有机产品、地方名牌以及著名商标等提升产品品牌和档次。

5. 统一指导服务

合作社实行管理人员或者社员代表分生产区域、分产业产品品种负责制，统一对社员进行产前、产中、产后的指导服务和管理。合作社对管理人员的报酬或补助按任务完成情况进行考核发放。因指导服务不到位而造成损失的由负责人负责赔偿。

6. 统一回收和销售

合作社统一商标品牌，统一包装销售，积极开拓市场，扩大销售网络，努力降低销售费用，提高产品的附加值。在产品交售期，合作社要确保信息畅通，按市场行情，随时公布交售产品的品种、质量、价格以及交售办法和要求，使社员及时组织采收、整理、分级、包装，使产品适时销售。合作社要确定专人，定期对待交售的产品，分社员、分产品种类、分质量规格建立台账，做好统计分析，以指导、调度好销售。

（三）农机合作社和农户之间实施契约管理

为确保农机合作社和农户之间的利益实现、约束双方的行为，农机合作社和农户之间签订了土地入社协议。在土地协议中对双方的责权进行了明确的阐述。农户需要承担的责任是：①农户必须按照农要合作社要求黏玉米品种进行种植，并且接受乙方管理和技术指导。②为了避免出现集中销售现象，便于成员及时采收销售，甲方应按照乙方制定的种植时间安排进行种植。③农户需要以本户经营的土地全部入社。农机合作社则需要承担以下权利：①年终结算时，农机合作社需要按照实际交易额，向农户返还盈余，具体返还比例按盈余方案执行。②农机合作社负责销售甲方生产的全部黏玉米产品，但农户生产的黏玉米产品必须符合收购企业收购标准，按质论价。③农机合作社提供统一提供生产资料、统一管理、统一技术服务、统一机耕服务、统一销售。协议还规定农机合作社和农户双方必须遵守合作社章程，履行合作社应尽的义务，认真执行成员代表大会决议。

三、合作社的管理结构和管理机制

缓棱县双合农机合作社管理结构分为社员代表大会、理事会和监事会三个部分。农机合作社社员代表有大会实行一人一票，但是根据该合作社章程规定，出资额占本社成员出资总额50％以上或者与本社业务交易量（额）占本社总交易量（额）60％以上的成员，在本社重大财产处置、投资兴办经济实体、对外担保和生产经营活动中的其他事项决策方面，最多可以享有20％票的附加表决权。但是2016年，为避免农机合作社和企业为避免机构重设、管理职能不清的问题，由原理事会提议，农机合作社的治理机制进行了改革。

（一）原有的农机合作社管理模式

在原有的农机合作社管理模式（图2）下，农机合作社的理事长不但是食品公司的法人，也是农机合作社的经理，是农机合作社决策的主要制订者和执行者。这样的管理模式有优点，比如决策效率较高、管理中机会主义行为发生的可能性降低，但是却容易引起公司和农机合作社管理职能交替混淆、职能不清，也不利于突出决策重点。而且，由企业负责人直接参与农机合作社的管理，容易引起农机合作社的自主经营权和独立性受到影响，也不符合农机合作社的三性，即民有、民管、民受益的实现，尤其是和民管原则相悖。

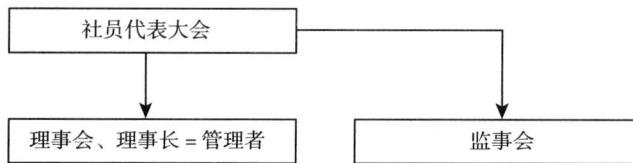

图2　原有的农机合作社管理模式

（二）改制后的农机合作社管理模式

2016年，农机合作社确立了新的管理结构和制度（图3）。新的结构的主要特点是食品企业退出对农机合作社的直接管理，食品企业的负责人宋金柱不再担任合作社的理事长。农机合作社和食品企业的经营和账目分开，实行单独核算。农机合作社的主要职能是充分发挥理事会成员在农民群众中的威信，广泛组织动员农民带地入社，负责管理合作社和种植业生产。加工企业与农机合作社的关系是订单与契约关系，合作社按订单数量确定种植面积。这样的安排有利于调动各方面积极性和经济效益的实现。在管理结构设置上，理事会和经理的职能分开，并分别执行决策制订和决策执行职能，经理由专门的具有经营管理才能的职业经理人担任。为体现农机合作社"民管"的要求，农机合作社响应绥棱市市委提出"建设以村为基本单元的复合型经营主体"的工作要求，对永生村和立新村实行整村农户入社，并将两村的村委会主任、村民3人吸纳进理事会和监事会。从而确保了农机合作社"民有、民管、民受益"的制度实现。改制后的农机合作社理事会5人，经理1人，监事会3人。

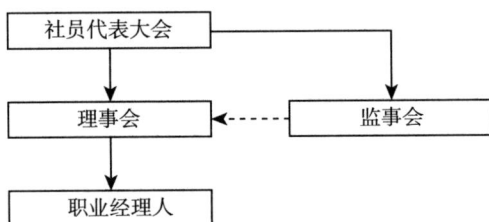

图3　改制后的农机合作社管理模式

四、绥棱县双合农机合作社运营模式总结

根据以上的分析，我们可以得出以下结论和启示：

1. 农机合作社需要确立以市场导向为基础的逆向经营理念

在新的农产品价格体制下，农民合作社面临的市场风险和经营风险加大，经济风险的损失超过了自然风险损失。农民合作社如果想发展，必须改变经营理念，由传统的生产导向转向市场导向，根据市场需求确立经营方向。不能始终进行单一的、初级产品及原字号的农产品生产，而应该积极探寻一、二、三产业整合之路，通过与产业链上其他组织通过战略合作、入股、设立新企业方式获得合作收益，防化经营风险。产业链的形成应该发挥比较优势原则，农户和合作社的优势在第一产业，即生产和种植领域，而企业的优势在加工、销售、物流等二、三产业，只有通过优势合作才能真正地获得产业链的整合利益。

2. 产业合作共赢模式应充分发挥合作节点组织的比较优势

该农机合作社"企业＋农机合作社＋农户"模式是以市场为导向的利益联结模式，通过农业、加工业和销售三次产业的融合，充分发挥了食品企业在开拓市场、农机合作社集中管理，以及农户种植经营的比较优势，并通过产业整合将三方利益进行协调，有效地化解了市场风险和农业经营风险，实现了利益共享、风险共担的共赢机制，从而确保了整个产业链及各节点组织的利益实现。

3. 注重培养职业经理人阶层

职业经理人一般具有双重技能，一方面熟悉农业生产和农机业务，一方面又具有经营管理能力，职业经理人的优势是他们具一些专门的财务管理和企业管理方面的知识，这些知识是合作社的理事不具备的。随着农机合作社的异质性和组织复杂度的增加，农机合作社的集体决策成本也在增加，在传统的合作社模型下，合作社的集体决策成本相对较低，原因是合作社的成员同质性较强，达成一致意见的成本较低。但是随着合作社不断发展，合作社的社员异质性程度也在增加。低效率、缓慢、成本高昂的集体决策成本成为合作社发展过程中的包袱。引入职业经理人可以降低决策的成本，而且也能减少决策失误带来的损失。在绥棱县农机合作社的运营实践中有一些好的实践，比如根据农作物交易额、生产资料品种的数量设立农户个人账户、规范管理；对国投部分按交易额进行量化；对利润按交易额等分配等都是职业经理人管理技能的体现。

4. 政府应该确立以服务和监督为核心的政策导向

应该减少对农民合作社的市场干预，让市场机制正确地发挥作用，从而对市场主体进行正确引导。应该明确市场主体的自主经营权，当市场机制充分发挥作用时，经营主体会自动调节组织结构和运营模式，从而更好地和市场机制相适应。如果政府对农民合作社干预过多，则农民合作社会无所适从。在新的形势下，为真正体现农民合作社的示范带动作用，应该树立真正的为农户服务、在市场开拓、产业融合方面较有作为的农民合作社作为典范，而不应该只有是否土地入股、带动人数、种植面积等方面进行僵化约束，因为农民合作社的服务模式可以多样化，组织结构和运营模式也可以多样化。因此，政府在选择典型性的农民合作社时要充分考虑到这一点。

参考文献

黄祖辉，徐旭初. 基于能力和关系的合作治理——对浙江省农民专业合作社治理结构的解释 [J]. 浙江社会科学，2006 (1)：60-66.

孔祥智. 合作社是三产融合的核心主体 [J]. 中国农民合作社，2018 (5)：24-26.

杨灿君. "能人治社"中的关系治理研究——基于35家能人领办型合作社的实证研究 [J]. 南京农业大学学报（社会科学版），2016，16 (3)：44-53.

张满林. 农民专业合作社治理机制问题研究 [J]. 渤海大学学报（哲学社会科学），2010 (3)：11-15.

Fabio Chaddad. Advancing the theory of the cooperative organization：the cooperative as a true hybrid. Annals of Public and cooperative Economics，2012，83 (4)：445-461.

农村干部队伍稳定性与农民合作社发展关系研究

李春杰　王　玥　傅宗正

（天津农学院经济管理学院，天津　300384）

摘　要： 近年来，我国已对农村开办农民合作社进行了资金支持和政策扶持，意在通过农民合作社的建立来增加农民收入，促进农业发展，充分发挥农民合作社在我国农业经济发展中的重要作用。但是，农民合作社的发展并不顺利，虽然国家补贴大量资金，依然无法改变部分农民合作社经营不善甚至关闭的现状。本研究以天津蓟州区为例，通过文献研究法、典型调查法和对比分析法，从农村干部队伍稳定性方面深入剖析农民合作社经营不善的原因，并提出行之有效的建议促进农民合作社的发展从而带动现代农业的发展。

关键词： 农村干部队伍；村两委；农民合作社；稳定性；蓟州区

一、前言

农民合作社是农村一个具有互助性质的经济组织，它是农业经营发展中的重要组成部分，能够有效提高农民的收入与农业效益，有效促进农业现代化的发展。孔祥智（2017）通过分析认为由于政府对每注册一家合作社就给予一定奖励的现象逐渐消失而农民也越来越理性的对待注册合作社的问题，所以我国农民合作社的注册的数量在下降，并且财务不民主、财务制度不健全等问题一直制约着合作社的健康发展。由此可见，我国现今农民合作社的发展并不尽如人意，更不能达到预期的目标。虽然农村干部的稳定性对农民合作社的发展关系重大，但是通过查阅资料来看，目前学者大多认为农民合作社的发展需要资金扶持、完善制度、改革农村干部队伍的建设，在农村干部队伍建设方面主要需要改进用人制度、激发农村干部工作积极性等。杨灿君和姚兆余（2016）认为与农村能人和龙头企业领办的合作社相比，村两委领办的合作社被认为有较好的发展前途，这种类型的合作社可以让村两委与合作社融为一体，既可以发挥村两委的政治影响力和行政动员力，又可以发挥合作者的经营效能。但目前国内外很少有学者将农村干部队伍的稳定与否和农民合作社的发展相联系。

本文通过到天津蓟州区进行实地调研，发现农村干部薪资低，农村干部队伍建设制度不健全等问题，导致了农村干部队伍的不稳定性，从而影响了农民合作社的发展。本文主要专注于农村干部队伍稳定性与农民合作社的发展关系，探讨农村干部队伍的稳定与否对农民合作社发展的影响，如何建设农村干部队伍才能有效地促进农民合作社的发展，并提出合理有效的建议，以促进农民合作社健康发展，推进农业供给侧改革和乡村振兴的实现。

二、概念界定与研究设计

（一）概念界定

1. 村"两委"

村"两委"是农村党的基层组织和农村基层群众性自治组织的合称。农村党的基层组织根据党员人数的多少可以成立党的委员会或（总）支部委员会，称为"村党委"或"村党（总）支部"；农村基层群众性自治组织称为"村民委员会"，《中华人民共和国村民委员会自治法》规定：村民委员会是村民自我管理、自我教育、自我服务的基层群众性自治组织，实行民主选举、民主决策、民主管理、民主监督。村民委员会办理本村的公共事务和公益事业，调解民间纠纷，协助维护社会治安，向人民政府反映村民的意见、要求和提出建议。村民委员会向村民会议、村民代表会议负责并报告工作。农村党的基层组织由书记、副书记和委员3～5人组成，每3～5年换届选举一次①；而村民委员会由主任、副主任和委员共3～7人组成，每3年换届选举一次。

2. 农村干部队伍

本文中农村干部队伍是对村两委组成人员的概称，他们之间允许交叉任职。农村干部队伍是贯彻执行党在农村各项方针政策的骨干人员，是带领广大农民脱贫致富、建设社会主义新农村的带头人。村两委是国家进行公共事务管理的基层组织，村两委的干部队伍水平直接影响农村政治、经济、文化等发面的和谐发展。而村两委主要负责人的变动是农村干部队伍稳定与否的重要体现。为了研究的便利，本文中农村干部队伍稳定性特指村两委主要负责人的变动情况，不包含村两委非主要负责人的变动。如果村两委主要负责人连续担任两届及以上任期则认为是稳定；如果村两委主要负责人每个任期都更换则认为是不稳定。

3. 农民合作社

2017年12月27日第十二届全国人民代表大会常务委员会第三十一次会议修订的《中华人民共和国农民专业合作社法》（以下简称《农民专业合作社法》）将"农民专业合作社"定义为在农村家庭承包经营基础上，农产品的生产经营者或者农业生产经营服务的提供者、利用者，自愿联合、民主管理的互助性经济组织。为适应各种类型的农民专业合作社并行发展，专业化基础上向综合化方向发展的趋势，以及农民对各类合作社提供服务的需求日益多元，不局限于同类农产品或者同类农业生产经营服务的范围，新修订的农民专业合作社法取消了有关"同类"农产品或者"同类"农业生产经营服务中的"同类"的

---

① 《中国共产党章程》规定：党的基层委员会、总支部委员会、支部委员会每届任期三年至五年。

限制，扩大了法律的调整范围，同时以列举的方式明确农民专业合作社经营和服务的业务范围。其实，早在 2013 年，国家有关部门就将"农民专业合作社"改称为"农民合作社"。目前，可将农民合作社分为四种类型：能人牵头型、村级组织引导型、涉农企业参与型和技术部门领办型。能人牵头型农民合作社是依托农村专业大户、经营能人等，利用其生产、经营、购销等优势组织农民组成的合作社；村级组织引导型农民合作社是由村党组织和村委会号召，组织从事专业生产的村民自愿加入成立的合作社；涉农企业参与型农民合作社是农产品加工企业利用其加工、品牌、营销等优势组织农民组成的合作社；技术部门领办型农民合作社是依托基层农技部门，利用其技术、服务等优势，组织农民组建的合作社[①]。

（二）研究设计

1. 调研区域选择

蓟州区是天津市市辖区，地处天津市最北部，位于京、津、唐、承四市之腹心，它是天津市唯一的半山区县，也是天津市的"后花园"。2016 年末，全区户籍人口 86.25 万人，其中，农业人口 69.84 万人，非农业人口 16.41 万人，男性 43.86 万人，女性 42.38 万人。全区常住人口 91.15 万人，其中，城镇人口 38.47 万人，农村人口 52.68 万人，城镇化率 42.21%。蓟州区是天津市的农业大区，是我国首个绿色食品示范区和中国山区综合开发示范县。2016 年末，全区从业人员 44.76 万人，其中，乡村从业人员 35.11 万人，单位从业人员 9.65 万人。2016 年，全区完成农业总产值 70.94 亿元，其中：种植业产业 33.96 亿元，林业产值 0.49 亿元，畜牧业产值 34.97 亿元，渔业产值 1.52 亿元，见图 1。

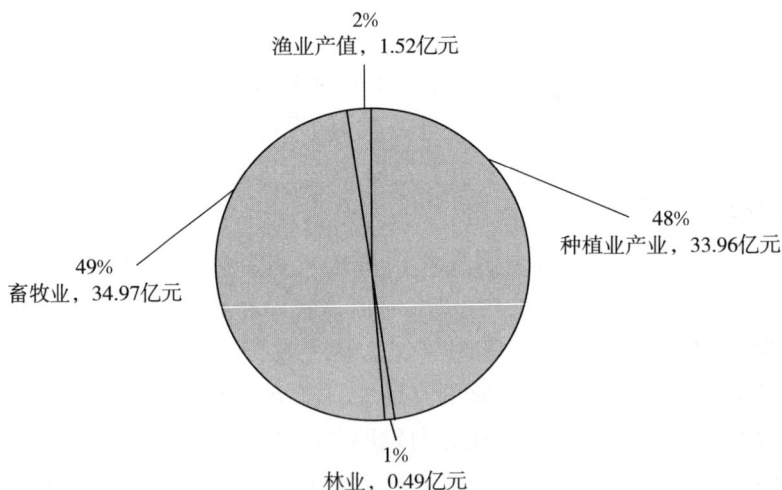

图 1　蓟州区各类农业产业产值比例图

全区粮食作物播种面积 89.61 万亩，全年粮食总产量 34.82 万吨；全区蔬菜播种面积 11.10 万亩，蔬菜产量 46.97 万吨；油料播种面积为 1.72 万亩，油料产量 3 772 吨；水果种植面积 15.02 万亩，水果产量 7.31 万吨，见图 2、图 3。全区生猪饲养量 108.12 万头，其中：生猪出栏 66.29 万头，生猪存栏 41.83 万头；牛存栏 7.82 万头，出栏 11.53 万头；羊存栏 12.7 万只，羊出栏 18.7 万只。家禽存栏 499.02 万只，其中，产蛋鸡存栏 421.46 万只，家禽出栏 709.98 万只[①]。本文以蓟州区作为研究区域，具有一定的代表性。

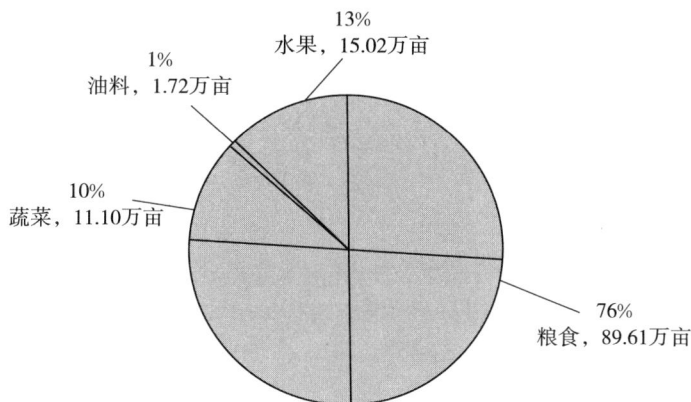

图 2 蓟州区各类农作物种植面积比例图

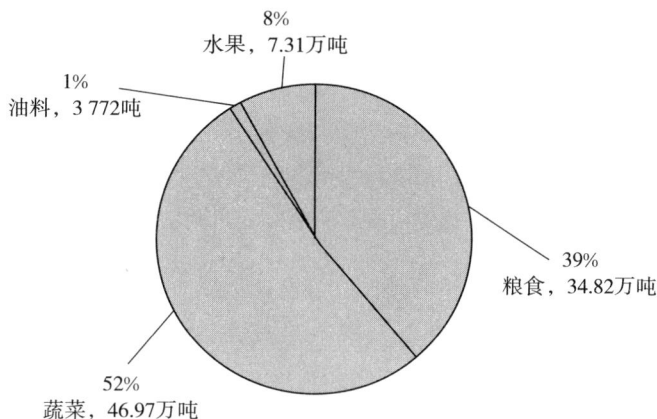

图 3 蓟州区各类农作物产量比例图

2. 调研过程

调研过程采用访谈和问卷调查结合的方式进行。一是到蓟州区委组织部、蓟州区委研究室、蓟州区农委等相关部门调研，收集了部分资料和数据；二是到蓟州区下仓镇南娄庄村和上仓镇程家庄村进行实地调研，通过对村两委成员进行访谈；三是借用蓟州区农委 2018 年 4 月举办农民合作社理事长培训班的机会进行了问卷调查，发放问卷 50 份，收回

---

① 资料来源：2016 年蓟州区国民经济和社会发展统计公报。

问卷 48 份，有效问卷 48 份。

三、蓟州区农民合作社发展现状及存在的问题

（一）发展现状

我国自《农民专业合作社法》实施以来，登记在案的合作社数量显著。到 2016 年底，我国注册登记的合作社已达 179.4 万家，加入合作社的农户已占到全国农户总数的 44.4%。2016 年末，天津市经工商登记注册的农民合作社 11 365 家，辐射带动 50 万农户。从行业分布看，种植业合作社 7 081 家，畜牧业合作社 1 631 家，林果业合作社 1 069 家，水产业合作社 776 家，农机合作社 490 家，植保服务等其他合作社 318 家[①]，具体分布情况见图 4。

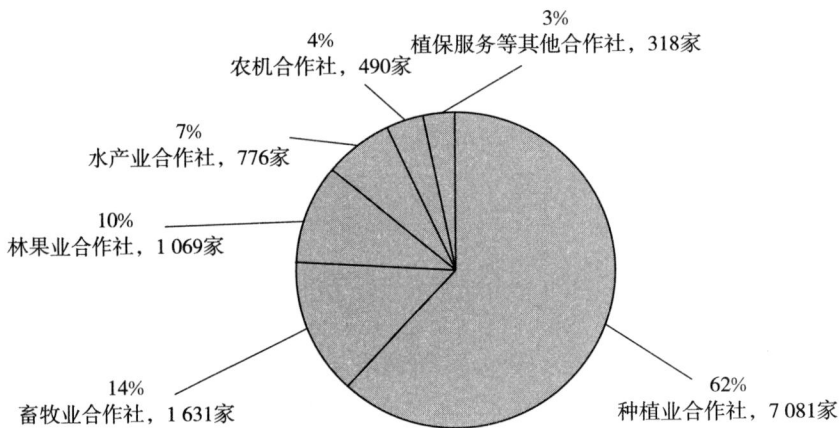

图 4　天津市经工商登记注册各行业农民合作社分布情况图

据蓟州区农委统计，2017 年末，蓟州区工商注册农民专业合作社 1 826 家，工商注册农民专业合作社成员 65 172 家，其中 99%的成员都是普通农户，其余的成员也大多数是专业大户或家庭农场，极少数为团体成员。其中：成员在 50 户以上的合作社有 329 家，年销售收入在 1 000 万元以上的合作社只有 6 家。而在这 1 826 家农民专业合作社中，大约 57%的合作社从事种植业，大约 16%为林业合作社，约 22%为畜牧业合作社，其余为服务业及其他产业合作社。蓟州区工商注册农民专业合作社总资产达 372 330 万元，虽然国家有一定的补贴资金，但其中的 90%都是农户的自有资金。2017 年，蓟州区新评定市级合作社 12 家和复核市级及示范社 83 家，全区市级以上合作社达到 95 家，并组织合作社进行网上年度报告工作，组织国家示范社进行监测。培育指导全覆盖服务型合作社 95 家，区域性销售联合社 1 家。

---

①　资料来源：《天津年鉴 2017》。

2013 年开始，天津市开展结对帮扶困难村工作，蓟州区推选 142 个困难村作为天津市级帮扶困难村。为了帮助困难村发展壮大村集体经济，根据市农业相关部门的要求，142 个困难村均成立了土地股份合作社，作为结对帮扶工作的实施主体，承接市级帮扶项目的实施，按照要求，每个合作社必须至少有 85% 的农民加入。这类合作社的成立，大部分是以村干部牵头领办的合作社，应该划归为村级组织引导型合作社。该类合作社大部分承载了村集体经济组织的功能，为村集体增收和农民致富起到了推动作用。但是也有不尽如人意的方面，发生过纠纷或上访事件，后文将进一步分析。

（二）存在的问题

1. 不同类型合作社受重视程度有别

农民合作社与村两委都是新农村建设中的重要主体，他们的团结与否直接关乎农业经济的发展和农村公共事务的管理。如今，农民合作社在农业发展中的地位日益重要，其非经济功能也在日益发展中，这与村两委进行村中日常事务的管理息息相关并且会有许多交叉之处。根据在蓟州区的调查，我们可以看出，现在村两委的许多干部队伍成员同时也是合作社的理事会成员或是社员，如此一来，合作社的发展直接关系着村两委干部队伍的利益。村两委支持合作社发展，村干部为合作社的发展提供便利条件，合作社就会获得较大的利润，作为合作社理事会成员和社员的村干部不仅可以有突出的业绩同时也会有合作社分红收入。即村级组织引导型合作社受重视程度高，无论是土地流转还是政策扶持都会优于其他类型合作社。

2. 农民加入合作社积极性不高

根据问卷调查的统计结果来看，如果没有政策的引导，有 55% 的农户不愿意加入合作社，主要是因为农民受传统思想束缚时间长、程度深，并且绝大部分农民不会在看到加入合作社的利益前就贸然加入合作社。

此前就有专家学者在研究农民加入合作社缺乏积极性的原因时已提出中国人常常受到人情和面子的束缚，在农户进行农作物及其运销的投资时，如果有农户的亲朋好友与合作社经营的内容相同，在合作社的利润与人情关系中，会有相当大的一部分人选择人情关系，而放弃合作社的利润。现行政策制度下，很多合作社的成立是为了套取国家补贴资金，加入合作社的农民往往有"保底"收入，而非实际意义上的合作，更近似看作是一种交易行为，合作社未真正发挥带动作用。

同时，一些农户对合作社的发展一直都是持观望态度，在没有看到其他人在合作社中获利前是不会加入农民合作社的。在对蓟州区南娄庄进行实地调研时老支部书记提到，许多人都想在看到别人赚钱后才会相信合作社可以帮助他们获得收入，但是每个人都这么想而没有人愿意率先尝试，怕失败，所以加入农民合作社的农户很少。如果第一批加入农民合作社的农户没有获得可观的收入甚至赔钱的话那就更会严重打击农户加入农民合作社的积极性，不仅不会吸引更多的农户加入，可能还会让合作社现有的成员退出合作社。

3. 农民合作社经营管理不善

（1）农民合作社资金管理不善。为了促进农村经济的发展，我国早已对农村的集体资产管理制定了相关的制度，仍然存在诸多漏洞，使得可以从中钻空子，利用职务之便隐瞒真实的账目，制造假账，贪污合作社的收入或补贴资金，造成用于农民合作社经营的经费流失，无法让农民合作社正常运营。

（2）农民合作社人员管理不善。近年来，我国农村干部利用职务犯罪的案件数量逐年升高，对农村社会的安定和谐造成了极为不稳定的因素，同时也影响了干部队伍在村民心目中的形象，造成村民对干部队伍的不信任、不支持，这对农民合作社的发展造成了极大的负面影响。村级组织引导型合作社一般是理事长和村干部兼职，不召开社员大会，易造成决策的不科学，也会对合作社其他成员造成不良影响，不利于对合作社员工的管理。

四、农村干部队伍稳定性与农民合作社发展的实证分析

（一）典型调查案例

1. 蓟州区上仓镇程家庄村——CX 合作社

程家庄村位于蓟州区上仓镇，在州河的西岸，占地面积 2 598.9 亩。现有耕地 2 013 亩，户数 328 户，人口 1 273 人。程家庄村以"燕子李三"故里为基本载体，深挖文化资源，打造蓟州区高标准平原旅游示范基地，建成富有上仓特色、可持续发展的都市型休闲农业产业的全新格局。村党支部书记吴左顺任支部书记近 20 年时间，在村民中威望很高。他带领村民创办了 CX 合作社，流转了 500 亩土地发展观光农业，工程总投资一千多万元，划分出油葵花、薰衣草、月季花、水上游乐等多个功能区。该合作社属于村级组织引导型合作社，吴左顺既是村党支部书记又是合作社的理事长，利用村党支部书记的身份及在村里的影响力，他能协调流转土地连片经营开发休闲观光农业；而合作社理事长身份又能让他和合作社成员关系更加融洽，带领社员致富。本来，合作社的成立不可避免地会在经济、社会等各个层面冲击到村两委的垄断性权力，但吴左顺书记作为村两委的"代言人"又担任了合作社理事长，自然将这种冲击力减弱甚至消除。正如有的学者研究的结论一样，短期内合作社发展中出现的负责人与村两委班子成员交叉任职的现象具有阶段的合理性，可以促进合作社的发展。当然，这与该村干部队伍稳定性有直接关系，没有吴左顺书记 20 年任职资历做基础，恐怕结果会是另一番情形。

2. 蓟州区下仓镇南娄庄村——BF 合作社

南娄庄村位于蓟州区南部，与天津宝坻区、河北省玉田县接壤。全村共有 133 户，总人口数 441 人，耕地面积 910 亩，农业劳动力 280 人，农民年人均可支配收入约为 1.5 万元①。全村农业生产以种植玉米、小麦为主，生产结构单一，耕地几乎全部为基本农田。

---

① 文中数据均来自实地调研，以下相同。

该村土地偏碱性，不适宜林果种植，可选择的种植品种受限。但因远离交通要道，周边环境优良，没有工业企业污染，土地肥沃，适宜发展各种蔬菜种植，具备发展高档蔬菜的基础环境和土壤条件。按照天津市结对帮扶困难村的相关政策，2015 年，该村党支部书记王树华作为发起人创办成立了 BF 合作社，吸纳村民以土地入股，从事设施蔬菜种植。与上述案例相似，王树华书记在村任党支部书记 20 余年，威望较高，创办的 BF 合作社也属于村级组织引导型合作社。该合作社成立不久，由于年龄的原因，王树华不再担任该村党支部书记，同时该村村委会也进行了换届选举，村两委主要负责人发生了变动。此时，应看作是该村干部队伍呈现不稳定状态。新任村两委成员担心合作社的发展危及自身的利益或权威地位的巩固，自然就会调动村两委干预、搅和的积极性，出现了新任村主任与合作社理事长之间关于合作社发展的争辩。后来的结果是村委会主任与党支部书记也因磨合不成发生矛盾，BF 合作社半年后停止运营。

（二）农村干部队伍制约合作社发展的表现形式

1. 参与合作社运营管理的表现

在蓟州区的调研中我们可以了解到，农村的干部队伍主要是由本地的村民通过法定程序选举产生，这些村民文化素质较低，年龄较大，其中半数以上村干部拥有初中或是高中学历，少数村干部拥有小学学历，极个别的村干部拥有中专以上学历，他们对外界的新生事物知之甚少，这样的干部在管理合作社日常事务时无法摆脱传统的管理思想和管理模式。在他们观念中，合作社能做的就只是集中卖一些种子给农民或是将农民的地集中起来一起种植，再帮助农民将收获的农作物集中卖到市场上或是卖给收购商。这样的农村干部队伍不具备农村"能人"的带动能力，在村民中影响力小，农民增收难，导致让农民意识到加入合作社后不能给自己带来的好处，久而久之，农户为了长远的利益，就会选择退出合作社，而合作社没有了农户的支持，最后的结果也只能是不了了之。现今农村干部队伍的主要成员除了本村村民外，还有部分大学生村官的参与。大学生村官具有大部分村民没有的科学理论知识、开阔的视野和开放的思维，而且基本属于外来人员，他们在主持村集体或合作社事务时不会较多的受村里人情面子的束缚，他们会用现代、开放的思路发展合作社等新型经营主体和现代农业经济助力乡村振兴战略实施，探索让农民致富的新途径。目前，蓟州区有高校毕业生参与的农民合作社 40 家，共有 58 名高校毕业生参与农民合作社，但尚未有大学生村官担任合作社理事长。

2. 不参与合作社运营管理的表现

农村地区条件艰苦，年轻人无法忍受农村闭塞的环境和相对恶劣的生活条件而想方设法离开农村。留在农村的村民通过选举进入村两委干部队伍，面临着三年一换届的不确定性影响。他们在任时期间对合作社发展的设想不具有长远的规划，这就为合作社后续的发展带来了难题。因为农业的弱质性，国家对于农业补贴力度大，由于农村干部的频繁变动就很可能会导致国家补贴资金的流失。

（三）农村干部队伍的稳定性对农民合作社发展的影响

1. 稳定的农村干部队伍对农民合作社发展的影响

（1）改善合作社与村两委的关系。合作社与村两委的关系问题，归根结底是合作社与村两委的利益分化问题，村两委的主要职责之一是调整农业和农村产业结构，而农民合作社作为农产品的生产经营者或是农业经营服务的提供者与利用者会有经济发展的自主权，这无疑冲击了村委会对农村经济的发展权利，村两委为维护自身利益，巩固村两委的地位，一般会选择性的介入合作社的经营。调查显示，78%的人认为合作社理事长或骨干成员与村两委成员交叉任职有利于合作社的发展，理由是合作社的发展离不开村两委的支持，村两委的部分职能的实施要依托合作社完成。

农民合作社的骨干社员与村两委干部有交叉是普遍现象，甚至有学者认为，合作社与行政村这二者只存在称谓上的差别而无实质上的不同。在这种客观情况下，农村干部的稳定无论是对村两委制定有关合作社的政策还是对合作社配合村两委的工作都是十分有利的。成员的交叉代表了利益的交叉，这种利益的交叉是平衡合作社与村两委的一道杠杆，它可以有效地缓和合作社与村两委的利益冲突。而农村干部队伍的稳定可以让这种成员的交叉衍生的利益交叉持续下去，让合作社和村两委能够为了自身利益也为了本村农业经济发展和谐共处。

（2）有利于大学生村官在合作社体现更大价值。近年来，蓟州区大学生村官作为村两委干部的重要来源，发挥了重要作用。农村干部队伍稳定可以让大学生村官更安心的扎根基层，服务群众，成为新农村建设队伍的新生力量。大学生村官在农村如果能够稳定的工作，就会将更多的时间和精力投入到农村的建设上，他们在积极响应国家乡村振兴战略的过程中，用较高思想觉悟和充分的理论知识与技术发展现代农业，用现代开放的经营方式和管理模式参与合作社运营。

由大学生村官来领办合作社，他们会有更优质的资源来支撑他们的创业，良好的教育可以让他们将国家的政策解读的更精确，充分的利用政策来发展合作社。大学生村官会有更多可以利用的市场资源作为合作社产品的销路，让合作社经营的产品省去中间交易环节，直接销售给消费者，节省了合作社的经营成本。大学生村官眼界开阔，可以给农村带来更好的农业技术，提高合作社的生产率，也可以改变目前种植合作社太多，农机合作社无法发展起来的局面，让技术型农业有更大的发展空间，提高乡村振兴和新农村建设的质量。

（3）有利于合作社在乡村振兴战略中发挥重要作用。乡村振兴战略是习近平同志2017年10月18日在党的十九大报告中提出的国家战略。乡村振兴战略通过促进农业专业合作社等新型农业经营主体的发展，有效地带动农民增产增收、脱贫致富，彻底解决农业产业和农民就业的问题。而农村干部队伍稳定有利于农村各项政策长期有效的实施，意味着合作社的骨干成员也有可能会稳定的由村干部担任，也让村干部有机会在农民合作社的发展中大展宏图，让农民合作社向着更高水平、更高质量的方向发展。推进农民合作社发展是实施乡村振兴战略的一部分，它的发展水平和质量的提高对早日实现乡村振兴战略具有积极的促进作用。

2. 不稳定的农村干部队伍对农民合作社发展的影响

（1）影响合作社长期稳定的发展。调研中了解到，蓟州区农村干部队伍人员组成主要是三部分，一是上级政府部门统一派出的帮扶或挂职人员；二是通过特定形式招聘的"大学生村官"；三是本村选举产生的村委会成员和党支部成员。一方面帮扶或挂职人员本就是被上级派来的而非自愿，这些城里人大多不适应农村的生活，毕竟农村的生活条件和工作条件比较艰苦，而且没有城市那么丰富的娱乐生活，这类人员会一直找机会离开农村或到一定期限被调离回原单位。另一方面，即便是有一些大学生响应国家号召主动参加选调生或是村官的招考，也是想要借助国家对大学生下乡支农的优厚政策把支农经历作为更上一层的跳板，这样一来，即便自身有一些真才实学也不愿意尽心尽力地为乡村建设出力。农村干部队伍不稳定的因素主要表现在本村民主选举产生的村干部的变化频率。我国村干部三年一换届的规定会对一些村干部的心理产生影响。三年的时间，有可能他们想要干的事业刚刚步入正轨，他们就面临着换届，新一届是否能否当选是一个未知数，如果他们不能在换届选举中继续连任，那之前的工作成效可能会被推翻，在这样负面心理干预下，踌躇满志可能就会变成裹足不前，依然无法改变农村贫困落后的现状。据了解，多数村委会换届选举大多演变成村内大家族之间的争斗，这样不稳定的农村干部队伍现状严重破坏了合作社发展的长远规划。

（2）村两委对农民合作社发展的政策不稳定。农民合作社想要长期健康的发展就离不开村两委积极政策支持。比如某村党支部支书在领办合作社后，为了更好的发展合作社，也让自己有一份好的业绩，会在村里出台一系列有利于合作社发展的政策。但是，因为农村干部队伍流动性大，如果农民合作社的法人不能继续担任下一任的村书记，那么他以后对一些针对农民合作社发展的政策就不再有发言权。同时，农村干部队伍换届后，政府引导型合作社的归属问题一直是前后两任村书记争执比较大的地方，虽然农民合作社是在村集体的各方面支持下才建立起来的，但是村集体却无法越过法律收回合作社。所以在这种情况下，下一任的村书记是不会继续前一任村书记实行的那些对农民合作社发展积极有利的政策，甚至可能会实施一些对农民合作社健康发展不利的政策措施。调查显示，69％的人认为村干部的更换对合作社发展有影响，可能在发展思路、利益冲突、对合作社的支持态度等方面有所体现。

（3）可能导致农民合作社资金外流。自国家鼓励农村开办农民合作社以振兴农村经济发展以来，我国各地市纷纷响应国家号召，采取一系列措施鼓励支持农民合作社发展。天津为促进农村经济发展，振兴乡村建设，在资金上对新型农业经营主体进行了大力扶持。从2013年开始，天津市实施结对帮扶困难村工作，要求每个困难村必须开办一个农民合作社（要求不少于85％村民加入），并开设银行账户，市级财政帮扶资金将转入该账户，以合作社为实施主体带动村集体和农民增收。在此激励下，各困难村集体都争先成立了农民合作社，这些合作社大都是以村书记或村主任的名义领办的，有的村书记或村主任为了合作社能够有一份好的业绩和好的收入，甚至会投入一些自己和其他合作社成员的自有资金。合作社经营过程中可能会出现社员逐渐退社的现象，最终国家补贴资金转化为的固定资产就落在少数几名骨干成员手上。由于农村干部队伍成员不稳定，流动性大，如果这任村书记不能在换届选举时不能连任，那么合作社的归属问题就会成为村集体与村民之间的一大纠纷。因为合作社成立时是当时的村支书以个人名义领办的，即便不能连任，合作社的法人也依然是前任村支书而非村集体，所以合作社最后可能就会归前任村支书及少数几个合伙人所有，国家本来给予合作社的补贴资金最后却成了补贴给个人的资金。

五、稳定农村干部队伍促进农民合作社健康发展的对策

（一）完善村干部选任制度

完善村干部选举制度，尤其是保持村两委主要负责人稳定性，将会促进农民合作社的发展。调研中了解到，天津市对于 2018 年 5 月底农村地区的村委会换届工作出台了新的政策，要求此次村委会主任的候选人必须是党员，然而村委会主任的选举是在村委党支部书记的换届选举之后，在这种情况下，最终的村委会主任就有很大的可能会是村书记。当村委会主任与村书记由一人担任时，就会在一定程度上减少目前部分农村地区存在村主任与村书记工作上不配合的情况。这样的情况可以统一处理村内公共事务和合作社事务的思路，和谐稳定的环境更有利于合作社的发展。

（二）延长农村干部任职年限

许多有抱负的农村干部想要在农村干一番事业，却因为任职年限短而不能放开手脚去做事。延长村干部的任职年限可以让村干部在国家政策的鼓励下积极领办合作社，在为合作社的发展制定规划和政策后，还能有充足的时间去实施，村干部的能力和才干可以得到充分的发挥，促进合作社更长久的发展。

（三）提高农村干部薪资待遇和福利

现在农村不能留住有才干、有抱负的人，一个很重要的原因就是农村地区薪资待遇低，不能满足人们的日常需求。尤其是大学生村官，他们长期生活在城市，消费观念与方式与农民不同，支农补贴无法在生活和心理上满足大学生村官的需求。另外，提高了农村干部的待遇，他们可以专心从事村两委工作，从更高的层面为本村的发展考量，有更多的精力关注合作社的发展。

（四）完善农村干部队伍激励机制

现在农村地区对村干部的管理不完善，每月只是照例发放补贴，没有响应的制度来激

发村干部的工作热情。完善村干部的激励机制，对工作业绩突出的村干部可以给予一定补贴之外的福利，例如奖金、荣誉、提高政治待遇等。村干部有了工作热情，看到了付出的回报，就会对以后的工作更有希望，不会一直想着调离农村。只有农村干部队伍稳定了，农村发展基础才能牢固，农民合作社等新型农业经营主体才能有更广阔的发展空间。

参考文献

孔祥智．农民合作社的 2017 ［J］．中国农民合作社，2018（1）：47.

李威．农业乡镇村级干部队伍建设的现状、问题及对策［J］．南方论刊，2015（5）：52－54.

刘永红．乡镇干部队伍建设的思考［J］．机构与行政，2015（2）：49－52.

马瑜寅，何金潞，王向阳．从合作社主体看农民合作社发展困境及前景［J］．法制与社会，2016（6）：221－222.

潘劲．与村"两委"的关系，不同类型的合作社有不同表现［J］．农村经营管理，2014（6）：20－21.

单铁辉．农村"三资"管理存在的问题及对策［J］．农民致富之友，2016（8）：9.

谭贺，高建中．农民专业合作社与村两委互动关系研究——基于鲁南济宁市的几个案例［J］．广东农业科学，2012，39（22）：213－217.

田芳．我国农民合作社发展现状与发展趋势探析［J］．统计与管理，2017（8）：143－144.

王康．大学生村官对农村基层干部队伍建设影响探究［J］．党史博采（理论），2014（7）：33－34.

文先红．镇村干部职务犯罪预防的困境与对策［J］．法制与社会，2010（16）：93－94.

杨灿君，姚兆余．村两委领办型合作社的治理机制创新研究［J］．湖南农业科学，2016（12）：86－89.

于战平．中国农民专业合作社发展 10 年：困境与解析——基于与欧美国家比较的反思［J］．世界农业，2017（11）：218－222.

赵晓峰，刘成良．利益分化与精英参与：转型期新型农民合作社与村两委关系研究［J］．人文杂志，2013（9）：113－120.

赵晓峰．新型农民合作社发展的社会机制研究［M］．北京：社会科学文献出版社，2015：86－90.

朱隽．农民合作社怎样才能合而强［J］．农村经营管理，2017（6）：28.

辽宁省利用世界银行贷款可持续发展农业项目扶持合作社规范化发展实践及经验总结[*]

辽宁省利用世界银行贷款可持续发展农业项目 扶持合作社规范化发展实践及经验总结[*]

钟智利

（辽宁省农业科学院，沈阳 110161）

在经济新常态和农业供给侧结构改革新形势下，农民合作社作为农民组织化的基本形式和新型农业经营服务主体，对于加快农业产业结构调整，推进农业产业化进程，提升农产品竞争力，带动农民增收致富，促进农业可持续发展等方面，具有重要地位与引领作用。党和国家高度重视农民合作社的发展，鼓励各类农业项目加大扶持力度，推动农民合作社不断发展壮大，进一步提高农民合作社的发展质量，使其真正成为引领农民参与国内外市场竞争的现代农业经营组织。

沈阳市苏家屯区、朝阳市凌源市、葫芦岛市连山区等六个县区被列入 2014—2018 年辽宁省利用世界银行贷款可持续发展农业项目（以下简称"世行项目"）项目区。此六个县区的农民合作社（以下简称"合作社"）基本都处于起步和建设初期阶段，为改善合作社各方面条件，充分发挥合作社在促进农民增收、发展农业生产和繁荣农村经济中的重要作用，辽宁省农业综合开发办公室及项目区各级农业开发行政主管部门，积极争取世界银行贷款可持续发展农业项目大力扶持合作社发展壮大，从扶持设施建设、购置设备到专业培训，从合作社设立到运行的服务指导，从新产品、新技术的落实等多方面给予支持，着力打造可推广、能复制的合作社及新品种新技术示范区，以促进项目区合作社在世行项目的先进理念和支持下健康、规范、可持续发展。

一、背景

辽宁省利用世界银行贷款可持续发展农业项目区，主要位于辽宁西北部地区，农业种植结构以玉米、小麦、水稻等大田作物为主，为进一步优化种植结构和区域布局，提升农业的效益和可持续发展能力，2016 年农业部以"镰刀弯"地区的玉米为重点推进种植业结构调整。辽宁省世行项目的这六个县区地处"镰刀弯"玉米种植区，在转型发展新形势

---

   * 作者简介：钟智利（1973—），研究员，从事农业区域经济研究。E-mail：330958148@qq.com。

下，以调结构、增效益为主攻方向，积极探索农业生产可持续发展的新途径和新模式，推进农业生产方式转变，实现提质增效，提升农产品的供给能力，提高农业的综合效益和竞争力。

合作社作为新型农业经营主体，是连接农民纽带和走向市场的桥梁。世行项目扶持合作社发展，旨在加强合作社规范化建设，提升其社会化服务功能，推动合作社组织带动农民互助共济，调整优化种植结构，延伸农业产业链和价值链，共同应对市场竞争等方面发挥更突出的作用。

世行项目在项目区重点选取和支持种植业为主的合作社，通过扶持必要的设施设备、集中培训以及专家咨询服务等多种方式，培育和扶持合作社发展，通过对项目区的合作社在运行、经营与管理等方面进行专业指导，提升合作社的农业社会化服务能力和规模化经营水平，引领合作社不断提供优质社会化服务，带动农户完善和优化种植业结构，进行专业化、标准化、集约化农业生产。结合世行项目的农技推广技术的扶持，推进绿色生产方式，最大限度提高资源综合利用效率，提高农业机械化水平，实现环保施肥，增加土壤有机质，提高耕地质量，保证高质农产品供给，带动农民增收，增强农业可持续发展能力。

二、发展现状

目前辽宁省世行项目扶持的 32 个合作社中，种植大田作物的合作社（如玉米、花生、水稻、杂粮等）17 个，进行果蔬种植的 15 个。合作社实际社员数集中在 50～150 人之间，满足于按章程出资，社员多数都是以土地入股。合作社所起的作用侧重于为社员提供集中购买农资、化肥等生产资料，组织培训、组织销售等服务。经过世行项目的支持和引领，项目区的合作社正逐步进入规范化发展的轨道，在优化种植业结构，加快农业提质增效，发展当地农业产业化经营，带领农民脱贫致富方面发挥着重要作用。

通过进行新产品、新技术培训活动，推动合作社整体素质和技术能力不断提高。扶持建设的库房、购买的农用三轮车、运输车、烘干机、测土配方器等设备，为项目区农民合作社可持续发展做出了重要贡献，促进了节本增效，提升了新型农业经营主体的地位和水平，增强了合作社的带动作用和影响力。

在产业结构调整中，种植蔬菜的合作社整体增收效果相对明显，但存在市场价格波动和不稳定性的风险因素，蔬菜合作社的收入随市场价格波动特别大，存在着很大的市场风险，特别需要技术力量的支撑，根据市场预测分析选好种植品种非常重要。

世行项目大力推行的深翻深松耕作模式和环保施肥的理念，注重病虫害防治、测土配方、滴灌、管灌、微喷节水灌溉等多项技术；注重统一培训、新产品新技术的推广应用；注重加快合作社优化调整产业产品结构等。在新型肥料研发、重大病虫草害灾变综合防控、保护性耕作与高效节水灌溉、农机装备、农业面源污染防控等方面切实加快了现代农业发展和农民增收致富的进程，带动了当地农业的可持续发展，农业整体产出效益明显。

三、成功做法

下面简要介绍 4 家合作社在世行项目的先进理念和支持下，快速发展的做法。其共同特点是：运行管理规范、围绕当地资源优势，因地制宜，带领社员积极调整农作物种植结构和品种结构、提升农业发展质量，做强特色产业，在乡村振兴发展新形势下，强化产业培育与兴旺，努力实现农业增效、农民增收和农村富裕。

（一）能人带动型——黑山县占国大田种植专业合作社

黑山县占国大田种植专业合作社位于锦州市小东种畜场南街，2014 年 12 月成立，注册资金 500 万元，合作社社员 161 人，理事长杨桐涛踏实肯干有魄力，带领合作社根据农业发展趋势，调整优化产业结构，规范种植方法，突出特色经济。

1. 实现标准化、规模化、专业化种植方式

合作社自组建以来，经过世行项目的专业培训和指导，改变以往传统式大田作物种植方式的盲目性和随意性，实行统一规划，统一经营，统一管理。选种、播种、选肥、施肥、整地耕作、灌溉、和销售都实行统一化、专业化作业管理。参加世行项目组织的技术培训后，社员素质也有所提高，能够按照标准化、规模化、专业化绿色种植耕作方法去操作。合作社在改善种植方式后，对水资源利用，农作物病害、虫害以及旱灾等灾害的抵御防治能力明显提高，种植区域内农作物的整体效益明显增加。

2. 调整种植"出口大花生"，突出特色优势和带动能力

世行项目的可持续发展实施理念，以及世行项目组织进行的合作社培训，促使合作社日益走向规范化，理事长和社员也不断思考在农业新形势下如何利用世行项目改变合作社发展方向，使合作社真正走向市场。当参加了辽宁省农垦局召开"调整农业产业结构"，推广出口品种大花生种植面积的专题研讨会后，亲眼见到展示出口品种大花生三年的试种成果，合作社找到了调整结构的目标，经过理事会决议和社员代表大会讨论通过，合作社果断确定改种品种。2016 年引进种植出口品种大花生 7 150 亩，占全省大花生种植面积的90%，经过世行项目技术培训和现场跟进指导，长势喜人，年底收益高，种植大花生平均比种植玉米每亩增收 500 元，社员尝到了甜头，参与性高。2017 年合作社继续种植出口品种大花生，共计 9 800 亩。合作社种植的花生，借助地域土壤优势，品质好没有黄曲霉，特色优势非常明显，吸引了山东省的一些加工企业纷纷前来订购合作社的花生进行加工销售国内外。

3. 借助农机合作社力量，完全实现了机械化生产

占国大田种植合作社借助自家另一农机合作社的辅助，完全实现了种植机械化，提高了农机使用效率，提升了粮食生产机械化耕作程度，耕种收综合机械化率明显提高，保证了机械化作业质量，降低了大田种植的成本，改善了农业生产条件。不仅为社员耕作节省了时间和精力，提高了单产，还提高了社员种植的积极性，也增加了合作社的收益，种植机械化使合作社的土地生产率、劳动生产率明显提高。

4. 财务管理规范，财会人员具备较好的专业技能

合作社的财务管理非常规范，采用社账自管的财务管理模式，财会人员是本社社员，持有专业会计从业资格证书，定期接受县级会计相关培训，业务能力强。严格按照财务制度规定，账务工作严谨规范，定期将合作社的财务盈余情况向全体社员公开，让社员知晓合作社的财务和运营状况，设立了成员账户，年底严格按章程进行盈余分配，主要按照交易额与按投资额二次分配相结合，做到公正、合理，社员们积极性高涨，合作社凝聚力增强。

（二）大学生创办型——凌源市乐万家土地股份专业合作社

凌源市乐万家土地股份专业合作社前身是乐万家农作物种植专业合作社，坐落在凌源市四合当镇奈曼营子村。成立于 2016 年 5 月，2017 年 3 月 16 日改制为土地股份专业合作社，以土地入股，按户连片耕种，发展规模经营。合作社现有社员 211 人，其中以土地入股的社员达 206 人，成员出资金额 43.549 8 万元，其中社员入股土地折资（一等地 10 股/亩、50 元/股）38.549 8 万元，占总出资的 88.5％。

1. 合作社班子整体带动作用强

凌源市乐万家土地股份专业合作社理事长耿笑扬，80 后的大学生，年轻有为，思想超前，经常组织合作社领导班子学习研究农业政策和农业发展方向等有关内容，鼓舞大家齐心协力，共同为合作社的发展而努力。合作社 2017 年 4 月 18 日成立党支部，党员 68 人，在整地、动员、选种等各方面都对社员起到了党员模范带头引领作用，合作社班子整体带动力强，社员参与性高，合作社社员内部之间沟通非常融洽，配合度好，整体带动力强。

2. 制定公布合理分红方式

合作社积极引进全光喷雾扦插技术，在观赏苗木、中药材等基地实施，让社员们眼见为实，看到发展优势，积极性、主动性和创造性被彻底调动起来。尤其常年帮助周边贫困农民改善贫困生活现状，起到良好的影响力。经合作社成员大会决议，合作社成员的分红方式为："保底分红＋按比例二次分红"的办法，即确保以土地入股的社员 500 元/亩的固定收入（春播前已分红完毕）＋年末收获后结余盈余资金分红（按合作社章程里标注的合作社：社员：农业职业经理人 1∶2∶7 的比例进行二次分红）分配，分红方式合理，社员拥护，参与性高。

3. 发展理念时代感强

通过世行项目的扶持和引导，凌源市乐万家土地股份专业合作社改变了发展理念和发展方向，紧跟时代发展动态，充分利用当地少数民族（蒙古族）村优势，加快一产与三产深度融合，拓展农业的多功能性，注重多样化经营。为实现目标讨论制定了"两步走"计划。即第一步定位 2017—2018 年为稳步转型期：选好品种，突出特色，实现规模；第二步定位 2019—2025 年为绿色升华期：强化绿色生态，突出品牌，实行一产和三产融合发展，结合蒙古族村的风俗特点，实行种植、餐饮、观光旅游同步并举。

（三）村书记带动型——昌图县王利玉米种植合作社

昌图县王利玉米种植合作社位于铁岭市昌图县三江口镇大王村，成立于 2013 年 3 月，注册资金 150 万元，近两年该合作社尝试以种植玉米和花生套种模式，在世行项目的大力扶持下，带动影响力增强，社员从成立之初的 5 人发展到目前的 300 人。

1. 合作社负责人组织带动能力强

"火车跑得快，全凭车头带"，一个合作社要茁壮成长，需要带头人有远见、肯奉献。合作社的主要负责人张淑英是名风风火火的女村支部书记，省劳动模范，市级人大代表，精明能干，颇有组织力、影响力和号召力。她吃苦在前，处处为农民着想，带领本村农民积极发展玉米和花生套种种植，不断摸索最佳种植模式和方法，玉米种植采用大垄双行 800 亩，在世行项目的大力支持下，收益明显高于以往的耕种模式，社员主动争取加入合作社。合作社的财务收支情况定期向社员公开，透明公正，信誉良好。

2. 依靠世行项目的有力支持做后盾

合作社依靠世行项目支持，利用世行贷款项目连续两年获得有机肥改良土壤，增施有机肥 4 000 吨，建设节水滴灌 500 亩。2016—2017 年合作社所使用的种子、化肥全部由世行贷款免费提供，社员减少了购买农资的成本，非常高兴。世行贷款项目还支持 500 亩花生种植的优良种子，帮助合作社合理调整了种植结构，带动全村发展花生栽培 2 000 余亩，让农民实实在在受益。有了世行项目的强大支持，合作社规模不断扩大，2017 年初全村农户基本都加入了该合作社，耕种的土地比较集中，容易形成规模化种植模式，利于统一推广实施新产品和新技术。

3. 合作社产业基础非常扎实

王利玉米种植合作社的产业基础扎实，大王村祖祖辈辈都种植玉米和花生，合作社社员都具有多年种植玉米和花生的经验。在总结和改革种植方式的基础上，合作社通过利益连接机制把以往各家各户分散式的种植经营活动组织起来，实行农产品物资、生产、技术、销售全部统一的经营管理方式，带动大家共同增收致富奔小康，社员乐于接受，思想一致，非常支持。劳作之余还经常一起进行扭秧歌、拔河等文体活动，彼此其乐融融。

（四）特色村产业型——葫芦岛市沙河营乡久丰种植专业合作社

葫芦岛市连山区沙河营乡久丰种植专业合作社 2009 年成立，在沙河营乡邢家屯村民委员会办公。合作社注重技术培训，严抓产品质量，确保产品绿色安全，种植的韭菜全部使用农家有机肥。经过多年摸索韭菜种植管理经验，形成规模化种植特色韭菜村。

1. 摸索经验，形成特色产业村

合作社理事长安海彬经过多年基层工作总结，看准韭菜种植，组织社员开展标准化生产，力求以产品质量为准，近两年韭菜的市场价格相对可观，农民更加信任合作社多年的引领和带动。合作社从最初的 5 人发展到 103 人，从最初的 400 亩地扩展到 2018 年 1 462 亩，新增 600 个小冷棚，62 个暖棚，带动本村 2/3 的农户，实行规模化种植，形成韭菜特色村。合作社紧密联结成员，推动生产、服务、营销等工作的高效运行，在规模化经营，增强农业效益中发挥作用。

2. 严抓质量，实行绿色种植

久丰种植专业合作社管理上严格实行"八统一"，即统一标准、模式、规划、布局、生产、销售、服务和培训。合作社以强化服务为宗旨，为成员户提供了产前、产中和产后全过程的生产指导，搭建畅销平台，以服务的专业化、标准化带动合作社生产经营的规模化。合作社严抓质量，在推进绿色化生产，提高农产品品质中发挥作用，负责整体实行有机肥种植，接受市农经站随时不定期来抽查韭菜的产品质量，确保绿色安全的韭菜种植工作。

3. 注重培训，培养出一批职业种植能手

合作社在搞好生产经营的同时，非常注重技术培训，世行项目组织的每次培训，理事长都组织社员放下手里的活，全部去听课，回来后还要集中分享讨论培训课上的内容，进行实践，不懂的地方马上打电话向培训老师请教。同时还利用农户相对空闲的时间组织社员轮批参加市经管站举办的业务培训班，掌握农产品市场策略，几年来高度注重培训的积累，为本社的健康发展培养一批懂经济，善管理，有创新精神的种植能手。

四、存在的主要问题

（一）资本积累偏少

1. 运行资金普遍短缺

项目区合作社基本都反馈资金短缺，尤其在合作社起步发展阶段，注册资本偏低，资本积累小，经济实力弱问题普遍存在。项目区大部分合作社大多侧重开展零利润供应生产资料、收购销售农产品、提供农技培训服务等方面服务，而在农产品保鲜、储藏、加工设备投入等方面，或需要投入资金进行周转时，却因囊中羞涩而驻足。运行资金短缺问题让合作社在农业标准化、产业化、规范化建设、品牌建设等方面运作存在困难，导致合作社产业化经营水平低。

2. 贷款抵押手续繁琐

合作社也试图通过社员增资的方式进行筹资，但传统的小农意识和农民整体的收入偏低，除了土地很难筹到充足流转现金。合作社想从金融部门获取信贷相当困难，因为贷款抵押手续繁琐，周期长，办理贷款时需要支付的费用较高。而依靠民间借贷筹资，大大增加了生产成本，对于项目区以种植业为主，刚起步发展的合作社而言，筹足大量的经营资金实为艰难之举。

（二）技术支撑薄弱

1. 社员接受新技术能力比较慢

合作社发展壮大需要社员掌握新技术，需要技术力量做后盾，由于项目区的大部分年轻劳动力都选择去大、中城市发展，常年离乡在外，留存在农村的农民多为中老年人和妇女，整体年龄偏大，学历水平偏低。虽然世行项目倾力组织进行合作社的新技术和新产品培训，但社员整体接受和掌握技术的水平和力量相对较弱，社员反馈培训时听得很明白，回家后却容易健忘。

2. 专业农技人员偏少

县乡农技专业人员比较少，难以对所辖县区的合作社做到经常性、及时性的技术指导服务。虽然世行项目组织专业技术培训，但技术标准、技术更新速度比较快，遇到技术困难时，合作社迫切渴望技术人员能在田间地头及时分析植物病情，进行救急性、针对性的技术指导；遇到选择新品种时，渴望能有专业技术人员帮助分析利弊；在种子品质保障方面，渴望能有专业技术人员给予指点帮助，减少买到劣质假种子的概率；在市场信息获取方面，也渴望有专业技术人员定期总结介绍价格变化规律，避免社员盲目跟风而上产生不必要的损失。

（三）发展后劲不足

1. 支柱产业效益相对不明显

新形势下，实施乡村振兴战略，产业兴旺首当其冲。合作社想要壮大，就需要选好发展前景广阔的产业，既能疏通和扩大农产品销售渠道，又能快速带动当地农民致富；既发挥了地区优势，又有较明显的产业效益。而项目区的合作社大多停留在维持固有种植产业过程，无力也不敢率先按照市场需要定位调整产品种植结构，主导产业优势不显著，支柱产业效益又不明显，没有较强的市场竞争力和农业附加值。

2. 产品特色差异性小，缺乏品牌建设

随着农产品市场供求相对平衡，消费者对农产品品质的要求越来越高。项目区大多数合作社不能准确提供消费者所需的特色产品，合作社彼此间种植生产的农产品差异性不大，没有突出的产品优势，局限于提供初级农产品阶段，同质化农产品市场竞争严重。绝大多数合作社缺乏品牌建设意识，没有申请产品品牌，农产品既无商标又无品质特色，无法与市场上同类产品有力竞争，发展动力明显不足。

3. 深加工能力严重不足

项目区利用世行项目扶持的合作社大部分建设规模都不大，产业链条又非常短，多数都是在出售原材料或农产品，没有深加工特色优势农产品的经济能力和实力，不能实现农

产品就地加工转化提高农业效益。如黑山县占国大田种植专业合作社种植的花生，品质上乘，没有黄曲霉，可是因为合作社自身没有加工能力，不能精深加工花生产品，无法分享加工农产品环节的经济效益。只能眼睁睁看着自己种植的花生被山东省烟台市大成食品有限责任公司收购加工成"小鱼花生"后销售给全国各地。

（四）专业人才缺乏

1. 缺乏现代管理经验和技能

合作社非常缺乏组织能力强、懂技术、善经营、有远见、肯奉献、乐于带动农民致富的带头人（职业理事长）。项目区合作社的理事长或管理者大多数是农民，自身素质和管理水平整体而言比较弱。一些合作社很多合作社的负责人种地是能手，游刃有余，年富力强，也特别想为农村做出点成绩和工作，通过世行项目的组建和扶持，心存一份担当和力量，可苦于长久以来缺少营销管理经验，缺乏对农业发展政策和农产品市场信息的全面掌握，在经营管理合作社发展壮大方面短时间内还是有些力不从心。

2. 缺乏创新意识和能力

大部分合作社的管理人员都缺乏远期规划合作社运营观念和品牌意识，局限于关注如何种植市场近期销路好的农产品，习惯种植有多年种植经验，好管理、不费工、省力气的大宗农产品，缺乏创新意识，难以跟上新时期现代农业和市场经济发展的需要。容易导致种植决策的局限性，合作社的经营理念和管理水平急需提高，方能跟上世行项目对合作社规范化、可持续化发展的要求。

五、改进措施

（一）立足优势特色产业，引导合作社创新、可持续发展

1. 鼓励合作社向创新式、加工型发展转变

引导合作社立足世行项目的引领，调整理念，优化产品结构，提高农产品质量，推行绿色生产和发展方式，注重节水、节肥、节药、节能，生产优质、特色、安全、绿色的农产品，推动合作社向绿色、创新式农业发展，增进农业农村发展新动能。鼓励合作社进行农产品就地加工，延长、拓展和优化农业价值链结构，激发农业农村发展新活力和新动力。

2. 强化合作社实施品牌化战略

鼓励合作社增强市场经营意识，壮大本地特色优势产品的竞争力，发挥品牌建设在特色农业发展中的重要作用，提高品牌知名度。强化通过品牌化战略经营发展优势特色产业，扩大农产品销售渠道，加强合作社的运营水平和发展潜能，形成产业特色鲜明、经营水平优化、规模效益高效的合作社可持续发展新格局。

3. 引领合作社加快多样化经营

鼓励合作社依托自身资源，凭借世行项目可持续发展的理念和运行模式，加快创新步伐，多渠道、多样化、综合化经营发展，加快发展土地流转型、服务带动型等多种形式的规模经营。引导通过代耕代种、联耕联种、土地托管、创意民俗乡土文化、农田艺术景观、加工服务、网络营销、直销配送、会员认购等多样化产业化经营方式，增加收益来源，促进合作社可持续发展。

（二）立足产业扩张能力与市场拓展能力，推动发展联合社

1. 多角度联合协同发展

借鉴相关成功经验，在农业特色产业比较集中的地区，积极引导同业的农民合作社，或产业密切关联的农民合作社组建成联合社。激活合作社发展的内生动力，提升合作社的综合优势，世行项目扶持的设备使用率也随之提高。甚至下一步可以纵向联合，或跨地区联合组建成联合社，使有限资源得到更有效的利用，增强拓展合作社的服务功能，提高组织化和规模化水平，增强合作社的综合发展能力，形成合作社多角度联合协同发展新模式。

2. 三产融合全产业链发展

积极引导合作社以联合社为纽带，依托当地农民开发当地资源，不断向三产融合发展模式转变，推进农业全产业链发展新模式。结合辽宁省六个县区资源优势，推动农产品加工业升级，加强农产品流通，增加农业附加值。加快发展乡村旅游、休闲农业、创意农业、农耕体验等新产业，形成完整的全产业链和利益联结机制，助推农业现代化建设，在拓展农业产业链和价值链功能、拓宽农民增收渠道、实施乡村振兴战略过程中，日益凸显合作社的引领带动作用。

（三）立足优化合作社发展环境，做好科技、金融与人才服务

1. 强化技术推广服务

建议充分利用世行项目的扶持，加快现代农业技术成果转化和新品种、新技术的推广，加强合作社的农业科技服务的有效供给。鼓励农业科研人员经常深入项目区合作社开展技术指导，及时提供专业技术服务支撑保障。加强对合作社指导培训，以提高农民的生产技能，注重在"质量兴农、绿色兴农"新产品、新技术推广方面的指导服务，加大科技支撑力量，创新农业技术推广服务方式，有效促进农业创新技术的推广和应用。

2. 强化金融服务

针对合作社资金短缺的情况，引导合作社社员努力筹措资金的同时，建议相关农村金融机构减少贷款手续，结合合作社的信用评级，给予一定额度的授信。对合作社小额信贷项目，要适当放宽抵押、担保等政策，加强农村金融机构提高资金的使用效率，尤其要切实解决农业生产季节性所急需的信贷资金。建议相关部门继续通过项目扶持等多种方式侧

重性给予部分有突出发展潜力的合作社必要的扶持，以提高合作社规模化和专业化水平，提升农业新型经营主体的可持续发展新动能。

3. 强化人才培训服务

建议加大力度培训合作社的管理队伍，以轮训方式引导合作社通过股份合作、产业化经营、社会化服务等方式，带动小农发展现代农业，共同分享现代化成果。定期、分批组织一些合作社管理者就近参观学习先进合作社的发展经验，提高规范管理合作社的水平和技能。加强对新型职业农民的培训，培养适应现代农业发展需要的新型职业农民，分产业、分层次培育新型职业农民，引导农民种植业、养殖业、手工业、乡村旅游业等多业并举，实现产业融合和产业链延伸，让农民有更多收益，成为实施乡村振兴发展的新型动力源。

农户加入农民合作社决策的影响因素研究[*]

——基于青岛市 201 位农户的调研

鞠立瑜[1]　傅新红[2]　王　勇[1]　马龙波[1]　刘大伟[3]

（1. 青岛农业大学经济学院（合作社学院），青岛　266109；

2. 四川农业大学管理学院，成都　611130；

3. 青岛青咨工程咨询有限公司，青岛　266061）

摘　要：本文在对农户入社率的实际情况进行了解的基础上，对相关文献进行了综述，提出了研究假设，利用青岛市 201 位农户的调研数据，描述了加入合作社和未加入合作社农户的基本特征，结果表明，42% 的样本农户加入了合作社，在收入来源最大的农产品种植面积，有无农业生产借款，加入合作社是否有好处以及政府有无支持农民合作社发展的相关政策四个方面，加入与未加入合作社的农户差距较大。通过二元 logistic 模型进行分析，得出了如下结论：户主年龄，加入农民合作社是否有好处以及当地政府是否有支持农民合作社发展的政策能够对农户加入合作社的决策产生积极正向的影响，户主的受教育程度，有无农业生产借款以及市场上产品价格波动情况对农户加入合作社的决策产生消极抑制作用。并在此基础上提出了政策建议。

关键词：农户；加入；农民合作社；影响因素；二元 logistic

一、引言

农民合作社作为新型农业经营主体之一，在促进三产融合，推动农业供给侧结构性改革中发挥着重要的作用。农户作为农民合作社的基本组成要素，是合作社存在和发展的基础。据统计，截止到"十二五"末期，全国农户的入社率为 42%[①]，青岛市农户入社率达48.5%[②]，高于同期全国的平均水平。随着国家政策的不断支持以及合作社自身的发展，

---

* 项目来源：本文受到青岛农业大学人文社会科学校级重点课题：农户加入农民合作社的行为及其影响因素研究——基于青岛市的实证（编号：661/1115737）的资助。傅新红为通讯作者。

① 农民日报数字报，http://szb.farmer.com.cn/nmrb/html/2016-03/21/nw.D110000nmrb_201，2016-03-21.

② 中华人民共和国农业部，http://www.moa.gov.cn/fwllm/qgxxlb/qg/201701/t20170106_5425961.htm，2017-01-06.

我国农户的入社率也在不断提高，截止到 2017 年 8 月，我国农户的入社率已经达到 46.8%[①]，但是发达国家农户的入社率一般在 80%以上（何国平等，2016），所以相较之下我国农户整体入社率仍然处于较低的水平。《农民专业合作社法（2017）》中明确规定农户"入社自愿"，那么农户在做出加入或者不加入农民合作社的决策时受到了哪些因素的影响，这是本文关注的重点。

二、文献综述和研究假设

（一）文献综述

在现有文献中，国内外部分学者从这个角度展开了研究。Pascucci et al（2010）通过对意大利农户调查发现，没有参与合作社的农户也可能选择与合作社交易，而加入合作社的农户也不一定会将其生产的农产品将全部销售给合作社，所以在一定程度上论证了是否将合作社作为产品销售渠道并不会对农户加入合作社的行为产生重要的影响。Karli et al（2006）以土耳其农户为例，通过研究表明户主的年龄、受教育程度、信息获取能力、种植规模和新技术采纳情况是影响农户是否参与合作社的主要因素。Enander et al（2009）通过研究表明，林业生产者参与合作社的可能性与其社会关系网络广泛程度成正比。L Gadzikwa et al（2005）运用多元 Logistic 模型，以南非 Ezemyelo 省的农户为例，研究表明加入农业合作社受到农户年龄、收入、机会成本等个体特征的显著影响，但是农户类别、家庭类别、性别、市场不确定价格等因素对其加入合作社的影响不显著。

国内研究方面，钟颖琦、黄祖辉等（2016）从农户对合作社的认知，行为态度，合作社的作用，主观规范以及知觉行为控制五个维度提出研究假设，对农户加入合作社的意愿及行为展开分析，结果表明农户最终加入合作社的行为取决于农户的行为态度以及合作社在降低生产风险中的作用；农户对合作社的认知与其是否加入合作社呈负相关关系。马彦丽、施轶坤（2012）从户主的个人特征，农户的生产特征，农户面临的风险，农户的态度认知，外部环境影响以及合作社的制度安排六个方面出发，利用 340 个农户的调查数据，使用因子分析和逻辑回归方法进行分析，研究表明真正入社的农户年龄集中在 50 岁左右，加强合作社知识宣传对农户的入社行为有显著正向影响。何国平等（2016）将影响农户加入合作社的因素归纳为人的因素，家庭经营因素，市场因素和地域因素，在此基础上进行分析，结果表明户主受教育程度、合作社知识教育、农户经营规模、负债、获得信息、技术、资金的难度以及农资价格水平对农户加入合作社有显著正向影响，户主特别经历（非农或村干部等经历）、农产品价格水平对农户加入合作社有显著负向影响。从经营类别的影响来看，蔬菜种植户和养殖户相对于粮油、橡胶种植户更倾向于加入合作社。

国内外相关研究为本研究的展开打下了坚实的基础。但是在文献综述的过程中，发现

---

① 乔金亮. 全国农民专业合作社达 193 万多家［N］. 经济日报，2017 - 09 - 05（004）.

部分研究对于"农户加入合作社","农户参与合作社","农户参加合作社"等词语的使用较为混乱。除此之外，对于"农户加入合作社的行为"与"农户加入合作社的意愿"等概念存在界定不清晰甚至混用的现象，影响了研究结论的科学性准确性，而且已有的研究中对于农户加入合作社的意愿的研究较多，鲜少关注农户实际加入合作社的行为（钟颖琦等，2016）。鉴于此，本文重点关注农户加入合作社的决策，发现其影响因素并提出启示与相关的政策建议。

（二）研究假设

在借鉴以上研究的基础上，本文选取了户主个人特征，农户家庭特征，农户生产经营特征，农民合作社特征，当地市场发育特征，当地政府的特征六个方面的因素并提出以下假设。

1. 户主个人特征

主要用家庭决策者的性别、年龄、受教育程度来表示。虽然受传统思想影响，通常认为在农村中男性较女性有更多参与社会事务的机会，但是随着女性社会地位的提高，这种状况也在发生变化。就年龄而言，年龄较小者思想更为开放，接受新事物的能力更强，但是现在农村中年轻人相对较少，中老年人占据了农业从业人员的大部分，所以性别和年龄因素对于农户是否加入合作的影响具有不确定性。而受教育程度越高对于农民合作社的认识越深入，越有可能加入农民专业合作社。由此，提出假设 H1：受教育程度越高的农户越有可能做出加入农民合作社的决策。

2. 农户家庭特征

家庭成员中是否有人是村干部，家庭成员与社会相关主体的联系情况。村干部相对于普通的村民来说，有更多的机会参加关于政府开展的农民合作社的宣传以及培训活动，对于政府的提倡有更高的响应程度，使他们的更加倾向于加入农民合作社。从社会学的角度来看，家庭成员与社会相关主体的联系越频繁，与外部相关主体，比如说政府部门人员，农资销售企业人员有更多的联系，对于合作社的依赖程度降低，所以加入合作社的可能性较小。由此，提出假设 H21：家庭成员中有村干部的农户越有可能做出加入合作社的决策；假设 H22：农户与社会相关主体的联系越频繁，越有可能不加入合作社。

3. 农户生产经营特征

农户生产经营特征包括收入来源最大的农产品的种植面积，种植历史以及该农产品的收入占家庭总收入的比例，农产品的销售途径，有无农业生产借款。收入来源最大的农产品的种植面积越大，农户投入越多，面临的风险越大，需要合作社发挥降低投入和分散风险的作用，所以越有可能加入合作社，而种植历史则正好相反，农户种植农产品的时间越久，积累的经验就越丰富，越倾向于自己进行农产品的生产。该农产品的收入占家庭总收入的比例越大，农户越需要有稳定的销售途径，从而加入合作社的可能性越高。农户的产品销售途径越多，对于合作社的依赖越小。如果有农业生产借款，表明农户在农业生产中的资金不足，所以更加需要加入合作社以取得廉价的生产资料和降低借款风险。由此，提出以下假设：假设 H31：收入来源最大的农产品的种植面积越大越有可能做出加入合作社的决策；假设 H32：收入来源最大的农产品的种植历史越久越有可能做出不加入合作社的决策；假设 H33：收入来源最大的农产品收入占家庭总收入的比例越高越有可能做出加入合作社的决策；假设 H34：农产品的销售途径越多，农户越有可能做出不加入合作社的决策；假设 H35：有农业生产借款的农户越有可能做出加入合作社的决策。

4. 农民合作社的特征

本文从农户的角度出发，对农民合作社的特征来加以描述。分别用加入合作社是否有好处，合作社能在几个方面给农户提供帮助来代表。很显然，加入合作社有好处的话农户更愿意加入，能够为农户提供的帮助越多，农户越可能加入合作社。由此，提出假设 H41：加入合作社有好处与农户加入合作社的决策呈正相关关系；假设 H42：提供给农户的帮助的数目与农户加入合作社的决策呈正相关关系。

5. 当地市场发育特征

当地市场发育特征包括最近的农产品销售市场的距离和当地市场上农产品的价格波动情况。距离最近的农产品销售市场越近，农户销售产品就越方便，对于合作社服务的需求就越少，因此就越可能不加入合作社。近年来，从总体上看，农产品的价格呈现上涨的趋势，农产品的价格波动越大，农户的收益的增加的可能性就越大，对于合作社的依赖降低，就越可能不加入合作社。由此，提出假设 H51：农产品销售市场的距离与农户加入合作社的决策呈反向相关的关系；假设 H52：农产品的价格波动与农户加入合作社的决策呈反向相关的关系。

6. 当地政府的特征

当地政府的特征主要是指当地政府是否有支持农民合作社发展的相关政策，显然，如果当地政府有相关支持政策，有利于增强农户对于合作社发展的信心，从而提高农户加入合作社的积极性。由此，提出以下假设 H61：当地政府支持农民合作社发展的相关政策与农户加入合作社的决策呈正向相关的关系。

三、数据来源与样本描述

（一）数据来源

本研究所用数据来源于对青岛市四市三区（平度市，胶州市，莱西市，即墨市，城阳区，黄岛区，崂山区）的实地调研。2016 年 7 月，选取了青岛市四市三区中 11 家合作社所在村为调查地点，在每个村选取 20 户农户作为调查对象，共回收问卷 220 份，有效问卷 201 份，问卷有效率 91%。表 1 为变量的赋值及其描述性统计。

（二）样本描述

在所调研的农户中，有 85 户已经加入合作社，占样本总数的 42%，116 户未加入合作社，占 58%。

从表 2 可以看出，在已加入合作社和未加入合作社的农户中，家庭决策者性别和年龄特征较为相似，在受教育程度方面，已加入合作社的农户接受过高中及以上教育的比例要高于未加入的农户。在农户家庭特征方面，已加入合作社的农户其家庭成员中是村干部的比例要高于未加入的，同样的，与未加入合作社农户比较，已加入合作社的农户与社会上相关主体的联系程度更为紧密。相对于未加入合作社的农户而言，已加入的农户收入来源最大的农产品种植面积更大，是未加入合作社农户在此项上均值的 4.2 倍；两者生产该农产品的历史基本相同；已加入合作社的农户农产品收入占家庭总收入的比例要高于未加入农户，产品的销售途径也更多一些，而有农业生产借款的比例更小。

在合作社特征方面，已加入合作社的农户认为加入合作社有好处的比例更大一些，而未加入的合作社的农户则正好相反。而且，已加入合作社的农户认为合作社能给予帮助的数目要多于未加入的农户。在市场发育特征方面，两类农户的统计结果都比较接近。对于当地政府是否有支持合作社发展的政策，已加入合作社的农户认为有的比例要高于未加入合作社的农户。

表 1 变量赋值及其描述性统计

	变量名称	变量赋值	均 值	标准差
户主个人特征	家庭决策者性别（sex）	1=男，2=女	1.24	0.453
	年龄（age）	1=30 岁及以下，2=31～60 岁，3=61 岁及以上	2.23	0.517
	受教育程度（education）	1=小学以下 2=小学 3=初中 4=高中 5=高中以上	2.59	1.002
农户家庭特征	家庭成员中是否有人是村干部（leader）	0=没有，1=有	0.09	0.293
	与相关主体的联系（link）	1=不频繁 2=一般 3=频繁	1.49	0.439
农户生产经营特征	收入来源最大的农产品种植面积（area）	实际面积	11.07	56.037
	生产该农产品历史（history）	实际年数	17.53	11.151
	来自该农产品的收入占您家年总收入的比例（proportion）	实际比例数值	0.491 2	0.312 27
	销售途径（sale）	实际途径数目	1.31	0.521
	有无农业生产借款（borrowing）	0=没有，1=有	0.12	0.326
农民合作社特征	加入合作社是否有好处（benefit）	0=没有，1=有	0.57	0.496
	合作社能给予几个方面的帮助（help）	实际数目	1.87	1.068
当地市场发育特征	最近的农产品销售市场距离（distance）	1=5 公里及以下，2=6～10 公里，3=11 公里及以上	1.35	0.691
	农产品价格波动情况（price）	1=价格基本稳定（浮动在 10% 以内），2=波动较大（11%～50%），3=波动很大（51% 及以上）	2.1	0.73

（续）

变量名称		变量赋值	均　值	标准差
当地政府特征	所在地政府有无支持农民合作社发展的相关政策（support）	0＝没有，1＝有	0.27	0.445
	有没有加入有关合作社（join）	0＝没有，1＝有	0.42	0.495

四、农户加入合作社决策影响因素的实证分析——基于二元 logistic 模型

农户加入农民合作社的决策有两种，要么是加入农民合作社，要么是不加入农民合作社。为了分析农民加入合作社决策的影响因素，采用二元 logistic 回归的方法。因为存在多分类的变量，进行虚拟变量处理后，所建立的方程为：

$$\text{logit}\,p = b_0 + b_1 sex + b_2 age2 + b_3 age3 + b_4 education2 + b_5 education3 + b_6 education4 +$$
$$b_7 education5 + b_8 leader + b_9 link + b_{10} area + b_{11} history + b_{12} proportion + b_{13}$$
$$sale + b_{14} borrowing + b_{15} benefit + b_{16} help + b_{17} distance2 + b_{18} distance3 + b_{19}$$
$$price2 + b_{20} price3 + b_{21} support \tag{1}$$

在式（1）中，p 为农户加入合作社的概率，b_0 为常数项，b_n（n＝1，2，…，21）为待估系数，其他为相应的解释变量。模型估计结果如表 3 所示。

表 2　样本情况描述

变量名称	变量赋值	已加入	未加入	变量名称	变量赋值	已加入	未加入
户主个人特征	家庭决策者性别	比例（单位：%）		农户家庭特征	家庭成员有人是村干部	比例（单位：%）	
	男	78	77				
	女	22	23		是	12	8
	年龄	比例（单位：%）			否	88	92
	≤30	1	7		与相关主体的联系	比例（单位：%）	
	≥31 且≤60	72	66		不频繁	46	63
	≥61	27	28		一般	51	37
	受教育程度	比例（单位：%）			频繁	4	1
	小学及以下	18	15	农户生产经营特征	收入来源最大的农产品种植面积	均值（单位：亩）	
	小学	24	32			19.52	4.69
	初中	39	41		生产该农产品历史	均值（单位：年）	
	高中	19	9				
	高中以上	1	4			17.56	17.51

（续）

变量名称	变量赋值	已加入	未加入	变量名称	变量赋值	已加入	未加入
农户生产经营特征	农产品的收入占农户年总收入的比例	均值（单位：%）		市场发育特征	最近的农产品销售市场距离	比例（单位：%）	
		0.52	0.47		≤5公里	79	77
	销售途径数目	均值			≥6且≤10公里	8	11
		1.36	1.27		>11公里	13	12
	农业生产借款	比例（单位：%）			农产品价格波动情况	比例（单位：%）	
	无	91	86		基本稳定	24	21
	有	9	14		较小波动	46	46
合作社特征	加入合作社是否有好处	比例（单位：%）			较大波动	31	33
	无	22	58	政府特征	有无支持农民合作社发展的相关政策	比例（单位：%）	
	有	73	42		无	60	83
	合作社能给予几个方面的帮助	均值（单位：个）			有	40	17
		2.14	1.61				

第一，户主的个人特征对农户加入合作社决策的影响。从表3可以看出，户主的性别对农户加入合作社决策的影响不显著，而31岁及以上的农户与30岁及以下的农户相比较，对其加入合作社的决策的影响为正，也就是更加会做出加入合作社的决策，这与表2中的统计结果一致。在调查中也发现，30岁及以下的农户更多的是兼业型的，农业生产并不是他们主要从事的职业，31岁及以上的农户更多地以农为生，加入合作社是提高农业收益的途径之一。

与受教育程度为小学以下的农户相比，读过小学的农户与加入合作社的决策成反方向变化，这与预期不一致，意味着小学以下文化程度的农户倾向于做出加入合作社的决策，可能的原因是受教育程度低的农户更加希望获得农业生产技术等方面的指导，而加入合作社能实现这一愿望。

第二，农户家庭特征对农户加入合作社决策的影响。家庭成员中是否有人是村干部对农户加入合作社决策的影响不显著。因为家庭成员是村干部的农户本身占少数。与外部主体联系情况对农户加入合作社决策的影响也不显著，虽然农户的决策会受到各种外界因素的影响，但是在我国实行家庭联产承包责任制的前提下，农户自身对各种决策具有决定权。

第三，农户生产经营特征对加入合作社决策的影响。在农户生产经营特征中，只有是否有农业生产借款对加入合作社决策有显著负向影响，与预期不一致，这意味着没有农业生产借款的农户更加会做出加入合作社的决策。因为在实际中发生农业生产借款的往往是大规模生产的农户，而小规模的农业生产往往不需要借款。农民合作社的特征之一就是联合一家一户的小规模生产农户，开展适度规模经营。

农户收入来源最大的农产品的种植面积对农户加入合作社决策的影响不显著。虽然从表2可以看出，加入合作社的农户和未加入合作社的农户在收入来源最大的农产品的种植面积上绝对数量相差很大，但是如果对于以农为生的农户来说，其重要性并无差别，所以导致这一指标的影响不显著。

从表2可以看出，农户收入来源最大的农产品的种植历史以及该农产品的收入占家庭总收入的比例，农产品的销售途径这几个方面，加入合作社的农户和未加入合作社的农户并无大的差别，所以导致三者对农户加入合作社决策的影响均不显著。

第四，合作社特征。加入合作社是否有好处对农户做出加入合作社的决策有正向影响，这与预期一致，因为农户加入合作社的主要目的是提高农业生产的收益。合作社给予农户帮助的数目对其加入合作社的决策影响不显著。合作社提供给农户帮助与农户想要从合作社获取的帮助上会存在一定的差异，但仅仅从数量上看不出供给与需求的错位，所以合作社提供帮助的数目对于农户加入合作社决策的影响是不显著的。

第五，当地市场发育特征。最近的农产品市场的距离对农户加入合作社决策的影响不显著。由于地理位置的相似性，导致所有的农户在最近的农产品市场的距离上差距不大，从表2的统计结果也可以看出。与市场上农产品价格稳定相比较，农产品价格有较小波动时对其加入合作社决策有负向影响，与预期一致。也就意味着农产品价格有较小波动时农户更加会做出不加入合作社的决策。在市场价格稳定时，农户加入合作社的收益也更加稳定，但是当市场上农产品价格有较小波动时，农户收益的不确定性增加，如果价格上涨，可能带来收益的相对增加并且影响农户将来的收益预期，从而使得农户做出不加入合作社的决策。

表3 农户加入合作社决策模型估计结果

变量名称		系数	标准差	Wald值	Sig值
户主的个人特征	sex	0.08	0.46	0.03	0.86
	age2	2.45*	1.44	2.9	0.09
	age3	3.06**	1.51	4.12	0.04
	education2	−1.42**	0.66	4.62	0.03
	education3	−0.69	0.67	1.06	0.3
	education4	−0.76	0.91	0.7	0.4
	education5	−3.24	2.08	2.42	0.12
农户家庭特征	leader	0.91	0.79	1.32	0.25
	link	0.97	0.68	2.01	0.16

（续）

变量名称		系　数	标准差	Wald 值	Sig 值
农户生产经营特征	area	0.02	0.03	0.36	0.55
	history	0.01	0.02	0.06	0.81
	proportion	−0.76	0.77	0.97	0.33
	sale	0.71	0.43	2.67	0.1
	borrowing	−1.76**	0.84	4.37	0.04
合作社特征	benefit	0.97**	0.46	4.41	0.04
	help	0.25	0.23	1.17	0.28
当地市场发育特征	distance2	−0.85	0.76	1.24	0.27
	distance3	0.51	0.7	0.52	0.47
	price2	−1.15**	0.56	4.28	0.04
	price3	−0.66	0.59	1.25	0.26
政府特征	support	1.64***	0.55	9	0.00
	常量	−3.81	1.73	4.86	0.03
卡方检验值	52.28				
−2 似然对数值	149.69				
显著性水平	0.00				

注：*、**、***分别表示在10%、5%、1%水平上显著；从卡方检验值、−2似然对数值、显著性水平看，模型拟合优度良好。

第六，当地政府特征。当地政府是否有支持农民合作社发展的相关政策对农户加入合作社的决策有显著的正向影响，这与预期一致。政府的支持政策旨在促进农民合作社的发展，也使得农户对于农民合作社的将来产生正向预期，从而促使农户做出加入合作社的决策。

五、结论、启示与政策建议

（一）结论

农民合作社的发展需要农户的加入。本文用青岛市四市三区的数据进行实证分析，结果表明，加入与未加入合作社的农户在收入来源最大的农产品种植面积，有无农业生产借款，加入合作社是否有好处以及政府有无支持农民合作社发展的相关政策方面差距较大，通过进一步的研究表明，户主年龄，加入农民合作社是否有好处以及当地政府是否有支持农民合作社发展的政策能够对农户加入合作社的决策产生积极正向的影响，户主的受教育程度，有无农业生产借款以及市场上产品价格波动情况对农户加入合作社的决策产生消极抑制作用。

（二）启示与政策建议

第一，大力进行合作社的宣传，吸纳更多年轻农户加入到合作社中来，培养新型职业农民。2011 年国际合作社日的纪念主题是"青年，合作社的未来"。共青团、高等院校等机构要加大力度积极宣传合作社，制定和实行合作社发展政策，鼓励和支持青年投身于合作社发展事业。有条件的合作社还可以设立青年部等部门，推动合作社的发展。在青年与合作社互动中，培养"懂农业、爱农民、爱农村"的新型职业农民。

第二，促进合作社自身发展，只有合作社自身的发展壮大并且将盈余真正返还给社员，才能吸引更多的农户加入到合作社中来。具体方法是，发展产业，增加社员，提升合作社融通资金的能力；提高农产品加工度，增加农产品附加值，使社员分享产业链条延长过程中获得的利益；遵循章程，制定和优化盈余分配方案，建构分红与返利机制，增强合作社对于社员的吸引力。

第三，政府出台支持农民合作社的发展的相关政策，引导农户积极加入合作社。通过制定和实行合作社承担涉农项目政策，实行培育合作社领导者、推进合作社与市场对接、培育合作社后继者、合作社基地认证与品牌培育等政策，引导更多的农户加入合作社。

第四，强调合作社吸纳更多的专业大户，因为大户往往以一业为主，产品的供应比较稳定，但是会存在资金、技术等方面的问题，依靠合作社可以来加以解决，所以只有发挥双方各自的优势，才能促进共同发展。合作社要通过技术指导、信息服务、仓储和物流服务、金融支持等方法增强专业大户的生产经营水平，确保合作社与专业大户的互动效应的发挥。

第五，规范合作社农产品的定价，更多引导合作社以市场价格为基准来确定农产品的收购价格，保障农户的经济利益，吸引更多农户加入合作社。要积极构建和优化农产品价格信息数据库，引导合作社对市场价格做出应激反应，通过组织化优势的发挥，提升合作社市场谈判能力，提升社员农产品的售价，以价格优势吸引更多的农户加入合作社。

参考文献

何国平，刘殿国. 影响农民加入合作社的决策的因素：一个新制度经济学视角及其来自海南的经验证据［J］. 江西农业大学学报，2016（2）：77 - 89.

马彦丽，施轶坤. 农户加入农民专业合作社的意愿、行为及其转化——基于 13 个合作社 340 个农户的实证研究［J］. 农业技术经济，2012（6）：101 - 108.

钟颖琦，黄祖辉，吴林海. 农户加入合作社意愿与行为的差异分析［J］. 西北农林科技大学学报（社会科学版），2016（6）：66 - 74.

Enander，J.，A. Melin，and J. Nilsson，Social Influences in Forest Owners' Choice between Cooperative and Investor - owned Buyers［M］. Department of Economics Publications，2009.

Gadzikwa，L.，M C Lyne. Determinants of participation in certified organic groups by smallholder farmers in kwazulu - Natal province [R]. south Africa, working paper, 2005.

Karli, B, Bilgic, A. and Celik, Y. Factor Affecting Farmers' Decision to Enter Agricultural Cooperatives Using Random Utility Model in the South Eastern Anatolian Region of Turkey [J]. Journal of Agriculture and Rural Development in the Tropics and Subtropics, 2006, 107 (2): 115 - 127.

Pascucci, S. and Gardebroek, C. Some Like to Join, Others to Deliver: An Econometric Analysis of Farmers' Relationships with Agricultural Co - operatives [C]. paper presented for presentation at the 114th EAAE Seminar "Structural Change in Agriculture". Berlin, Germany, 2010, 39 (1): 51 - 74.

农村土地信用合作社对农户收入的影响研究

王晓轩

（内蒙古科技大学经济管理学院，包头 014010）

摘 要： 本文通过对平罗县土地信用合作社的调研，从农户收入、产量等角度进行分析，经过倍差方法分析，发现参与土地信用社的农户种植收入、养殖收入、打工收入都有不同的变化，养殖收入出现上升、打工收入增加，总收入提升。研究认为农村土地信用合作社模式是有效提高农户经营收入的重要手段。

关键词： 农村土地；信用合作社；农户收入

一、引言

2006 年平罗县成立了 30 个农村土地信用合作社，农地信用合作社在土地承包责任制不变，土地用途不变的前提下，农户将土地存入信用社取得存地利息。平罗土地信用社创造了我国一种新的土地流转模式。这种农地流转中介中，分散的农户与土地借方信息对称，土地信用合作社内生于农村经济，解决分散的农户的信息获取困难从而降低交易费用，同时，土地信用社作为市场代理机构，取代私人交易，降低交易成本，实现专业化、规模化，从而提高经济绩效。土地制度必须创造出一种交易成本低的机制，土地信用社的经济绩效是否满足市场机制的需要，是土地信用社能否持续的关键。

本研究主要通过问卷调研的方法，分析农村土地信用合作社对与农户收入的影响，从而判断农村土地信用社实施对农户的影响。

二、问卷描述

采用 2014 年调研问卷，选取参与土地信用社问卷与对照组（未参与流转问卷）共 306 份，组成样本 1，对样本进行统计描述分析。具体数据见表 1。数据中，水稻每亩净收入 2013 年比较 2014 年变化不大，玉米每亩净收入 2013 年较 2010 年提高 221.9 元，小麦每亩净收入提高了 16.27 元。样本 1 中，种植业收入 2013 年比 2010 年提高了 2 039 元，农户养殖业收入提高了 721 元，务工收入提高了 8 052 元，务工收入 2010 年占总收入的 31.06%，2013 年占总收入的 37.25%。总体看，农户兼业行为比较明显，外出务工成为重要的收入来源。低保养老保险和补贴收入 2010 年占总收入的 5.8%，2013 年该收入占总收入的 10.3%，提升幅度较大，该比例提高反映了我国正在加强社会养老和对农业的补贴。

表 1　参与土地信用社农户与对照组样本 1 数据描述

变　量	观测数	均　值	标准差	最小值	最大值
是否参与信用社	305	0.190 164	0.393 075	0	1
水稻每亩净收入（2010 年）	286	540.839 2	639.671	0	7 000
水稻每亩净收入（2013 年）	267	538.101 1	760.476 5	0	8 900
玉米每亩净收入（2010 年）	271	711.955 7	525.277 6	0	1 800
玉米每亩净收入（2013 年）	258	933.876	993.534 6	0	10 000
小麦每亩净收入（2010 年）	271	338.228 8	478.427	0	6 000
小麦每亩净收入（2013 年）	253	354.505 9	559.201	0	6 800
种植收入（2013 年）	305	17 160	18 795.56	0	155 000
养殖收入（2013 年）	304	3 347.368	11 162.66	0	101 000
务工收入（2013 年）	303	18 794.55	26 308.13	0	240 000
家庭经营收入（2013 年）	305	3 422.951	24 931.51	0	300 000
土地租金收入（2013 年）	305	2 625.843	9 399.181	0	138 600
低保养老保险补贴收入（2013 年）	305	5 228.043	15 124.78	0	241 100
总收入（2013 年）	305	50 444.54	43 609.52	1 300	322 000
种植业收入（2010 年）	304	15 120.72	17 020.84	0	140 000
养殖业收入（2010 年）	304	2 626.316	9 719.279	0	100 000
务工收入（2010 年）	303	10 742.57	16 459.02	0	100 000
家庭经营收入（2010 年）	304	2 539.474	17 190.02	0	200 000
土地租金收入（2010 年）	305	1 683.285	4 506.074	0	31 500
低保养老保险补贴收入（2010 年）	305	2 006.466	3 554.45	0	24 160
总收入（2010 年）	305	34 581.88	30 788.67	0	211 600
总净收入（2013 年）	305	41 390.87	41 370.79	−4 100	305 820
总收入（2010 年）	305	34 581.88	30 788.67	0	211 600
总净收入（2010 年）	305	27 170	28 272.7	−7 550	204 140

　　表 2 是参与其他形式土地流转农户与对照组农户共 634 份问卷的统计描述情况。该样本是样本 2，其中共有 60.97% 的农户参与了其他形式（除土地信用社外）的土地流转。样本 2 中，水稻每亩净收入由 2010 年的 317 元提升到 2013 年的 369 元，玉米每亩净收入由 809 元提升到 828 元，小麦每亩净收入由 409 元下降为 323 元。三种主要作物中，玉米的每亩净收入比较高。2013 年样本 2 中，种植收入达到了 11 930 元，占总收入 24.78%，

而 2010 年种植收入达到了 15 590 元，占当年总收入的 45.25%，种植收入自 2010 年以来占农户收入比重大幅度下降，主要的原因是土地流转的加速。而土地租金收入由 2010 年的 801 元上升到 2013 年的 4 126 元，2010 年占总收入的 2.3% 上升到 2013 年的 8.5%。务工收入由 2010 年的 11 985 元，上升到 2013 年的 19 834 元，2010 年占总收入的 34.76% 上升到 2013 年的 41.2%。低保养老金及农业补贴上升幅度也比较大，由 2010 年的 1 818 元上升到 2013 年的 5 074 元，所占比重由 2010 年的 5.2% 上升为 2013 年的 10.54%。

表 2　其他形式土地流转农户模式与对照组的统计描述

变　量	观测数	均　值	标准差	最小值	最大值
是否转出土地	633	0.609 795	0.488 182	0	1
水稻每亩净收入（2010 年）	601	317.820 3	466.519 5	0	1 600
水稻每亩净收入（2013 年）	439	369.763 1	517.447 3	0	1 700
玉米每亩净收入（2010 年）	577	809.064 1	500.071	0	2 700
玉米每亩净收入（2013 年）	422	828.791 5	879.359 1	0	10 000
小麦每亩净收入（2010 年）	579	409.430 1	344.799 5	0	1 700
小麦每亩净收入（2013 年）	414	323.067 6	387.174 5	0	1 600
种植收入（2013 年）	633	11 930.25	19 059.64	0	160 000
养殖收入（2013 年）	633	3 182.859	11 218.64	0	110 000
务工收入（2013 年）	632	19 834.28	25 814.23	0	240 000
家庭经营收入（2013 年）	632	4 025.953	43 850.19	0	1 000 000
土地租金收入（2013 年）	633	4 126.221	6 439.744	0	112 460
低保养老保险补贴收入（2013 年）	633	5 074.483	11 814.68	0	241 100
总收入（2013 年）	633	48 136.35	55 631.86	350	1 064 700
种植收入（2010 年）	631	15 590.61	23 549.39	0	460 000
养殖收入（2010 年）	633	2 667.536	9 418.424	0	100 000
务工收入（2010 年）	632	11 985.44	21 443.41	0	280 000
家庭经营收入（2010 年）	632	1 680.063	12 606.7	0	200 000
土地租金收入（2010 年）	633	801.216 4	2 279.01	0	16 650
低保养老保险补贴收入（2010 年）	633	1 818.062	3 441.23	0	24 160
总收入（2010 年）	633	34 472.08	34 315.94	0	461 800

三、参加信用社土地流转农户种植产量比较

参加信用社土地流转的农户种植水稻在 2010 年产值为 1 034 元/亩，而到了 2013 年

这类型农户种植水稻的产值达到了 1 445 元/亩，剔除通货膨胀因素，真实农户水稻产值为 1 290 元/亩，比 2010 年上涨了 24.76%，参与信用社土地流转 2013 年剩余土地户均 2.018 3 亩，说明土地流转后，农户种植水稻的产值上升，种植效率增加。参加信用社农户种植玉米在 2010 年产值为 997 元/亩，2013 年农户种植玉米的产值为 1 299 元/亩，剔除通货膨胀因素，真实农户种植玉米 2013 年的产值为 1 159.73 元/亩，相对比 2010 年产值增加了 16.32%。参加信用社农户种植小麦，2010 年户均产值为 595 元/亩，2013 年农户种植小麦的产值为 700 元/亩，剔除通货膨胀因素，2013 年的小麦真实产值为 624.95 元/亩（以 2010 年为基数）上涨了 5.3%（图 1）。产值增加的因素更多的是由于粮食价格的上涨，当粮食价格的上涨幅度超过物价上涨的幅度，就会出现真实产值增加的情况。

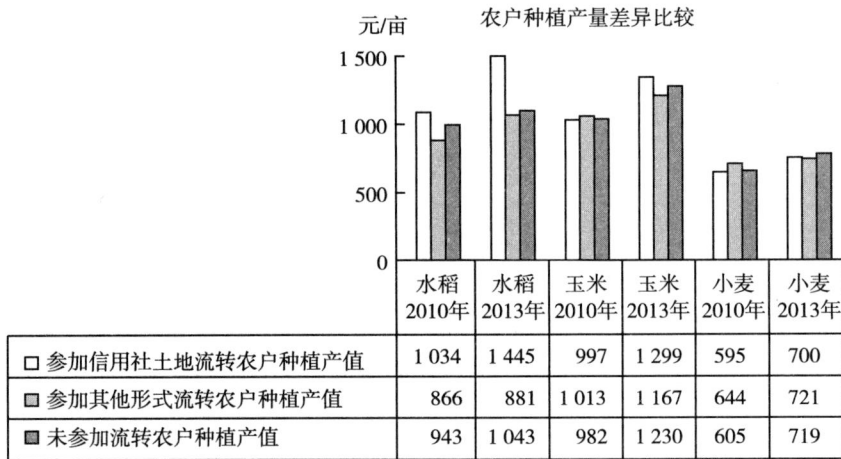

元/亩 农户种植产量差异比较

	水稻 2010年	水稻 2013年	玉米 2010年	玉米 2013年	小麦 2010年	小麦 2013年
□ 参加信用社土地流转农户种植产值	1 034	1 445	997	1 299	595	700
■ 参加其他形式流转农户种植产值	866	881	1 013	1 167	644	721
■ 未参加流转农户种植产值	943	1 043	982	1 230	605	719

图 1 农户种植作物产量情况

参加其他形式流转的农户户均种植水稻在 2010 年产值为 866 元/亩，2013 年这些农户种植水稻的产值达到了 881 元/亩，剔除通货膨胀因素，真实农户水稻产值为 786.6 元/亩，较 2010 年下降，参加其他形式流转的农户流出土地 11.45 亩，剩余土地户均为 5.309 亩。说明参与其他形式土地流转的农户在种植剩余土地时，种植效率在下降。参加其他形式土地流转农户种植小麦 2010 年产值为 1 013 元/亩，2013 年为 1 167 元/亩，剔除通货膨胀因素，2013 年真实小麦种植产值为 1 041.96 元/亩，仅比 2010 年上涨了 2.86%。参加其他形式土地流转的农户种植小麦 2010 年为 644 元/亩，2013 年产值为 721 元/亩，剔除通货膨胀因素，2013 年真实产值为 643.75 元/亩（以 2010 年为基数），小麦产值几乎不变。

未参加土地流转的农户种植水稻和玉米的产值 2013 年和 2010 年较高，种植小麦产值较低。总体看，参与土地流转和未参与土地流转的农户在种植作物产值方面，差异不大，变化小。说明参与土地流转后，农户对土地的种植总体上没有多大的变化。

表 3　土地流转样本中，粮食直接补贴归属

	信用社模式	其他土地流转模式
土地流转后，粮食直接补贴归谁？	0.351 85	0.987 2

表 3 是土地流转后，粮食补贴归属问卷中，将该变量设定为是否选项，选择是，数值取值为 1，表示粮食直接补贴归转出方；选择否，数值取值为 0，表示粮食直接补贴归转入方。在信用社土地流转模式下，农户粮食直接补贴变量数值均值为 0.351 85，表示，粮食直接补贴归转出方的占 35.185％。大部分的粮食补贴归转入方。由于信用社模式中，租金中包含了粮食补贴，所以信用社模式租金高，粮食补贴归转入方，这对农户有一定的不利之处。而其他形式的土地流转中，粮食直接补贴归转出方，由农户直接领取。相应的该模式的土地租金相对低一些。

表 4　土地流转后农户打工工资情况

	信用社模式	其他土地流转模式
打工月工资水平（2013 年）	3 254.286	3 322.554

表 4 是两种土地流转模式下的农户打工户均工资水平，信用社模式下，农户工资 3 254.286元/月，其他土地流转模式下农户打工的工资为 3 322.554 元/月，差距不大。

四、不同土地流转模式的作物种植净收入倍差分析

2011 年何晓云调查了舟曲县坪定乡柳坪村种植业收入情况：户均种植冬小麦纯收入 340 元/亩，种植地膜玉米纯收入 518 元/亩，年纯收入在 858 元/亩。所调查的 20 户农民平均耕地面积为 7.8 亩，种植业年总纯收入 6 692.4 元。本课题组对平罗县农户的调查显示，2010 年农户种植水稻的每亩近收入是 1 034 元，2013 年平罗县参与信用社土地流转的农户种植水稻每亩收入达到了 1 445 元。平罗县农户 2010 年种植玉米每亩净收入达到了 983 元，2013 年参与信用社农户每亩净收入达到 1 299.4 元。2010 年种植小麦每亩净收入达到了 865.5 元，2013 年每亩净收入达到 1 716.6 元。

图 2 中，信用社模式下，农户种植业收入下降，2010 年参与信用社土地流转农户的种植业收入为 3 233.019 元，2013 年该模式农户的种植业收入达到 4 938.889 元，由于农户参与信用社，土地流出，导致农户种植业收入减少。其他形式土地流转的农户种植业收入也在减少，2010 年为 14 684.16 元，2013 年减少为 6 816.964 元。而没有进行土地流转的农户种植业收入由 2010 年的 17 104.66 元增加到了 2013 年的 20 069.23 元。

养殖业收入中，参与信用社土地流转的农户在 2010 年养殖业收入为 2 013.208 元，2013 年养殖业收入下降为 1 964.151 元。参与其他土地流转的农户在 2010 年养殖业收入

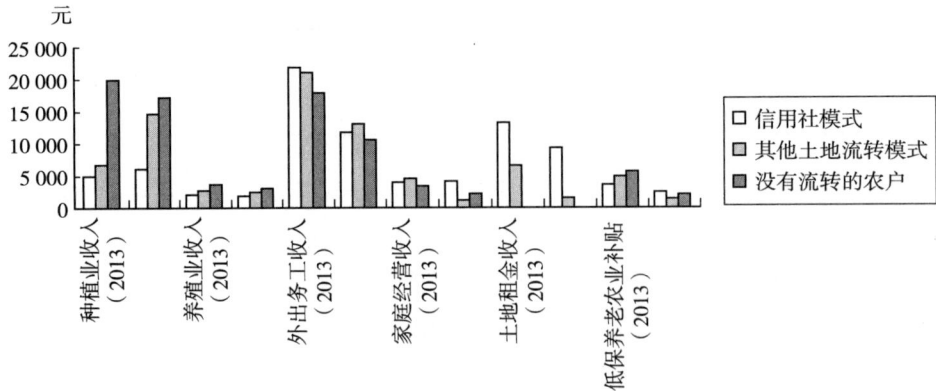

图 2　土地流转及未流转农户的收入分类别情况

为 2 542.985 元，2013 年养殖业收入增加到 2 809.311 元。参与其他形式土地流转的农户，流转土地后还剩余一部分土地，并没有完全脱离农业生产，养殖业收入增加。没有参加土地流转的农户，养殖业收入由 2010 年的 2 800.405 元，增加到 2010 年的 3 698.381 元，增幅较大。

　　参与了土地流转，农户将进行劳动力转移，充实非农职业，因此引起外出务工收入增加。信用社模式下，2010 年农户外出务工收入为 11 711.32 元，2013 年外出务工收入为 21 669.81 元。参与其他土地流转的农户 2010 年外出务工收入为 12 959.18 元，2013 年外出务工收入为 21 140.34 元。而没有参与土地流转的农户，2010 年外出务工收入为 10 454.47元，比信用社模式和参与其他流转模式的要少一点。2013 年外出务工收入为 17 968.5元，比信用社模式和参与其他土地流转模式少 3 000 多元。这说明参与土地流转的农户，外出务工收入提升并不明显，差距不大。农户土地流转后，劳动力转移还存在着很大的难题。参与土地流转的是否有更多的务工能力及其他谋生手段？2013 年参与土地流转的农户平均家庭外出务工人员 1.864 3 人，2013 年参与土地流转的农户平均家庭外出务工收入为 21 203.4 元，而 2010 年该数值为 12 810.56 元而 2010 年未参与土地流转的农户平均家庭外出务工人员数为 0.718 6 人，相对比土地流转的农户要少。2013 年未参与土地流转的农户平均家庭外出务工收入为 20 071.81 元，2010 年未参与土地流转的农户平均家庭外出务工收入为 11 970.42 元。未参与土地流转的农户的人数相对少，但是收入相对参与土地流转的农户并没有减少多少。

　　利用 2010 年的农户总收入和虚拟变量是否参与土地流转建立以下回归方程（模型 1）：

$$income_{2010} = \gamma_0 + \gamma_1 participate_{2010} + \mu \qquad (模型 1)$$

$participate_{2009}$ 表示如果参与土地信用社就为 1，否则等于 0 的二值变量。

　　利用 2013 年的农户总收入和虚拟变量是否参与土地流转建立 2013 年的回归方程（模型 2）：

$$income_{2013} = \eta_0 + \eta_1 participate_{2013} + \mu \qquad (模型 2)$$

按照倍差方法对种植作物的净收入进行倍差分析，选择样本 1 和样本 2 进行分析。样本 1 是参与土地信用社的农户和对照组的数据，样本 2 是参与其他流转模式的农户和对照组的数据。不同土地流转模式的作物种植每亩净收入及倍差见表 5。

水稻每亩净收入对照组 2010 年为 438.7 元，2013 年上升为 486.3 元，与信用社模式的差额分别为 521.4 元和 445.9 元，信用社模式中，土地大部分已经流转，剩余土地的种植水稻的净收入很高，农户流转中，将最好的土地予以保留，没有流转，所以水稻信用社模式净收入很高。2013 年与 2010 年水稻每亩净收入的倍差是 -75.5 元，说明经过三年的变化，对照组（未流转农户）与信用社模式的水稻每亩净收入差距缩小了 75.5 元。其他流转模式水稻每亩净收入比对照组要低，2010 年其他流转模式净收入为 242.85 元，2013 年降低为 234.25 元。其他流转模式中，农户兼业行为比较突出，剩余土地不多，种植效率下降。其他流转模式水稻种植的倍差为 -56.193 元，说明 2010—2013 年水稻种植在对照组和其他流转模式之间，其他流转模式的水稻种植每亩净收入要比对照组少，而且差距扩大了。剔除通货膨胀的倍差数据有所减小。

表 5　不同土地流转模式的作物种植每亩净收入倍差分析

| 作物种植收入 | | 2010 年 | | 2013 年 | | 倍　差 | |
作物	土地流转模式	净收入（元/亩）	差额（元）	净收入（元/亩）	差额（元）	倍差（元）	剔除通货膨胀的倍差（元）
水稻	信用社模式	960.178 5	521.439 4	932.258 1	445.931 8	-75.507 6	-123.286
	对照组	438.739 1		486.326 3			
	其他流转模式	242.857 1	-195.882	234.251 3	-252.075	-56.193	-29.185
	对照组	438.739 1		486.326 3			
玉米	信用社模式	620.188 7	-114.077	751.290 3	-207.52	-93.442 9	-71.208 6
	对照组	734.266 1		958.810 6			
	其他流转模式	854.484 7	120.218 6	677.435 9	-281.375	-401.593	-478.784
	对照组	734.266 1		958.810 6			
小麦	信用社模式	372.745 1	42.517 83	366.666 7	13.796 71	-28.721 1	-30.199 3
	对照组	330.227 3		352.87			
	其他流转模式	457.966 6	127.739 3	288.272 3	-64.597 7	-192.337	-185.416
	对照组	330.227 3		352.87			

参与信用社模式的农户种植小麦每亩净收入相对比对照组要高，2010 年对照组为 330.2 元，而信用社模式为 372.7 元，两者的差距为 42.51 元，2013 年对照组为 352.87 元，而信用社模式为 366.67 元，两者的差距为 13.79 元，而 2013 与 2010 年的倍差为 28.72 元，说明经过三年的经营，对照组与信用社模式在种植小麦的每亩净收入差距缩小了 28.72 元。其他流转模式在种植小麦每亩净收入差异方面变化很大，2010 年其他流转

模式要比对照组高127.74元，而2013年其他流转模式要比对照组低64.59元，之间的倍差是－192.33元，说明经过三年的经营，其他流转模式与对照组的差距缩小了192.33元。

参与信用社模式的农户种植玉米每亩净收入要比对照组低，而且2010年到2013年差距在扩大。2010年参与信用社农户玉米种植每亩净收入为620.18元，而对照组为734.26元；2013年参与信用社农户玉米种植每亩净收入为751.29元，而对照组为958.81元。与信用社模式相反，其他流转模式的农户2010年种植未流转土地的每亩净收入要比对照组高，但是2013年种植玉米收入下降，比对照组低。信用社模式与对照组的倍差为93.44元，说明2013年与2010年信用社模式种植玉米每亩净收入比对照组要进一步减少93.44元。而其他流转模式的倍差为－401.59元，说明2013年与2010年相比较，其他土地流转模式的农户种植玉米每亩净收入比对照组要降低401.59元。

五、不同模式农户分类收入倍差分析

利用样本1和样本2，按照上节倍差分析方法，对信用社模式和其他流转模式与对照组两个样本的分类收入进行分析，具体见表6。

种植业收入中，信用社模式较对照组少，由于土地已经流转，农户剩余土地有限，种植业收入偏少。2010年信用社模式农户的种植业收入要比对照组少10 581元，而2013年信用社模式要比对照组要少15 298.5元，说明信用社模式下的农户种植业收入经过三年持续减少，倍差增大。而其他流转模式的收入在2010年，也比对照组低2 487.93元。经过三年其他流转模式的农户种植业收入增加，倍差减少。

而养殖业收入中，信用社模式与其他流转模式的农户普遍比对照组低。2010年信用社模式要比对照组低928.47元，2013年要比对照组低1 872元，经过三年这种差距扩大了943.59元。土地流转后，农户养殖业也受到影响，主要的原因是农户进城，城镇化趋势明显，大部分年轻劳动力转移进入县城，导致农户养殖业衰退。其他流转模式的养殖业收入也比对照组低，2010年低217元，2013年低845元，三年的倍差差距扩大了627元。

务工收入中，2010年信用社模式的农户要比对照组农户高1 531元，2013年高4 391元，三年的差距在扩大，倍差为2 859元。说明信用社模式土地流转以后，农户在逐步地提高务工收入。其他流转模式的农户务工收入也明显偏高，2010年其他流转模式的农户务工收入比对照组高2 506元，2013年比对照组高3 054元，三年的倍差为548元，差距在扩大，也说明农户在逐步提高务工收入。

农户家庭经营收入主要包括农户的经商的收入。样本中，农户参与信用社模式的经营收入要比对照组高，2010年比对照组高1 279元，2013年高286元，但是三年间差距缩小了992元。其他流转模式家庭经营收入业在增高，由2010年的1 282元，增加到2013年的4 447元，从而与对照组的差距拉大，两者三年间的倍差为2 096元，说明进行土地流转后，农户普遍通过经商等经营行为提高家庭收入。

表6 不同模式农户分类收入倍差分析

不同模式农户分类收入		2010 年		2013 年			倍 差
分类收入	土地流转模式	收入（元）	差额（元）	收入（元）	差额（元）	倍差（元）	剔除通货膨胀的倍差（元）
种植业	信用社模式	6 523.69	−10 581	4 770.69	−15 298.5	−4 717.57	−3 078.44
	对照组 1	17 104.66		20 069.23			
	其他流转模式	14 616.73	−2 487.93	21 529.83	1 460.597	3 948.529	3 792.036
	对照组 2	17 104.66		20 069.23			
养殖业	信用社模式	1 871.93	−928.475	1 826.316	−1 872.07	−943.59	−743.012
	对照组 1	2 800.405		3 698.381			
	其他流转模式	2 582.513	−217.892	2 852.98	−845.401	−627.509	−536.931
	对照组 2	2 800.405		3 698.381			
务工	信用社模式	11 985.96	1 531.493	22 359.65	4 391.153	2 859.66	2 389.179
	对照组 1	10 454.47		17 968.5			
	其他流转模式	12 961.14	2 506.668	21 023.35	3 054.851	548.183	220.877 5
	对照组 2	10 454.47		17 968.5			
家庭经营	信用社模式	3 578.947	1 279.352	3 655.172	286.751 4	−992.601	−1 023.32
	对照组 1	2 299.595		3 368.421			
	其他流转模式	1 282.597	−1 017	4 447.797	1 079.376	2 096.374	1 980.727
	对照组 2	2 299.595		3 368.421			
土地租金	信用社模式	8 851.759	8 851.759	13 379	13 278.19	4 426.431	3 003.768
	对照组 1	−1.05E−11		100.809 7			
	其他流转模式	1 313.912	1 313.912	6 702.068	6 601.258	5 287.346	4 580.068
	对照组 2	−1.05E−11		100.809 7			
低保养老保险农业补贴等	信用社模式	2 099.655	115.072 2	3 379.138	−2 283.06	−2 398.13	−2 153.52
	对照组 1	1 984.583		5 662.198			
	其他流转模式	1 711.505	−273.078	4 698.406	−963.792	−690.714	−587.45
	对照组 2	1 984.583		5 662.198			

　　土地租金收入中，对照组由于没有土地流转，租金几乎没有。信用社模式的农户2010年土地租金收入为 8 851 元，2013 年增长为 13 379 元，三年间土地租金增长了51.15%。而其他流转模式 2010 年土地租金收入为 1 313 元，2013 年土地租金收入为6 702元，三年间土地租金增长了401%。但是其他流转模式土地租金总额较少，主要的

原因是其他流转模式的土地较信用社模式少，而且流转规模小。

六、结论

总体看，参与土地流转和未参与土地流转的农户在种植作物产值方面，差异不大，变化小。信用社模式租金高，粮食补贴归转入方，这对农户有一定的不利之处。信用社模式下，农户工资 3 254.286 元/月，其他土地流转模式下农户打工的工资为 3 322.554 元/月，差距不大。这说明参与土地流转的农户，外出务工收入提升并不明显，差距不大。信用社模式土地流转以后，农户在逐步地提高务工收入。其他流转模式的农户务工收入也明显比土地流转后高，农户养殖业也受到影响，主要的原因是农户进城，城镇化趋势明显，大部分年轻劳动力转移进入县城，导致农户养殖业衰退。

参考文献

崔会. 农村土地承包经营权流转对农民实际收入的影响分析 [J]. 特区经济，2013（6）：93-95.

兰晓红. 农村土地流转动因、问题及对策研究 [J]. 特区经济，2010（10）：159-160.

李功奎，钟甫宁. 农地细碎化、劳动力利用与农民收入——基于江苏省经济欠发达地区的实证研究 [J]. 中国农村经济，2006（4）：42-48.

李先玲. 基于农民收入结构的农村土地流转分析 [J]. 特区经济，2010（10）：164-166.

李中. 农村土地流转与农民收入——基于湖南邵阳市跟踪调研数据的研究 [J]. 经济地理，2013，33（5）：144-149.

林毅夫. 制度、技术与中国农业发展 [M]. 上海：上海人民出版社，1994.

马克思. 马克思恩格斯全集：第四卷 [M]. 北京：人民出版社，1985.

彭代彦，吴扬杰. 农地集中与农民增收关系的实证检验 [J]. 中国农村经济，2009（4）：17-22.

王春超. 农村土地流转、劳动力资源配置与农民收入增长——基于中国17省份农户调查的实证研究 [J]. 农业技术经济，2011（1）：93-101.

王华春，唐任伍，赵春学. 引导土地流转 增加农民收入 [J]. 南京社会科学，2004（9）：1-5.

许恒周，郭玉燕. 农民非农收入与农村土地流转关系的协整分析——江苏省南京市为例 [J]. 中国人口·资源与环境，2011，21（6）：61-66.

薛凤蕊，乔光华，苏日娜. 土地流转对农民受益的效果评价——基于DID模型的分析 [J]. 中国农村观察，2011（2）：36-42.

张会萍，倪全学，杨国涛. 农村土地信用合作社对农户家庭收入的影响分析——基于宁夏平罗县225个农户的实证调查 [J]. 农业技术经济，2011（12）：94-99.

J. M. 伍德里奇. 计量经济学导论——现代观点 [M]. 北京：中国人民大学出版社，2007.

农村集体产权改革中农民社区综合合作社的发展研究*

刘宇翔

（河南财经政法大学旅游与会展学院，郑州　450046）

摘　要： 目前农村双层经营体制中"统、分"两个层次缺乏有效协调，家庭承包经营发展迅速、农村集体经济发展缓慢，一定程度上制约了农村经济发展和农村公共服务的供给。比较农民合作社与农村集体产权制度改革的原则、目标、管理制度和功能，可发现二者具有天然的内在逻辑关系。以农民社区综合合作社作为农村集体经济改革与发展的载体，用农民合作原则治理农村集体经济，符合农村集体产权制度改革中产权明晰、政经分开、民主管理、农民受益的政策导向。农民社区综合合作社是以农村集体经济增值和农民收入提高为目标，具有生产、生活、社区公共服务等多种功能，是农村集体经济经营的有效载体之一，农民社区综合合作社发展需要从农民合作社体系构建、合作社专业化管理、农民合作社与外部资源对接等方面推进。

关键词： 农村集体资产制度；农民合作社；社区综合合作社

一、引言

改革开放以后，家庭承包经营为基础、统分结合的双层经营体制成为我国农村基本经营制度。在"分"的层次中家庭承包经营在改革开放初期充分释放了农村生产力，提高农民了生产积极性，推动了农村经济发展；但在"统"的层次中农村集体经济逐渐衰弱发展普遍滞后，双层经营体制中"统"和"分"两个层面的机制没有协调发展。目前我国正处于传统农业向现代农业的转型中，家庭承包经营依然是我国农业的发展基础，但是分的过细导致土地的细碎化和"统分"不协调，家庭经营的"小散乱"问题严重阻碍了规模化、集约化的现代农业发展，也限制了农民进一步增收、农村公共服务发展。过于分散的家庭经营方式一定程度上已经阻碍农村生产力的发展，因此统分协调的农业经营机制将是下一

---

　　* 基金项目：本文得到 2014 年国家社科基金青年项目"欠发达地区农民合作扶贫模式研究"（14CGL027）；2014年河南省高等学校青年骨干教师资助计划支持项目（2014GGJS079）；2015 年度河南省高校哲学社会科学创新人才支持项目（2015）支持。

　　作者简介：刘宇翔（1980—），男，河南修武人，河南财经政法大学旅游与会展学院，管理学博士，副教授，硕导，研究方向：农业经济管理。电子邮件：lyxjack@126.com。

阶段我国现代农业经营制度的改革方向，如何实现"统"和"分"两个层面协调发展是本文尝试解决的问题，研究从农民合作视角出发推进农村集体经济创新与发展。

农村集体经济具有农村社会稳定的政治功能，集体资产保值、农民增收的经济功能，农村公共服务的社会功能（黄红华，2004；周润书和程守红，2013），是发展农村经济和实现农民共同富裕的重要物质基础（施晓琳，2000），是增加农民财产性收入的有效途径（田代贵、马云辉，2015）。农村集体经济是农民集体的财富，对农村经济发展、农民收入提高、农村公共服务供给都有重要的推动作用，然而我国大部分农村中集体经济管理机制不健全，农村集体经济日益衰落没有发挥应有的作用，为此政府一直致力于推进农村集体经济制度的改革并取得一定的成效，但是在具体支持政策、可操作方案上还需要进一步完善。2016 年 12 月中共中央国务院发布《关于稳步推进农村集体产权制度改革的意见》（简称《意见》）再次推进农村集体经济管制机制的改革"探索农村集体所有制有效实现形式，盘活农村集体资产，构建集体经济治理体系，形成既体现集体优越性又调动个人积极性的农村集体经济运行新机制。"并突出了农村集体经济发展对农民收入提升的作用，"增加农民财产性收入，让广大农民分享改革发展成果。"《意见》明确鼓励股份合作社作为主体经营农村集体资产，"农村集体经济组织是集体资产管理的主体，是特殊的经济组织，可以称为经济合作社，也可以称为股份经济合作社。"农民合作社以提高成员收入、为成员服务为主要目标，是民主管理的组织制度，体现成员所有者、受益者、使用者的主体地位，是现代农业经营的主体之一可有效促进农民与市场的有效对接，对于市场中分散经营、弱势农户具有降低交易成本联合发展的作用。根据《意见》制定的改革目标、原则，农村集体经济改革中"为谁管理"的问题已经解决；"谁来管理，如何管理"的问题还需要进一步细化研究，课题组认为农民合作社将是农村集体资产经营的有效载体，但是在具体的管理制度构建和运营上还需要结合我国国情进一步探讨。课题组以农民社区综合合作社为核心构建农村集体资产经营体系，并以合作原则推进农村集体产权制度改革，有利于盘活农村集体资产、政经分离、多元共治监管以及农村集体资产与资本市场的对接。

二、文献综述

农村集体经济改革一直是农村经济发展中热点问题，国内学者对农村集体经济改革从多个角度进行了研究，总结现有文献可分为以下几个视角：

（一）农村集体产权制度改革中存在的问题

农村集体经济是社会主义公有制经济的重要形式，在改革过程中缺乏可以借鉴的经验，虽然政府相继出台相关的意见和指导，但是农村集体经济发展缓慢甚至倒退（周润书、程守红，2013），农村集体经济在农业生产、经营、分配等方面宏观调控能力逐渐弱化（段龙龙、张樱，2013）存在清产核资不规范、产权界定和股权分配不公平，存在暗箱操作、法人治理结构形同虚设、股权封闭、政经不分、市场主体地位不明等问题（罗丹、吴孟珠，1998；卢文，1999；郑风田、赵淑芳，2006；赵全军，2008；徐增阳、杨翠萍，2010；李增元，2014；董江爱、张毅，2016），村干部有寻租、偷懒、精英牟利、贿选等机会主义行为（安慧，2011；方志权，2014；杨亚，2016；张建等，2016）。此外股权流动性差、集体股份的设置和比例问题也一直受到质疑（梁燕雯，2008），而且农民参与意识不足、缺乏有效监管（粘凌燕，2014；冯卓、詹琳，2014），其中产权量化程度低与产权分布不合理是农村集体资产管理问题的根源（志新，2006）。现有改革中的难点有缺乏总体设计、基层干部缺乏主动性、缺乏明确的市场主体、缺乏能经营管理的人才（杨新元等，2015），所以农村集体产权制度改革必须以保护农民集体经济组织成员权利为核心（张红宇，2016），构建明晰的产权动力机制、完善的内部治理机制、有效的分配激励机制、良好的外部保障机制等（邵彦敏、冯蕾，2014）。

（二）国内成功案例的模式和组织形式

温铁军等（2008）提出农村改革中的财产制度变迁应该注重的是那些创造了初次分配公平公正并能实现社区内全体成员共享产业或地租收益的经验。东部经济发达的地区中，有些地市的农村集体经济产权改革中取得较好效果，形成几种具有代表性的模式可以借鉴推广，如温州的"三分三改"（王敬尧、李晓鹏，2012；马永伟，2013），苏州以全面推行农村"三大合作"即社区股份合作、土地股份合作、专业股份合作（张晖，2015），苏南模式（刘水长，2000），广文街道李家庄村的案例（王志刚等，2014），松江农村模式（李宽、熊万胜，2015）。这些成功的案例合理确定成员边界考虑农龄和土地份额搭配，全部资产量化到人在保障公平、效率的同时实现了资产增值，也为其他地区农村集体产权改革提供经验。

苑鹏、刘同山（2016）认为新型集体经济是指按照现代产权制度要求，以成员自愿为原则，通过劳动者的劳动联合或资本联合实现共同发展的一种经济组织形态。农村社区股份合作制是适应工业化和城市化需要，起到了社会安全阀的作用（杨宏翔等，2005），建议改集体股为个人股、股权设置改无偿为有偿、改封闭式股权为流动股权（刘笑萍，2005）。也有学者认为村社区性集体经济组织没有必要戴合作社帽子，村民委员会直接管理，可减少组织制度成本（郑有贵，2003）。农村集体经济可引入现代企业制度的股份制，取消对集体资产股权流转交易的限制，实现集体资产股份能够流转（黄延信，2015；田代贵、陈悦，2012），也可按照合作经济的组织框架，将集体经济组织改造成地区性合作经济组织（郭庆海，2015）。农业部农村经济体制与经营管理司调研组（2013）发现新型集体经济组织的"三会"治理结构，保持了集体生产的完整性，增加了成员的财产性收入，是集体经济有效实现形式。

（三）土地制度改革的研究

土地制度是农业经营的基础，农村集体经济产权改革中必然要求对土地制度的改革。我国现行农村土地产权制度承担着农村就业和社会保障等社会公共政策功能，土地被异化为"准公共品"（刘荣材，2007），存在产权主体模糊、产权界定不明晰、关系不清、权责混乱、管理机制乏力、承包经营权权能残缺等问题（王环，2005；徐莉、车茂娟，2005；杨振强、杨秋宝，2008；胡细英，2009），导致农村土地资源配置低效、农民权益受损问题较为严重（曲福田、田光明，2011）。郭晓鸣（2011）认为中国农村土地制度创新要沿着产权分割、产权明晰、产权流动的路径推进，农民对土地财产权利的实现过程，就是土地要素逐步市场化过程（许经勇，2008）。刘辉、曾福生（2014）提出从土地确权、重构产权、创新模式、土地资产化和优化分配机制等方面拓展农村土地承包经营权权能，农村土地产权制度改革主要通过交易和分工效应影响农户收入水平和结构（刘俊杰等，2015），在追求利润最大化的同时，也更应注重农民个体福利的实现和提升（徐建春、李翠珍，2013）。叶兴庆（2015）认为应鼓励签订长期流转合同，使经营者有稳定的预期。袁方成（2013）认为社区制取代村委会制是当前中国农村社会结构的根本性变革，而其中最重要的是以村庄土地集体所有制为基础的社区产权的改革。

梳理现有文献，学者们清晰深刻的分析了农村集体经济发展中存在的问题，并用委托代理理论、交易费用理论、农户行为理论、博弈论等基础理论探讨了深层次的原因，并提出针对性的建议和多种农村集体经济发展组织形式，如现代股份制企业、农民股份合作社、土地股份合作社、农村集体经济产权交易平台等，有效推进了农村集体产权制度改革理论和实践的发展。农民合作社也是农村集体经济组织形式之一，但是现有研究中偏重于经济发达地区，对中、西部地区研究的相对较少；从综合性合作社视角分析的相对较少，缺少系统性、整体性的农民合作社与农村集体产权制度改革的对接研究；农民合作社作为农村集体经济发展的载体，还需要构建全国性、系统性的农民合作社发展体系，将农村集体经济资源与国内外市场有效对接，推进"三农"资源的整合，实现农民全面脱贫、农村社区综合发展、农民持续增收、现代农业的转型。

三、农民合作与农村集体产权制度改革内在的逻辑关系

从《意见》可以看出，农民合作与农村集体产权制度改革原则、目标、管理制度具有高度的一致性，因此以农民合作社作为农村集体经济的载体是符合农村集体产权改革的方向和趋势，符合农民利益和现代农业发展需求，但是从我国农村集体经济发展实际情况和我国农民合作社发展的实际情况看，农村集体产权改革涉及面广、问题多、人员多、情况复杂；而我国大部分农民合作社发展还不规范、经济实力弱小、存在虚假合作、管理效率不高等问题，现有的农民合作社的经营体系和管理机制还不能完全、有效的承担农村集体

产权改革的重任，需要在现有农民合作社的管理机制上进一步创新，以适应农村集体产权制度改革的需要。

1995年9月，国际合作社联盟100周年代表大会，明确规定了合作社的7条原则："入社自愿和开放办社、社员民主管理、社员经济参与、独立性与自主性、教育、培训与信息、合作社间的合作、关注社区。"2016年12月中共中央国务院《关于稳步推进农村集体产权制度改革的意见》中，制定了农村集体产权制度改革原则："把握正确改革方向、坚守法律政策底线、尊重农民群众意愿、分类有序推进改革、坚持党的领导"。通过二者原则的比较可以发现，农民合作与农村集体产权制度改革具有高度一致性，首先，农民合作社是为成员服务，提高农民收入，当成员主体是农民是也就是为农民服务，而农村集体产权制度改革的出发点和落脚点是维护发展广大农民的根本利益，持续提高农民收入。其次，集体经济与农民合作中公共积累具有同样的功能，二者都是成员未来收益的保障，并按照成员需求提供公共服务。第三，尊重农民意愿、民主管理，只有民主管理才能充分保障农民的合法权益，合作中的一人一票、民主管理原则，充分调动成员参与管理的积极性，成员也只有积极参与管理才能保证集体经济不受少数人控制。第四，农民合作社具有多种组织形式，可以根据农民需要开展多种类型、多种功能的合作社，如经营单一产品为主的农民专业合作社，或多元化经营的综合性合作社，或基于社区的农民社区合作社，或基于土地经营权的土地合作社。第五，农民合作社可以作为社会主义公有制产权制度的载体，以股份合作、劳动合作、产权合作作为集体经济的具体组织形式，通过民主管理发展壮大农村公有制经济。

从农民合作社与农村集体产权制度改革治理机制上比较，二者也有高度的一致性。首先，农民合作社也是统与分的有机结合，分是农民以家庭经营作为合作的基础，尊重农户个人产权和经营权，统是合作社对家庭经营的农产品进行统一经营，包括生产、销售、物资购销、技术、生产信贷等，农民合作社指导农户生产而不是替代农户生产，否则可能增加经营成本降低价格竞争力。第二，二者在产权设置上具有类似的制度设计，农民合作社成员具有平等产权结构，限制资金的收益、管理权，农村集体经济产权改革中规定成员边界以后，成员拥有公平的产权，并以此为基础产生管理和受益的权利。第三，民主管理，一人一票的民主管理制度是二者最大的共同点，虽然在实践中一人一票实施过程中往往受到外在因素的干扰，而且管理效率较低，但是能真正实现农民的真正意愿，保证集体经济健康发展。所以需要在党的领导下，加大对农民宣传引导，实现政经分离后，民主管理将在农村集体产权制度改革发挥重要作用。第四，二者的功能具有高度一致性，农民合作社具有提高农民收入服务农民的功能，包括合作社的经济目标和社会目标，这与农村集体产权制度改革的功能是一致，农村集体经济在除了引导农民增收以为，还需要农村社会公共服务、农村公共物品提供上发挥重要的作用。虽然在经济发达地区如城中村，农村集体经济的社会服务功能可以弱化，但是在现有财政收入条件下农村公共服务存在一定的资金缺口，更多农村地区的集体经济还是要承担部分公共服务的功能。在合作社具体功能设置中，消费、生产、金融、购销、教育、信息、社区发展等功能与农村集体经济的功能具有高度的重合性。

通过农民合作与农村集体产权制度改革的原则、治理结构、产权安排、功能的比较，我们可以看出，二者具有高度一致性和天然的耦合关系，农民合作社可以作为农村集体经济发展的有效载体。但是农村集体产权制度改革是个复杂的、系统的工程，农民合作社也要进行相应制度创新，不能完全重复国外合作社发展路径和体系构建，因此课题提出农民社区综合合作社的模式，将成员限制在社区边界内，通过户籍和农龄作为标准界定社区农民合作社成员，并以此确定成员相应的股份。通过对农村集体产权的量化公平分配成员股权，实现一人一票的民主管理方式，雇佣职业经理人管理农民社区综合合作社，并按照成员需求构建合作社的功能结构，不同地区功能结构可以有所差异，最终实现农村集体经济增值和农民的持续增收。

四、农民社区综合合作社构建

（一）产权制度构建

农村集体资产包括资源性资产、经营性资产、非经营性资产，根据《意见》"资源性资产、经营性资产量化到户，而非经营性资产不宜折股量化到户"。公平的产权制度是农民所有权、管理权、收益权的基础，也是农民社区综合合作社民主管理、农民权益保障的基础。现有农村集体资产将由农民社区综合合作社接管，推进村民委员会事务和集体经济事务、人员分离。为避免村委与农民社区综合合作社经济权利的纠纷、村干部寻租等问题，合作社的管理层与村干部不能兼任。根据现有农村集体经济改革的经验，取消集体股设置，将所有资产平等分配给所有成员，有利于避免二次产权纠纷。

在产权制度构建中首先要明确成员边界，考虑到历史和现实各方面因素，农村集体经济发展凝聚了很多人的付出。虽然有些人已经不再具有社区户籍，但是依然考虑到这些人对农村集体经济发展贡献，根据《意见》规定要综合考虑多方面因素，可以借鉴上海、温州、成都、苏南模式中的有益经验，将农龄和户籍统一考虑，规定一定期限内户口变动的情况来确认成员资格，公平的对待对集体经济有贡献的群体如户口迁出人口、外嫁女等达到效率和公平的统一。第二，成员确定以后，召开全体成员大会，选举合作社临时负责人和监事会，负责农村集体资产的量化，防止少数人控制和集体资产的流失，在民主监督下聘请权威的资产评估机构，对资源性和经营性资产进行评估，并按照成员大会通过的规则平等量化到每一个成员账户中，无形资产则有农民合作社接管经营。第三，成员根据账户股份获得未来的股份分红，股份确定以后不再调整，不随人口变化而变动可继承和流转，但是农民社区综合合作社成立初期，需要限制股份流转范围，防止外来资本对合作社控制，当合作社正常运营以后，可通过优质资产的上市实现与资本市场的对接，为农户提供退出机会。第四，土地制度改革方面依然坚持家庭承包方式承包的集体土地，农村承包土地经营权流转不得改变土地集体所有性质，不得违反耕地保护制度。出于现代农业的发展需要，鼓励土地流转优先临近的农户，鼓励农业大户和家庭农场适度扩展土地规模，降低地租收入，减少土地二次流转的动力，鼓励农户长期经营农业并向职业农民转变。

（二）管理制度构建

农民社区综合合作社的管理基于合作社民主管理原则"一人一票"，不设附加票降低资金对合作社控制权。成员大会是合作社最高权力机构，成员大会选举合作社监事会和社长，根据我国目前农民合作社发展情况，建议在经济允许的条件下雇用职业经理人作为农民合作社的社长，并负责合作社日常管理，对监事会和成员大会负责。合作社中层及以下管理人员由社长任命，以当地农民为主增加当地农民的本地就业机会，也为合作社未来发展提供储备人才。合作社的重大事项如社长的选举，重大投资项目，资源性资产的承包、租赁，经营性资产出售、抵押、社区服务和公共产品的支出、公共积累的提成比例等都要由全体成员投票通过。

农民社区综合合作社是多元共治的监督机制，作为农村集体经济、社会主义公有制经济的代理人，合作社需要接受党和政府的监督，如成员界定、产权确立、管理行为等方面，由审计部门进行财务监督；作为农民个人资产的代理人，成员需要通过民主管理的方式进行监督，并通过监事会和成员大会表达成员个人诉求；为了防止农民合作社的异化、少数人控制的问题，农民合作社体系中需要构建"官员、专家、农民"组成指导委员会进行管理上的指导，避免农民合作社偏离合作轨迹、精英俘获、资本控制等问题；多元共治的监督机制是合作社民主管理重要保障，也是农民维护权益的制度支持。

（三）功能结构

农民社区综合合作社功能结构依赖于成员需求，所以对于不同地区的合作社功能结构是具有较大差异的，但是最基本的功能是农村集体资产的增值和分红，为农民增加财产性收入。如城中村的合作社利用现有资产出租、投资实现成员收入增加；农村地区的合作社功能则更加广泛，综合性合作社要全方位服务于成员的生产、生活，因此农民社区综合性合作社需具备消费、生产、购销、金融、教育、社区服务、法律咨询等功能，通过农村集体资产的有效利用建立附属的合作社或者农业企业为成员提供服务，每个附属子合作社独立运营并为社区综合合作社提交部分盈利作为全体成员的分红。成员可以根据自己的需要加入不同的合作社获得所需社会服务，综合性合作社统一指导附属子合作社的发展和运营，并优先雇佣本地农民作为合作社的工作人员。

（四）社区综合合作社发展体系构建

以村为单位的农民社区综合合作社是一级的合作社，这样的合作社数量众多但经济实力弱小、覆盖面窄，虽然以提高农民财产性收入为目标，合理分配了农村集体资产，但是未必能有效应对整个社会、市场环境的变化，实现资产持续增值和农民持续增收。因此在全国范围内构建支持农民合作社发展体系是非常必要的，这样有利于整合全国范围内农民合作社发展资源，有利于不同地区农村集体资源的互补和协作发展，并推进农民专业合作社在全国范围内的纵向一体化发展。农民合作社发展体系是指从中央到地方的合作社扶持体系，由村、县、省、中央四级合作社构成，农民合作发展体系是指导机构不是管理机构。以村为单位的一级合作社正常运营以后，以县为单位构建二级合作社，形成合作社的合作或联合发展，二级合作社负责县域内农民合作社协调发展，如生产合作社的联合、农村公共服务的共享与投资、农村教育服务的扩展等，弥补一级合作社地域狭小和资金短缺的问题；二级合作社在省级范围内可实现三级合作，三级合作的主要功能是金融合作相当于合作社的银行，将成员与合作社存款由三级合作社运营，防止农村资金的外溢，只有合作社或合作社成员才能够从合作社银行获得贷款，资金封闭运营减少农民贷款的风险、成本和难度，金融合作是合作社发展的基础和重要保障，三级合作社还可负责政府财政支持的优惠贷款等业务。四级合作社有政府、专家、农民等成员构成，是推进合作社发展公益机构，主要功能是与政府共同搭建农民与政府沟通的桥梁、通过调研提出农民合作社发展政策建议，不以盈利为目的，对全国的农民合作社发展提供规划、策划、评估、信息服务，收入渠道是政府财政补贴、会员会费、咨询服务收费、期刊杂志收费等，可以为基层合作社解决人力资源缺乏、科研力量不足、农业技术推广方面的问题。

（五）农民社区综合合作社的组织优势

农民社区综合合作社是农村集体资产多种经营方式之一，具有较好的组织优势。第一，以合作原则管理农村集体资产，更具有公平性和民主性；减少村委行政过多干预，避免少数人控制，提高成员管理地位，更有利于保障村民利益。第二，从资源整合角度，农民合作社为载体的功能扩展，可以充分整合农村集体经济的多种资源实现，并实现合作社联合发展互为补充。第三，民主管理制度，可以激励农民积极参与合作社管理，只有参与管理才能更好实现个人权益，并获得稳定的工资性收入。第四，权利与户籍的分开，农村集体资产确权分配并由合作社运营以后，成员的权利和户籍可以分开，即使成员户口迁出依然可以享受到基于股权的分红，并可以在资本市场转让，合作社享有优先购买权，成员继承人可继承并享有相同权利和义务。

五、农民社区综合合作社发展建议

（一）全国农民合作社发展体系的构建

农民合作社是现代农业经营主体之一，农民合作社发展体系的构建相当于以农民合作社为基础的现代农业经营体系的构建。虽然农民合作社是未来农业发展的趋势，但是从我国目前农民合作社发展情况看，农民合作社数量众多但是质量较差，现有农民合作社规模、管理绩效、农户影响力方面还有待于提高，政府还需要加大合作社的支持力度。农民组织化程度的提高有利于我国农产品供需平衡、价格稳定、提高食品安全和粮食安全水平；有利于农业剩余劳动力向二、三产业的转移，提供农民的工资性收入；有利于农村居民的全面脱贫和可持续增收。农民合作社发展体系的构建，首先要明确农民合作社的法人地位和多样性，如专业性合作、综合性合作社、金融合作社等组织形式，用法律规范农民合作社发展；第二，加大农民合作社信贷支持，降低农民合作社融资成本和难度，提供资金支持；第三，侧重宏观制度创新，减少基层政府的行政干预，提高农民合作社独立性；第四，建立农民合作社总社自上而下的为基层合作社提供政策、智力的普惠性支持，指导初建、弱小的合作社规范、联合发展。第五，农民合作社不仅具有经济功能还具有社会服务功能，以农民合作社为载体提供农民公共物品更有利于农村相关资源的整合，如扶贫、教育、信息服务等。

（二）农民合作社专业化管理

农民合作社的专业化管理已经成为合作社的发展趋势，虽然我国大部分农民合作社发展缓慢还不能雇用职业经理人实现专业化管理，但是随着农村集体产权制度改革，农民合作社增加了可支配的资产，合作社经济实力得到提升。二级合作社或条件允许的一级合作社建议实行专业化管理，减少村干部与合作社管理层的重合度，实现村民委员会事务和集体经济事务分离。

（三）农民社区综合合作社与资本市场的对接途径

农民社区综合合作社在接管农村集体资产以后，合作社资产和融资能力得到提升，为更有效的实现农村集体资产的增值和农民持续增收，以及现有成员的退出途径，合作社需要与资本市场进行结合，弥补自由资金不足的问题。为了降低资本对合作社控制程度，合作社民主管理制度保障农民的权益和管理地位，但是也在一定程度上抑制资金投入动力，因此合作社与资本市场的对接是一个逐步放开的过程。在农民社区综合合作社建立初期，要把农村承包土地经营权、集体林权、农村集体经营性资产出租等限制在一定的范围内，如合作社成员范围或同类合作社范围内，防止资本下乡对农业生产资源的侵占如对成员的合法权益侵占和资本圈地问题。初期通过整合合作社内部资源、开展金融合作，盘活农村现有资产，合理利用政府扶持资金，提高自我生存能力，并初步构建盈利渠道，着重内部资源开发；农民合作社顺利运营以后，可通过优质资源的重组，以企业公开上市的方式实现与资本市场的全面对接，让成员有退出的渠道，尽量保持农民合作社占绝对多数股份和当地村民的主体地位。

（四）农民合作社纵向一体化发展

农民合作社发展趋势包括纵向一体化和横向一体化，二者相互促进、有机结合。横向一体化为纵向一体化提供必要的生产资料、资本、本地市场和劳动力，纵向一体化为横向一体化提供农村集体资产可持续增值和农村剩余劳动力转移的机会，并为横向一体化功能扩展提供发展资金，这也是现代农业发展的趋势。农民社区综合合作社是横向一体化的一种组织形式，满足一定范围内成员发展需求；纵向一体化是对单一农产品的产业链的前向和后向的延伸，从生产领域延伸到二、三产业的农产品加工和农业服务业，为全国生产同一农产品生产者提供全产业链的服务。农村集体产权制度改革为我国农民合作社纵向、横向一体化发展提供新的机遇，大量农村集体资产的投入让合作社快速增加原始资本积累以及一体化经营。农民合作社可以合理利用这些资产进行规模的扩展和同类合作社合并，逐渐达到垄断性生产地位，最终实现全产业链纵向一体化的发展。

参考文献

安慧. 农村集体资产经营管理公司的理财目标与农民股东利益保护——基于多重叠加、延伸式委托代理的视角 [J]. 农村经济，2011 (7)：72 - 76.

陈志新. 城市化中的农村集体产权制度改革——以江苏无锡为个案 [J]. 求索，2006 (5)：76 - 78.

董江爱，张毅. 集体产权与制度治理——农村集体资产资源的治理之道 [J]. 山西大学学报（哲学社会科学版），2016，39 (1)：100 - 104.

段龙龙，张樱. 论我国农村集体经济组织公有性质弱化及其应对 [J]. 农村经济，2013 (9)：87 - 92.

方志权. 农村集体经济组织产权制度改革若干问题 [J]. 中国农村经济，2014 (7)：4 - 14.

冯卓，詹琳. 城镇化进程中农村集体资产管理问题探究 [J]. 经济体制改革，2014 (2)：93 - 96.

郭庆海. 当前农村改革的若干重大问题 [J]. 当代经济研究，2015，233 (2)：36 - 43.

郭晓鸣. 中国农村土地制度改革：需求、困境与发展态势 [J]. 中国农村经济，2011 (4)：4 - 8.

胡细英. 农村土地产权市场培育与土地资源优化配置——基于江西集体林权制度改革的实证研究 [J]. 经济地理，2009，29 (8)：1370 - 1374.

黄红华. 股份合作制意义再探讨——农村集体资产股份合作制改革的三重意义 [J]. 毛泽东邓小平理论研究，2004 (9)：71 - 74.

黄延信. 发展农村集体经济的几个问题 [J]. 农村工作通讯，2015 (9)：40 - 43.

李宽，熊万胜. 农村集体资产产权改革何以稳妥进行——以上海松江农村集体资产产权改革为例 [J]. 南京农业大学学报（社会科学版），2015 (2)：8 - 16.

李增元，葛云霞. 集体产权与封闭乡村社会结构：社会流动背景下的农村社区治理——基于温州的调查分析 [J]. 甘肃行政学院学报，2014 (3)：78 - 87.

梁燕雯. 城郊农村社区股份合作制的制度缺陷及创新思路 [J]. 城市发展研究，2008，15 (3)：62 - 67.

刘辉，曾福生. 农村土地承包经营权权能拓展的思考 [J]. 农村经济，2014 (7).

刘俊杰，张龙耀，王梦珺，等. 农村土地产权制度改革对农民收入的影响——来自山东枣庄的初步证据 [J]. 农业经济问题，2015 (6)：51 - 58.

刘荣材. 关于我国农村土地产权制度改革与创新的探讨 [J]. 经济体制改革，2007 (1)：85 - 89.

刘水长. 发达地区农村集体资产的管理、营运、监督体系和机制 [J]. 中国农村经济，2000 (8)：

43-49.

刘笑萍. 农村社区股份合作制制度创新路径分析 [J]. 农业经济问题，2005（9）：13-15.

卢文. 搞好农村集体资产的经营管理 [J]. 农业经济问题，1999（1）：8-13.

罗丹，吴孟珠. 对集体资产合理营运的探讨 [J]. 中国软科学，1998（8）：95-98.

马永伟. 农村集体资产产权制度改革：温州的实践 [J]. 福建论坛（人文社会科学版），2013（6）：20-25.

曲福田，田光明. 城乡统筹与农村集体土地产权制度改革 [J]. 管理世界，2011（6）：34-46.

邵彦敏，冯蕾. 我国农村集体经营方式创新与机制构建 [J]. 经济纵横，2014（4）：66-69.

施晓琳. 关于农村集体资产法制化管理的若干建议 [J]. 中国农村经济，2000（8）：50-53.

田代贵，陈悦. 农村新型股份合作社改革的总体框架：一个直辖市例证 [J]. 改革，2012（7）：79-87.

田代贵，马云辉. 农村经营性资产与农民财产性收入的波及面：重庆例证 [J]. 改革，2015（9）：92-100.

王环. 我国农村土地产权制度存在的问题与改革策略 [J]. 农业经济问题，2005（7）：53-56.

王敬尧，李晓鹏. 城乡统筹进程中的农村集体产权改革——以温州"三分三改"为蓝本 [J]. 求是学刊，2012，39（6）：68-75.

王志刚，樊林峰，丁孟. 农村集体经济组织改革模式探析——来自鲁东地区的案例调查 [J]. 江汉论坛，2014（12）：24-27.

温铁军，王平，石嫣. 农村改革中的财产制度变迁——30年3个村庄的案例介绍 [J]. 中国农村经济，2008（10）：4-12.

徐建春，李翠珍. 浙江农村土地股份制改革实践和探索 [J]. 中国土地科学，2013（5）：4-13.

徐莉，车茂娟. 我国农村土地产权制度改革探索 [J]. 统计与决策，2005（4）：37-39.

徐增阳，杨翠萍. 合并抑或分离：村委会和村集体经济组织的关系 [J]. 当代世界与社会主义，2010（3）：16-18.

许经勇. 我国农村土地产权制度改革的回顾与前瞻——形成有利于保障农民合法权益的土地产权制度 [J]. 经济学动态，2008（7）：68-72.

杨宏翔，王槐生，杨继友. 现代产权制度视角下的农村社区股份合作制 [J]. 理论探讨，2005（1）：64-66.

杨新元，孔勇，陈镇. 农村集体资产股份合作制改革的紧迫性、主要难点及对策建议——以四川省为例 [J]. 农村经济，2015（11）：92-94.

杨亚. 农村集体资产股份合作制改革的思考——以四川省为例 [J]. 农村经济，2016（2）：124-127.

杨振强，杨秋宝. 从农业生产效率角度探析我国农村土地产权制度改革 [J]. 学术论坛，2016（1）：31-36.

叶兴庆. 集体所有制下农用地的产权重构 [J]. 毛泽东邓小平理论研究，2015（2）：1-8.

佚名. 浙江省农村集体产权制度改革调研报告 [J]. 农业经济问题，2013，34（10）：4-9.

袁方成. 治理集体产权：农村社区建设中的政府与农民 [J]. 华中师范大学学报人文社会科学版，2013，52（2）：1-17.

苑鹏，刘同山. 发展农村新型集体经济的路径和政策建议 [J]. 毛泽东邓小平理论研究，2016（10）：23-28

粘凌燕. 城郊居民区集体经济改制公司运行对策研究 [J]. 湖南社会科学，2014 (2)：189 - 191.

张红宇. 关于深化农村改革的四个问题 [J]. 农业经济问题，2016 (7)：4 - 11.

张晖. 城乡一体化背景下农村集体经济的演进与反思 [J]. 中州学刊，2015，221 (5)：54 - 59.

张建，诸培新，王敏. 基于内生交易费用的农村集体资产股份制改革 [J]. 华南农业大学学报（社会科学版），2016，15 (5)：11 - 19.

赵全军. 股权改制的适应性效率与结构性困境探析——宁波市江东区社区股份合作制改革的经验研究 [J]. 农村经济，2008 (4)：106 - 110.

郑风田，赵淑芳，Zheng Fengtian，等. 城市化过程中"农转居"与农村集体资产改制问题研究 [J]. 中州学刊，2005 (6)：27 - 31.

郑有贵. 村社区性集体经济组织是否冠名合作社——以福建省仙游县村经济合作社为例 [J]. 管理世界，2003 (5)：96 - 100.

周润书，程守红. 功能视角下城镇化进程中农村集体经济收不抵支的思考——以东莞市为例 [J]. 农业经济问题，2013 (5)：56 - 62.

ICA. Statement on the Co - operative Identity [R]. Geneva：International Cooperative Alliance，1995.

社区在地组织在社区总体营造中的动员作用与驱动机制[*]

——以我国台湾地区宜兰县珍珠社区为例

董　阳[1]　李婧茹[2]

（1. 中国科协创新战略研究院；2. 中国葛洲坝集团投资控股有限公司）

摘　要： 我国台湾的社区发展协会、合作社等在地组织在社区总体营造过程中扮演着不可或缺的角色。基于宜兰县珍珠社区的个案分析，可以得知，台湾的社区总体营造往往是发端于内在诉求，在社区在地组织的动员下，不同的主体实现整合，社区精英能够充分发掘政府和市场的资源，将社区内的文化要素进行转译，形成社区文化创意元素；与此同时，社区公众也得以广泛参与，不断提炼社区的地方性知识，并对文化创意元素进行建构。台湾社区总体营造因循着"文化元素—文化产业—文化体验—文化认同"的演化路径：文化创意元素能够衍生出社区产业，并基于体验式的消费方式将消费者也纳入到社区文化的建构中，从而形成了一个更大范围的社区营造共同体。

关键词： 社区总体营造；社区文化创新；驱动机制

一、我国台湾社区总体营造

我国台湾的社区总体营造起始于 1993 年，作为一种传统村落转型发展的典型形式，是台湾社会变迁过程中不可或缺的一个组成部分。

受到了日本造町运动的影响，台湾"文化建设委员会"着力推动社区总体营造，其初衷是希望"以文化艺术形式作为切入点"来营造社区的新生机，以"建立社区文化、凝聚社区共识、建构社区生命共同体的概念，来作为一类文化行政的新思维与政策"。以"社区共同体"的存在和意识作为前提的，整合了"人、文、地、景、产"等五个社区发展的维度，"强调由下而上、社区自主、民主参与、永续经营等原则，鼓励社区发掘社区资源，借由营造社区生活空间、发展社区产业等议题，以充实社区文化软硬件设施，鼓励民众借由文艺活动增加人际互动，以凝聚共识，并激发民众爱护乡土，重视关心社区资源及公共

---

* 作者简介：董阳（1989—），男，安徽舒城人，中国科协创新战略研究院博士后、助理研究员，邮箱：dongyang11@mails. ucas. ac. cn。李婧茹（1990—），女，湖北宜昌人，中国葛洲坝集团投资控股有限公司项目专员。

事务，以提升社区生活内涵"，在岛内蔚为风潮。

无论是从主导的行政部门来看，还是就政策的中心议题而言，台湾的社区总体营造中最重要的一个理念就是"社区文化"，并希望借助于文化的建设与创新来实现社区产业、环境等多个向度的共同发展。

然而，村落的社区文化作为一种隐性的要素，究竟是如何在社区总体营造中发挥驱动作用的？通过什么机制来整合、盘活各种资源，进而以社区的居民为核心，并将国家、市场以及知识精英等不同的外在主体纳入到社区建设中来？村落的社区文化在与其他要素的互动过程中，是如何被形塑和建构的？又是通过何种形式予以传递和表达？村落的社区文化又是如何凝聚社区居民的共识、回应社区民众的期望，实现永续经营？这些问题是考察台湾社区总体营造，继而透过这一现象观察台湾整体性社会变迁的重要视角。

二、社区在地组织在我国台湾社区总体营造中的作用

社区总体营造是要"建立人与人、人与环境、人与历史、环境与历史间，彼此的新关系；是营造一个可以在其中工作、生活、学习的'好所在'以及建立新的生活价值观，营造新的人与建构新的社会；是在写社区的历史、塑造在地文化、营造新故乡"。社区总体营造的微观运作模式，关键在于通过社区发展协会、合作社等在地组织形成"以活动诱发行动，以行动强化活动"的动员模式，并逐渐形成"社区日"与"社区音乐会"等节庆型的社区活动。台湾相关部门提出"社区总体营造"这一政策的目的，就是希望借由文化艺术的方案推动，以凝聚社区意识，改善社区的生活环境，并建立社区的文化特色。其最终目的则是希望通过社区营造运动，将台湾建成一个现代的"公民社会"。台湾地区文建部门在社区总体营造中所扮演的关键角色，包括出台《新故乡社区营造》、《社区营造条例草案》等政策，以及"通过定期举办文艺季活动以发掘和强化具有地方特色的文化艺术资源，达成'文化地方自治化'的目的"。不断强调由地方历史记忆、文化特质、空间结构、人口属性等"内发性"资源所衍生而出的产业模式，进而既能够推动地方的发展，又能够唤起"民众自我身份的认同，有效地增强了民众的归属感，调动了民众参与社区建设的积极性"。

三、社区在地组织驱动的社区总体营造：珍珠社区①模式

珍珠社区古称"珍珠里简"，是一个典型的传统村落，位于宜兰县的冬山河中游，社区内自然资源丰富，社区产业以水稻种植为主，种植面积达1.36公顷。20世纪80年代，由于当地几乎没有工业或在地产业能够提供持续就业，珍珠社区也面临着年轻一代为寻求

---

① 本案例根据 2014 年 7 月 17 日在珍珠社区的访谈整理而成。

工作机会或深造学业向城市大批涌去的情况，使得社区发展进入了一个瓶颈期。

（一）内生发展诉求推动文化创意元素衍生

由于社区在 20 世纪八九十年代面临全台湾乡村的共性问题，即青壮年劳动力的流失，因而，亟待转型。地方政府为了本地区的发展，开始大量鼓励、动员青年群体回乡。年轻人回到社区以后，需要整合资源，以便开展相关工作，然而，村长和村干事把持社区的事务和资源，构成阻碍。为此，相关部门于 1989 年为社区委员会的成立提供资金，并在 1994 年正式注册成立珍珠社区发展协会，在社区发展中逐渐发挥了重要的作用。

社区发展协会现有会员和志工若干人，正式工作人员 7 人，正式工作人员的薪水由产业收入用以支付。对于日常工作事务，协会的往往采用合议制的方式来进行决策，日常工作经费来源则是宜兰相关部门所划拨的事务费，而专项经费则是用社区发展协会以项目的形式向相关部门申请。

针对社区发展遭遇瓶的瓶颈，社区发展协会成立之后，第一项重要的任务就是要谋求社区产业的转型，实现社区的发展。但是，珍珠社区作为水稻主产区，面对市场粮食价格较低的局面，而本身又不具备农产品深度加工的条件，难以寻找到自身转型与发展的契机。而此时，社区精英人物的作用就得以体现。社区发展协会总干事发挥了至关重要的作用，尝试着将稻草这一农业生产中的废弃物"变废为宝"，充分挖掘其内在的文化元素，并发展相关产业。

作为社区精英，社区发展协会的总干事既能够准确地发掘出社区的本土资源——稻草，又能够依据自身的阅历和特长，将一些理念、灵感加载于其中，从而建构出了独具特色文化创意元素——稻草面具。经历了多次尝试，珍珠社区的稻草面具应运而生。并且，他专门提出一句广告语，来对稻草面具这一产品的内涵加以诠释，"戴上面具，别人不认识我们，因此让人可以真实呈现，情绪发泄，情绪表达后，就能活在当下"。在当时的社会语境下，稻草面具在市场上甫一亮相，便大受欢迎，"触发了人们内心回归本真的愿望"（珍珠社区发展协会总干事，2014）。

当稻草面具进入市场并广受好评之后，稻草面具的制作为社区居民提供了更多的就业机会，吸引了越来越多的居民参与，成为当地重要的生计方式。而且，稻草编织本身就是一项根植于乡土社会的传统技艺，能够获得社区居民的普遍认同感，唤起社区的集体记忆，吸引更多的人参与到其中。由于社区居民的广泛参与，也会对文化创意元素的建构起到一定的积极作用。社区居民长期在当地生活，具有丰富的生产生活经验，而这种经验往往能够构成地方性知识。

在社区组织和社区精英的倡导下，社区居民开始广泛参与社区事务，并开始发挥较为重要的作用。诸如"稻草加温变色"这样的地方性知识，正是形成于本社区居民的日常生产生活之中，通过不断地积累而提炼出来，并触发社区精英的灵感，参与文化创意元素的建构。而当这样看似平常的生活常识作为一种理念融入到文创元素的建构过程中，则可能赋予文创元素以新的内涵及表征，并形成了产业链延伸的一个重要契机。

（二）围绕产业链建构而产生的总体营造

当珍珠社区基于本土资源提炼文化创意元素的尝试获得成功之后，社区发展协会便决定将稻草产业确立为本社区的特色产业。并向相关部门申请支持，如"劳委会"的"永续就业工程计划"、"多元就业开发方案"，"农委会"的"城乡新风貌"计划，"文建会"的"闲置空间再利用计划"、"地方文化馆计划"，这些都对珍珠社区的发展有莫大的助益。

由于地方性知识的充分挖掘，稻草的色彩工艺得以解决，社区发展协会组织社区居民继续对稻草进一步深加工，产品也不再仅仅局限于稻草面具，而是扩展到其他工艺品的制作。特别是将稻草作为工艺素材，融入宗教、艺术、生活等元素，衍生出独具地方特色的稻草画、稻草童玩等产品，并再次获得了较高的市场知名度和社会美誉度。并且，尝试编制大型立体雕塑，并试图运用巧妙的构思，将稻草借由技法、创意编织成为融入生活的现代艺术品。就文化创意产业的深度而言，可以用分为四个层次，即生产、加工、体验、美学。以面具制作作为社区文化创意展业发展的一个源头，不断推动产业链的延伸，尤其是发展三级产业——服务与体验为核心的产业文化，建构以生态为基础的休闲农业文化社区。

随着稻草文化创意产业成为了珍珠社区的一张名片之后，越来越多的观光客慕名前来，带动了当地餐饮、民宿等各项产业的发展。社区组织和社区精英开始尝试建构多元化的产业链条，将观光体验产业作为社区发展的重点。然而，他们却十分清醒地认识到，社区观光体验的核心还是在于社区自身的文化，因而文化创意元素的持续生产与建构，依旧应道居于社区产业发展的主导地位。而观光、服务以及行销等其他产业形态，都应当围绕文化产业本身而展开。

在这样的"主人翁心态"的引领之下，社区的观光业发展也是建立在社区的文化创意之上，例如，社区的稻草DIY、彩绘草垛、农田认养、插秧割草、农田水漂等一系列体验式活动纷纷被开发出来，并成为了社区的重要产业。为了强化稻草面具等品牌产品，社区发展了以稻草面具为特色的剧团，作为重要的行销方式，期盼建立新文化产业。此时，社区发展协会进行社区产业形态的新一轮升级，把"服务与体验"作为产业的核心定位，从而将观光客也纳入到社区发展的共同体中来，形成一个"社区发展协会-居民-观光客"三方互动建构的产业链。基于台湾地区的米食传统和农耕特色，以及当地的稻草产业，社区融入了很多故事性的元素，唤起了居民甚至是观光客的共同记忆，使社区成为本土居民情感皈依的有形载体，建构了一个"我群"的集合形态。

于是，社区将"稻米"这一元素进行包装和诠释，辅之以体验和行销等经营方式，诸如麻糬制作等米食体验项目，包括以行为艺术的方式开展米食体验活动，如"搞年糕体验，传承古早味"，希望"借由活动让年轻人能了解老人家的生活"，将米食工艺传承下来，并且融入创意，添加紫色地瓜，制成紫色年糕，"由于紫色地瓜俗称芋头番薯，也有族群融合的意思"（珍珠社区发展协会总干事，2014）；名为"稻田里的餐桌计划"的快闪活动，"与其说是吃一顿饭，不如说是一场以食为主，大地为舞台的'行动剧'"，只为"一起找回自己的农村 DNA"。通过各种文化元素的叠加与融合，以及交互式行销策略的形构下，"稻米"逐渐成为珍珠社区产业发展的另一张名片，而"体验"则成为了社区产业经营的核心特色，进而打造出社区产业的品牌效应，不仅实现了多元化经营，同时也对第一产业的发展起到了较好的反哺与促动作用，社区生产的珍珠米、年糕等农产品变得畅销，品牌附加值也有所提升，实现了产业链的整体升级。同时，为保存和恢复兰阳平原特色建筑——竹围的风貌，经由"农委会"指导和补助，积极推动"农村新风貌——竹围聚落计划"，以传统建筑景观发展民宿产业。竹围民宿的发展，让居民的家户环境更加用心经营，生活品质相对提升。

这样的社区营造模式，在产业链建构的同时，珍珠社区也在多元目标上实现了多元化的发展，二者主要得益于社区发展协会的运作。作为一个在地组织，协会将其自身的工作动机概括为情感和责任两个方面，将文化创意产业作为社区再造的主轴，并以此带动社区各项事务的发展。在经济发展方面，以稻草为基点，融入文化创意元素，产业链不断延伸，形成了"水稻种植（第一产业）-工艺品制作（第二产业）-体验式休闲农业（第三产业）"的三级产业链格局，从而有效地提升了社区的产值。同时，由此而生成的品牌价值也实现了对第一产业的反哺作用，增加了农产品的品牌附加值，实现了产业链的整体升级。在公众参与方面，社区通过产业链的建构，将更多的居民吸纳到社区产业中来，从而给予了居民自主参与的机会。居民可以充分发挥自身的优势，总结劳动生产中的在地经验，形成较为系统的地方性知识。而此类地方性知识往往会成为重要的文化创意元素，被纳入到产业中，进而起到改进、完善产业链的作用。在文化塑造方面，社区在产业发展的过程中，逐渐形成了自身独特的稻草文化。在环境改造方面也产生了重大效益，由于稻草产业的发展，原先被视为废弃物的稻草得到了充分的利用，避免了秸秆焚烧所带的负面效应。同时，随着产业升级的需求，休闲农业需要创造一种在地式的体验，因而社区生态环境的改善成为了当务之急。所以，在产业升级的带动下，社区环境也随之得到改造。

由此可见，珍珠社区的特质表现为：内生源动力驱动，并以文化创意产业发展为主导的社区再造路径。在自身经济社会条件发展遭遇瓶颈的节点上，社区谋求自身的转型，以文化产业发展为突破口和主线，带动社区再造的开展，从而实现经济发展、环境改造、公众参与和文化塑造等多方面的效应。

四、结语

社区作为人类社会的最基本结构单元，承载了社会变迁的重要信息，构成了整个社会发展的一个重要环节，是透视制度变革与社会变迁的一个不可或缺的视角。台湾的社区总体营造，俨然可以视为台湾社会转型与发展的一个缩影，社区文化的创新成为社区总体营造的一个重要驱动机制，同时，也在与其他要素互动的过程中，不断地被建构和诠释，实现协同发展。而这样的社区发展模式也值得我们借鉴：

一是在地组织的整合。此类组织往往是在相关部门支持下，由社区居民自发倡议并联合组织而成的，往往采取自愿加入、合议决策的模式来开展社区相关公共事务，使社区居民能够在社区内形成一定的共识，创造集体意识，强化在地社群的联结与对共同利益的认同，培育社区内的共同体文化。

二是社区精英的转译。在社区总体营造中，转译机制其实也发挥着极其重要的作用，而能够承担这种"转译者"角色的就是社区精英，透过在地知识的挖掘，以及文化创意元素的建构，形成了社区发展的总体目标与系统架构。

三是社区居民的参与。台湾社区总体营造之所以能够实现持续性的发展，在某种程度上，是依赖于社区居民广泛而深入的参与，形成"分享-协同-集体行动"的机制。居民能够对于同样的社区文化元素进行分享，并基于个体的特质，形成分布式协同，赋予其个性化的创意元素，不断在"做中学"，从而使社区文化创意产业充分地融入了多元化的个体智慧，进而凝结成一个较为成熟的产业。

四是在地知识的挖掘。社区总体营造必然是应当具有地方性特色的，而这种特色的培育，则有赖于在地知识的挖掘。伴随着全球化的进程，社区在地知识的保存和传承，越来越遇到瓶颈。如何能够从社区传统脉络和现实的生产生活经验中提取出有价值的在地知识，并使之体系化、建制化。

五是文创元素的融入。以在地知识为代表的无形的社区文化资源，能够透过不断地建构和诠释，使之实现增值。而能够赋予其全新内涵的，就是文化创意元素。在不同的社区总体营造模式中，文化创意元素都发挥着十分重要的作用，成为一种"润滑剂"，对于社区总体营造的各个构面的融合与创新，乃至于整体升级，都是不可或缺的。

六是共同记忆的培育。社区总体营造需要有效的规划，而"规划"其实就是"归化"。归化就是本土化，了解寻找社区的过去，厘清社区的肌理和脉络，需要因循社区的发展轨迹，找出社群的共同记忆。共同记忆就是社区总体营造中的"黏合剂"，是凝聚社区共同体文化认同的基本要素。

七是社区产业的发展。社区总体营造的可持续发展，往往离不开社区产业的发展，以提供社区自给自足的动力来源，尤其是农村的乡土社区，面临着城镇化的强烈诉求，产业发展与升级是一个必不可少的环节。如何基于社区特色，发展出较为完善的产业链，是社区总体营造中不得不考虑的一个问题。

参考文献

陈亮全. 近年台湾社区总体营造之开展 [J]. 住宅学报，2000（1）：61-77.

陈明竺. 新世代田园经济的崛起——结合科技、观光、文化与生活资源的绿色产业革命 [J]. 城市发展研究，2006（5）：113－121.

林颖，吴鼎铭．文化政治学视域下的"地方文化产业"政策变迁：台湾经验与启示［J］．福建师范大学
　　学报（哲学社会科学版），2015（3）：38－43.

刘雨菡．中国台湾地区社区总体营造及其借鉴［J］．规划师，2014（S5）：200－204.

谈志林．台湾的社造运动与我国社区再造的路径选择［J］．中国行政管理，2006（10）：83－86.

王思涵．稻田里的餐桌·请赤脚入场，吃顿与大地合一的飨宴［J］．远见杂志，2013（4）：14－17.

肖林．"'社区'研究"与"社区研究"——近年来我国城市社区研究述评［J］．社会学研究，2011
　　（4）：185－208.

乡村振兴战略背景下探索农民合作社创新发展

胡　超

（上海市工业合作经济研究所）

摘　要： 实施乡村振兴战略是新时代做好"三农"工作的总抓手。乡村要振兴，产业振兴是源头、是基础。产业振兴离不开新型农业经营主体的带动，离不开现代农业经营体系的支撑。农民合作社应充分发挥在培育新型农业经营主体、推进农业供给侧改革、提供现代农业服务、推动乡村治理体系建设、促进农民增收致富、实现人民共同富裕等方面的积极作用，为农业农村发展注入新动能，为乡村振兴贡献力量。

关键词： 乡村振兴；农民合作社；定位；作用；创新发展

党的十九大报告明确："实施乡村振兴战略。农业农村农民问题是关系国计民生的根本性问题，必须始终把解决好'三农'问题作为全党工作重中之重。要坚持农业农村优先发展，按照产业兴旺、生态宜居、乡风文明、治理有效、生活富裕的总要求，建立健全城乡融合发展体制机制和政策体系，加快推进农业农村现代化。"[①] 乡村振兴战略已成为现今我国农业发展的首要战略。

近年来，农民合作社正成长为新型农业经营主体和现代农业建设的中坚力量。农民合作社作为中国乡村的重要组织形式，在实施乡村振兴战略中有着明确定位和重要作用，能够促进农业适度规模经营、推动农业供给侧结构性改革以及带动农民就业增收、脱贫致富。当前，应积极探索农民合作社的创新发展，有效发挥合作社组织化生产、集约化经营、社会化服务等特色功能，促进农村经济的市场化发展，为乡村振兴贡献力量。

一、实施乡村振兴战略的时代意义

（一）走中国特色社会主义乡村振兴道路

党的十九大将乡村振兴战略与科教兴国战略、人才强国战略、创新驱动发展战略、区域协调发展战略、可持续发展战略、军民融合发展战略并列为党和国家未来发展的"七大

---

① 中国共产党第十九次代表大会报告，全称为《决胜全面建成小康社会 夺取新时代中国特色社会主义伟大胜利》，2017 年。

战略"，足见党中央的高度重视。2017 年 12 月召开的中央农村工作会议首次提出了"走中国特色社会主义乡村振兴道路"，并明确了实施乡村振兴战略的目标任务、基本原则与"两个阶段"的战略安排，要求坚持不断深化农村改革，激发农村发展新活力。

中国本质上是农业国，农业国文化的根基就在于乡土。振兴乡村的本质，便是回归乡土中国，同时在现代化和全球化背景下超越乡土中国。实施乡村振兴战略，核心是从根本上解决目前我国农业不发达、农村不兴旺、农民不富裕的"三农"问题。通过树立"创新、协调、绿色、开放、共享"的五大发展理念，达到生产、生活、生态的有机协调，促进农业、加工业、现代服务业的融合发展，真正实现农业发展、农村变样、农民受惠。

建设社会主义新农村是中国特色社会主义现代化的必然要求。没有农村的小康，就没有全社会的小康；没有农业的现代化，就没有国家的现代化。国际经验表明，世界许多国家在工业化有了一定发展基础之后也都采取了工业支持农业、城市支持农村的发展战略。我国现已跨入工业反哺农业的阶段，走中国特色社会主义乡村振兴道路，正当其时。

（二）解决我国农村农业发展不平衡、不充分问题

新时代的主要矛盾已经转化为人民日益增长的美好生活需要和不平衡、不充分发展之间的矛盾，这个矛盾转化，对我国的农业、农村、农民发展提出了新的要求。不平衡、不充分主要表现在：农产品阶段性供过于求和供给不足并存，农业供给质量亟待提高；农民适应生产力发展和市场竞争的能力不足，新型职业农民队伍建设亟须加强；农村基础设施和民生领域欠账较多，农村环境和生态问题比较突出，乡村发展整体水平亟待提升；国家支农体系相对薄弱，农村金融改革任务繁重，城乡之间要素合理流动机制亟待健全；农村基层党建存在薄弱环节，乡村治理体系和治理能力亟待强化。

实施乡村振兴战略，归根结底关系到我国是否能从根本上解决城乡差别，是否能实现城乡统筹、农业一体可持续发展的问题，也关系到中国整体发展是否均衡，顺利实现"两个一百年"奋斗目标的问题。党中央提出乡村振兴战略，就是要从根本上解放和发展社会生产力，激发农村社会的创造力和发展活力，推进农业现代化，推动农业全面升级，努力实现农业高质量、可持续地发展。

（三）顺应农民群众对美好生活的向往

李克强总理作 2018 年政府工作报告时强调，"大力实施乡村振兴战略"。实施乡村振兴战略，能够顺应广大农民群众对美好生活的向往，满足以人民为中心发展观的本质要求，是我们党全心全意为人民服务的根本宗旨在新时代的具体表现。"农民富则国家盛，农村稳则社会安"。其根本出发点和落脚点是从生产、生活、生态方方面面增强亿万农民群众的参与感、获得感和幸福感。

实施乡村振兴战略，也体现了坚持农民主体地位、坚持乡村全面振兴、坚持人与自然和谐共生的原则，适应了我国农业生产方式日益变革、农村人口结构深度调整、利益主体

和公共事务多元复杂的新形势，有利于调动广大农民群众积极性、主动性与创造性，将他们对美好生活的向往化为推动乡村振兴的磅礴动力。把中国的乡村打造成为人民安居乐业的幸福家园。

二、乡村振兴战略中农民合作社的定位

近年来，我国农业进入一个发展转折期。从产业发展看，农业综合生产能力显著增强，农民收入快速增长。从农村改革看，各项改革稳步推进，农村活力持续迸发。22个省开展土地承包经营权确权登记颁证整省试点，农业信贷联盟有序运行，农村集体产权制度改革等试点扎实推进。与此同时，我国农业发展面临比过去更加复杂的局面。一是农业竞争力低。高端、个性化、差异化农产品短缺，优质安全的农产品供给不足，部分低端农产品供过于求。二是农民增收面临严峻挑战。农产品价格全面走弱的影响逐步显现。三是农业可持续发展基础不牢，农业人力资本呈弱化态势。"70后不愿种地、80后不会种地、90后不提种地"已比较普遍。

要破解新常态下我国农业发展瓶颈，应着力在转变农业生产方式、提升组织化程度方面取得突破，培育多元化新型农业经营主体。既发展专业大户、家庭农场，也壮大农民合作社、产业化龙头企业。尤其是农民合作社，它是构建现代农业经营体系的重要力量。集生产主体和服务主体为一身，融普通农户和新型主体于一体，具有联系农民、服务社会的独特功能。笔者认为，当前大力实施乡村振兴战略的背景之下，必须构建符合我国国情的生产经营主体和组织方式，大力提高农业组织化程度、改变小规模分散经营，这就需要农民合作社充分发挥载体和纽带作用，组织带领广大农民，集聚各方面资源要素，促进农业生产适度规模化与农产品质量提升，推进农业现代化建设，加快农村市场经济发展。

乡村振兴战略中农民合作社可以进行如下定位：

（一）提供小农组织平台，为分散农户闯市场"保驾护航"

小农户因为资源差异在独立经营过程中较难按照统一的农产品质量标准生产。尽管其产能较低，质量自控能力弱，但是其数量众多，在未来我国农业发展中依然将长期存在。作为连接小农的有效载体，农民合作社应致力于为农户提供和市场对接的平台，通过商品交易契约完成小农户与合作社之间农产品的交售，并做好农产品品质控制，打好质量安全牌。将合作社价格适中、生产流程可控的优势转化为市场竞争优势，提高分散农户的组织化水平和市场地位，并在市场竞争中保护小农利益。

（二）打造农业合作平台，推动农业转型升级

加快转变农业发展方式、推动农业转型升级，已成为实施乡村振兴战略工作的主线。农民合作社应顺应农业发展的新变化，体现时代的新要求，以消费为导向，组织农户推行绿色化、

标准化生产，发展新产业新业态，积极改善供给结构和质量，提供中高端农产品，促进产出高效、产品安全、资源节约、环境友好的现代农业发展。大力促进传统农业向集约式、经济型、现代化农业转变。推进农业结构战略性调整，增强农业综合竞争力。

（三）构建技术服务平台，创新农业生产经营

美国著名经济学家西奥多·舒尔茨在对传统农业改造的论述中认为，"在改造传统农业的过程中，技术状况是一个关键的变量，技术要素的引入和运用是现代农业发展的关键"。在市场经济条件下，我国农户对科技服务存在刚性需求，单纯依托政府力量建立的农业技术推广模式已不能适应科技日新月异的飞速发展。以农民合作社为核心的科技服务体系有利于实现科技资源的整合优化，有效促进农业新技术、新品种的推广，解决"最后一公里"的问题。同时，有利于充分保持农民的主体地位，利用乡土资源进行内部技术创新。因此，合作社应致力成为社会化服务的重要供给主体与农业技术推广的关键桥梁，为生产经营者提供便捷服务。

（四）形成农民利益联结机制，促进农村经济发展

经济利益作为农民进行合作的基础与纽带，也是农民合作社产生与发展的原动力之一。多元主体的利益联结机制，既包括社内成员也包括政府部门、科研机构、农村集体经济组织、工商企业和专业大户等。合作社应通过多方协作，形成各利益相关主体联系的纽带，共同促进农村综合发展。例如合作社与龙头企业、科研机构积极合作，形成"龙头企业（科研机构）＋农民合作组织＋农户"的合作经营模式，发挥合作社辐射带动效应，推动农业产业化经营，走出一条"农民抱团、多方合作、共同富裕"的新道路。

三、发展农民合作社在实施乡村振兴战略中的作用

经过 40 年的农村改革实践，我国已实现农业生产持续增长，农村经济协调发展，农民生活水平显著提高，农村基础设施明显改善，农村社会事业全面进步。近年来，我国城乡社会生产力发展很快，客观上要求创新农业经营体系，对培育新型农业经营主体、发展适度规模经营提出了迫切要求。而随着农业科技的进步和推广应用，农业生产机械化、农业服务社会化、农业经营信息化快速发展，又为创新农业生产经营方式和服务方式提供了基础和条件。全国各地通过培育专业大户、家庭农场、农民合作社等新型农业经营主体，积极发展多种形式规模经营，为构建新型农业经营体系提供了经验和借鉴。

党的十八届三中全会《决定》提出[①]，"推进家庭经营、集体经营、合作经营、企业经营等共同发展的农业经营方式创新。"习近平总书记 2016 年在黑龙江省调研时也强调：

---

① 《中央关于全面深化改革若干重大问题的决定》，2013 年 11 月 12 日中国共产党第十八届中央委员会第三次全体会议通过。

"农民专业合作社是带动农户增加收入、发展现代农业的有效组织形式，要总结推广先进经验，把合作社进一步办好。"[①] 据农业农村部最新数据显示，我国每个村平均有 3 个农民合作社。截至 2018 年 2 月底，全国依法登记的农民专业合作社达 204.4 万家，是 2012 年底的 3 倍；实有入社农户 11 759 万户，约占全国农户总数的 48.1%；成员出资总额 46 768万亿元，是 2012 年底的 4.2 倍。目前，超过一半的合作社提供产加销一体化服务，服务总值 11 044 亿元。[②] 农民合作社的兴起和繁盛，根植于我国农村基本经营制度，适应了市场经济和农业生产力的发展要求。我国合作社事业正阔步向前，描绘出绚丽的现代农业新画卷。

（一）发展农民合作社是推进农业供给侧改革的重要抓手

新形势下农业主要矛盾已经由总量不足转变为结构性矛盾，主要表现为阶段性的供过于求和供给不足并存。乡村振兴，产业兴旺是重点，农业供给侧结构性改革是主线。农民合作社作为一种新型农业经营主体，充分发挥了联系农民、服务农民的功能，在推动农业生产结构调整、农业适度规模经营和推动农产品标准化、商品化和品牌化等方面具有明显优势。例如浙江省开化县按照"民办、民管、民受益"的原则，组建了农民专业合作、供销合作、信用合作、科技合作"四位一体"的农村合作协会组织，增强农业生产服务的流通、金融、科技三重功能，完善了当地农业产业体系，提升了现代农业发展水平。[③] 又如安徽省庐江县同大镇潘英友农民种植专业合作社注重调整种植结构，合理施肥、保证产量并降低环境污染，与安徽省农科院和农业大学积极合作促进农业转型升级，成为当地农业供给侧结构性改革的"活样本"。[④]

（二）发展农民合作社是培育新型农业经营主体的重要实现形式

《中共中央　国务院关于实施乡村振兴战略的意见》明确："统筹兼顾培育新型农业经营主体和扶持小农户，采取有针对性的措施，把小农生产引入现代农业发展轨道。"[⑤] 由于城镇化水平和人地关系的制约，单个农户或家庭农场无法在市场竞争中获得优势地位，而领办或加入合作社可以实现利润最大化目标。使个体的农业生产经营者在微观层面联合起来，以较高的组织化程度、适度的组织规模进入市场，提高农业创新力、竞争力和全要素生产率。例如四川省宜宾市通过"龙头企业＋合作社＋基地＋农户"、"合作社＋农户"等发展模式，把农户分散的土地集中起来，发挥规模优势，实现小生产与大市场的有效对

① 《习近平：深化改革开放优化发展环境　闯出老工业基地振兴发展新路》，新华网，2016 年。
② 《全国依法登记的农民专业合作社达 204.4 万家》，中国供销合作网，2018 年。
③ 《开化县建设农村合作协会的大胆探索》，浙江省民间组织信息网，2007 年。
④ 《从夏收看一个种粮合作社的农业供给侧结构性改革》，中国农业新闻网，2017 年。
⑤ 《中共中央 国务院关于实施乡村振兴战略的意见》，新华社，2018 年。

接，全市新型农业经营主体快速发展。① 又如湖北省天门市依托农民合作社等新型农业经营主体形成了完整的产业体系。集"流转高价位、土地高产出、社员高收入、管理高效率"于一体的天门华丰合作社模式，成为全国发展现代农业的典型。②

（三）发展农民合作社是促进农民增收的重要途径

要推动农村经济发展，本质上需要促进一、二、三产业的融合发展，支持鼓励农民就业创业，拓宽增收渠道。农民合作社能够发挥竞争优势，为农民提供先进的农业生产技术，带领农民开展信息时代农业的机械化生产，实现大规模增产增收。能够有效解决农民购买生产资料和销售产品的困难，大大提高农民经济效益。能够带领农户对农产品进行有针对性的研发和创新，提高农产品产量和质量，在促进农业现代化发展的同时带动农民创收。据农民日报社三农发展研究中心调查的 579 家典型农民合作社的数据显示，农民合作社表现出较强的带农增收能力。能带动入社农户户均增收 2 000～4 000 元占总数的40.2％，增收 4 000～6 000 元的占总数的 16.9％，增收 6 000 元以上的占总数的24.9％。③ 以地方省市为例，云南省围绕当地资源优势和产品特色，大力发展农民合作社，促进特色产业发展，增加农民收入；④ 河南省引导农民利用土地承包经营权和集体资产所有权入股农业生产合作社和农村经济合作组织，实现农民收入租金、薪金、奖金、股金的四次分配。⑤

（四）发展农民合作社是推动乡村治理体系建设的重要动力

作为互助性经济组织，农民合作社体现了"以人为本"的理念，对乡村治理体系建设具有积极的推动作用。一是合作社的发展拓宽了农村就业岗位与渠道。通过合作化生产，强化了农户之间的互助合作，维护了农村社会和谐稳定。二是合作社的发展巩固了政府领导与干群关系。合作社密切了政府与农民、基层干部与群众的联系。让政府能及时了解到农业发展和农民生活的需求，同时也将新的政策及时传达给农户。三是合作社的发展实现了乡村生态宜居。合作社能够引导农户进行绿色生产、用有机肥替代化肥，促进生物农药、绿色饲料的推广，减少畜禽养殖污染，促进生态平衡。四是合作社的发展有助于乡村文明建设与治理。通过社员培训，合作社增强了成员的文化素养和凝聚力，进一步提升精神文明建设水平。同时，合作社通过对成员进行道德和法制教育，促使形成以德治村和依法治村相结合的乡村治理模式。例如江苏省扶持发展新型农村合作金融组织、新型农民合作经济组织和社区社会组织，拓展"三社联动"平台，积极支持社会组织参与农村社区治

① 《大力培育新型农业经营主体 推进乡村振兴战略实施》，宜宾新闻网，2018 年。
② 《天门崛起新型农业经营主体 带动农业进入规模经营新时代》，湖北省人民政府网，2016 年。
③ 《2018 中国新型农业经营主体发展分析报告（二）》，广东省农业厅网，2018 年。
④ 《云南大力发展农民专业合作社切实增加农民收入》，新浪网，2011 年。
⑤ 《河南多举措增加农民收入》，土流网，2016 年。

理与服务。① 又如福建省福州市永泰县注重传统村落的保护与开发，目前已组建了理事会、基金会、合作社和乡建联盟等 4 种形式的社会组织，形成了一套优势互补、行之有效的乡村治理体系。②

四、当前农民合作社发展面临的主要问题

我国农民合作社是在 20 世纪 80 年代逐步形成，并且在 90 年代期间得到蓬勃发展。三十多年间，由于我国工业经济的逐渐发展与兴起，再加上市场经济体制改革的影响，农民合作社的外部发展环境发生了改变，内部管理体系和运行制度也不断发生着变化。当前，农民合作社的发展仍处于起步阶段。我们应认清农民合作社在促进农村经济发展、推进农业现代化、助力农民增收等方面所起到的积极性与重要性，正确看待合作社发展中存在的问题，促进合作社向着规范化、有序化、健康化的道路不断前进。

（一）农民合作社整体实力仍显薄弱，市场竞争力不强

近年来，随着国内农业产业化和市场化进程的不断加快，农民合作社得以迅速发展。但从总体来看，我国农民合作社数量仍然偏少，覆盖面较小。而以同样为农业国的丹麦为例，该国 98% 的农民都是农业合作社社员。③ 合作社规模偏小、经济实力较弱会导致一系列的问题，如资本积累慢，应对市场风险能力差，很难形成产品规模和提高产品质量等。大多数合作社对成员的服务更多的是停留在信息服务、技术咨询等层面上，缺少对能够提高农产品附加值的深加工。这些都成为农民合作社扩大产业化经营、提高规模效益的主要障碍。

（二）农民合作社存在融资难、人才匮乏等问题

流动资金缺乏是制约许多农民合作社发展的瓶颈。由于入社农户本身收入较低，出资有限，自有资金不足，导致农村信用社等金融机构给其贷款时缺少抵押物品或必要担保，或是贷款手续繁杂、授信额度低。合作社的融资需求得不到有效满足，就会大大影响生产经营与市场开拓的进行。与此同时，随着市场竞争日益激烈，多数农民合作社的经营管理者缺乏信息利用、市场营销、技术服务等方面的专业知识，尤其对于初创期的合作社而言，最缺乏的是营销、管理、技术研发等高素质专业型人才，很大程度上制约了合作社的创新与发展。

（三）农民合作社运行管理有待进一步规范

部分农民合作社成立之初，虽以发起人为核心将农户组织联合起来，但合作社章程、

---

① 《推进"三治合一"乡村治理体系建设》，群众网，2018 年。
② 《永泰县探索构建乡村治理体系》，搜狐网，2018 年。
③ 《丹麦农业合作社的财政金融支持政策及启示》，上海农业网，2012 年。

制度基本流于形式，没有真正意义上的管理。一是民主管理、民主决策、监督约束机制没有真正落实到位。在重大决策上往往由合作社发起人自做决定，普通社员基本不参与合作社管理。二是合作社与成员之间的利益联结机制和分配机制有待完善。例如有的合作社向社员收购农产品统一对外销售所取得的经营利润，没有按收购量再次返还给社员；股金分红与交易量分配比例没按法律规定执行，严重制约了合作社带动社员增收作用的充分发挥。三是合作社财务制度不健全、不规范。部分合作社在财务管理上存在无专人核算、无会计账簿、无合法原始凭证的"三无"现象。合作社未能抓实档案管理，财务、合同档案凌乱无序。

（四）农民合作社的扶持政策亟须加强

为扶持农民合作社健康发展，国家、地方省市近年来出台了相应的优惠政策，但在具体实施过程中，例如项目扶持、用电用地、环境评估、税收优惠等配套政策未能完全落实到位。国家政策制定偏向"扶优扶强"，对注册资金、社员数量、硬件设施、经营业务等指标的设定较为严格，导致项目更多倾向于由龙头企业领办的整体经营实力较强的合作社，而非刚刚起步发展的合作社。政策补贴结构也不尽合理，"因社施策"的项目不多。仍然缺乏土地流转、融资、农业基础设施、农业增产等具有针对性的政策措施。

五、乡村振兴战略背景下探索农民合作社创新发展

实施乡村振兴战略，是党的十九大作出的重大决策部署，是决胜全面建成小康社会、全面建设社会主义现代化国家的重大历史任务，是新时代"三农"工作的总抓手。发展农民合作社是实施乡村振兴战略的现实选择，可以提高农户间的互助合作，有效打破农产品和市场之间的隔阂，将农村家庭分产分销和市场经济连接在一起，促进农村市场经济发展，有助于提升农业发展质量、培育乡村发展新动能、增加农民收入、改善农村环境、实现共同富裕。谱写新时代乡村全面振兴的新篇章，离不开农民合作社的持续健康发展。

（一）农民合作社应成为农村产业融合发展的"主力军"

培育市场化、多元化的农村一、二、三产业融合主体，是推进农业供给侧结构性改革的关键。从政府引导层面来说，一是推进农民合作社示范建设，组织农民合作社开展技能培训、技术指导、生产资料经营和采购、产品销售等一条龙服务。鼓励农民合作社创新试点，拓宽合作领域，促进农民合作社从产品合作、单一要素合作和生产终端合作，走向产业合作、全要素合作和全产业链合作。二是创新发展订单农业。引导农业产业化龙头企业与农民合作社、农户签订农产品购销规范合同，形成持续稳定的购销关系，鼓励各类社会资本投向农村，发展现代种养业。三是采取"保底收益＋按股分红"等形式，鼓励发展股份合作。引导农户自愿以林地、土地经营权等入股农民合作社，进一步完善农村一、二、

三产业融合利益联结机制。四是完善农村一、二、三产业融合服务体系。例如鼓励农民合作社与金融机构建立紧密合作关系，创新农村金融服务，积极发展厂房、林权、农业保单质押等业务；加强对农民合作社骨干、专业大户科技培训，鼓励各类科技人员到农村创业；采取政府奖励、资助、购买等形式，依托农民合作社建设农村公共服务平台，提供农业物联网、乡村旅游、电子商务等服务，实现互通互联。

从农民合作社自身发展层面来说，应抓住当前国家大力实施乡村振兴战略、推进农业供给侧改革的良好契机，以自身发展实现我国农业转型升级，推进农业现代化建设。例如创办乡村旅游合作社，连片打造有规模、有特色的农家乐聚集村，创新发展观光农业、体验农业、创意农业；通过股份合作等形式，建立产业化联合体，发展一、二、三产融合的现代农业产业园；吸引社会资本，利用PPP、众筹、"互联网＋"等新型融资模式，发展新型农村合作金融；发展工厂化农业、订制农业，社区直销、认租认养、农产配送等新产业新业态；与地方政府合作成立农业社会化服务组织，培育新型职业农民与加强农业技术推广，强化农村一、二、三产业融合人才和科技支撑等。

（二）农民合作社应成为脱贫攻坚的"排头兵"

《中共中央　国务院关于实施乡村振兴战略的意见》强调："乡村振兴，摆脱贫困是前提……坚决打好精准脱贫这场对全面建成小康社会具有决定性意义的攻坚战。"[①] 农民合作社在脱贫攻坚中理应发挥重要作用，在带领贫困农民走向致富道路的同时，有效促进地区经济社会发展。实现精准扶贫，打赢脱贫攻坚战，合作社要在政府主导下，加强与社会企业的合作力度，制定专项扶贫计划。坚持农民群众为主体，不断激发农民群众的内生动力，从而最大限度调动贫困地区干部群众和农民的积极性和创造性，不断增强农户的自我发展能力。概括而言，农民合作社参与扶贫必须坚持外部推动和内源发展相结合。

在具体实践中，一方面，将贫困群众纳入农民合作社成为社员，不断完善合作社与贫困农户利益链接机制，带动群众脱贫致富。例如利用当地优势特色，重点发展贫困村农、林、牧、渔等特色产业，按照"基地＋合作社＋农户"等形式，大力发展专业合作社，辐射带动镇域经济、县域经济发展，促进贫困群众增收。另一方面，依托农民合作社加强农业技术培训推广，为贫困村农民提供宣传培训、信息咨询、农机租赁等服务；建设合作社的电子商务平台，为产品线上、线下交易提供服务，推动贫困村农业产业化发展。合作社应在脱贫攻坚中积极发挥自身优势，通过发展产业、提供就业、扶贫资金入股分红、参与公益事业建设等途径，促进贫困人口脱贫与农村繁荣稳定。

（三）农民合作社应成为现代农业服务的"实践者"

实施乡村振兴战略，必须发展现代农业。要让农业成为能适应市场激烈竞争和资源永

---

① 《中共中央　国务院关于实施乡村振兴战略的意见》，新华社，2018年。

续利用要求、有利于提高生产者收入水平和消费者健康水平的现代产业。而加快现代生产要素投入农业是改造农业的关键。合作制与股份制一样，是市场经济的一种重要组织形式，是弱小的市场主体参与市场竞争的有效载体。要使农业从根本上改变弱质产业状况，农民改变增收难的情况，就必须把合作制的理论与实践有机结合起来，从整体上提高农民的生产组织化、流通组织化和加工组织化程度。近年来，我国农民合作社在快速发展过程中逐步暴露出单个合作社产业规模偏小，服务领域比较狭窄，经济协作难以开展，维护权益势单力薄等问题，迫切需要在专业合作社基础上进行再合作、再联合，进而融入现代农业产业体系，提升为农服务的水平。

2006年，时任浙江省委书记的习近平同志在全省农村工作会议上，提出了农民专业合作、供销合作、信用合作"三位一体"的宏伟构想。[①]"三位一体"的构想结合了我国实际，对欧美模式与日韩模式进行了取长补短，又对苏联供销社、信用社模式进行了改造利用。生产、供销、信用"三位一体"综合合作是农村合作经济组织发展的制度创新，也是提高为农服务效益，促进农村经济社会发展的实践创新。未来，组建合作社联合或联盟是发展农民合作社的"大势所趋"。在"三位一体"的结构下，各级各类合作社普遍加入合作协会（农协），农民合作社将得到充实和发展。合作社联合社或联合会的组织规模、覆盖面及带动能力将进一步提升。以联合社或联合会为载体的区域性联合购销平台、加工平台、物流仓储平台、农技推广与服务平台、信用评估平台等在未来也将应运而生。农民合作社应充分利用电子商务进行产品销售、商品采购，积极投身农村服务业。以合作社或村为单位建立配送点、配送中心。通过合作社的生产、加工、销售、技术交流等活动，使农户与合作社之间形成紧密联系，有效提高农业竞争力。依托合作协会（农协），农业生产、金融、流通、科技等社会化服务也将真正惠及广大农民，切实推动现代农业的改革进程。

（四）农民合作社应成为乡村治理的"好帮手"

就我国而言，乡村治理的实际过程既包括村委会领导下的村民自治制度的运行，也包括村党支部、村社精英等对乡村秩序的介入与维护，还包括乡镇党委、政府对村级治理的干预。这就要求在乡村公共组织内部既需要乡村公共权力组织对村庄公共事务的管理、组织和调控，也需要广大乡村社会力量对村庄公共事务的参与，同时还需面向市场进行乡村建设。合作社作为一种追求社会公平与经济效率的民众自发性组织，不但发挥着统筹社会经济发展的作用，而且在重建乡村社会治理结构、维护良好秩序等方面有着不可低估的社会功效。

笔者认为，乡村治理现代化的核心是重构乡村公共权力的合法性权威来源，而这需要多元主体通过利益整合产生。农民合作社参与乡村治理，对于合作社而言，可以将分散在

---

① 《习近平的"三农"情怀》，中国共产党新闻网，2013年。

农民的个体利益通过制度化渠道得以整合与表达成为组织利益，以超越个体的集体行动去谋求更多来自于政府方面的政策、资金与技术支持，实现合作社（社员）的利益最大化。对于社会而言，借助于合作社的组织化效益则可以"统合"乡村社会，加强维护农民的自身权益，拓展村庄社会的参与网络，培育农民的现代公民意识，推动农村社区的可持续发展。

未来，农民合作社在自身发展的同时，应积极引导农民广泛参与村级民主管理、健全村级民主决策和民主监督，促进市场化、契约化、组织化嵌入乡村基层治理机制。发挥合作社文化优势，助力乡村文化建设，在农户之间形成树美德、倡文明的良好风气与文化氛围。深入宣传道德模范、致富带头人、优秀社员的典型事迹，以合作社文化建设促进农村的乡风改善。主动开展农业绿色发展行动，提倡产业模式生态化，承担更多农村环境保护的社会责任。努力成为创新乡村社会管理的"好帮手"。

（五）农民合作社应成为实现共同富裕的"领路人"

党的十九大报告强调："必须始终把人民利益摆在至高无上的地位，让改革发展成果更多更公平惠及全体人民，朝着实现全体人民共同富裕不断迈进。"[①] 乡村振兴战略也提出，必须巩固和完善农村基本经营制度，走共同富裕之路。农民合作社是组织农民实现共同富裕，联合走向农业现代化的最佳经营模式。合作社既能支持农民创业致富，又能保障农村弱势群体获得稳定的收入。使农户通过合作化生产产出符合市场需求的农产品，使原本不懂市场经营的农民通过合作社的专业化营销获取经济收益。同时，合作社的民主管理运作，可以提升农村基层党组织在村民中的向心力和凝聚力。通过发挥服务平台作用，合作社能加强党的全面领导，促进基层干部带领农民增收致富。

笔者认为，实施乡村振兴战略要立足产业、突出重点、统筹推进。必须以提高土地产出率、资源利用率、劳动生产率为核心，加快构建以农户家庭经营为基础、合作与联合为纽带、社会化服务为支撑的立体式、复合型现代农业经营体系。在农村建设中，除了坚决打好精准脱贫攻坚战，其根本还是要帮助农民找到致富的思路与出路。农民合作社要以创新为导向，打造自主品牌，全面提高农产品品质，引导农业向高端化迈进。要利用好闲置资产入股、土地流转、转包转租等形式，激活农村各类生产要素潜能，建立符合市场经济要求的农村经济运营新机制。要顺应城乡和产业结构变化需要，加强新型职业农民的教育和培养，强化乡村振兴人才支撑。要不断创新农业产业链组织形式和利益联结机制，构建农户、龙头企业、合作社之间互利共赢的合作模式，让农民更多地分享产业链增值收益，实现共同富裕。

---

① 中国共产党第十九次代表大会报告，全称为《决胜全面建成小康社会 夺取新时代中国特色社会主义伟大胜利》，2017年。

参考文献

白雪秋，聂志红，黄俊立，等. 乡村振兴与中国特色城乡融合发展［M］. 北京：国家行政学院出版社，2018.

本书编委会. 中华人民共和国农民专业合作社法（最新修订版　附修订草案说明）［M］. 北京：法律出版社，2018.

陈家涛. 合作经济的理论与实践模式——中国农村视角［M］. 北京：社会科学文献出版社，2013.

柳岩. 农民合作社扶持政策与制度研究：基于 120 家合作社调查［M］. 北京：中国发展出版社，2016.

罗雅丽. 乡村振兴战略背景下县域村镇空间优化研究［M］. 北京：经济管理出版社，2018.

孙同全，苑鹏，陈洁，崔红志，等. 中国农民合作社的发展及作用研究——基于对 3 省 121 家农民合作社的调研［M］. 北京：中国社会科学出版社，2016.

童婵福. 走进新时代的乡村振兴道路［M］. 北京：人民出版社，2018.

西奥多·W. 舒尔茨. 改造传统农业［M］. 北京：商务印书馆，2010.

赵晓峰. 新型农民合作社发展的社会机制研究［M］. 北京：社会科学文献出版社，2015.

发展农民专业合作社助推乡村振兴战略的顺利实施

刘祯贵

（成都市城乡建设委员会）

作为党的十九大作出的重大决策部署，实施乡村振兴战略不仅是决胜全面建成小康社会、全面建设社会主义现代化国家的重大历史任务，同时也是新时代"三农"工作的总抓手。党的十九大报告明确提出"培育新型农业经营主体"要求，为实施乡村振兴战略、助推新时代农民专业合作社发展提供了发展方向与目标。农民专业合作社振兴关乎民生民心。农民专业合作社不仅是乡村产业发展的重要形式，同时也是乡村社会、文化、生态建设的重要组织载体。实施乡村振兴战略，推进与壮大农民专业合作社，是实现乡村振兴发展目标的重要支撑。通过推进与壮大农民专业合作社，带动乡村精准脱贫，助推新时代乡村振兴发展目标如期实现。

一、认真学习，准确把握乡村振兴战略的重大部署

2017年12月27日由第十二届全国人民代表大会常务委员会第31次会议修订通过的《中华人民共和国农民专业合作社法》将于2018年7月1日起施行。新修订的《农民专业合作社法》称农民专业合作社"是指在农村家庭承包经营基础上，农产品的生产经营者或者农业生产经营服务的提供者、利用者，自愿联合、民主管理的互助性经济组织"。

我国历来重视与保护农民专业合作社的合法的权利和利益，鼓励、指导和帮助农民专业合作社的发展。习近平总书记在党的十九大报告中首次提出的"大力实施乡村振兴战略"，根植中国社会主要矛盾发生变化的时代背景，契合新时代城乡要素流动的新趋势，事关全面小康的目标达成，事关共同富裕的承诺兑现，是促进农民专业合作社发展、农村社会繁荣、农民增收的治本之策。2018年1月2日颁发的中央1号文件《中共中央　国务院关于实施乡村振兴战略的意见》指出："打造农产品销售公共服务平台"、"培育各类专业化市场化服务组织"、"培育一批家庭工场、手工作坊、乡村车间"、"实施新型农业经营主体培育工程，培育发展家庭农场、合作社、龙头企业、社会化服务组织和农业产业化联合体，发展多种形式适度规模经营"、"创新培训机制，支持农民专业合作社、专业技术协会、龙头企业等主体承担培训"。中央1号文件为如何发展农民专业合作社指明了方向。必须认真学习、准确把握乡村振兴战略的重大部署，坚持和完善农民专业合作社，为农业

稳固、农村集体经济发展、农民安居乐业提供坚强制度保障。重点是在实施乡村振兴战略过程中，坚持以农民专业合作社为支撑、以乡村生态宜居为关键、以乡风文明为基础、以农村治理有效为保证、以农民生活富裕为目标，加快促进农民专业合作社发展。

二、正视现状，增强搞好农民专业合作社的紧迫感

农民专业合作社是发展现代化大农业的重要组织载体，也是推进农业组织化、规模化的重要组织形式。农民专业合作社发展水平，既是衡量一个地区经济发展水平与社会文明程度高低的重要标准，同时也是推动乡村产业发展、建设美丽乡村的重要抓手。党的十九大提出了"实施乡村振兴战略"的重大部署，给促进农民专业合作社发展、建设农村幸福美好家园提出了新要求、新方向。近几年来，通过实施城乡统筹战略，推进新型城镇化进程，乡村地区的农民专业合作社发展步伐加快，呈现创办形式多样化、服务范围逐步拓宽、合作层次明显提升、运作模式多元化等特点。农民专业合作社已逐步由生产互助、技术服务、信息传播为主发展到资金、技术、劳动、无形资产等多要素合作，由简单的购销服务扩展到产前、产中、产后一体化综合服务，形成了合作领域拓展、合作链条延长、合作规模扩大、服务功能增强的良好发展态势。以成都为例，到 2017 年末全市拥有农民专业合作社 10 715 个，农业社会化服务组织 5 061 个，土地适度规模经营率达 60.8%，农业产业化经营带动面为 90% 以上。

但是，对照党的十九大所提出"实施乡村振兴战略"的新要求，农民专业合作社还存在一些有待加强与改善的地方，如：发展不平衡，经营规模小，缺乏经营管理人才，融资困难，品牌创建意识不强，带动能力不强，等等。发展壮大农民专业合作社是我党农村政策的一贯主张。因此，要针对农民专业合作社发展中所存在的问题，要把实施乡村振兴战略、促进农民专业合作社发展作为实现中华民族伟大复兴的重要举措来抓。通过贯彻落实党的十九大精神，转变乡村经济发展方式、壮大农民专业合作社，实现城乡融合发展。

三、科学规划，发挥规划对农民专业合作社发展的引领作用

乡村农民专业合作社发展规划水平，直接关系到农民专业合作社发展水平的高低。在农民专业合作社发展中，要高度重视、精心编制、严格执行规划，以科学合理的规划来规范和推动农民专业合作社发展。首先，要根据新修订的《农民专业合作社法》和 2018 年 1 月 2 日颁发的中央 1 号文件，明确农民专业合作社的发展思路目标。其次，做好农民专业合作社发展的顶层设计，用顶层设计来统一思想，使其成为实施乡村振兴战略、推动农民专业合作社发展统一的意志和行动。顶层设计也是规划蓝图，更是实施乡村振兴战略、推动农民专业合作社发展的顶层设计作战图和工作靶向，应制定横向到边、纵向到底的全域农民专业合作社发展规划，以规划来明确农民专业合作社发展的时间账、任务账、责任

账，引领和指导乡农民专业合作社发展。第三，注重规划的前瞻性。搞好宏观调控，以超前的思维、科学的规划设计来引领农民专业合作社的发展，以充分发挥规划的战略性、前瞻性和导向性作用。同时，农民专业合作社的编制工作一定要着眼当地乡村长远发展目标，立足当地乡村现状。第四，编制农民专业合作社发展规划的过程中，应牢固树立现代乡村发展的基本理念。乡村集体经济规划应凸显乡村的个性与特色，展示乡村的自然环境与生态本底，努力做到规划不留遗憾、不留败笔，经得起人民的评论与历史的检验，对得住子孙后代。第五，农民专业合作社发展规划要体现科学性，顺应城乡融合发展要求。要按照党的十九大报告提出的"产业兴旺、生态宜居、乡风文明、治理有效、生活富裕"总体要求，着力完善农民专业合作社发展规划，尽快编制完成当地全域的农民专业合作社总体规划。第六，维护农民专业合作社发展规划的权威性与严肃性。一经确定的农民专业合作社发展规划，就必须依法实施，严禁随意改变。

四、完善体系，优化农民专业合作社发展的功能布局

应在现有农民专业合作社体系基础上，优化农民专业合作社发展的功能布局。一是依托当地乡村交通、产业功能和生态功能，规划形成产业定位明确、就业带动力强、资源配置优化、整体效能提升的城乡经济融合的农民专业合作社发展格局。二是注重提升农民专业合作社功能布局。科学、准确定位农民专业合作社功能，突出各农民专业合作社的优势和特色，杜绝农民专业合作社同质化现象的产生。结合乡村实际，因地制宜确定农民专业合作社的功能与定位，引导各农民专业合作社朝个性化、差异化模式发展。三是顺应城乡融合要求，加快特色农民专业合作社发展。根据乡镇各自的经济功能定位、集体经济产业基础与资源优势，建设一批产业集聚、功能复合、连城带村的特色农民专业合作社。在政策法规允许的前提下，引导和鼓励龙头企业、加工企业、贮运大户、流通企业、农村种养大户、农技部门、供销社等乡村经济主体利用自身优势与资源条件带头兴办农民专业合作社。四是不断引进新品种、新技术，拓展新市场，对于具有一定基础的农民专业合作社，要注重拉长精深加工、品牌创建、市场销售等产业链条，从初级农产品生产销售向深加工农产品发展，在延伸合作领域的基础上拓展农民专业合作社的服务功能，使农民专业合作社更具生命力。

五、发展产业，着力增强农民专业合作社发展后劲

乡村中的手工业、工业、建筑业、运输业、商业、服务业等行业的各种形式的农民专业合作社，都是乡村经济的重要组成部分。通过强化农民专业合作社的产业发展，以此增加农民收入、促进脱贫攻坚，推动农民专业合作社发展在乡村地区落地生根。首先，着力于转变农民专业合作社产业增长方式，建立产业跨界、产业融合发展的农民专业合作社。

推动乡村产业生产要素在农民专业合作社配置更加科学、合理，实现农民专业合作社产业生产集约化、组织科学化与要素供给高效。二是围绕特色产业、乡村优势产业和特色产品，发展农民专业合作社，实现高效特色乡村产业全覆盖；推动乡村产业生产规模化，加快组建种植业生产合作社，实现大宗农作物生产全覆盖；强化农业生产社会化服务，加快推进农机合作、植保合作等各类服务型合作社建设，实现乡村产业社会化服务全覆盖。三是适应现代产业发展，注重发展高新技术农民专业合作社。将高新技术更多地引进农民专业合作社，加快产业科技成果在农民专业合作社的产业化步伐。强化农民专业合作社的人才培养，大力加强农民专业合作社人才专业化建设，积极吸引"乡村工匠"、乡村规划师、科技带头人等人才从事农民专业合作社相关产业开发与研究，不断夯实农民专业合作社人才支撑。

六、绿色发展，增添农民专业合作社的"造血"能力

着力于农民专业合作社的发展现状与乡村生态、绿色等资源优势，逐步发展壮大乡村绿色、环保、低碳等产业，为增添农民专业合作社自身"造血"功能提供重要支撑。首先，深入践行习近平总书记的绿色发展理念，在发展农民专业合作社的同时，保护好乡村生态环境。始终树立保护生态环境就是保护生产力、改善生态环境就是发展生产力的理念，尊重自然规律，走绿色发展之路，努力把乡村绿水青山打造成金山银山。其次，以发展基地、流转土地、入股经营等方式大力发展农民专业合作社，依靠发展特色产业使农业增效、农民增收、农村发展。依托乡村良好的自然生态环境、人文风光，大力发展健康、养老、生态等产业，构建影响力大、绿色环保的产业生态圈。第三，推进农民专业合作社标准化生产，加快农产品生产基地建设，组织成员发展标准化生产，建立健全生产记录和产品质量登记制度，提高农产品质量安全水平。

七、政策支持，推进农民专业合作社健康发展

加强对农民专业合作社的指导、扶持和监管工作。一是加强领导，落实责任。整合乡村农业部门的力量和资源，形成"领导统筹协调、部门分工负责、上下齐抓共管"的农民专业合作社良好工作格局。二是强化职责分工，明确责任主体，着力解决农民专业合作社发展中面临的具体困难和问题。强化检查督办，健全农民专业合作社的考核机制，切实增强各乡镇、村对农民专业合作社发展的责任感和紧迫感。三是明确农民专业合作社的法律地位，鼓励和扶持农民专业合作社的发展壮大，规范和完善"龙头企业＋专业合作社＋农户"的组织形式。四是改进对农民专业合作社的金融服务，创新农民专业合作社金融服务的监管方式，引导农民专业合作社之间开展金融联合与合作。强化对农民专业合作社的项目支持力度，重点支持农民专业合作社发展主导产业，开发有地方特色的名特优农产品。

五是加大对农民专业合作社的税费减免，进一步明确包括税收优惠、信贷支持、土地流转、用地、电力供应、技术人才、农业保险、绩效评价等方面对农民专业合作社的政策支持措施。六是加大农民专业合作社相关法律法规的宣传力度，营造支持农民专业合作社发展的浓厚氛围。打造一批实实在在农民专业合作社的好典型，真正起到示范带动和引路作用，用事实教育群众，从而激励和吸引更多农民加入合作社。

合作社在产业提升中的作用研究[*]

——基于新乐国锋西瓜专业合作社的调查

葛文光　胡文杰

（河北农业大学商学院，保定　071000）

摘　要：农民专业合作社作为现代农业的主要组织载体，在引导农户发展现代农业，解决小农户农业生产经营中普遍存在的突出问题方面发挥着重要作用。本文以石家庄市新乐国锋西瓜专业合作社为例，通过实地调研，从产前、产中、产后三个阶段，深入分析了国锋合作社在品种选育、土壤改良、肥料制作、技术培训及生产创新、品牌营销等方面对于当地西瓜产业提升所发挥的带动引领作用，同时有针对性地提出有利于国锋合作社进一步发展的建议，以期对当地西瓜产业发展提供借鉴，也为其他地区发挥好合作社在产业中的作用提供案例参考。

关键字：合作社；西瓜产业；提升；现代农业

一、引言

随着农业发展进入新阶段，传统的小农户由于种植技术短缺，经营水平有限，农业生产信息滞后等多方面原因，其生产能力越来越不能适应现代农业发展的需求。在这一背景下，农民专业合作社作为一种新型的农业经营主体应运而生。它组织、引导、带动农民，形成利益共同体，解决小农户自身不能解决的问题，成为现代农业发展的主要组织载体之一，也为乡村振兴奠定了产业兴旺的基础。

本文以石家庄市新乐国锋西瓜专业合作社为例，综合运用归纳演绎、案例分析等研究方法，通过实地调研，从产前、产中、产后等方面，阐述国锋合作社的发展路径以及其在提升西甜瓜产业中的作用，同时，针对合作社运行过程中存在的问题提出建议。以期全面反映合作社组建和运行的必要性，为更好推动合作社的发展建言献策。

---

[*] 基金项目：河北省社会科学基金项目，"一二三产业融合发展的运行与实践研究"项目编号：HB17GL055。

作者简介：葛文光（1968—），女，河北昌黎人，教授，博士。研究方向：农业经济理论与政策，农民合作组织。

二、新乐市国锋合作社发展概况

河北省新乐市邯邰镇的西瓜种植始于 20 世纪 90 年代中期，全镇西瓜种植面积达 16 000余亩，是河北省著名的西瓜之乡。小流村作为核心西瓜种植村，基于良好的沙壤土条件，产出的西瓜质量较好，被采购商及消费者所青睐，当地的西瓜曾连续多年供不应求，瓜农平均亩收益能达 6 000 元。但近年来，由于农户分散经营，技术水平参差不齐，农业标准化程度低，再加上创新性不够，产出的西瓜品质受到了一定的影响。与此同时，农户购买农业生产资料价格高，成本逐年上升，加上其他地区调整产业结构，西瓜基地不断增多，市场竞争越来越激烈，西瓜销售也受到了较大冲击，导致瓜农增收空间受到了很大限制。

如何解决瓜农在生产中的系列化问题，增加瓜农的种植收益，摆在了当地农民面前的一个必须解决的问题。部分瓜农意识到了合作的必要性，认为瓜农必须组织起来抱团发展。于是，2007 年，由韩国锋牵头，带领 10 户瓜农成立了新乐市国锋西瓜合作社。合作社成立之后，本着"好土壤、好瓜苗、好管理、好果实、好品牌"的经营思路，经过十余年的发展，现在的国锋西瓜专业合作社已经成为了以小流村为核心，覆盖周边六个村镇，拥有 200 多户社员的较大的合作社，直接带动西瓜种植户 450 户，注册了"新益沙"商标，逐步建立了线上和线下的销售渠道，社员每亩年收入由原来的不足 6 000 元增长到 8 000～15 000 元。国锋西瓜合作社也由于突出的业绩，曾连续三年被石家庄市委、市政府评为"先进农民专业合作经济组织"。2014 年国锋合作社获"国家级示范合作社"荣誉称号。

三、国锋合作社在新乐市西瓜产业提升中的作用

(一) 产前阶段

1. 品种选育

西瓜品种的选育，是西瓜生产中的重要环节，直接影响西瓜的生长情况及成熟后的口感。近年来，国锋合作社始终为社员提供种子采购方面的指导，根据市场需求情况，向社员推荐了"4K"、"黄肉京欣"、"超越梦想"等优质种子。优良品种的使用，使产出的西瓜口感好、个头适中。相比原来盲目种植大个西瓜，这些新品种很好地适应了消费者的需求。

同时，国锋合作社还积极探索自行培育西瓜苗。经过长期试验，国锋合作社引进先进嫁接技术，培育出了抗病虫害甜瓜苗，并以 1 元/株的低价向社员销售，而非社员则以 1.3 元/株的价格购买。抗病虫害瓜苗不仅有效的改良了西瓜品种，服务了社员和众多周边村镇的农民，还能为国锋合作社带来 5 000 元/棚的纯收入。

2. 技术培训

为了更好地解决社员的技术问题，加强内部团结协作，国锋合作社还定期组织社员经验交流会，由优秀社员分享种植经验。社员之间毫无保留的进行经验交流，使得国锋合作社在西瓜种植技术、肥料施用上得以不断改良并日趋成熟。同时，国锋合作社还邀请西瓜种植领域的专家参与解决社员种植中的技术难题。此外，国锋合作社还在农药、肥料等农资的选购、使用、西瓜嫁接等多方面为社员提供技术培训服务。其中，嫁接技术的培训使社员在完成对自有土地种植的基础上，还可以向合作社以外的其他农民提供有偿技术服务。不仅扩大了合作社的影响力，还拓宽了社员的增收渠道。

3. 土地耕作处理

为保证西瓜的质量，国锋合作社在种植前会进行一系列整地措施。从传统的蓄力拉车耕地到机械耕地，国锋合作社通过旋耕、除菌等多个环节的精耕细作，有效提高了土地质量。其中旋耕环节，利用小型拖拉机整地，其整地深度可达 30 厘米，远远高出一般西瓜种植整地深度。这样的旋耕深度使得国锋合作社所生产的西瓜根系发达、抗病能力高，提高了西瓜的品质。

除了耕作前的整地，国锋合作社还注重土壤的长期改良工作。国锋合作社通过双微（微量元素＋微生物菌）实验田项目，促进了蚯蚓的生长，有效地改善了土壤质量，更有利于其进一步提高无公害生产水平。

4. 土地托管

土地托管作为一种新型土地管理模式，其出现主要是为了解决当前农村严重缺乏劳动力，而部分农民又对土地流转存在抵触心理的困境。土地托管针对不愿意或者没有能力进行耕作的农民，提出了由农民合作社、种植大户等为其有偿提供农业生产服务的方案。国锋合作社通过与一部分社员签订协议进行土地托管的方式，为部分社员有偿提供包括农资购买、技术服务、农机租赁在内的多方面生产服务。这样，瓜农不仅解决了"谁来种地"、"怎样种地"的问题，而且省去了对丧失土地承包经营权的担忧，更使土地资源得到了有效利用。

（二）产中阶段

1. 种植模式选择

（1）错时种植。在国锋合作社成立以前，当地农民一般都是采用的"上茬种西瓜、下茬种蔬菜"的一年两熟种植模式。但这种模式会留下一个 1 个月左右的空档期，一定程度上浪费了农业资源，种植效益比较低，农民的收入最多 6 000 元/亩。而国锋合作社成立之后，为了进一步提高效率，增加农民收入，逐渐摸索出了一种"甜瓜＋西瓜＋蔬菜"的种植模式，充分地利用了不同瓜菜收获的时间差，社员生产由传统的一年两熟转为一年三熟，每亩地的收入最多可达 15 000 元。

（2）无公害标准化生产。新乐市工业企业少，土层深厚、熟化，土壤含有丰富的有机质，非常适宜种植无公害农产品。国锋合作社遵循可持续的发展理念，在国锋合作社技术员的指导下，社员以预防为主，主要采用物理方法对大棚进行熏蒸灭菌，在西甜瓜生长过程中，施用无公害标准可用的农药进行植保防病虫。通过这种无公害的生产管理模式，国锋合作社所种西瓜，在品质上得到了很大改善。可溶性固形物含量高，按照国家标准要求，可溶性固形物达到11％即为优等品，而多次测试显示，国锋合作社西瓜的可溶性固形物指标均在12.5％以上，其糖分含量指标远远优于国家标准。此外，成熟西瓜个头均匀，大部分在2～2.5千克一个，适宜标准化商品销售。

（3）棚室及育苗标准化。国锋合作社不断加强生产标准化，逐渐在棚室建设、育苗供应等环节探索出一条标准，并先后帮助周边诸多县（市）区的农户建立棚室、提供育苗和种植技术，实现了从"原料输出"到"技术和原料的双输出"。国锋合作社培育出的种苗均匀、整齐，质量好，避免了客户挑拣产品的现象，不仅增加了收入，同时也树立了良好的信誉。

2. 技术创新及应用

（1）"瓜菜套种"技术。为提高土地利用效率，国锋合作社积极探索出了"瓜菜套种"技术，即西瓜套种甜瓜以及各种蔬菜。在之前没有推广套种技术时，每到春季，农民们只会种一季西瓜。但在推广套种技术后，甜瓜可和西瓜一起搭配种植。不仅如此，在两种瓜的采收期结束，棚内还可以适应市场的需求种植无公害蔬菜（诸如豆角、青椒等）。套种技术的使用，使大棚的利用率有效提高，丰富了国锋合作社无公害农产品的种类，合作社社员的收入明显增加，最多每年亩收入可达15 000元。

（2）嫁接技术。在国锋合作社进行西瓜生产过程中，重茬、病虫害等问题一度极为突出，针对这一问题，国锋合作社创造性引进先进嫁接技术，即在葫芦苗、南瓜苗上嫁接西瓜、甜瓜。具体操作步骤为：人工掐掉南瓜苗的顶芽，用竹签在原来顶芽的位置插孔，然后用刀片把甜瓜苗接穗斜着削断，在扶住南瓜苗的同时，夹住接穗插入小孔。此种嫁接方式不仅在育苗阶段增强了抗病能力，使西甜瓜的品质有了强有力的保证，同时也能提早上市期，错季销售，增强了西瓜的市场竞争力。

3. 肥料施用改良

为响应国家"化肥零增长"的政策号召，最大程度保证西瓜的质量，国锋合作社积极引导社员减施化肥，更多采用有机肥。在有机肥选用上，国锋合作社积极尝试并引导社员采用自然农法，即通过发酵法自制有机肥，同时积极实验不同的有机肥配料。

目前国锋合作社的肥料主要是将花生饼、动物粪便等进行熟化成有机肥。这种肥料能够增加西甜瓜有机物的含量，从而保证瓜的质量。同时，国锋合作社重视细节，科学选用动物粪便，放弃了最初选用的对瓜生长有害的鸡粪，转而从周边村镇收购羊粪，经过发酵后再进行施用。

国锋合作社还利用黑豆、花生饼发酵，自行制作出了西甜瓜专用肥，用此肥料生产出的西瓜口感好，品相出众，西瓜可卖到99元/个，甜瓜也买到66元/个，大大提高了西甜瓜经济效益。

同时，国锋合作社还在积极探索配方肥的施用。国锋合作社通过对西瓜试验田进行数据采集从而测算土壤的成分及其比例。这种方式制作的配方肥可以因地制宜的施用，相比过去更加精准，有利于更科学的对不同种类西瓜进行生产施肥管理。

（三）产后阶段

1. 制定品牌化经营战略

国锋合作社成立前，瓜农普遍缺乏品牌意识和统一的生产标准，所生产的西瓜品种及质量参差不齐，西瓜没有价格优势，新乐市瓜农每亩的平均收益一般只能到 6 000 元左右。

国锋合作社成立后，注册了"新益沙"商标。在品种培育、土壤改良、肥料施用等多个方面，国锋合作社都对社员进行了精细、严格的管理。严格统一的管理方式，成就了西瓜的优良品质，让原来整齐不一的西瓜实现了大小均匀，口感好，得到了消费者的普遍认可，也为能成为礼品瓜奠定了基础，西瓜价格达到了每 4 个 130 元的高价。

同时，为了进一步加强品牌建设，自 2016 年开始，国锋合作社还在西瓜上贴了绿色二维码。扫描后，顾客可以通过"义田帮手"APP 获得到一份"绿色履历"，里面详细标明了西瓜生长的大棚名称以及自然成熟度等指标。同时，顾客还可以通过图片实际了解西瓜的生长环境。

国锋合作社通过建立自己的西瓜品牌，为社员所生产的西瓜提供了品质保证，进一步增强了新乐西瓜在市场的竞争力。不仅如此，良好的品牌经营模式还给瓜农带来了丰厚的收入。国锋合作社成立后，合作社社员的经济收入平均可达 7 500 元/亩，相比过去收入增长了 20% 左右，其中部分种植礼品瓜的优秀社员，其每亩收益可以达到 15 000 元左右，比成立合作社之前增长了 60%。

2. 多样化销售渠道

过去，新乐市当地的瓜农主要依靠批发商入村收购瓜菜，销售渠道比较单一，西瓜价格受到市场影响较大。尤其是遇到低温天气时，西瓜生长受到影响，不同省份不同成熟期的西瓜可能会同时上市，这样更会给新乐西瓜带来滞销的难题。

国锋合作社成立后，积极拓宽销售渠道。在继续面向批发商、当地批发市场销售的同时，国锋合作社还积极对接北京、石家庄以及长春等大中城市的超市及水果店，与当地的商店合作经营，开设"富硒"瓜菜直销店，将国锋合作社的部分果蔬合理分配给多个商店并由其代为销售。这些销售方式有效减少了流通环节，使得农村和社区直接对接，不仅让更多的社区居民可以吃到新鲜、放心的瓜菜，也为国锋合作社进一步打出品牌奠定了基础。

为了进一步拓宽市场，国锋合作社还积极发展采摘经济，成功吸引了众多家长带小朋友直接来到合作社的大棚内进行西瓜采摘活动。这种经营模式在增加了国锋合作社收入的同时，也有利于合作社和消费者之间建立起直接的信任，更有利于长远发展。

3. 举办西瓜节

为了更好地推广国锋合作社的优质西瓜和甜瓜，国锋合作社牵头举办了新乐市西瓜选美比赛，至今已成功举办四届。比赛设计了丰富多彩的活动，有"最美西瓜""最大西瓜"、"最甜西瓜"、"速度吃瓜"等多个项目，并吸引了国锋合作社众多社员以及游客参加。这项活动经过微博、微信、电视台等多个媒体平台的积极宣传，成为合作社对外宣传的一大亮点和特色，不仅丰富了当地居民的文化生活，更在很大程度上成为激励社员提高西瓜种植技术的有效手段。

同时，西瓜节还邀请了高校以及科研单位，尤其是河北省西瓜产业体系的专家教授做评委，并召集当地的西瓜种植户。在活动中，专家教授和西瓜种植社员得以充分交流，专家们现场解答农业问题，帮助瓜农们进一步了解西瓜种植技术等方面的农业信息。这种校社对接的模式，使得国锋合作社的农业生产经营更加科学规范，也为其可持续发展创造了有利的条件。

四、国锋合作社发展建议

（一）寻求大企业合作

国锋合作社目前的西瓜主要是在成熟后和相关批发商联系销售为主。而从市场风险的角度考虑，国锋合作社可以主动寻求和农业企业合作，预先签订收购协议，为农业企业提供优质的农产品。这种合作关系能够帮助国锋合作社提前预订销售数额，这有利于其科学安排社员生产，避免可能出现的滞销，保证西瓜销售的稳定性，防止因市场价格波动影响社员收入。

（二）探索发展休闲采摘农业

国锋合作社靠近石家庄市，离北京和天津也不远，有丰富的游客资源，加之其地处西瓜之乡，区域内品牌知名度较高，比较适宜发展乡村旅游产业。国锋合作社目前的游客采摘活动尚未形成规模，主要是以散客为主。国锋合作社下一步可以利用京津冀协同发展的好时机，积极对接相关旅行社，在西瓜成熟季节开放部分大棚作为旅游采摘点，更多吸引游客采摘。这不仅可以使新乐西瓜品牌得到更好地推广，同时也减少西瓜中间成本，有效降低因西瓜"大小年"所带来的影响。

（三）打造有机西瓜品牌

国锋合作社目前的产品尚未达到有机标准，对接的客户主要是批发商。在未来，国锋合作社可以利用其靠近省会及京津的优势，通过进一步提高西瓜管理水平，打造有机西瓜品牌。同时，在有机西瓜销售方面，国锋合作社可以引进 CSA 模式，由社区居民提前下订单预定西瓜，待到西瓜成熟时，国锋合作社将有机西瓜直接邮递到消费者手中，或者由消费者亲身采摘，享受体验农事活动的乐趣。这种营销模式不但可以减少中间环节，增加利润，也保证了消费者能够吃到新鲜健康、安全放心的农产品。

（四）设立灾害风险基金

河北省设施西瓜的主要产地在冀中平原，虽适宜发展大棚种植，但也容易受到大风、冰雹、寒潮、暴雨等恶劣自然灾害以及突发性病虫害的影响，这给国锋国锋合作社的经营发展将带来潜在的不利影响。因此，国锋合作社应该提高风险防范意识，可以通过设立风险基金的方式，将一部分利润留存并设定金额上限，或者积极申请农业保险，用以应对可能的自然灾害给社员带来的损失，避免其因损失过大而中断经营，从而达到可持续发展的目的。

（五）统一生产标准

目前，国锋合作社西瓜生产上缺乏更加细致统一的标准。多数社员是依据个人经验摸索肥料的配比，而后在社员会议中分享。这样的生产方式从长远看不具有普适性。国锋合作社可以尝试在相关土肥专家的指导下，细化社员生产标准，在合作社内形成统一的肥料配方、生产流程，较大程度上提高西甜瓜的标准化水平，更好地打造西甜瓜品牌，推动以合作社为依托的新乐现代西甜瓜产业的发展。

五、结论

本文通过对国锋合作社的实地调研，从产前、产中、产后三个阶段对国锋合作社在产业提升中的作用进行具体分析。在产前阶段，国锋合作社科学选种，注重土壤改良，加强技术培训；在西瓜生产过程中，国锋合作社重视技术的创新和应用，自主改良创新肥料配方，进一步优化种植模式，使得西瓜质量有了明显提升，西瓜产业无公害水平进一步提高；在产后阶段，国锋合作社成功运用品牌化策略，打造出了"新益沙"这一品牌，并通过西瓜选美大赛等营销活动，大大提高了新乐西瓜的品牌知名度。国锋合作社还积极拓宽销售渠道，有效保证了社员的收益，降低了市场价格波动所带来的不利影响。

本文的结论是国锋合作社通过对社员的规范、精细、严格的管理，促进了当地西瓜种植技术的改善，推动了地区西瓜品牌的建立和推广，提高了瓜农的种植效益和收入水平，整体上带动了当地西瓜产业的提升，在当前大力实行乡村振兴战略的大背景下具有重要的现实意义和借鉴价值。

参考文献

高秀瑞，李冰，武彦荣，张强，潘秀清.2012年河北省西甜瓜产业生产现状及发展趋势分析 [J]. 河北农业科学，2013，17 (2)：89 - 93.

葛文光 . 河北省农民专业合作经济组织发展研究 [D]. 杨凌：西北农林科技大学，2008.

郭红东，田李静 . 大户领办型农民专业合作社研究 [J]. 农村社会组织专辑，2010 (1)：27 - 30.

焦强 . 敢量身份的西瓜 [J]. 地方视窗，2016 (1)：44.

李秀川 . 山西省农民专业合作社的发展与思考 [J]. 农民经济，2009 (1)：30 - 31.

李玉改 . 关于农业产业化的研究——新乐市农业产业化调研 [J]. 价值工程，2012 (1)：148 - 149.

孙玉东，徐冉 . 南马厂西瓜专业合作社发展及品牌实施战略 [J]. 2011 (1)：56 - 57.

赵素英 . 山西省农民专业合作社会发展现状及对策研究 [D] 太原：太原理工大学，2014.

周鹏升 . 农户参与专业合作社行为的实证分析 [D]. 南京：南京农业大学，2011.

周忠丽 . 中国西甜瓜流通效率及影响因素研究 [D]. 北京：中国农业科学院，2014.

乡村振兴视野下的农民合作社发展研究

——以新泰市为例

何传新

（泰安市委党校）

摘　要：全面建成小康社会和乡村振兴面临着许多新的问题，集中体现为市场主体发育不足、农民收入增长缺乏后劲、农民互助性的集体行动组织发展滞后、农村公共服务不足等等。怎样使分散的小农户获得市场信息，怎样使他们在生产经营中实现与市场的对接，怎样使农民在面对大市场和大资本时有足够的信息和谈判地位而不受到伤害，怎样建立运营成本低而有效率的组织机制，为农民提供多方位的服务，这已成为新农村建设和发展现代农业亟待解决的问题。

关键词：农民合作社；专业组织；研究

农民专业合作社是实现小农户与大市场对接，提高农民组织化程度的一种有效途径；农民合作社较好地满足了农民对农业社会化服务体系的需要，为农民参与市场竞争提供了组织化的平台，并取得了农业产业化经营中的规模效益。因此，培育和发展农民专业合作组织，是实施乡村振兴战略和发展现代农业的着力点和载体。

一、新泰农民专业合作社的类型

农民专业合作社是农民自愿参加的，以农户经营为基础，以某一产业或产品为纽带，以增加成员收入为目的，实行资金、技术、生产、购销、加工等互助合作经济组织。其共同特点是：组织方式按照合作社自愿、民主原则，以服务社员为宗旨，以维护成员利益、追求收益最大化为目的。

农民合作社在我国是改革后出现的，其制度安排接近于真正的合作经济，被称为中国农村的新型合作经济。它与农业的市场化和专业化程度紧密相关，主要分布在蔬菜、水果、家禽、水产等商品率高的行业，与当地农业的主导产业呈现高度的相关性。农业专业合作组织主要在村镇范围内组建和运行，以提供技术信息和技术服务为主。

我国农民在走向合作的过程中，结合当地实际，创新了多种形式的专业合作组织。目前农民专业合作社根据服务的内容可分为采购性、销售型、加工型、（技术）服务性、综合型等五种基本类型；根据专业合作组织创办者和政府的关系，目前的农民专业合作经济组织可分为自办型、官办型以及官民结合型等三种基本类型；根据专业合作组织的创办者或控制者的身份，目前的农民专业合作组织可分为能人牵头型、龙头企业带动型、农服部门兴办型、政府发起型等类型。

从山东省新泰市的情况来看，农民专业合作组织有以下类型：

第一是专业大户牵头。全市有 34 个专业大户利用其生产、经营、销售、技术等优势，联合农户兴办，占 34.6%，如东都镇南桥玉信养猪协会、岳家庄乡北邱威特林果协会、羊流镇华亿麦秸秆工艺扇协会等。东都镇南桥玉信养猪协会由南桥养猪专业户李玉信吸收 126 名养猪专业户于 2005 年 12 月成立，会长李玉信始终站在养猪技术的前沿，积极学习各种养猪技术，以科技求发展，以服务创效益，努力提高养猪专业户的技术水平，先后引进英系大约克、丹系长白、台系杜洛克等新品种。协会实行"五统"服务，对会员实行最低保护价，平均每千克毛猪比市价高 6 毛钱左右，饲料价格比市价低 0.2～0.4 元/千克。2006 年共出栏优良仔猪 5 000 头，优质瘦肉型猪 15 000 头，实现销售收入 2 000 万元，实现净利 400 万元，户均增收 1 万元。

第二是龙头企业组建。全市有 5 个农业龙头企业根据生产需要，利用其技术、资金、加工、品牌、营销等方面优势，联合农户组建，占 5.1%，如汶南镇借庄黄花菜协会、西张庄祥云农业育种协会、东都镇南鲍乳业协会等。汶南镇借庄黄花菜协会依托本村"金芭蕾"食品有限公司，于 2003 年 9 月成立。会员 190 户，入股资本金 60 万元，资产总额 100 万元。协会借助公司技术、信息、销售等方面的优势，为菜农做好产前、产中、产后的服务。目前，该协会与上海联华超市、北京物美超市、长春、沈阳、安徽、河南及山东枣庄、滕州、寿光、周村等地的 30 多家大客户建立了稳固的合作关系，年黄花菜销售量达到 400 万吨，销售额 1 600 万元，年利润 900 万元，会员年收入达到 3 万余元。

第三是基层技术组织创建。全市有 16 个乡镇基层站所，利用其技术、服务等优势，联合多个村村民组建，占 16.3%，如新汶办事处林果科技协会、泉沟镇种子协会、楼德镇农资团购联合会等。新汶林果科技协会是由该处林业站联合全处 524 名会员于 2006 年 3 月成立的。协会成立以来，立足帮助果农增产增收，充分发挥技术优势，先后举办各类技术学习班 5 期 12 场次，培训果农 3 000 余人次。引进日本甜柿、薄壳核桃、美国 8 号苹果、珍珠油杏等果树新品种 10 余个，发展良种面积 1 000 余亩。同时，组织会员联系客户，帮助果农销售果品，目前已累计协助销售果品 100 余万千克。

第四是村两委负责人领办。全市有 43 个由村两委主要负责人，发挥其在村民中威信高、组织协调能力强的优势，以服务群众为主，联合本村村民带头举办，占 43.8%，如龙廷镇北站毛刷协会、掌平洼杏梅合作社、翟镇兴隆桑蚕协会、刘杜镇东岭养兔协会等。龙廷镇北站毛刷协会由该村两委立足传统手工制造毛刷的优势，因势利导，吸收 70 户村民，于 2006 年成立的。采取"小户做大、大户成厂、厂带农户"的发展策略，使小毛刷成了大产业。目前全村年产 200 万支以上的大户达 20 余家，50 万支以上的 175 家，从业人员 3 000 多人，产品远销辽宁、陕西、上海、浙江、河南等十多个省市，毛刷产量占全省销售量的 2/3 以上。2006 年制刷业实现销售收入 2 080 万元，占全村经营收入的 80％，农民人均纯收入 5 100 元，占人均收入的 87％，增加村集体收入 4.8 万元。

二、农民专业合作社发展过程中存在的问题

1. 组织法律地位模糊

明确农民合作社的法律地位，对外可以确定农民专业合作社参加市场经济关系的性质、权利和义务；对内可以界分组织与成员及成员之间的法律关系，建立合理的法人治理结构。

由于相关立法的滞后，农民专业合作经济组织的法律地位不明确，专业合作社成立、解散、注册、登记以及正常的经营活动都还无法可依。因而各类农民专业合作经济组织就无法确定其合法地位和法人资格，难以保障其正常的经营活动和合法权益。许多专业合作组织由于缺乏相关政策和应有的体制环境，在农产品交易中无法给人以稳定的预期。一些营销组织宁愿与县乡政府签订合同，也不愿与合作经济组织签订协议，影响了合作经济组织的对外交往。同时，还出现了许多合作经济组织无法进行合法登记，或者是在农业、民政、工商等部门多头登记，群众无所适从等情况。

2. 政府政策支持乏力

农民专业合作社作为一个新生事物，它的健康发展离不开政府优惠政策的支持。从现实情况来看，支持政策不完善，可操作性还不强，优惠政策没有到位。

在扶持政策上，虽然中央政府出台了扶持发展农民专业合作社相关政策，但扶持力度还有待进一步提高，地方政府出台的具体的、可操作性强的扶持政策还很少。相关部门多数没有做出反应，也没有出台相应的配套政策。缺乏一个强有力的综合协调和领导机构，对合作组织进行服务和管理的体制不顺，有的是组织部门帮助创办的党员合作社，有的是农业部门帮助建立的专业协会，有的是供销社系统创办的专业合作社等，各个部门都管，各个部门又都不管，没有一个明确主管部门，没有形成有效的推进合力。加之缺乏舆论导向、培训引导、扶持帮助等配套的具体措施，一些基层干部和广大农民对农民专业合作经济组织基础知识知之甚少，一些基层组织和行政管理部门还习惯于以行政手段推动工作，包办代替，干预过多。致使农民专业合作经济组织依然存在登记门槛高、资金紧缺、贷款难、公共服务缺位、技术供给不足等问题。

3. 组织自身定位不准确，内部治理机制不完善

一是成员与合作组织联系不够紧密。突出表现成员出资入股和成员与合作社交易两个方面。目前合作社有成员出资的 33 个，而在这些有成员出资的合作组织中，收取成员入会会费的有 12 个，不属于成员的股金，其他 21 个中出资成员也仅是少部分大户，出资成员与非出资成员并存，成员股金数量少、规模小，其他 65 个合作组织成员没有出资。成

员没有出资，成员与合作社形不成一个利益整体，他们就不会关心合作社的事务，不关注合作社的发展；目前，由合作社联系客商，农户直接与客商交易，合作社协调进行产品销售的占80％以上，成员直接与合作社进行交易，然后由合作社对外销售的很少，合作没有实质意义，合作组织自身难以发展壮大。二是基本没有进行盈余返还、分配。目前新泰市农民专业合作社在进行产品销售、物资供应、技术服务等方面或多或少地都有部分盈余，多数作为了公共积累，基本上没有进行返还和分配，个别以村两委负责人带头兴办的合作社，将合作组织的盈余用作村集体的开销，混淆了村集体与合作组织关系。三是基本没有为成员开立成员账户。成员账户是合作组织财务管理的特点和特色之一，是合作组织会计核算工作的重中之重，目前新泰市只有谷里镇的4个合作组织为成员设立了成员账户。

4. 农民合作规模偏小，龙头带动能力不够

目前龙头企业、专业合作社、营销大户等数量有不少，但基本上属于单打独斗，缺乏横向联系。龙头企业、专业合作社之间未能形成合力，规模偏小，组织化程度较低，分布范围有限，多数是局限于周边的几十户经营同一种产品的农户，且以"公司＋农户"的生产领域居多，在农产品的加工、销售等领域，农民合作的经济组织很少，龙头带动作用不明显。

从新泰市情况来看，合作组织的总数虽然不少，但真正覆盖面广、带动能力强、具有地区性行业性影响力的合作组织比例偏低，不到总数的15％，在所调查的98个合作组织中，会员人数不足100人的有42个，占42.8％，大部分合作组织缺乏实体支撑。不少合作组织尚处于合作的初级阶段，实行深层次加工、走出去联合发展等方面还比较少，缺乏更为广泛、更为深入的多形式、深层次的联合与合作。

三、农民专业合作社织发展的运行机制再造

建立科学规范高效的内部运行机制是农民新型合作社发展的重要保证，因此在发展过程中，要突出解决好机制问题，特别是实践中要不断建立和完善运行机制，以规范促发展。

1. 建立农民专业合作社的动力机制

任何组织活动和运转都必须具有动力，否则组织就会停滞、衰落和死亡。农民专业合作组织的动力机制是指农民专业合作组织从事社会经济活动具有的内在推动力和基本目标。

市场经济条件下，合作社运行的基本力量是：会员在追求个人利益的推动下建立农民专业合作组织，在合作中形成集体利益，集体利益的最大化成为农民专业合作组织的直接目标和直接动力。

农民专业社的利益机制是合作社谋取社员利益的最大化宗旨的体现。按照经典的合作

社理论，合作社的利益机制主要是为社员提供的服务和盈余按交易额返还。会员利用合作社的服务越多，不仅可以通过合作社的组织效应实现和分享规模收益，而且能够较多地分享合作社的经营利润。目前我国农民专业合作组织的利益机制主要体现在向会员提供服务，而惠顾返还原则少有实行。

2. 建立农民专业合作社的决策机制

决策机制是农民专业合作组织在享有充分的法人财产权的情况下，对生产、经营等经济活动做出抉择的机制。这种机制包括决策主体的确立、决策权划分、决策组织和决策方式等方面。

按照经典的合作社理论，合作社的决策机制是社员代表大会的民主管理，一人一票。现实中，我国大多数农民专业合作组织实行了这一制度，但存在向"一股一票"发展的趋向。"一人一票"与"一股一票"的区别在于，前者强调的是社员权利，体现的是公平原则（社员收益最大化的原则），后者强调的是资本的权利，体现了效率的原则（资本收益最大化的原则）。

在农民专业合作组织的决策运行机制中，还存在能人效应，"能人"是农民专业合作组织的关键成员，他是组织的发起者、领导者或大股东。他们在最初的组织发起、制度订立，还是日常的管理决策，甚至农民专业合作组织的兴衰与成败，都拥有着突出的影响力。

3. 建立农民专业合作社的发展机制

农民专业合作社只有不断发展才能增强组织对会员的凝聚力，才能为会员提供更多的优质服务，才能增强自己在市场竞争中的能力。要获得又好又快地发展，建立富有效率和活力的发展机制非常必要。农民专业合作社的发展机制是使农民专业合作组织不断发展的机理。农民专业合作组织的发展机制包括生产经营机制、规范服务机制、积累机制、资产组合机制等。

生产经营机制，就是农民专业合作社制定与实施包括生产经营、品牌发展、市场营销、科技兴社等方面的制度和规定。

规范服务机制，就是农民专业合作社实行统一服务，即统一优良品种、统一标准生产、统一加工包装、统一品牌销售等。

积累机制就是农民专业合作社通过资金结余实现规模实力增长的制度和规定。建立积累基金，从经营的利润中提取一定的比例（10%左右）作为农民专业合作组织的积累基金。现阶段，我国农业合作社的收益分配必须正确处理好积累与分配的关系，兼顾眼前利益和长远利益、生产经营发展与农民生活水平的提高，在公积金、公益金和红利分配方面坚持适当的分配比例，保证农民专业合作组织的生产经营不断发展和农民收入水平的提高。

资产组合机制，就是农民专业合作社通过合并重组，实现扩大经营规模的相关制度和机能。单个合作组织依靠自身积累来扩大规模非常缓慢和有限，通过合并重组，可迅速扩大经营规模。我国农村自我积累能力弱，随着市场竞争的加剧，我国农业合作组织之间的合并重组将是市场经济发展的必然现象。

4. 建立农民专业合作社的约束机制

农民合作社是民办、民管、民受益的互助性经济组织，其内部必须体现自主性和群众性，完善章程，以章程为依据，以民主为核心，以维护成员利益为宗旨。重大事项比必须由成员大会或成员代表大会讨论决定，日常管理由理事会依据章程和内部规章制度进行，成员的生产经营活动用统一约定的规则来约束。

约束机制就是农民专业合作社通过各种途径和方法，规范组织和个人行为。农民专业合作经济组织的自我约束机制主要包括以下几个方面内容：

契约约束机制，农民专业合作社应与会员签订合同，明确会员和农民专业合作组织各自的权利与义务，以此规范农民专业合作组织及其会员的行为。合同的内容应该主要包括：会员必须按照与农民专业合作组织签订的合同，完成种养计划，按期、保质保量交售农产品。会员凭农民专业合作组织发给的会员证、股权证、农产品交售证、生产资料供应证，参加新型农民专业合作组织召开的会员大会，领取红利，购买低价农用生产资料，享受合作组织提供的各种服务。

财产和利益约束机制，建立财产和利益约束机制的关键要建立健全股金制度和分配制度。农民专业合作组织只有与会员结成"风险共担、利益共享"的共同体，会员才会从自身利益出发，关心农民专业合作组织的发展。

内部管理部门的相互约束机制，主要是建立健全会员代表大会为最高权力机构、理事会为执行机构、监事会为监督机构的组员管理机构。要制定好章程，明确合作经济组织与成员双方的权利与义务，规范各自的行为；完善民主管理、民主决策、民主监督制度；实行社务公开、财务公开，充分发挥监事会和会员的监督作用。

基于 AHP 的烟农专业合作社经济绩效评价研究

郭晶晶

（河南农业大学经济与管理学院，郑州　450000）

摘　要：基于我国烟农专业合作社在发展过程中存在着的急需解决的问题，文章从可持续发展角度研究经济绩效评价的目标与内容，提出将绩效评价与 AHP 方法相结合，以综合服务型烟农合作社为例，从经济规模、社员收益、组织运营以及组织发展四个方面构建经济绩效评价指标体系，涵盖了财务和非财务指标，以实现烟农专业合作社环境绩效和经济绩效共赢。

关键词：烟农专业合作社；经济绩效；AHP

目前，我国烟农专业合作社在发展过程中存在着急需解决的问题，例如，总体评价效率不高，问题很多，但却很难清楚地表达出来问题在哪，效率因素和非效率因素也很难清楚的去界定。产生这些问题的原因，总体来说是烟农专业合作社的绩效问题，因此合作社绩效评价是烟农专业合作社成败的关键。但如何科学评价烟农专业合作社经济绩效，目前尚未形成统一体系。笔者拟以综合服务型烟农专业合作社为研究对象，基于 AHP 方法研究经济绩效评价目标及评价内容，构建烟农专业合作社经济绩效评价指标体系。

由于烟农专业合作社绩效研究包含着诸多影响因素，为避免造成结果混乱，需要对其指标进行分析归类，从而导致评价结果存在一定的主观性，克服这一主观性最好的方法是建立评价指标体系。在整个指标体系中，评价指标的选取与设置，不仅关系着绩效评价结果的准确性、科学性和实用性，也关系着烟农专业合作社发展能力的增强和提升，因此，科学设计评价指标体系是正确评价烟农专业合作社经济绩效的前提和基础。

一、层次分析法的概念及相关理论

层次分析法（AHP）是一种多目标决策评价方法，美国运筹学家 T. L. Saalty 教授在 1971 年首次将其应用于实际生活中。1977 年，Saaty 在第一届国际建模会议上发表了"无结构决策问题的建模——层次分析法"，从此之后，AHP 逐步被应用于计划制定、资源分配、方案排序、政策分析冲突求解以及决策预报等广泛领域。特别适用于解决那些难以完全定量分析的问题。

二、层次分析法适用于烟农专业合作社经济绩效评价的可行性分析

AHP 方法作为一种定性与定量分析工具，很多学者都非常看重 AHP 方法，其在很多领域得到了广泛的应用。例如：政策分析、绩效考核、成果评价等等。AHP 方法以其简单有效的解决办法，在决策评估、绩效评价等领域得到了普遍应用。

烟农专业合作社经济绩效评价是一个典型的多目标多准则的复杂的评价体系，烟农专业合作社经济绩效评价初步分为三层：目标层、准则层和行为层，一方面考虑到了目标层之间的影响关系，另一方面又考虑到了目标层以及准则层之间的制约关系。最后结合 SPSS19.0 软件，对指标的原始数据进行量化，得出评价结果。所以，在烟农专业合作社经济绩效评价中运用 AHP 方法是非常适合且具有可操作性。

三、烟农专业合作社经济绩效评价指标体系的构建原则

(一) 可操作性原则

构建烟农专业合作社的经济绩效评价指标体系，是为了把它应用到实际评价工作中去，以便更好地引导烟农专业合作社的后期规划工作。在选取评价指标体系指标时，首先考虑哪些易于获取、定量性强和计算简便的指标，应尽量利用政府、合作社、地方烟站现有的资料和财务统计资料。由于指标体系纷繁复杂，对于具有同等代表性的指标，尽量选择数据收集方便、来源可靠的指标。

(二) 短期性指标和长期性指标相结合的原则

片面追求短期性的经济绩效，容易引起合作社管理者和社员的短期行为，不利于合作社的长远发展。良好的绩效评价应从合作社的长期性目标到短期性目标，烟农专业合作社既要关注其当前的发展，又要注重其未来的发展，把当下发展和未来发展的要求结合起来。所以，建立烟农专业合作社经济绩效评价指标体系应该体现短期性指标和长期性指标相结合的原则，实现年度性绩效和长远性绩效的平衡。就所构建的烟农专业合作社绩效评价指标体系而言，经济规模和社员收益是烟农专业合作社追求的短期性目标，而合作社拥有的高素质人才数是烟农专业合作社实现其长期发展的关键，专业化服务满意度也是反映其长期竞争能力和持续发展能力的评价指标。短期性指标和长期性指标的平衡，可以提高烟农专业合作社的长期的决策水平和执行能力，实现其可持续发展。

(三) 滞后性指标和领先性指标相结合的原则

反映合作社之前工作结果的指标属于滞后性指标，体现合作社未来业绩的指标为领

先性指标，二者之间有直接的因果关系，领先性指标的变化将直接导致滞后性指标的变化，因此侧重领先性指标的考评有利于烟农专业合作社在滞后性指标显示的问题发生时进行有效的应对。领先性指标和滞后性指标相结合构建的经济绩效评价指标体系能够使烟农专业合作社通过采取一系列有效措施达成预定的长期目标。合作社年纯盈余、合作社年经营收入、社员人均年纯收入、合作社负责人的受教育程度、合作社拥有的高素质人才数这五个方面包含了滞后性指标和领先性指标，其中合作社年纯盈余、合作社年经营收入、社员人均年纯收入属于滞后性指标，它们反映了合作社上一年度经营情况，不能体现合作社的可持续发展能力。后两项属于领先指标，能反映出合作社未来的发展情况。

四、烟农专业合作社经济绩效评价指标体系的构建

（一）总体框架的设计

烟农专业合作社经济绩效评价指标体系是一个较新的研究内容，理论界尚未对此进行深入研究。本文在研究大量国内外有关文献，结合前人的经验基础，总结出企业经济绩效评价的指标体系，在其中找出可以借鉴的几个方面，然后结合烟农专业合作社自身的特性，确定烟农专业合作社经济绩效评价指标体系。本文主要从经济规模、社员收益、组织运营以及组织发展四个方面构建烟农专业合作社经济绩效评价指标体系（表1）。

表 1　烟农专业合作社经济绩效评价指标体系

一级指标	二级指标	评价指标	备注
烟农专业合作社经济绩效	经济规模（A1）	社员总数（B1）	单位：人
		合作社年纯盈余（B2）	单位：万元
		合作社年经营收入（B3）	单位：万元
	社员收益（A2）	社员人均年纯收入（B4）	单位：万元
		社员与合作社的交易额占其总交易额的比率（B5）	单位：%
		社员人均年纯收入高于当地平均数比率（B6）	单位：%
	组织运营（A3）	社员统一技术培训的次数（B7）	单位：次/年
		统一提供烟用物质比例（B8）	单位：%
		社员进行标准化生产的比例（B9）	单位：%
		返还盈余比例（B10）	单位：%
		专业化服务的满意度（B11）	
	组织发展（A4）	合作社负责人的受教育程度（B12）	
		合作社拥有的高素质人才数（B13）	单位：人
		相关环节的支持力度（B14）	

1. 经济规模

一般通过资产总数、总收入、总支出等指标来评估企业的经济规模。所以，可从社员数量、社员出资总额、合作社总产值、合作社年经营收入、合作社年纯盈余等方面来考察烟农专业合作社的生产经济规模。我国的烟农专业合作社是近几年的新兴产物，90％以上是由行业出资，许多烟农对其表示怀疑，合作社的社员总数以及其专业化组织规模广泛偏小，规模效益较低，故评价其经济规模时应重点对其社员总数、年纯盈余、年经营收入进行考察。分散的烟农通过参加合作社的形式，可以形成生产的规模化与专业化。所以参加合作社的烟农越多，合作社的规模越大，规模效益就越明显。

2. 社员收益

烟农专业合作社收益是全体社员收益的联合，其首先体现的是入社社员的收益，其次才是合作社的收益，且合作社收益派生于社员利益。因此，在评价其经济绩效时，应突出其社员收益。而社员收益可用以下指标衡量：社员人均年纯收入、社员人均年纯收入高于当地农户平均纯收入的比率、社员与合作社的交易额占合作社总交易额的比率等。

3. 组织运营

烟农专业合作社的生产经营活动就是烟农社员期望通过集体行动来达到成本降低、收益增进的目的。考虑到目前绝大多数烟农合作社还是以从事烟叶生产为主，因此，可通过考察合作社的组织运营（主要是烟用物资投入、烟叶技术培训、烟叶标准化生产、服务满意度、返还盈余比例等）来衡量其运营绩效。

4. 组织发展

作为一个共同体，大多数社员的收益均是通过合作社的发展壮大间接获得的。因此，考察烟农专业合作社经济绩效时应该考察合作社的可持续发展能力。可通过合作社负责人的受教育程度、合作社拥有的高素质人才数、相关环节的支持力度等指标来考察。

（二）指标说明

经济规模经济主要包括合作社社员数量、合作社年纯盈余以及合作社年经营收入。其中，社员总数（B1），指合作社当年的平均社员数，等于（年初社员数＋年末社员数）/2；合作社年经营收入（B2），指合作社一年内通过提供服务获得的收入总额，可通过合作社提供的专业化服务面积与服务价格以及开展多种经营情况计算得出；合作社年纯盈余（B3），指合作社一年内获得的收益总额，等于总收入－总支出。

社员收益主要包含社员人均年纯收入、社员人均年纯收入高于当地农户平均纯收入的比率以及社员与合作社的交易额占合作社总交易额的比率。其中，社员人均年纯收入（B4），指该合作社成员，一年内的人均纯收入（从事生产和非生产性经营活动得到的收入），可通过社员问卷调查得出；社员与合作社交易额占合作社年经营收入的比例（B5），指合作社为社员统一提供专业化服务（育苗、机耕、植保、烘烤、分级）的总金额占合作社年经营收入的比例，可通过专业化服务面积与合作社经营收入求得；社员人均年纯收入高于当地平均数的比率（B6），指该合作社社员一年内人均纯收入高于当地农民年纯收入的比例，由调查问卷数据和毕节市公司提供的数据计算得出。

组织运营主要是烟用物资投入、烟叶技术培训、烟叶标准化生产、服务满意度、返还盈余比例等。其中，合作社统一为社员提供技术培训的次数（B7），指合作社在一年内对其社员进行的知识技能培训的次数。合作社为社员统一提供专业化服务的比例（B8），指合作社在一年内为其社员提供专业化服务的总量占整个烟叶生产环节中专业化服务总量的比例。社员进行标准化生产的比例（B9），指合作社社员在一年内按照合作社生产技术操作流程开展生产的面积占合作社总覆盖面积的比例。返还盈余的比例（B10），指合作社一年内从盈余中按社员与合作社交易量的比例返还给社员的总金额占总盈余的比例。社员对合作社专业化服务的满意度（B11），指社员对合作社提供的专业化服务方面的满意程度。其中非常满意为 5 分，满意为 4 分，比较满意为 3 分，一般为 2 分，比较不满意为 1分，不满意为 0 分。可以通过以下几点进行间接评价：专业化育苗、专业化机耕、专业化植保、专业化烘烤、专业化分级等。

组织发展主要是考察合作社的可持续发展能力，包括合作社负责人的受教育程度、合作社拥有的高素质人才数、相关环节的支持力度等指标。其中，合作社负责人的受教育程度（B12），指的是合作社理事长的受教育程度。其中高中及以上为 3 分，初中为 2 分，小学为 1 分，未上学为 0 分；合作社拥有的高素质人才数（B13），指的是合作社一年内固定工作人员中的高素质人才的个数，高素质人才指具有高中以上学历，且有技术的人才。相关环节的支持力度（B14），指的是国家和行业对烟叶生产过程的支持度，其中非常大为 4 分，较大为 3 分，一般为 2 分，较小为 1 分，没有为 0 分。

五、烟农专业合作社经济绩效评价体系指标权重确定

（一）各层判断矩阵、层次单排序及一致性检验

为了科学地确定出各指标在整个评价体系中的权重，咨询有关的专家，通过专家打分法和 1-9 标度法对各指标进行两两判断。建立比较判断矩阵，并把结果输入计算机进行矩阵运算和一致性检验，得到各级指标的权重值及层次单排序与层次总排序结果，各判断矩阵均通过了一致性检验（计算结果见表 2 至表 6）。

表 2　经济绩效——B 判断矩阵（$C \cdot R = 0.020\ 1 < 0.1$；$\lambda_{max} = 4.053\ 7$）

经济绩效	A1	A2	A3	A4	W_i
A1	1.000 0	2.000 0	4.000 0	6.000 0	0.498 4
A2	0.500 0	1.000 0	3.000 0	5.000 0	0.315 5
A3	0.250 0	0.333 3	1.000 0	1.000 0	0.103 2
A4	0.166 7	0.200 0	1.000 0	1.000 0	0.082 9

表3　A1——B 判断矩阵（$C \cdot R = 0.008\ 9 < 0.1$；$\lambda_{max} = 3.009\ 2$）

A1	B1	B2	B3	W_i
B1	1.000 0	0.500 0	0.333 3	0.163 8
B2	2.000 0	1.000 0	0.500 0	0.297 3
B3	3.000 0	2.000 0	1.000 0	0.539 0

表4　A2——B 判断矩阵（$C \cdot R = 0.017\ 6 < 0.1$；$\lambda_{max} = 3.018\ 3$）

A2	B4	B5	B6	W_i
B4	1.000 0	2.000 0	4.000 0	0.557 1
B5	0.500 0	1.000 0	3.000 0	0.320 2
B6	0.250 0	0.333 3	1.000 0	0.122 6

表5　A3——B 判断矩阵（$C \cdot R = 0.043\ 6 < 0.1$；$\lambda_{max} = 5.195\ 4$）

A3	B7	B8	B9	B10	B11	W_i
B7	1.000 0	2.000 0	2.000 0	0.333 3	3.000 0	0.216 4
B8	0.500 0	1.000 0	0.333 3	0.250 0	2.000 0	0.098 3
B9	0.500 0	3.000 0	1.000 0	0.500 0	4.000 0	0.208 8
B10	3.000 0	4.000 0	2.000 0	1.000 0	5.000 0	0.414 6
B11	0.333 3	3.000 0	0.250 0	0.200 0	1.000 0	0.061 8

表6　A4——B 判断矩阵（$C \cdot R = 0.008\ 9 < 0.1$；$\lambda_{max} = 3.009\ 2$）

A4	B12	B13	B14	W_i
B12	1.000 0	2.000 0	0.500 0	0.297 3
B13	0.500 0	1.000 0	0.333 3	0.163 8
B14	2.000 0	3.000 0	1.000 0	0.539 0

（二）层次总排序

运用 yaahp 0.5.2 软件，计算烟农专业合作社经济绩效评价指标权重如表7所示。

从层次总排序的结果看，评价烟农专业合作社经济绩效的前五项指标依次为：合作社年纯盈余、社员人均年纯收入、合作社年经营收入、社员与合作社交易额占其总交易额的比例、社员总数。这一加权结果基本体现了对烟农专业合作社以经济绩效为主的评价原则（表8）。

表 7   层次总排序计算结果

备选方案	权　重	备选方案	权　重
B1	0.081 6	B8	0.010 1
B2	0.148 2	B9	0.021 6
B3	0.268 6	B10	0.042 8
B4	0.175 8	B11	0.006 4
B5	0.101 0	B12	0.024 6
B6	0.038 7	B13	0.013 6
B7	0.022 3	B14	0.044 7

表 8   评价指标权重系数表

一级指标	二级指标	权　重	评价指标	权　重
烟农专业合作社经济绩效	经济规模（A1）	0.498 4	社员总数（B1）	0.081 6
			合作社年纯盈余（B2）	0.148 2
			合作社年经营收入（B3）	0.268 6
	社员收益（A2）	0.315 5	社员人均年纯收入（B4）	0.175 8
			社员与合作社的交易额占其总交易额的比率（B5）	0.101 0
			社员人均年纯收入高于当地平均数比率（B6）	0.038 7
	组织运营（A3）	0.103 2	社员统一技术培训的次数（B7）	0.022 3
			统一提供烟用物质比例（B8）	0.010 1
			社员进行标准化生产的比例（B9）	0.021 6
			返还盈余比例（B10）	0.042 8
			治理满意度（B11）	0.006 4
	组织发展（A4）	0.082 9	合作社负责人的受教育程度（B12）	0.024 6
			合作社拥有的高素质人才数（B13）	0.013 6
			相关环节的支持力度（B14）	0.044 7

六、结论

本文从微观层面烟农专业合作社的经济绩效进行深入研究，构建了一个经济绩效评价指标体系，并结合 AHP 方法确定各个指标的权重。从层次总排序的结果看到三级指标中排在前五位的指标分别是合作社年经营收入、社员人均年纯收入、合作社年纯盈余、社员与合作社的交易额占其总交易额的比率和社员总数。而这五项指标大都属于经济规模和经济效益指标，这一结果在一定程度上与当前烟农专业合作社发展的基本现状以及整个社会对合作社的总体期望（强调和重视合作社的经济效益）相符合，因此，将该评价指标体系应用到烟农专业合作社经济绩效评价中是具有可行性的。

参考文献

程扬勇．国外农业合作组织的绩效评价与启示［J］．农村经济与科技，2004（8）．

郭晶晶．烟农专业合作社经济绩效评价研究——以贵州毕节为例［D］．郑州：河南农业大学，2015.

黄晓俐．农民专业合作社的绩效研究——以内江市33个养殖业合作社为例［D］．成都：四川农业大学，2009.

黄祖辉，徐旭初，冯冠胜．农民专业合作组织发展的影响因素分析——对浙江省农民专业合作组织发展现状的讨论［J］．中国农村经济，2002（3）：13-21.

么振辉．从交易费用角度探讨农民合作经营制度的绩效［J］．农业经济，2000（3）：18-20.

王银凤．中国农民合作经济组织绩效判断［J］．乡镇经济，2008（9）：88-93.

徐旭初，吴彬．治理机制对农民专业合作社绩效的影响——基于浙江省526家农民专业合作社的实证分析［J］．中国农村经济，2010（5）．

徐旭初．农民专业合作社绩效评价体系及其验证［J］．农业技术经济，2009（4）．

许彪，卢凤君等．农业类上市公司经营绩效评价［J］．农业技术经济，2000（6）：36-39.

浙江省农业厅课题组．农民专业合作社绩效评价体系初探［J］．农村经营管理，2008（1）．

乡村振兴视野下的农民合作社发展机制研究

——以钦州市浦北县为例

刘希龙[1]　邱宁[2]　傅远佳[1]

（1. 钦州发展研究院，钦州　535011；

2. 广西浦北县农业局，浦北　535300）

摘　要：乡村振兴战略是由习近平总书记首次提出，并形成成中央 1 号文件，高度重视"三农"工作，把解决好"三农"问题作为全党工作重中之重，实施乡村振兴战略。党和国家领导人都对乡村振兴战略做了具体的部署和要求。乡村振兴战略的落地实施离不开农民合作社，合作社的发展离不开新型职业农民，三者之间有着密切的关联关系。本文以浦北县农业合作社发展为例，总结了创新的发展机制，也指出了存在的主要问题并给出对策，可为县域农民合作社发展提供有效的参考。

关键字：乡村振兴战略；三农；农民合作社；发展机制

乡村振兴战略是 2017 年 10 月 18 日习近平总书记在党的十九大报告中提出的战略。农业农村农民问题是关系国计民生的根本性问题，必须始终把解决好"三农"问题作为全党工作重中之重，实施乡村振兴战略。2018 年 2 月 4 日，公布了 2018 年中央 1 号文件，即《中共中央　国务院关于实施乡村振兴战略的意见》。2018 年 3 月 5 日，国务院总理李克强在作政府工作报告时说，大力实施乡村振兴战略。乡村振兴战略的总要求是"产业兴旺、生态宜居、乡风文明、治理有效、生活富裕"，其中"产业兴旺和生活富裕"这两项要求与"三农"问题紧密相关，要求各级政府加大强度培育新型经营主体，特别是农民合作社，完善现代农业生产经营体系建设，积极壮大产业发展规模，带动农业增效和农民增收，实现产业兴旺和生活富裕。

钦州市浦北县结合实际，认真贯彻实施上级有关发展农民合作社的政策方略，创新发展机制，完成了各项目标，扩大了浦北县农民合作社的规模，增强了市场竞争力及辐射带动力，促进了农业转型升级、提质增效和农民增收。在以下几方面，开展了卓有成效的工作：

一、发展与规范共抓，数量与质量并重

1. 以"围绕主线，突出重点"为原则，以"线绩目标"为指导，大力宣传国家相关

政策，发放宣传册及实地动员相关经济能力带头成立农民合作社。在上级党委、政府的正确领导下，截至 2017 年 12 月 31 日，浦北县引导成立了 735 家农民合作社，成员 29 665，注册资金 61 988 万元，年销售收入达 13 822 万元（表 1、图 1）。

表 1　浦北县镇域农民合作社数据表

街　道	数　量
安石镇	24
白石水镇	48
北通镇	51
大成镇	40
福旺镇	51
官垌镇	42
江城街道	21
乐民镇	30
六硍镇	22
龙门镇	83
平睦镇	45
泉水镇	46
三合镇	22
石埇镇	21
县城工业集中区	10
小江镇	86
寨圩镇	34
张黄镇	59
总　计	735

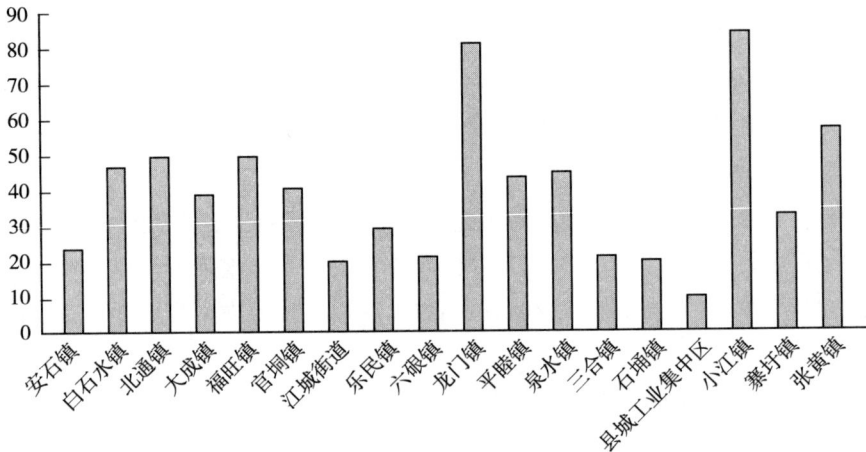

图 1　浦北县镇域农民合作社分布图

2. 积极实施示范社合作社评选和监测工作。在管理规范、制度建设、基地规模化标准化、产品品牌化、市场营销能力及带动农户能力方面进行综合评比，选出一批发展较好的农民合作社进行优先扶持、重点扶持。其中对 45 家示范合作社进行 1 万元以内的规范化记账补助活动。通过强制推行规范化记账活动，并以此为所有向上推荐申报项目和市级以上示范合作社的基本条件，进一步规范全县合作社资金及经营运作，促进农业新型经营主体健康良性发展。到目前为止，浦北县已有 4 家国家级示范社，26 家区级示范社，37 家市级示范社，这些农民合作社都相继获得了国家、区级、市级财政资金的扶持，提升了自身的发展能力同时增强了带动农户生产发展的能力。

2018 年浦北县将继续利用好区级切块资金，一方面对新成立的农民合作社进行自身建设补助，促进农民合作社数量的增加；另一方面重点加强对发展优良，品牌较好的产业扶持与引导。

二、加强项目申报及资金使用的监管，充分发挥财政资金效益

（一）把关好项目申报主体资格，保证财政资金发生效益

1. 没有健全会计账的，不得申报当年项目。
2. 落实函询制度，向工商、村委等部位门函询，了解申报主体正常经常情况。
3. 上次项目未能实施的及有违规的，不得申报项目。
4. 组成工作小组，实地考察申报主体实施项目的可行性。

（二）扶持、引导农民合作社在规模化、标准化、专业化、品牌化方面重点发展

1. 规模化的引导

（1）一方面加快推进土地确权的进度，从 2014 年开始到目前，已经完成 80% 的任务，夯实土地流转的基础。

（2）建立健全农村土地经营权流转服务及市场体系。建立了县农村土地流转服务中心及市场，17 个镇（街道）农村土地流转服务体系中心及市场，搭建流转信息网络平台，做好政策咨询、流转规划、信息汇集、沟通供求、价格评估、合同鉴证等工作，形成有利于流转的流转信息搜集发布机制、流转价格形成机制、流转利益协调保护机制，为有需要的农民合作社提供相关流转服务。

（3）奖励补助规模化的农民合作社。比如，浦北县 2018 年出台了《浦北县人民政府办公室关于印发〈浦北县 2018—2020 年百香果和黑猪产业发展扶持奖励工作方案〉的通知》（浦政办发〔2018〕6 号），对发展 200 亩以上百香果的每亩补助 1 000 元；对成功创建"浦北黑猪"现代生态养殖示范区，对新获得自治区级、市级、县级示范区的合作社，分别一次性奖励 50 万元、30 万元、10 万元。

2. 标准化的引导

（1）浦北县出台了三品一标的补助办法，获得国家或欧盟有机食品认证的，给予一次性奖励 8 万元；获得国家绿色认证的，给予一次性奖励 5 万元；获国家无公害农产品认证和"中国富硒食品标志"的给予一次性奖励 5 万元。以此引导农民合作社生产安全优质的农产品，促进其按照先进的技术，统一的生产标准进行工作。

（2）扶持农民合作社的基地建设，主要奖补水肥一体化设施、防虫防疫、基地道路建设等。

3. 专业化的引导

（1）邀请有关专家对农民合作社的管理人员进行相关的培训，理论上课、实地参观及现场指导等。

（2）在农民合作社研发，如新品种的培育，新技术实验等进行奖补。

4. 品牌化的引导

（1）奖补获得有份量证书的农民合作社，比如绿博会金奖、生态地保护产品、广西著名商标等。

（2）为各农民合作社提供重要的产品展览平台，如东盟博览会、特别是利用浦北县长寿之乡名片，推介浦北县优秀农产品。

（三）直面发展过程中的问题，精准施策

调研发现全县 700 多家合作社，存在的共性问题是部分农民合作社投入少，规模少，专业性低，自身发展能力不强，与社员和农户利益联结少，不具备较强的市场竞争力及辐射带动力；部分农民合作社已不正常运作，自身发展困难，只是想单纯靠申报财政项目维持；部分只完成了登记注册，尚未按照合作社法进行运作，成为"空壳"、"僵尸"合作社。分析原因，是"经营"问题所致，主要表现为"不善经营"和"不会经营"。农民合作社只是载体，能不能做好还需要由"人"这一最主要的经济要素来决定。很多专家学者研究指出，推进乡村振兴，让农业成为有奔头的产业，让农民成为有吸引力的职业，必须大力培育新型职业农民。2017 年 4 月 18 日，总书记在参加"两会"四川代表团审议时指出，"农村经济社会发展，说到底，关键在人。要培养更多'爱农业、懂技术、善经营'的新型职业农民"。由此可见，新型职业农民不同于传统的农民，不但是字面上的差异，更是内涵和要求上的差异。传统的农民更多体现在懂技术，新型职业农民则强调了善经营，并且是融合发展。浦北县自 2016 年始通过整合县域职能部门培训资金，针对新型职业农民，举办了畜牧、农业、科技、扶贫等多种类型的培训班共约 10 000 人次，正逐步通过提升新型职业农民的素质，来破解"经营"的困局，推进农民合作社的发展。

三、总结

浦北县通过财政资金的扶持和引导，以转变农业发展方式为依托，以创新农业生产经营机制为手段，以提升农民专业合作社、家庭农场等新型农业经营主体发展为重点，以实现农业现代化和农民增收为目标，积极发展新型经营主体、逐步规范其运作，健全规章制度，创新运行机制，注重示范带动，强化扶持、提升素质。重点支持制度健全、管理规范、带动力强的农民专业合作社，发展绿色生态农业，开展标准化生产，突出农产品初加工、产品包装、市场营销等关键环节，积极发展生产，进一步提升了自身管理能力、市场竞争能力和服务带动能力，带动了农户增收，有效助力了乡村振兴战略在浦北落地实施。

参考文献

郭舒然. 乡村振兴中国增色 [N]. 人民日报，2017 - 10 - 22（1）.

贾德昌. 中国农业进入科技创新驱动新时代——专家学者阐释 2012 年中央 1 号文件 [J]. 中国工程咨询，2012（3）：13 - 19.

张福伟，魏利洁. 习近平：九字定义新型职业农民 [J]. 中国农村教育，2017（5）：21 - 22.

合作经济在提升农民收入中的应用

——以景宁畲族自治县香香茶叶专业合作社为例

赵　聪　李中斌　刘颖娴　蓝香平

［福建农林大学管理学院（旅游学院），福州　350002］

摘　要： 本文以景宁畲族自治县香香茶叶专业合作社为研究对象，介绍了合作社的一些基本情况和背景，并从统一技术标准与生产管理、统一市场营销、统一品牌和统一分配四个方面阐述了其在生产经营中的先进经验，认为合作经济有助于提升农民收入，并基于此例提出可供广大农业工作者借鉴的意见和建议。

关键字： 农民合作社；农民收入；农产品

一、引言

新时期以来，生态文明建设取得了明显成效，农业作为国家的第一产业，对国家发展起到了基础性的重要作用。中国是茶的故乡，中华茶文化源远流长，博大精深，茶叶是广大农作物中具有较高附加值的一种，可以为农民创造可观的收益。

2018年是我国农村改革40周年，又值新修订的《农民专业合作社法》实施之年，本文以景宁畲族自治县香香茶叶合作社为研究对象，通过实地调研，了解其发展状况和实际经营情况，学习当地农产品发展和提升农民收入方面的先进经验，以期提出一些可供借鉴的建议和参考。

二、理论基础

(一) 福利经济学

福利经济学主要研究社会福利问题，旨在找出社会经济运行的目标，并为社会经济运行行为制定评判标准，致力于提高社会福利。福利经济学是经济学体系极其重要的组成部分，经历了旧福利经济学到新福利经济学，再到现代福利经济学的发展。

1. 旧福利经济学

庇古被称为"福利经济学之父"，以边际效用价值论为基础提出了一套福利概念。庇古（1920）认为，一个人的福利寓于他自己的满足之中，这种满足的来源是多元的，可以是对财物的占有，也可以来自知识、情感、欲望，一个人的所有福利应该是这些满足的集合。他认为，如此广泛的福利是很难被量化的，因此将福利的范围限定在可以用货币计量的那种福利，即经济福利。并以个人消费商品所愿意支付的货币数量衡量效用的大小，推导出需求曲线，以此构建了庇古福利经济学的基本理论框架。庇古福利经济学也有其局限性，其福利概念忽略了"消费者剩余"这一概念，即消费者购买商品所得到的超出商品本身价格的效用满足。此外，庇古以国民经济增长作为社会福利增长的单一影响因素，在社会经济高度发展的今天，这种论断显得有失偏颇。此后，庇古福利经济学的一些理论受到帕累托、罗宾斯等经济学家的质疑，由此产生了新福利经济学理论体系，庇古福利经济学也被称作旧福利经济学。

2. 新福利经济学

20 世纪 30 年代以后，为适应新的资本模式，满足经济发展的需要，新福利经济学应运而生。新福利经济学在研究方法上有所突破，采用了序数效用论和无差别曲线等工具，试图解释旧福利经济学难以回答的问题，这也是其区别于旧福利经济学的关键所在。

3. 现代福利经济学

20 世纪 70 年代以后，福利经济学的发展呈现多元化并逐步分化为福利主义和非福利主义两大流派。许巍（2009）通过梳理现代福利经济学多元化发展的成果，认为其在基数效用论与序数效用论的讨论并无结果，致使福利主义与非福利主义路线选择陷入两难。但另一方面，福利经济学在不断寻求突破的发展过程中，与行为经济学、环境经济学、产权理论、发展经济学、实验经济学、管理学等诸多学科相互印证、相互支撑，福利经济学的研究视野大大拓展，研究方法技术手段与工具更加丰富，摆脱两难困境的条件更加成熟。

（二）合作经济学

Griffin（2004）认为"合作"是一种通过自己付出成本，为他人或组织创造生存资源的利他行为。Gibbons（2002）等认为"合作"是双方付出近期成本，从而获得长期效益的"延期互惠行为"。Nowak（2004）认为"合作"是指自己花费成本去帮助别人，而不是在获得他人帮助以后却不付出回报。黄少安（2000）认为有代表性的几大经济学体系都是以"竞争"为主线，但继续围绕"竞争"已不能使经济学发生重大革命，其研究对象应该转向"合作"，并将合作划分为紧密型合作与松散型合作，正规契约型合作与非正规契约型合作，双边合作与多边合作，单一内容的合作与多方位合作，个人之间的合作与组织之间的合作等。韦倩（2006）提出可以按照合作的调解机制的不同，将其划分为外部合作与内部合作。黄少安等（2011）认为合作经济学应该包含合作的发生论、合作的制度论与组织论、影响合作的因素、分配理论和经济增长理论几个部分的基本内容。杨立岩（2001）倡导创建"合作经济学"，以便系统地研究人类的合作行为，在西方文化强调个人主义，形成了以竞争为主线的西方经济学的前提下，东方文化中的合作主义倾向或许可以让"合作经济学"成为"中国经济学"的未来。

（三）合作社理论

Sexton 等（1993）将合作社定义为一个由使用者共同拥有和共同控制，是一个为社员谋取最大利益的组织。黄祖辉（2008）认为合作社与成员之间既不属于外部的市场交易关系范畴，也不属于内部的层级治理关系范畴，而应该是介于两者之间的产业组织关系。林坚等（2002）指出，合作社自然而然地会注重社会公平并追求经济效率。徐旭初（2005）认为，合作社区别于其他经济组织，因为合作社社员的身份具有同一性，即社员既对合作社保有所有权，又能从合作社中获得收益。邓衡山（2011）认为农民专业合作社的形成是农民意识到形成合作组织能够得到利润而采取的一种理性行为。黄胜忠（2014）认为随着农业产业化发展，农民专业合作社的主要经营活动已经由生产导向向市场导向转变。崔宝玉等认为（2017）我国农业的经营方式必须坚持合作社的专业性和互助性，改善政策环境和财政资源分配，完善合作社治理体系。

张启文（2013）等利用结构方程构建阿城市料甸乡农户参与专业合作社意愿的评价模型，得出年纯收入、户主文化程度、生活消费、生产规模、农产品商品化水平、农业技术应用程度、对合作社的满意度等对农户参与农民专业合作社意愿的影响较为显著。张晋华（2012）以 561 户农民为研究对象，采用两阶段模型研究加入合作社与农户收入提高的关系，数据结果表明加入合作社有助于增加农户的收入。

三、景宁畲族自治县香香茶叶专业合作社简介

景宁畲族自治县香香茶叶专业合作社坐落在惠明茶发祥地惠明寺上，这里云雾缭绕，风景秀丽，水质清澈，生态环境得天独厚，尤其盛产绿茶和白茶。蜚声海外、名冠全球的名茶"金奖惠明茶"便产自这里。

景宁县香香茶叶专业合作社成立于 2008 年，是景宁县集金奖惠明茶叶种植、加工、销售和技术服务为一体的农民专业合作社，是浙江省示范性农民专业合作社；浙江省茶叶产业协会会员；景宁县惠明茶行业协会理事单位；景宁畲族自治县茶文化研究会理事单位；景宁县农产品经纪人协会理事单位；"丽水名牌"产品企业；首批获得惠明茶国家地理标志产品保护专用标志使用单位；丽水山耕生态精品现代农业示范合作社；2013—2016 年度景宁茶产业生产经营先进集体企业。

合作社自有在海拔 600~800 米的惠明茶发祥地赤木山惠明寺上绿色认证示范基地 1 000 亩，通过了 QS 认证的标准化名优茶加工厂房 2 700 平方米。

合作社负责人为景宁畲族自治县惠明茶叶行业协会法人代表，常务副会长蓝香平，1992 年开始从事茶叶生产加工事业，至今已有 25 年茶龄，拥有中级评茶员、评茶师、农产品经纪人、茶园管理师等资格，为提高惠明茶种植和加工水平一直努力探研，率先实现现代机械化种植、加工工作。在茶叶加工中大幅度地进行工艺改进和参与惠明茶标准的审

定工作，是正在制定的浙江省毛峰茶加工技术规程起草人之一，景宁惠明茶农产品地理标志申报主持人，景宁白茶加工技术规程起草人之一。

合作社在生产、加工、营销、产品开发、项目研究、科技服务及示范推广方面走在前列，与浙江大学共建"浙江大学茶叶研究所教学科研实践基地"。和校方茶机研备中心合作设计惠明茶工艺标准连续化生产线，科学完善了惠明茶产品加工精细化流程，为山区地方经济建设及引领村民共同致富做出了积极贡献。

早在1915年巴拿马万国博览会上，惠明茶就荣获了金质奖章和一等证书。新时代以来，合作社所制作产品荣获"2009年浙江省十大名茶"称号；2010年中国国际茶文化研究会评定授予景宁"中国茶文化之乡"称号，授予金奖惠明茶"中华文化名茶"称号；2010年11月中国茶叶学会评选，授予景宁"中国名茶之乡"称号；2010年上海世博会名优绿茶金奖；2011年浙江名优绿茶评比金奖；2012年丽水养生名茶称号，2012年浙江省旅游局指定茶乡文化名茶；2013年第三届中国国际茶业及茶艺博览会金奖；2013年浙江绿茶（南京）博览会名茶评比金奖；2013年浙江省农业博览会优质产品金奖；2014年第九届浙江绿茶博览会名茶评比金奖；2014年第七届"中绿杯"中国名优绿茶评比金奖；2015年上海世博百年中国好茶叶评比金奖；2016年第八届"中绿杯"中国名优绿茶评比金奖；2017年上海世博百年中国好茶叶（绿茶、红茶）评比金奖；2017年"浙茶"杯红茶评比金奖。

四、景宁畲族自治县香香茶叶专业合作社依托联合会发展的具体做法

（一）统一技术标准与生产管理

为了推广茶叶生产新科技，提高茶农新技术的应用能力，多年来，合作社认真建点搞示范，及时总结成功试验技术并应用于生产实践，以点带面，推动技术更新，促进景宁茶产业向科技化、标准化方向发展。一是建立20亩合作社的科研试验示范基地，开展生态茶园的病虫害绿色防控技术应用，在基地内安插诱虫板、太阳能杀虫灯，种植生态树，引鸟筑巢，综合运用以鸟吃虫等生态措施。在基地里开展机械割草，人工除草，种植绿肥控草，以草铺园控草等绿色控草技术，杜绝使用化学除草，基本建立起一套技术和控制体系。二是组织合作社社员和茶农开展培训学习，请当地技术专家讲课，使社员和茶农进一步接受新技术和新成果。三是通过建立示范点和示范基地，普及知识，让更多的茶农学着管理茶园，有效辐射当地茶农70余户，帮助建立生态茶园1 000多亩。

景宁县一直以来以生产加工惠明茶为主，产品品类相对单一，综合效益较低。为开发茶类品种。合作社以基地、加工厂房、设备为阵地，积极与浙江大学茶叶研究所、中华全国供销合作总社杭州茶叶研究院、丽水市农科院等单位合作开展技术研究。一是于2016年引进有机肥技术，采购有机肥生产设备生产有机肥，保证茶园生态种植，提高品质，保护环境。二是选育具有抗病虫害能力强，适合制作卷曲条形惠明茶的单株本地群体茶种。

三是引进压饼制作技术，采购压饼机，利用低档惠明茶、茶末压制茶叶工艺品，具有独特性。四是与浙江大学茶机研备中心联合率先设计惠明茶工艺标准连续化生产线，完善了惠明茶产品加工流程。五是改进惠明茶产品的包装，从当初的过度豪华包装转边为简约型，更加符合当下市场需求，留下了好口碑，提升了产品的附加价值。

（二）统一市场营销

以往小农经济时期的做法是，茶农不仅要关注自家茶叶的种植生产，还要为销路发愁。消费者与茶农之间的往来形式也非常简单，对茶叶品质的判断没有一个可供参考的标准，茶叶的买卖变成买家与卖家的一场博弈，品茶相差无几的同一款茶卖却卖出不一样的价格，造成双方信任的缺失。同时，通过"熟人经济"模式发展起来的产品注定无法走出地域的限制，也很难开拓出更大的市场，获得更高的受益。合作社自有 1 275 亩企业流转过来的土地，另外有 2 100 多亩是属于农民的，通过建立与茶农的合作关系，对于农户所生产符合合作社茶叶生产标准的茶鲜叶，以高于市场价 15％的价格统一收购，统一加工，统一销售。合作社以统一市场营销的方式，帮助茶农节约成本，打通销售渠道，实现了茶农与市场"最后一公里"的对接。另外，合作社通过保证原料高品质，规范加工流程等方式已经赢得了一定口碑，本身就是产品的代言人，因而具备较高的议价能力，不仅减少了农资采购的成本，产品的价格还可以卖得更高，销量更大，不断稳固社员利益所得，为农户们创造更高效益。

（三）统一品牌

1. 与技术协会其他合作社的产品统一商标

行业协会作为一个非营利性服务团体，一直充当着政府与合作社、农户之间的协调者角色，在当地具有一定的代表性和社会影响力。惠明茶品质的好坏有一个地方标准，由惠明茶行业协会制定，合作社必须生产符合行业标准的产品，才能使用行业协会的统一商标对外销售。惠明茶行业协会在惠明茶的发展中发挥着重要的作用，对产业的引导作用是非常强大的，除了实时监控商标的规范使用，在品牌推广，产品的信用体系建设，对贫困单位的精准扶持等方面也具有建设性的作用。

2. 统一品牌推广

金奖惠明茶是浙江省八大名茶之一，也是全国重点茶之一，新中国成立以后一直受到党和政府的高度重视，并给予了大力的扶持。合作社代表的是绝大多数茶农的利益，并且享受到了省、市级的政府补贴，架起了政府和农户之间帮扶的桥梁。在统一品牌推广方面，景宁畲族自治县惠明茶行业协会发挥了很大的作用。协会一般以宣传为主，每年都会牵头参加全国各地的重量级茶博会，实际的摊位、广告和接待费用会得到农业部门的专项补贴。以刚刚在杭州结束，为期五天的第二届中国国际茶叶博览会为例，本届茶博会规模大、规格高、内容丰富，共举办了 76 场品牌茶叶推介活动，吸引人流量达 15.1 万人次，共设置 108 名金奖，金奖惠明茶不负众望，从众多绿茶品种中脱颖而出，获得参展产品金奖，打下品牌推广的又一胜仗。事实上，相比单打独斗的个体户，合作社和行业协会能够更好地整合资源，用抱团的方式在激烈的茶产业竞争中为自己的品牌赢得一席之地。此外，2006 年建成的中国畲族博物馆，以畲族文化历史为切入点，展示了中国畲族文化和民俗风情，对畲族的茶饮文化和惠明茶历史都有较为详细的讲述。

3. 依托"丽水山耕"品牌发展

习近平总书记担任浙江省委书记期间，曾在丽水调研时提出"绿水青山就是金山银山，对丽水来说尤为如此"的重要论断。既要保护好绿树青山，还要带领百姓发家致富，这一方面丽水走的是生态精品战略，而品牌则是生态精品战略的重要抓手。在现代农业发展的过程中，品牌就是竞争力，只有品牌才能整合一方文化和产品，没有品牌就没有现代农业。"丽水山耕"作为丽水生态精品农产品区域公用品牌，解决了丽水农业"多、小、散"的问题。作为典型的山区农业，丽水农业虽然品种多，但规模小，做不强，难以满足大市场的规模和标准化要求。但随着国家经济发展，人们消费水平的提高，消费者对品质和个性的追求成为了一种潮流，丽水生态环境和农产品品质方面的优势逐渐显现。"丽水山耕"是政府出面打造的大品牌，解决了小生产与大市场难以对接的痛点，这一区域公用品牌为丽水农产品走出去扫清了障碍，而加盟"丽水山耕"有两个必要条件，一是取得第三方检测，二是实现产品可追溯。依托"丽水山耕"品牌发展，全程可追溯的惠明茶产品得以走入市场，让千千万万的消费者可以享受到这一历史悠久、品质优良的茶中奇葩。

（四）统一分配

除了通过签订购销合同，以高于市场价的价格向合作社成员收购茶叶，给予农户看得见的优惠之外，合作社每年会拿出一部分统一销售所获盈余按照交易额（或量）的多少给农户分红，并为合作社成员设立专属账户。合作社借助强大的技术、管理、营销和品牌优势，不仅收获了丰厚的利润，为合作社和产品未来的发展提供了资金保障，也为农民的增收做出了巨大的贡献。

五、政策建议

（一）严格把控质量关，实现产品可追溯

质量安全是农产品的命脉，一旦质量安全不能得到保证，产品多年积攒的口碑和声誉都将毁于一旦。合作社负责的是产品的源头部分，要能够做到对种苗质量的严格把控，化肥、农药由合作社统一采购，统一发放，明确规定施肥施药的时间和用量，监督成员不过度用肥，不使用高毒农药。对于一个品牌来讲，严把质量关，必须解决农产品质量安全的检测问题，建立专门的第三方农产品质量安全检测机构，将检测的结果以产品包装上的二维码等形式提供给消费者，给予消费者信心。除了要通过第三方检测，还需要实现产品可

追溯。目前的农产品追溯领域标准化程度还比较低，追溯难度大，投入成本高，许多企业唯恐避之不及。但实现产品可追溯是大势所趋，随着农业信息化管理的不断推进，有关制度和技术的不断成熟，可追溯将成为提升产品信誉的一大利器。

（二）打造区域公用品牌，走农业品牌化道路

品牌是消费者对产品的总体印象，是产品综合竞争力的体现，在农业生产的流程中处于龙头和核心地位。丽水的经验告诉我们，"丽水山耕"这一区域公用品牌消除了政府产业发展规划和消费者之间的断层，有效对接了政府的意愿和消费者行为，提高了本地农产品的市场竞争力。放眼全国，分散且弱质的小规模农业经营主体到处都是，不可能做到家家都有品牌，户户都有资源。在如今提倡政府创造环境，提供公共服务的大环境下，政府创建区域公用品牌，为当地产业发展提供制度补充，用"母子品牌"的方式带动产品走向市场，不失为是解决现代农业发展短板的一个好办法。

（三）发掘历史文化内涵，扩大产品影响力

具有特色的农产品一定是体现当地土壤、水文、民俗文化的重要载体。实现农民增收，不仅要提高农产品的质和量，还要把产品的名声传播出去，这就必须要做到与自身文化相结合。惠明茶的成功推广，依托的是其悠久的历史和灿烂的少数民族文化，这是一种历史底蕴，能够让消费者产生文化共鸣，获得对产品的认同感。中华大地物产丰富，优质的农产品更是数不胜数，充分挖掘产品的历史文化内涵，在酒香也怕巷子深的现代社会，还要充分运用高科技手法，做到讲故事和卖产品两不误，在提振本地经济发展水平的同时提升百姓文化自豪感。

（四）顺应时代潮流，以"联合"促发展

《中华人民共和国农民专业合作社法》（2017年12月27日修订）增加了"农民专业合作社联合社"一章，对联合社的成员资格、注册登记、组织机构、治理结构等作了规定，明确了农民专业合作社联合社的法律地位。现在的一个情况是，合作社模式在我国农业经济的发展中已经得到了充分的运用，但受限于地理位置和自身实力的不足，很多合作社的经营效益并不乐观。对于生产要素和产品相近，且具有相同地域特色的诸多合作社来说，联合起来组成联合社是顺应时代潮流的正确选择，对于提升产品影响力，扩大品牌知名度，实现规模经济效应具有现实意义。

六、结论

本文基于在丽水景宁畲族自治县实地调研中的所看、所听和所想分析合作经济在提升农民收入中的作用。近十年来，丽水一直践行"两山"理论，砥砺前行，不仅收获了金山

银山，也保住了绿水青山。景宁畲族自治县香香茶叶专业合作社团结合作广大茶农，把环保的思想，科学管理的理念和对高品质茶叶的追求融入每一片金奖惠明茶之中，同时依托品牌的力量不断提升了产品的竞争力和市场话语权，在提高农民收入，提振地方经济方面发挥了重要的作用，这是值得全国农业工作者学习借鉴的宝贵经验。

参考文献

庇古.1920. 福利经济学［M］. 金镝，译. 北京：华夏出版社.

崔宝玉，王纯慧. 论中国当代农民合作社制度［J］. 上海经济研究，2017（2）：118-127.

邓衡山，徐志刚，黄季焜，宋一青. 组织化潜在利润对农民专业合作组织形成发展的影响［J］. 经济学（季刊），2011，10（4）：1515-1532.

黄少安，韦倩. 合作行为与合作经济学：一个理论分析框架［J］. 经济理论与经济管理，2011（2）：5-16.

黄少安. 经济学研究重心的转移与"合作"经济学构想——对创建"中国经济学"的思考［J］. 经济研究，2000（5）：60-67.

黄胜忠，伏红勇. 成员异质性、风险分担与农民专业合作社的盈余分配［J］. 农业经济问题，2014，35（8）：57-64，111.

黄祖辉. 中国农民合作组织发展的若干理论与实践问题［J］. 中国农村经济，2008（11）：4-7，26.

林坚，王宁. 公平与效率：合作社组织的思想宗旨及其制度安排［J］. 农业经济问题，2002（9）：46-49.

韦倩. 合作经济学理论构建基础及其企业理论［D］. 济南：山东大学，2006.

徐旭初. 合作社的本质规定性及其他［J］. 农村经济，2003（8）：38-40.

许崴. 试论福利经济学的发展轨迹与演变［J］. 国际经贸探索，2009（12）：28-31.

杨立岩. "合作"与"合作经济学"［J］. 南方经济，2001（10）：33-34，16.

张晋华，冯开文，黄英伟. 农民专业合作社对农户增收绩效的实证研究［J］. 中国农村经济，2012（9）：4-12.

张启文，周洪鹏，吕拴军，胡乃鹏. 农户参与合作社意愿的影响因素分析——以黑龙江省阿城市料甸乡为例［J］. 农业技术经济，2013（3）：98-104.

A. S. Griffin, S. A. West and A. Buckling. Cooperation and Competition in Pathogenic Bacteria［J］. Nature, vol. 430, no. 7003, 2004：1024-1027.

M. A. Nowak et al. "Emergence of Cooperation and Evolutionary Stability in Finite Populations［J］. Nature, vol. 428, no. 6 983, 2004：646-650.

M. Mesterton-Gibbons and E. S. Adams. The Economics of Animal Cooperation［J］. Science, vol. 298, no. 5 601, 2002：2146-2147.

SEXTON, R. J., &ISKOW, J. The competitive role of cooperatives in market-oriented economies：A policy analysis［M］. in Csaki, C., & Kislev, Y. (ed.), Agricultural Cooperatives in Transition, Boulder Colo.：Westview Press, 1993：55-83.

农产品行业协会在产业发展中的作用*

——以安吉白茶产业为案例

胡　瑶　李中斌　刘颖娴　赖建红

［福建农林大学管理学院（旅游学院），福州　　350002］

摘　要： 农产品行业协会作为农业产业的组织管理部门，能起到调节农产业市场主体关系，促进产业发展的作用。茶叶行业是农产品中的特色产业，本文以安吉白茶产业为案例进行研究，阐述了安吉白茶协会组建进程及其内部组织构成和管理，分析了安吉白茶协会在安吉白茶产业发展中所起的作用，进而对安吉白茶协会继续提升其服务功能提出了一定对策及建议。

关键词： 农产品行业协会；农业产业；安吉白茶

一、引言

随着我国市场经济体制的深入发展，农业和农村经济已经发生了较为深刻的变化。在农产业发展过程中，行业协会作为介于政府、农业企业之间，农产品生产业与经营者之间的社会中介组织，能为其提供服务、咨询、沟通、监督、协调等功能。因此，建立完善的农产品市场体系，更好地发挥农产品市场体系对农业增效、农民增收和稳定市场的作用都离不开农产品行业协会。

我国加入世界贸易组织以后，由于外国的倾销对我国农业产生一定的冲击，农产品行业协会的作用被越来越重视，迄今为止，几乎所有农产业都存在不同数量和规模的行业协

---

　　* 本文是国家自然科学基金项目"农业产业组织体系与农民合作社发展：以农民合作组织发展为中心的农业产业组织体系创新与优化研究（编号：71333011）"、国家社会科学基金"嵌入供应链的中国农民专业合作社治理优化研究（编号：16CJY054）"、福建省社会科学规划青年项目"福建茶产业农民专业合作社的社会化服务体系研究（编号：FJ2015C134）"、福建省中青年教师教育科研项目"乳业产业合作社全产业链经营能力提升研究——基于福建、内蒙古两省的调研数据（编号：JAS150236）"、福建省财政厅项目"新型农业经营组织创新研究"，福建农林大学建设高水平大学项目"福建自贸区农村经济组织电子商务发展研究"以及福建农林大学经济学院农林经济管理流动站刘颖娴的中国博士后项目"林业合作社的产权安排研究（博士后编号：172573）"的阶段性成果。

　　作者简介：胡瑶（1995—），四川成都人，福建农林大学管理学院硕士研究生。李中斌（1969—），辽宁营口人，经济学博士，福建农林大学管理学院教授、人力资源管理系主任。刘颖娴（1983—），福建闽清人，管理学博士，福建农林大学管理学院讲师，研究方向：农民合作组织与农业产业化。赖建红（1964—），安吉白茶协会副秘书长。

会，对农业产业化的发展起到了极大的促进作用。安吉白茶的母树原先是生长在湖州市安吉县天荒坪镇大溪村，直到 20 世纪 80 年代初开始，被县林业局技术人员发现，随后通过无性繁殖、试验示范、推广应用等开启了白茶产业化的历程。在政府的带动下，安吉县成立了白茶开发领导小组，对品牌商标进行了注册，并开创了"母子商标"的新模式。政府为了加强质量监控，制定了一系列的质量认证标准，成立了白茶协会并在全国内推广安吉白茶茶文化，使得安吉白茶开始闻名国内。2005 年 8 月 15 日，习近平总书记在安吉余村首次提出"绿水青山就是金山银山"的理念，2015 年 2 月 12 日，在接见参加全国军民新春座谈会代表时，叮嘱湖州继续"照着'绿水青山就是金山银山'这条路走下去"。2018 年 4 月 9 日，安吉溪龙乡黄杜村盛阿伟等 20 名党员给习近平总书记写信，汇报了该村种植白茶致富的情况，并提出愿意捐献 1 500 万株茶苗帮助贫困地区脱贫。日前，习近平总书记通过中办表达了对他们的问候，充分肯定这种为党分忧、先富帮后富的精神，勉励大家把帮扶困难群众这种事做实做好做出成效，带动更多的人为脱贫攻坚贡献力量。安吉白茶在产业化进程具有自身特色，其发展趋势良好，习近平总书记称赞这里："一片叶子，富了一方百姓。"但其发展过程中也面临许多问题，安吉白茶协会在解决这些问题中仍存在着巨大的作用空间。

二、理论基础

(一) 产业经济学

产业经济学是一门新兴的应用经济学科，目前仍在发展之中。虽然其完整学科体系的基本确立距离现在的时间尚短，但其思想的形成则是源远流长，甚至可以追溯到我国古代的春秋战国时代。比如战国初期的著名政治家李悝就已经提出"重农抑商"的观念，而商鞅，荀子等则更是明确提出了"农本工商末"的思想，反映了我国古代思想家对农业与工商业这两个经济组织集团之间关系的认识。现在产业经济学的各方面理论已经得到了巨大的发展，随着对其研究的不断深入，它的应用范围也在不断扩展，产业经济对经济发展的作用已越来越大，对产业经济学的研究与应用已越来越得到世界各国的重视。

郭克莎等（2001）认为 20 世纪以来产业经济学在中国的发展，主要是在改革开放以来尤其是在 80 年代中期至今的十几年中，正是实践的发展推动了研究的深入和理论的进步，并在逐步增加"中国特色"的过程中形成了中国产业经济学的雏形。马广奇（2000）认为产业经济学作为"市场和企业"为研究对象的微观经济学分支，已经发展成国际公认的相对成熟的应用经济学科。王定祥等（2007）认为产业经济学在当代出现了快速发展的势头，并不断与博弈论、信息经济学、计量经济学、制度经济学和演化经济学等多学科交叉融合，使产业经济学在研究范围、研究方法和研究视野等方面获得了拓展。

(二) 宏观经济政策

一般而言，政府作为农业产业发展的组织管理部门，对当地的农产业发展具有十分重要的作用和深远的影响。其原因在于，首先，经济的失衡是经常出现的，如果任由经济自发地恢复均衡，那么，恢复的过程非常漫长，代价过大。因此，政府有必要承担起干预经济的重任，利用宏观经济政策，以尽快地使经济恢复到平稳增长的路径。

曾康霖（2007）认为，当代，政府不仅是宏观经济的调控者，而且是公共产品和公共服务的提供者，国家竞争力的培育者，市场秩序的维护者和社会保障体系的建设者，并且要处理好市场配置资源与政府行为的关系。陆正飞等（2013）认为宏观经济政策主要是通过投资机会路径影响企业现金持有的市场竞争效应和价值效应。栗亮等（2014）通过构建附加"金融加速器"的 DSGE 模型，模拟和测算了 2008 年前后中国宏观经济波动的来源和变化，发现 2008 年之后，以货币政策和财政政策为主的刺激政策成为了推动产出增长的主要因素。

（三）农产品行业协会

在市场经济条件下，社会分工细致化，出现了一些政府"不该管、管不了、管不好"的问题，又伴随国际经济一体化的发展，社会经济关系变得复杂多样，但又必须维持行业的效益与效率，市场主体之间的沟通、协调、监督就越来越重要，于是产生了以此为职能的行业协会组织。农产品行业协会便是政府与农业行业、与农业企业联系的桥梁和纽带。

马述忠等（2005）以浙江省慈溪市丝瓜络产销协会、浙江省开化县食用菌协会、浙江省竹产业协会为例，分析了它们的运作模式和绩效。认为"混合"型行业协会兼有政府行为和企业需要的双重性质，具有良好的外部环境及发展的内在动力和平稳性，是目前农产品行业协会最理想的一种模式。潘劲（2005）认为民间化是农产品发展的必然趋势，各地应创造条件促使农产品行业协会的民间化；在不同地区和不同的农产品行业协会，政府的退出以及退出方式应视具体情况而定；农产品行业协会应争取最大限度地获得会员的认可并最终获得会员的授权。潘劲（2007）在对农产品行业协会发展现状分析的基础上，阐明了农产品行业协会所存在的立法缺失、发挥作用的空间狭窄、基础薄弱等问题，提出推动农产品行业协会发展的思路：合理定位政府职能，加大政府对农产品行业协会的扶持力度，加强协会自身建设。

（四）茶叶行业协会

顾文新（2005）通过对安徽省茶叶行业和协会的发展现状、存在问题的分析，探索了以行业协会为主体的茶叶行业管理模式，对协会的性质、地位和作用进行了重新定位，并提出建立和完善茶叶行业协会要以区域特色为支撑，要加强和完善茶叶行业协会自身建设，发展茶叶行业协会，要以龙头企业、专业大户、各类经济合作社为基础。

三、安吉白茶协会组建的由来

安吉白茶从发现一株母树到今天拥有生产茶园面积 17 万余亩，年产量 1 800 吨，产值 20.16 亿元，为全县 36 万农民人均增收 5 600 元，产值占全县农业总产值的四分之一，占农民年均收入的五分之二，是安吉的农业特色产业。

安吉白茶协会是民间社会团体，主要功能是建起安吉白茶生产、经营者（会员）与政府沟通的桥梁与纽带，为会员提供产前、产中、产后服务，为政府决策出谋划策。安吉白茶协会围绕产业可持续发展制定产业发展规划，注重安吉白茶深度开发和利用，充分发挥自身优势，树产业形象、创品牌优势、提高效益、致富农民。

安吉白茶协会成立于 1998 年，现共发展会员单位 298 家，安吉白茶园面积从单株母树发展到 2016 年的 17 万亩，年总产量达 1 800 吨，产值 22.58 亿元，"安吉白茶"品牌价值 37.14 亿元，是安吉的金名片，是"绿水青山就是金山银山"的践行者，是农民致富的产业。

安吉白茶协会首创了母子双商标管理模式和原产地茶园"身份证"制定，实现了安吉白茶产品从茶园到茶杯的全程可追溯。安吉白茶以其高氨低酚味鲜爽的品质特性深得消费者喜爱，"安吉白茶"先后获得地理标志保护证明商标、地理标志产品保护、中国驰名商标、浙江省十大名茶等，中国名牌农产品市场知名度和品牌效益日显突出，堪与西湖龙井一比高下。

四、农产品行业协会在产业发展中的作用

农产品行业协会在产业发展中起着重要的作用，如引导区域优势产业发展，壮大龙头企业；发挥桥梁和纽带作用当好政府部门的参谋与助手；有效提高农户进入市场的组织化程度等。

以安吉白茶协会为案例，其在安吉白茶产业发展中的具体作用有：

（一）品牌打造及推广

1. 每年举办独具特色的中国安吉白茶博览会

十几年来安吉白茶协会积极协助安吉县委县政府举办各类茶事活动，从中国安吉白茶节、安吉白茶开采节到安吉白茶博览会。2016 年举办了中国安吉白茶博览会暨品牌营销网络峰会，活动现场有来自全国的上千位安吉白茶经销商，通过互联网云端近 3 万人同时参与活动，急速扩大安吉白茶影响力。2017 年的中国安吉白茶博览会暨世界茶品牌高峰论坛，来自大洋彼岸的茶界友人成为了"安吉白茶通过形象大使"进一步提升安吉白茶的品牌知名度，努力实现安吉白茶由"区域品牌"向"全国品牌"和"世界品牌"转变，跨出与"世界品牌"接轨的第一步。

2. 组织会员积极参加农业部、省农业厅举办的各项博览会

2016 年 5 月组织第十一届浙江绿茶（西宁）博览会。2016 年 10 月参加了农业部第四届中国茶叶博览会（济南）博览会。2017 年 5 月，组织安吉县 11 家获得 GAP 认证的茶

叶企业参加首届中国国际茶叶博览会，"安吉白茶"被授予中国优秀参与区域公用品牌称号，提高安吉白茶在国内外的知名度和影响力。

3. 其他品牌宣传

安吉县出租车循环字字幕和递铺街道各公交站台雨棚多有"严格遵守安吉白茶原产地证明商标管理办法，规范使用安吉白茶商标"等宣传语；2016第七届环太湖国际公路自行车赛，安吉白茶共5块展板进行宣传；2016年12月第64期《浙江航空》刊登了《安吉白茶》宣传、《茶叶》杂志一年四期均有安吉白茶宣传。2016年央视二套《交易时间》、《第一时间》，浙江电视台国际频道《遇见安吉》等栏目对安吉白茶作了长达三十分钟的专题报道，从多角度向全世界人民介绍安吉白茶。此外，新华社、人民网、浙江卫视、光明网、央广网、新浪、网易、搜狐、腾讯、新民晚报、农民日报、浙江日报、中国日报、浙江在线等国内百余家高端媒体宣传报道安吉白茶开采消息，并报道安吉白茶品质保障、安吉白茶金溯卡、追溯系统等相关信息，有效扩大了安吉白茶知名度，提升了安吉白茶美誉度。安吉白茶协会2016年被中国农业国际合作促进会推荐为副会长单位，并参加了中茶促举办的2016年度全国三十座最美茶乡、茶园评比，"宋茗茶博园"榜上有名，起到了较好的宣传原产地安吉白茶的美丽生态茶园作用。2016年末协会申请加入农业部牵头的中国茶产业联盟，增加与茶界的交流。

（二）标准化茶园建设及技术培训

安吉白茶协会一直致力于推动标准化茶园的建设，以此保证所产白茶的标准一致性。在其帮助下，安吉白茶产业园区现有国家级示范园区1个，省级示范园区2个，市县级示范园区近20个。

安吉白茶协会建立了与中茶所、浙江大学、中茶院、农林大学等科研院所的技术合作，依托他们的技术团队引进推广先进的技术和装备，提高安吉白茶品质和创新；紧紧依靠本地农技推广部门，及时解决生产、绿色防控、加工、机器换人等技术的指导、宣传、推广，实现安吉白茶品质安全、节本增效。开展技术咨询、培训指导。协会开展了灾害性天气茶园管养技术培训、安吉白茶包装标签标识知识产权培训、农业产业金融知识等各项培训，《安吉白茶关键技术集成应用》荣获2015年度浙江省农业丰收一等奖，全国农牧渔业丰收二等奖。

（三）指导和维护公平市场价格水平

安吉白茶协会从两方面着手，保证白茶市场维持公平的价格水平。一方面是获得市场价格，另一方面对鲜叶价格进行调控。每一年春天，安吉白茶协会都召开会议，估计今年的白茶的价格。这个价格来自一年的培育管养费用、采摘工的工资的费用，所有的成本合在一起，加百分之几的利率。此外，白茶协会一直就对各个企业单位灌输不要进行恶性竞争这个理念，以此保证各大企业的利益。在其指导下，目前安吉白茶市场价格水准相对稳定，且各个企业相互交流频繁，互帮互助，无恶性竞争存在。

五、安吉白茶协会的组织构成及内部管理

（一）安吉白茶协会组织构成

安吉白茶协会原名安吉县白茶产业管理协会，成立于 1998 年，2000 年进行重组、更名，协会经民政登记。目前协会有会长 1 名，副会长 8 名，秘书长 1 名，副秘书长 2 名。副会长由企业负责人受理。一共有理事单位 35 家，现有会员 180 余名。

（二）安吉白茶协会内部管理

为了规范安吉白茶协会内部成员的规范管理，白茶协会建立健全完善协会的各项规章制度，出台了安吉白茶协会章程 、安吉白茶统一专用包装管理办法、茶园证管理办法、安吉白茶行业自律公约等，统一实施安吉白茶"母子"商标管理，规范安吉白茶包装及定点印制企业管理。各会员单位自觉遵守安吉白茶协会的各项规章制度，从制度上规范行业管理。

六、对安吉白茶协会继续提升服务功能的对策建议

在安吉白茶协会的帮助下，安吉白茶产业在生产、加工、销售等方面都取得了显著的提升。但安吉白茶产业仍面临着很多困难和调整，这些问题还是需要白茶协会去协调、组织、解决。鉴于此，对安吉白茶协会继续提升其服务功能提出以下对策建议：

（一）完善协会自身的组织建设

近年来安吉白茶协会认真履行协会职责，开展各项工作，使得安吉白茶产业取得了各方面的进步。但是目前协会所存在的主要问题是缺乏专职工作人员，安吉白茶协会的工作任务基本由农业局工作人员无偿兼职承担。对此，协会应该与行政机关脱钩，认真贯彻执行中央的相关规定，及时做好与行政机关单位脱钩，使行业协会商会不再附属于行政机关，真正实现独立自主办会。同时，协会要规范好内部管理，明确好各级人员的任务，使协会本身的组织建设日渐完善。

（二）帮助解决安吉白茶产业与保护生态间的矛盾

安吉白茶的成功一方面是因为其本身的优良品质和严格的质量管理，另一方面则是在于安吉县优越的生态条件。在其取得巨大成功的同时，白茶产业的过度扩张使得生态园林遭到了严重破坏。白茶协会应该严格监督其会员单位，不允许其肆意扩张茶园面积，应使其控制在合理范围内。对于茶园面积已经超标的个体农户或者会员单位，应该与其进行良

好沟通，阐述长期利弊关系，劝服其退茶还林，必要时可与政府一起联合进行该工作。

（三）鼓励安吉白茶产业发展家庭茶场

安吉白茶的生产时间短，季节性强，而农业劳动监督成本高，导致兼业茶农多，茶园流转少，龙头企业扩张速度缓慢。合作社因为农户之间还处于低层次的产销合作上，没有真正实现利益共同体，发展动力也不够。与龙头企业和合作社相比，一些家庭农场如大山邬、溪龙仙子似乎竞争力更强，他们的茶场面积一般在几百亩到一千多亩之间，日常管理由其家族成员进行，这样便有效地降低了监督成本，保证了劳动质量。故白茶协会在鼓励茶企业做大做强的同时，也应该鼓励发展家庭茶场，以此可以提升整个白茶产业的总体质量和效益。

（四）考虑向行业协会联合组织发展

行业协会联合组织不同于一般的行业协会，是行业协会的联合体，集合了一个领域内多个行业协会，具有比单个行业协会更加宏观的地位，无论是在代表性、服务性还是整合性、枢纽性上均优于单个行业协会。安吉白茶协会在今后的发展中，如果能集合浙江省茶产业中多个协会的力量，共同形成浙江省茶叶产业联合组织，那么就能更好地帮助政府、行业协会、会员等更好的发展。行业协会联合组织具有丰富的人力、物力、公共资源，如果浙江省的产业协会能共同形成这样一个联合体，那么势必对浙江省产业的发展有着巨大的帮助，联合组织内部间就可以进行资源共享、技术交流、人才互动等。

（五）争取政府更多的扶持

行业协会的生存和发展离不开政府在政策、资金等多方面的支持和帮助。在过去，安吉白茶协会开展的博览会的资金投入都来源于政府的资助，在此方面，政府的帮助使博览会得以每年持续进行。但根据本次调查，有关协会自身内部建设和管理，政府并未给予相关资金。政府的大力扶持是行业协会健康重要发展的重要保障。因此，安吉白茶协会如果想要今后更好的发展，必须争取到政府更多的扶持，包括政府给予协会资金、税收等方面的政策优惠，优化协会发展的法律制度环境等。

七、结语

农产品行业协会在产业发展中发挥了关键性的作用，本文以安吉白茶产业为例，阐述了安吉白茶协会从成立到现在对于安吉白茶产业的发展的帮助。可以看出，安吉白茶协会在安吉白茶产业发展中扮演着不可缺少的角色。安吉白茶协会对于其白茶产业的帮助措施值得其他农产业行业协会借鉴和学习。但针对安吉白茶现有的一些问题，白茶协会还需要进一步的加强自身管理与职责，从而帮助白茶产业解决现有难题，取得更大进步。

参考文献

曹文成. 行业协会在现代农业中的作用和意义 [J]. 湖湘三农论坛，2008，(1)：400-403.

顾公新. 加强茶叶行业协会建设，为振兴安徽茶叶经济和企业的发展服务 [J]. 茶业通报，2005 (4)：147-150.

郭克莎，吕铁，周维富. 20 世纪以来产业经济学在中国的发展 [J]. 上海行政学院学报，2001 (1)：67-77.

栗亮，刘元春. 经济波动的变异与中国宏观经济政策框架的重构 [J]. 管理世界，2014 (12)：38-50，187.

陆正飞，韩非池. 宏观经济政策如何影响公司现金持有的经济效应？——基于产品市场和资本市场两重角度的研究 [J]. 管理世界，2013 (6)：43-60.

马广奇. 产业经济学在西方的发展及其在我国的构建 [J]. 外国经济与管理，2000 (10)：8-15.

马述忠，沈国华. 对浙江省农产品行业协会运作模式的案例分析 [J]. 中国农村经济，2005 (1)：51-58.

潘劲. 农产品行业协会：现状、问题与发展思路 [J]. 中国农村经济，2007 (4)：53-59.

潘劲. 农产品行业协会的治理机制分析 [J]. 中国农村观察，2005 (5)：41-52，81.

齐瑶，邵景波，穆艳丽. 农产品行业协会在农业产业化中的作用——以黑龙江省为例 [J]. 学术交流，2009 (1)：78-83.

秦利，隋健. 浅谈农产品协会在农业产业化中的作 [J]. 经济师，2013 (2)：8-9.

任富丽，王文龙，杨国庆. 安吉白茶产业发展面临的主要问题及其对策 [J]. 湖州师范学院学报，2015，37 (9)：10-13，64.

王定祥，冉光和，李伶俐. 产业经济学的发展及与其他学科的交融 [J]. 重庆社会科学，2007 (8)：13-18.

王珂瑾. 论我国行业协会发展中的政府作用 [J]. 中国市场，2015 (3)：54-56.

徐超. 行业协会联合组织的转型与发展路径 [D]. 北京：中国社会科学院研究生院，2014.

曾康霖. 政府干预经济及其在市场经济中角色的确立 [J]. 经济学家，2007 (1)：67-73.

农民合作社：推动产业精准扶贫的重要载体

郝　妙

（宜宾市委党校，宜宾　644000）

摘　要： 农民合作社具有天然的益贫性，是贫困地区推动产业精准扶贫的重要载体。在实践中，农民合作社参与产业精准扶贫取得显著成效，但同时，农民合作社也面临着规范化水平不高、示范带动能力不强等问题。笔者建议从完善扶贫功能、强化利益联结机制、提高产业扶贫的实效性、提高抗风险能力、培育和引进技术管理人才五个方面加强引导和支持。

关键词： 农民合作社；产业扶贫；精准扶贫

一、引言

改革开放40年来，我国农村实现7亿多贫困人口脱贫，为实现全面小康奠定了良好的基础。行百里者半九十，当前脱贫攻坚形势复杂紧迫，面临着贫困人口多、贫困程度深、时间紧任务重、脱贫标准高等问题。因此，要彻底打赢脱贫攻坚战，到2020年如期实现全面小康，不仅需要社会各界的帮扶，更要注重培育贫困户、贫困地区的内生动力。

"要脱贫也要致富，产业扶贫至关重要"。2015年出台的《中共中央　国务院关于打赢脱贫攻坚战的决定》（以下简称《决定》），提出实施"五个一批"工程，对未来5年扶贫开发作了制度性的安排。其中发展生产脱贫一批，涵盖面最大、涉及对象最广，不仅要解决7 000多万贫困人口中3 000多万人的脱贫问题，而且其他"四个一批"都离不开产业扶贫的支持。《决定》还指出，加强贫困地区农民合作社的培育，发挥其对贫困人口的组织和带动作用，强化其与贫困户的利益联结机制，加强农业与二、三联合发展，让贫困户更多分享农业全产业链和价值链增值收益。

农村发展、农业增效、农民增收，离不开优势高效产业的支持。产业扶贫，不但要选择一个好的产业，还要将贫困地区的农户组织起来，而农民合作社具有明显的生产组织优势和经济带动优势。通过对内服务、对外经营，可以减少生产的盲目性，有利于增强市场竞争力。农民合作社能在产业扶贫中发挥重要的作用。

二、农民合作社参与产业扶贫的现状

我国第一部《农民专业合作社法》在 2007 年 7 月 1 日实施时，当年合作社数量约为 2.6 万家。而到 2017 年底，合作社数量突破 199.9 万家，近十年时间增长了 75 倍，入社农户超过 1 亿户，占全国农户总数的 46.8％（李想等，2018）。新修订的《农民专业合作社法》已于 2018 年 7 月 1 日实施，将进一步规范农民合作社的发展。目前，农民合作社已成为了我国最重要的新型农业经营主体之一，依托农民合作社实现农村减贫目标具有坚实的组织基础。农民合作社扩大了农户间的合作与联合，有效地为贫困农户提供产前、产中、产后各个环节的服务，解决一家一户办不了、办不好、办了不合算的问题，尤其解决了贫困地区农民生产技能水平低、市场信息闭塞、营销成本高的现实问题，大大提高了农户的市场谈判能力，是精准扶贫的有效抓手。《中国农村经营管理统计年报（2015 年）》的统计显示，2015 年贫困地区每千户农户平均拥有合作社数量为 7.21 家，略低于非贫困地区的 7.5 家。

刘宇翔（2016）把农民合作社作为精准扶贫的重要载体，研究了连片贫困地区农民合作扶贫的机理、功能、作用，补充和创新现有连片贫困地区扶贫模式和理论。农民合作社在精准扶贫、精准脱贫方略的指导下，从发展特色产业扶贫、资产收益性扶贫、金融扶贫、科技扶贫四个方面帮助贫困户增收致富（赵晓峰、邢成举，2016）。产业扶贫是脱贫攻坚的"主力军"，是促进贫困农户脱贫的重要措施，农民专业合作社具有天然的益贫性，是实施产业扶贫和产业脱贫的主要载体（刘俊文，2017）。特别是经济基础薄弱、工业企业或农业龙头企业欠缺的地区，合作社是农民脱贫致富的重要力量和依靠。农民合作社是精准扶贫的重要载体，构建"政府-市场-社区-合作社"的扶贫模式，可以形成长效扶贫机制（李如春、陈绍军，2017）。农民合作社具有天然的益贫性，作为产业扶贫的载体，通过向贫困户提供生产资料、技能培训等发展产业，通过合作社内就业、土地入股等保证贫困户的收入，解决了"谁来扶"、"怎么扶"的问题（陈杰，2017；陈宏伟，2018）。

目前，全国多个省市通过政策引导、资金扶持、技术指导等方式，鼓励贫困农民积极参与合作社创建，将土地连成片、农民抱成团、资金捆一起，推动农民合作社参与产业扶贫。比如，安徽省明确要求每个贫困村至少建立或引进 1 家农民合作社，贫困地区的省级以上示范农民合作社至少吸纳 5 户以上的贫困户入社或带地带资入股。湖南省对参与产业扶贫的农民合作社予以政策支持：支持和鼓励农民合作社利用信贷资金带动扶贫对象发展特色优势产业；投入一定比例的财政扶贫资金，支持农民合作社用于产业基地建设、生产技术（能）培训、产业发展新技术推广应用、农业保险等与扶贫对象增收相关联的项目。

三、农民合作社参与产业精准扶贫的优势

新修订的《农民专业合作社法》对农民专业合作社定义是，"在农村家庭承包经营基

础上，农产品的生产经营者或者农业生产经营服务的提供者、利用者，自愿联合、民主管理的互助性经济组织"。农民合作社起源于农村，与农户有着天然的联系。与个体户相比，农民合作社的优势就在于食品安全和产品销售，肥料、农药等统一采购，统一使用；产品统一销售，农户不需要担心销售问题。《合作社在社会发展中的作用和实施合作社年》（联合国报告，2011），总结了合作社所具有的六项社会功能，包括就业、减贫、金融融资、社会保护、灾后救济和和平建设等。

（一）农民合作社具有天然的益贫性

农民合作社体现"民办、民管、民受益"的原则，这就决定了合作社在反贫困方面能够发挥其他新型经营主体难以企及的作用。农民合作社具有特殊的利益联结功能、增收增效功能、生产生活和信用互助功能、稳定保障功能和主体提升功能。农民合作社实施扶贫针对性强、成本低廉、方法灵活、见效较快、持续性好。

（二）农民合作社提高农民的组织化程度

发展农民合作社，扩大农户间的合作与联合，逐步形成多元化、多层次、多形式的经营体系，可以有效地为农民提供产前、产中、产后各个环节的服务，解决一家一户办不了、办不好、办了不合算的问题，提高了农民组织化程度，增强农民市场谈判地位，节省了交易成本，带动了农民脱贫。

（三）农民合作社延伸产业链增加收入

农民合作社通过批量购销、科技普及、产业创新等，让贫困户更多分享农业全产业链和价值链增值收益，提高扶贫成果可持续性。通过对于农产品深加工，积极探索与第二、三产业的融合延长产业链等方式，通过盈余分配使得贫困户获得价值链增长收益。

四、农民合作社参与产业扶贫面临的问题

农民合作社天然的益贫性使其在理论上可以助推产业精准扶贫，增加贫困户收入，为打赢脱贫攻坚战奠定良好的基础。遗憾的是，当前农民合作社的发展普遍偏离了"经典型"合作制度的实践形态，合作社"假、空、死"等异化现象十分突出。在实践过程中，受农民合作社规模大小、运营情况以及贫困户的认识能力和资源禀赋的影响，农民合作社发展的"瓶颈"对产业精准扶贫效应的发挥也存在制约。

（一）运作机制不规范

大部分农民合作社制度不够健全，民主管理、民主决策不完善，理事会、监事会职责不清，成员权利义务不明，运作管理随意性大，有些合作社的作用在日常活动中不能体现

出来，更不能起到精准带动作用。桂玉（2017）认为在多元参与背景下，异化的治理结构对贫困农户的相关权益形成排斥，而吸纳贫困户的农民合作社，大多未对贫困户如何以土地、资金、技术以及设备入股合作社形成详细的工作方案和评估体系，未能真正构建起与贫困户的利益联结机制（陈杰，2017）。

（二）贫困户参与积极性不高

多数农民合作社的内部利益联结机制薄弱，使贫困农户与农民合作社很难形成真正的利益共同体，进而降低了农民合作社扶贫的效果。与贫困户的对接机制还不成熟，示范性不强，群众参与意愿不是很高。同时，入社贫困户还处于合作利益分享的低端，在合作社决策、利润返还等方面还不具有控制权，自我发展能力极为有限。

（三）扶贫产业针对性不强

农民合作社向贫困户推荐的一些产业项目，由于地理环境、劳动力、资金、技术等原因无法发展壮大；缺乏必要的政策扶持和技术支持，帮扶压力大。还有一些产业项目没有考虑市场需求，农产品到了投产时，价格断崖式下跌，农产品严重滞销，贫困户增收致富困难。

（四）市场抗风险能力弱

农民合作社实力较小，没能真正建立起适应市场经济发展的现代经营管理模式，没有与有实力的龙头企业联合、联系，销售渠道难以保证，没有稳定的长期收购商。多数农民合作社销售、加工、运销、储藏服务能力滞后，辐射带动能力较弱。

（五）人才支撑不足

农民合作社，特别是贫困地区的农民合作社，普遍缺乏先进的人才和管理理念。贫困地区农民合作社大多处于弱小阶段，环境艰苦，待遇不高，对人才的吸引力弱，特别是通晓合作社法规政策、会管理经营的人才非常短缺。

五、农民合作社参与产业精准扶贫的建议

针对农民合作社参与产业精准扶贫与存在的问题，应构建积极有效的政策体系，引导农民合作社发挥合作优势、完善扶贫功能、强化利益联结机制、提高产业扶贫的实效性、提高抗风险能力、培育和引进技术管理人才。

（一）完善农民合作社扶贫功能

进一步加强合作社规范建设，引导合作社健全财务管理、利益分配等内部规章制度。

建议相关部门把农民合作社纳入扶贫工作内容，赋予其带领贫困农民脱贫致富的新使命，制定简单有效的合作社考核机制，并开展农民合作社带动扶贫脱贫试点，明确其带动贫困户脱贫的责任和目标，制定可行的考核机制，打造一批带领贫困户脱贫致富并具有产业优势、发展前景好、运行规范的示范社，推进农民合作社和产业精准扶贫有机结合。

（二）强化利益联结吸纳更多的贫困户

鼓励贫困户以享受扶贫政策的资金入股当地农民合作社发展特色产业，既帮助贫困户找到找准脱贫致富的产业，实现由"输血"变为"造血"，又解决合作社发展资金难题，推动合作社发展壮大。以"三变"改革为引领，大力推广"农民合作社＋贫困户"的扶贫模式，合理界定和保护农户在产业链条中的地位和利益，建立农民合作社与贫困户和利益联结机制，让产业发展真正惠及农户尤其是贫困农户。

（三）提高扶贫产业的实效性

扶贫产业要做到因地制宜，必须坚持以市场为导向、以经济效益为中心，努力做到扬长避短、发挥优势。根据各地资源，做好产业项目布局，从贫困村、贫困户的实际出发，从群众反映最多、最急需解决的问题入手，研究制定贫困村、贫困户产业发展规划和年度计划，形成精准扶贫产业项目库，才能较好地解决贫困户在发展产业方面参与度不高的难题。

（四）加强建设增强抗风险能力

要积极引导帮助合作社注册商标、开展农产品质量认证，促进农产品标准化生产。将农业标准化示范区、无公害生产基地、绿色食品和有机农产品生产基地等项目紧密结合起来，支持合作社不断扩大农业标准化生产规模。合作社要指导农户按照技术操作规程开展农业生产，按标准组织开展储藏加工，严格检验检测，确保农产品质量安全，提高合作社的市场竞争能力。鼓励有条件的农民合作积极开展"农超对接"、农村电商，拓展农产品的销售渠道，增加农民的收入。此外，还可组建联合社，带领多个合作社抱团发展。

（五）培育和引进管理人才

引进和培育一批合作社职业经理人，支持他们经营合作社。要组织开展多形式、多层次、多渠道的培训，重点围绕合作社带头人、经营管理人员、种养能手素质提升，着力培养一批合作社管理人才。发挥基层农技员和退休农村干部的优势，鼓励和支持他们领办、创办合作社，为农民合作社发展提供技术指导。利用大学生村官视野开阔、思维活跃、知识面广的特长，鼓励和支持他们领办、创办合作社。

参考文献

陈宏伟 . 农民合作社产业扶贫参与行为研究 [D]. 蚌埠：安徽财经大学，2018.

陈杰 . 广西贫困户参与农民合作社意愿研究 [D]. 南宁：广西大学，2017.

陈莉，钟玲 . 农民合作社参与扶贫的可行路径——以小农为基础的农业产业发展为例 [J]. 农村经济，2017（5）：116-122.

桂玉 . 农民合作社扶贫机制的构建 [J]. 华北水利水电大学学报（社会科学版），2017（1）：66-70.

李军 . "合作社"助力精准扶贫的几点建议 [N]. 光华时报，2017-04-21.

李如春，陈绍军 . 农民合作社在精准扶贫中的作用机制研究 [J]. 河海大学学报（哲学社会科学版），2017（2）：53-59.

李想，陈宏伟，蒋宁 . 农民合作社产业扶贫参与现状及对策研究 [J]. 山东农业工程学院学报，2018（1）：1-6.

刘俊文 . 农民专业合作社对贫困农户收入及其稳定性的影响——以山东、贵州两省为例 [J]. 中国农村经济，2017（2）：44-55.

刘宇翔 . 连片贫困地区农民合作扶贫模式研究 [J]. 湖南财政经济学院学报，2016（6）：41-48.

马步虎 . 康县：合作社助推精准扶贫 [N]. 陇南日报，2016-09-30.

朋文欢 . 农民合作社减贫：理论与实证研究 [D]. 杭州：浙江大学，2018.

徐麟辉 . 充分发挥农民合作社在精准扶贫中的作用 [N]. 甘肃日报，2015-08-20.

赵晓峰，邢成举 . 农民合作社与精准扶贫协同发展机制构建：理论逻辑与实践路径 [J]. 农业经济问题，2016（4）：23-29.

周立华，周春初 . 湖南：发挥合作社优势　助力精准扶贫 [J]. 中国农民合作社，2016（7）：19-20.

图书在版编目（CIP）数据

乡村振兴与农民合作社发展："纪念农村改革40周
年暨合作经济发展论坛"优秀论文集／中国合作经济学
会编．—北京：中国农业出版社，2018.10（2022.4重印）
ISBN 978-7-109-24660-7

Ⅰ.①乡… Ⅱ.①中… Ⅲ.①农村经济发展－关系－
农业合作社－专业合作社－中国－学术会议－文集 Ⅳ.
①F32-53

中国版本图书馆CIP数据核字（2018）第222050号

中国农业出版社出版
（北京市朝阳区麦子店街18号楼）
（邮政编码100125）
责任编辑 闫保荣
_____
中农印务有限公司印刷 新华书店北京发行所发行
2018年10月第1版 2022年4月北京第2次印刷

开本：787×1092mm 1/16 印张：21
字数：480千字
定价：80.00元
（凡本版图书出现印刷、装订错误，请向出版社发行部调换）